国家"十二五"规划重点出版项目

吕振羽全集

【第二卷】

中國社會史

A. 史料的選擇

呂振羽

關於「殷代」的歷史材料的問題，我們在這裏要提出的：一是史料的選擇，一是史料的缺乏。

關於史料的缺乏，最足限制我們對一個時代難於達到正確的理解。關於殷，既爲史料自是尚不足以充分說明其社會性。然而這極有限的部份，仍不能盡量爲我們所利用，例如就殷虛出土物說，僅言字甲骨，據聞出土者已達十萬片左右，而今日已拓印者尚不到十分之一；其他出土物，亦是同樣情形。此等出土實物，我們只好付之一嘆；而國內公私保存之部份，我們亦無緣與實物接觸。因面這問題之於我們，更是加倍的困難。故此，在這裏，我們一方面只好禱祝國內考古機關尤其是從事於田野考古者）「努力作計劃的發掘」；一方面只好禱祝那保存古物的公私團體或個人，幸將所保存之古物，或全部拓印，或全部公開陳列，供全國學人之共同探究。

中國大學講義　中國社會史

《中国社会史》书影

北　平

裝訂講義書局

聚魁堂

魁星

書皮印字

宣外永光寺中街

北頭路東十九號

中國上古及中世經濟史

呂振羽

第一編　導言

中國經濟史的研究，在目前是十分迫切的需要而又困難的課題。我們在這裏的範圍，是以上古及中世的部份爲限。

我們在這一課程中所感覺的困難，第一由於中國社會經濟發展的階段的劃分，至今還不曾有一個被確認的較正確的結論；第二大家對於上古的部份，及今還不曾系統的探討過。或是把神話傳說的時代擱置不問，或是主觀的把這一悠久的傳說時代無條件的抹煞，拿殷代當作中國社會史的開幕時代。

問題是在於歷史材料的不充分，和既有材料之羅於正確引用。縱使題的一方面覺，古代遺留下來的典籍，無論其是否完全正確可靠，也是極其有限的；而地下發現的古代遺物，就仰韶各期的出土古物說，在時間和空間的問題上，都不能予我們以明確的系統的啓示。就殷虛所發現的殷代文物說，殷虛祇是從盤庚以來的

《中国上古及中世经济史》书影

北平

聚魁堂
裝訂講義書局

魁星

※書皮印字※

宣外永光寺中街
北頭路東十九號

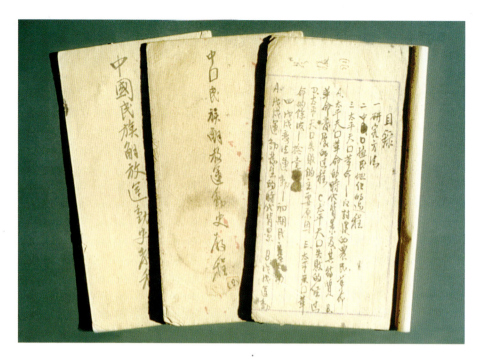

《中国民族解放运动史教程》书影

吕振羽 1957 年吉林视察时回东北人民大学与校领导合影（右三起为匡亚明、吕振羽、佟冬）

目　次

中国上古及中世经济史

编 印 说 明

    《中国上古及中世经济史》，是著者 1933 年至 1936 年在中国大学任教时讲义，北平聚奎堂装订讲义书局印行（又名《中国经济史》，系著者同时在北平民国学院讲义，内容与《中国上古及中世经济史》相同，惟现存刊印本缺宋以后内容）。

    著者根据马克思《剩余价值学说史》、《〈政治经济学批判〉序言》等论述，结合出土文物与古代文献，把中国经济史划分为原始共产社会、奴隶制社会、封建制社会相继发展的历史阶段，论证殷代为奴隶制社会，西周以后至鸦片战争前为封建社会经济。

    全集编辑，以北平聚奎堂讲义书局 1933 年版为底本，整理排校，核对引文，并补充了个别引文中缺字，更正了原讲义中的个别错讹，内容和观点均保持原貌。

桂遵义　张传玺（审校）

目　录

第一编
导　言

中国经济史的研究，在目前是十分迫切的需要而又困难的课题。我们在这里的范围，是以上古及中世的部分为限。

我们在这一课程中所感觉的困难，第一，由于中国社会经济发展的阶段的划分，至今还不曾有一个被确认的较正确的结论；第二，大家对于上古史的部分，至今还不曾系统的探讨过。或是把神话传说的时代搁置不问，或是主观的把这一悠久的传说时代无条件的抹煞，拿殷代当作中国社会史的开幕时代。

问题在于历史材料的不充分，和既有之材料难于正确引用。从问题的一方面说，古代遗留下来的典籍，无论其是否完全正确可靠，也是极其有限的，而且地下发现的古代遗物，就更属极少有限的部分。就仰韶各期的出土文物来说，在时间和空间的问题上，都不能给我们以明确的系统的指示。就殷虚所发现的殷代文物说，殷虚只是从盘庚以来的殷代首都。盘庚以前的殷代文物，是否由盘庚的迁殷而全部或部分的运来新都，是一个问题，此其一。殷虚所保存的文物，一方面由于不规则的开挖，颇有散失，二方面殷虚被水冲淹的当时，尚有一部分文物为水所漂流而去；加之数千年来洹水水流易道，殷虚故址，或又不免有部分的冲破，此均意想中可能之事，此其二。三方面，保存到今的部分，尚不曾全部开挖出来，此其三。因而我们现在所能看见的殷虚出土的东西，还只算作殷代文物的一部分。再次，殷虚所保存的古物，照目前已出土的看，多是关于王室方面的遗物——兵器、祭器、食器、龟片等；当时民众所应用的生产工具，是否包容在内，还是问题。复次，就斯坦因前后在新、甘境内所发掘之汉晋木简，辗转迻译，已使我们不易窥其原璧（按斯坦因著有《于阅之故迹》等，罗振玉、王国维复重加考订，印有《流沙坠简》三卷、《考释》三卷、《补遗》一卷、《附录》二卷）。虽然我们对于汉晋时代的材料并不感过分的缺乏，但从材料问题的另一方面说，典籍方面之显属后人伪托者无论矣，即所认为一些可靠之古籍，亦大多经过后代儒家无数次的修改和附会，而不能漫然无条件引用。

关于金石文字和甲骨文字的释文，亦不无问题。因各家所解释之金石文字及甲骨文字，大都以《说文》为底本，《说文》本身还有问题，已为现代一般学者所公认。以初无科学常识之汉宋人眼光去解释周代金文，已属难免谬误，再据此以释远在周代以前的甲骨文字，更难认为完全可靠，因而各家释文尚多歧异。又因甲骨文破碎不全，故释文多梗塞难辨；以甲骨文与可靠之殷代文献中文句相较，显多疑问。而甲骨片之伪者更无论矣。更须除殷虚出土文物外，历代出土文物，关于其时代考定上，还多有问题。如我在山东图书馆所见陈列之玉鼎，后代之物与商代之物有形式甚相似，花纹精粗亦同者，这显属有问题。

其次，以甲骨文字看，并不如郭沫若先生所判定，为原始象形文字，实际而是发展到了声音文字阶段的文字。照人类社会发明文字的演进程序去推断，中国文字从原始象形图画发展到甲骨文字阶段，至少应已有一千年以上的历史。但散在世界的其他各民族，在其当时所散处的地域内的天然石壁上，多发现有能应用声音文字前的原始象形文字、象形图画。在中国，在殷周各民族当时所散布的区域内，前于甲骨文字的文字，至今尚无系统发现。这样便可能产生两个问题：其一，殷民族是否在其形成国家前就到了中国？其二，殷代的文字是否由其本土所创造发明的？但石器时代遗物的发现，民国二十年，法国神父李桑（Father Lecent）和德哈（Father Teilhard）两君在蒙古鄂尔多斯所发现之旧石器时代遗物[1]，以及北京周口店所发现之五十万年前人类牙骨[2]，我们尚不敢确认其是否和现在之中国民族有关。但在河南仰韶村所发现的新石器时

---

[1] 《北京历史博物馆丛刊》第一年三期附录载此等古物，埋藏在黄土层下沙砾层中，和法国发现之旧石器形状相似，专家判定为五万年前的遗物。

[2] Peking Reader, Oct. 23, 1920.

代遗物①以及和仰韶同一系统的新石器及金石器时代遗物，都能充分证明系属中国民族在史前时代之遗物。其须从殷民族当时所散布的地域研究，它或者比当时散处在黄河上游各民族，还有先来到中国的可能。似此，第一问题似是无庸研究的。关于第二个问题，西欧学者曾有各种不同判断。迦尔格勒（B. Karlgren）判定中国文字系本土创造②，查瓦德（A. Churchward）判定中国文字与埃及文字同源③，波尔（C. J. Ball）则谓中国文字与巴比伦文字类似④。但甲骨文字中十二支辰文字恰与巴比伦之十二星象暗合⑤。《易经》卦文与巴比伦之楔形文字亦甚相类似，此则殊堪注意。因而这一问题的圆满解决，不仅有待于国内之大规模的地下发掘和对中国近亲各民族之研究，而且有待于我们对中亚细亚作大规模的发掘，以及作语言学、民俗学、人种学等各方面的研究。然而这在目前，是很少有可能性的。

似此，如果人类社会发展法则的一般性不能得到确立，便可使我们对古代中国社会经济，甚至各种史的研究不能前进一步。如我们所见，像胡适博士，他从美国实验主义的字典中抄来一些术语，把其所谓《中国哲学史》粉饰一段之后，便无法再继续下去。像李季先生，他虽然想尽力应用一种新的历史方法论，但其所作的结论，却又陷入一种机械论的定式化的谬误。像陶希圣先生，他似乎在企图重新创造一历史发展法则之各别性——多元性的理论⑥。结果，不幸也不曾把握着中国历史的真实性，且徒然使其自己的辛勤研究，辗转于历史循环论的泥沼中，在儒家所画定的圈圈中徜来徜去。虽然陶希圣先生自认已跳出儒家的骗局，我们为着对中国史之尽情的客观的研究，在后面对这几位先生的意见，不免要常常提及的，这应该能获取他们的允诺。

幸而莫尔甘、恩格斯、卢森堡以及其他伟大社会学者、考古学者、古生物

---

① J. G. Anderson：Early Chinese Cultrure. 按安氏（特生）于民［国］九［年］在河南渑池仰韶村掘出大宗石器时代之石器。后在辽、陕、豫、晋等省，均有与此同系之石器及铜器出土。

② B.，Karlgren：Philogy and Ancient China, p. 25.

③ A. Chnrchward：Origin and Evolution of Human Race, p. 367.

④ C. J. Ball：the Sumerion and the Chinese, p. 1—4.

⑤ 郭沫若：《甲骨文字研究》释干支。

⑥ 陶君反对把前驱者所发现之历史运动法则、历史学方法论，应用到中国史的研究上；只允许从中国社会的本身零星探求，想从新探求历史法则的陶君的企图，我丝毫也不敢轻视，我只以为陶君这句话未免说得过早一点。

学者、人种学者、民俗学者、语言学者们各方面的努力，根据事实研究的结果，指示出史前期人类劳动的一幅轮廓画，并求得其一般的共同的社会特征。再加其他伟大的历史家们，对人类社会历史发展过程的研究——在各时期中之经济活动的情况的真实的探讨——无论从全人类之总括的或各民族之个别的研究——所得出的结论，不惟证明了人类社会发展法则的共同性，在其过程中各个阶段上所表现的特征之一般性（自然，我们并不能忘记普遍中有其特殊性），而且证实了人类社会的发展法则，完全符合了史的一元论的法则。

郭沫若君说的好，"中国人不是神，也不是猴子"，所以中国社会历史的发展，当然也不能在这一共同的法则之后，另有一个途径。

因而史的一元论的历史方法，不啻是我们解剖人类社会的唯一武器。我们掌握这一武器来解剖中国社会发展的全过程，一切问题都不难迎刃而解。从而对于史料问题，不惟掺杂在真史中的伪的成份能够分辨出来，即伪史中的真的成份，也不难分辨出来，供正确应用——不致使我们像猜谜样的去戏弄古人。这正如地下考古一般，从地层的分析上，分别出同时代的遗物，和因地层的变动或其他原因而杂入之不同时代的东西。所以我们在古代中国史研究上，对古书中的材料，也必须要经过一次开挖的手续，才能正确的引用。

我为什么说伪史中有真的成份呢？大抵上，古代伪书的一部分，约出自战国的诸家所假托，一部分出自汉代诸子所假托。在战国时代的诸子百家，大多为着生活问题，各立门户，创为学派，尤恐还不能取得封君们的信任，因而又托宗于古。在汉代，尤其是西汉末东汉初，一方面有儒家和非儒家的饭碗问题的斗争，他方面又有儒家内部的饭碗斗争。为符合王莽的需要，古文家所伪托的古书便纷纷出现；为符合汉家的需要，今文家的作品又纷纷出世。但无论伪书作者的动机如何，更无论其出自战国时代，抑或出自后代人之手？当时或有所根据的材料而为后代所不及见已归湮没者；一部分或系根据当时所流传的神话传说，而加以粉饰——用作者自己的意识去扮演出来。如司马迁的《史记》和班固的《汉书》关于殷代事实的记载，从今日所发现的甲骨文研究出的结果，每多所暗合；因而他们在当时必有可靠史料的根据，为我们今日所不及见者，其次如《汉书·艺文志》所列书目，及今多有不能复见者。不然，以绝无科学常识之古人，而所记每有合于古代社会之事实，宁非奇迹？

第二编

中国社会经济发展的阶段

A. 关于历史方法论上的几个问题

人类社会经济发展的法则，是一元的——均有其一般性的。这在许多前驱者，已指示得十分正确明白，无庸再事申述。

那班抱历史发展法则之多元的观念论者们，只要他们肯转向事实方面去思维一下，或者也有对问题明白的一天——如果肯放弃其主观立场来研究问题的话。

在中国，在经济史研究这一范畴里，问题最纷乱的，莫过于"亚细亚生产制"、"奴隶制"、"商业资本制"这三个问题。易言之，其一，便是"亚细亚生产方法"，在社会发展之一般过程中，是否能独自成为一特定的阶段？在中国是否存在过？其次，便是奴隶制度在社会之一般的过程中，是否能成为一特定的阶段？再次，便是商业资本是否能作为一种经济的领导，而构成其独自存在之一社会阶段？

因而在中国经济史研究这一课题中，便发生着各种各样的奇异议论。就"亚细亚生产方法"说，有谓《政治经济学批评》的作者所指的亚细亚生产的方法，适当于原始共产社会的那一个阶段——且系前于古代氏族社会的那一阶段；有谓在古代共产社会崩溃后，便发生两个可能的前途：其一转入奴隶制，其一转入"亚细亚生产制"；有谓亚细亚生产制所说明的社会，便是所谓"专制主义"的国家，正所以别于欧洲的封建国家。

关于奴隶制度的问题，有谓在世界若干民族的发展过程中，除古代希腊、罗马而外，都不存有奴隶制度这一特定阶段的存在；有谓中国的奴隶制度，是和亚细亚生产制结合着的；更有人看见在中国历史运动之一长的时期中，都有奴隶被使用这一事实的存在，便不问其是主要还是残余，无条件的把这些时代都划归奴隶制度的社会去管辖。

关于商业资本和高利贷资本的存在，竟亦有人喊出"商业资本主义的社会"来。自然，这不过是波格达诺夫主义之整批的贩运勾当。

把上述议论一一陈列起来，我们很可能发生两个连带的疑问：在我们的历史家们的脑子里，历史运动的法则，究竟是一元的或是多元的呢？在历史的连续发展的进程中，有没有中断和飞跃的形式相续的到来呢？他们所握着的历史方法论，是什么历史方法论呢？

关于社会发展之诸阶段的问题，《政治经济学批判》的《序言》中曾有如次的一段话：

"大体说来，亚细亚的、古代的、封建的，和现代资本主义的生产方法，构成社会经济发展之相续的诸阶段。"

但蒲列哈诺夫（普列汉诺夫）对这所谓"亚细亚的"这一问题，曾有所解释。他说："原著者后来读到莫尔甘关于古代社会的著作之后，他大概对于亚细亚和古代的两种生产方法间的关系，会有所改变。"蒲列哈诺夫的这种解释，我认为完全是正确的。我们知道，在《家族私有财产及国家之起源》的著者在发表之后，对于"亚细亚的"这一问题就很少再提及。卢森堡的《经济学入门》，更无异在其前驱者之所谓"亚细亚的"题目下面作了一个详细的注脚。在伊里奇的丰富著作中，更不常提到"亚细亚的"问题来作为孤立的问题考察过①。

---

① 伊里奇虽有时曾提到亚细亚生产方法的问题，但是他并不曾把它当作孤立的问题去考虑，而只是把它当作亚细亚国家的封建主义的一点特色去考虑的。如他曾说："若是因为在莫斯科的俄国民族有过……土地国有，则他的经济基础是亚细亚生产方法。俄国在十九世纪下半期已巩固了了，在廿世纪则已无条件是资本主义的生产方法的优势。至于蒲列哈诺夫的论据是如何呢？在亚细亚生产方法基础上的国有和资本主义生产方法基础上的国有相混合了。他从字之相同上来考察根本不同之经济的即生产的关系。"（转引自马扎尔：《中国农村经济研究》）

所谓"亚细亚生产制"的基础的最典型的印度村落公社，我完全同意卢森堡的意见，它是和德国的马克、俄国的米尔，本质上完全是同一的东西。这用不着申述的。

这问题在中国的重新提出，是拉狄克开始的。照他所说明的所谓亚细亚生产方法的特征，可概括为如下几点：（1）土地属于国家所有，适用一种永佃制转佃于人民，地租采取一种赋税形式；（2）全国分成无数的村落公社，每一公社都是闭关自足的小社会；（3）国家和官吏是社会事业的承担者、水利的掌握者，借此去统治那些各自独立的小社会，专制政权便由此形成的。

拉狄克本是世界的一个权威学者，他所指的这些特征，在中国是否存在，我们暂时把这些问题搁置。只是他在这里对问题的认识方法，又不免把首尾倒置起来了。一个忠实而负责的历史学家，总不应该单拿上层的政治形态的东西去说明下层的经济性质；而且关于那些上层建筑物，并不能当作一个独自存在的问题去研究的。

说到"亚细亚"国家的水利系统的存在这一问题，自然，谁也不能否认那是一个特殊的地理的条件，然而也只能对于所谓"亚细亚"国家在形式上多多少少扮演一点特色，它并不能改变"亚细亚"国家的历史法则的一般特质。波特卡诺夫（L. A. Botcharov）说得对：

"中国的官僚，若是我们认其是从灌溉制度上生长起来的超阶级的东西，这便是错误。国家纯属在实现对农奴和被压迫大众之封建集团的政策，而行使其支配之各阶级的机关，在中国也是一样，这是我们应该知道的。"（《物观世界史》）①

因为在考察具有这一水利系统的特殊的地理条件的亚细亚诸国家，而欲说明其历史运动的法则时，只有从生产力以及由生产诸力构成的生产关系上去考察。如果在所谓亚细亚国家所代表的生产诸力以及生产诸关系的内容，即土地所有者对直接从事生产者之阶级的相互关系的内容和形式②，能符合了封建主义的内容，则适应于其上层的建筑物，也不能不是封建主义的。李达先生曾为我介绍如次的一段话：

---

① 编者注：《物观世界史》，即波特卡诺夫《唯物史观世界史》，日译本第三分册。
② "封建榨取，是名义地主对于农民之超经济以外的强制榨取。"（Cap. vd. Ⅲ）

"土地所有，是剩余生产物的占有的基础，直接生产者经营独立的经济。在生产手段所有者与直接生产者之间的关系上，经济外的强制实行支配，在土地所有的阶层制度，照应于政治权力的阶层制度。"

"关于封建主义的这个定义，如果是正确的话，那么，亚细亚的封建主义的问题，就要看那些国家的社会制度中有无因这个表征而显出特征的关系以为断。"这个意见，是十分肯定而正确的。

因而只要人们在研究上肯放弃主观的成见，不把所谓"灌溉制度"故意夸张，不要依"水"的力量去糊弄人，问题便自然会明白的。我们试一考察秦始皇的统一，是否完全借助于"水"的力量呢？照我看来，那不过是旧封建领主政权向新兴地主阶级政权的转移之一问题，此外构成其社会一切特征的条件，只是在其本身内前进了一步，而并无实质的改变。而且秦始皇的统一，真实的内容上，究竟统一到了怎样的程度？这也应该考察的。如果我们不愿意平白受儒家骗弄的话，便可以看见所谓统一的内容，也还不过是形式的。如果我们无条件把儒家所说的就当作历史的真凭实据，那么，将可以推演出如次的结论来：在秦始皇时代的中国政治是完全统一了，但现代的中国反而回复了军阀割据的状态。然而这不是历史的运动在倒退吗？实际，历史是不会开倒车的，所谓历史家的脑子反往往有开倒车的可能。

再则拉狄克在上面所指出的所谓亚细亚生产诸特征的问题，在理论的范畴里，不只是一种错误，而且包含着极大的危险性。他无异把地主的土地占有，在"土地国有"的名义之下隐蔽起来，把土地对于农民的束缚，在"永佃制"的名义下隐蔽起来；把地主的本身，在"官僚"的名义下隐蔽起来；把地主对农民的榨取关系，在国家"赋税的形式"下隐蔽起来；把地主的阶级支配的政权，在所谓"社会事业"和"水利调节"的基础上，建立起一座空中的楼阁来。这样，当然没有地主阶级，也没有农奴阶级的存在了。无论拉狄克怎样去解释——当然便没有历史运动的动力。因而拉狄克便无异在取消亚细亚国家的历史变动事实的存在。这不单是一种逻辑上的错误，而且是一种违反历史事实的结论。在拉狄克所指出的那种所谓亚细亚国家的政权形式，在社会科学的范畴里，应该把其归纳为哪一种类型的政权呢？

关于奴隶制度，是否在社会进程中为一般存在的特定阶段之一这一问题，也是近年才提出的。

他们提出这一问题的中心意见，以为马恩两氏所指的奴隶制社会，单在指古代希腊、罗马而说的；在欧洲的现代诸国家如英、德、法等，也都曾不经过奴隶制度这一特定阶段。所以，除古代希腊、罗马而外，在其他各国家中，奴隶制度经济并不曾取得过独自的领导地位，因而它并不能代表一个特定的社会阶段，而是在阶级社会之各阶段中附属存在着的因素的东西。

但是马恩两氏所指的奴隶制度社会，究竟是否系单指古代希腊、罗马而说的呢？在希腊、罗马之外的世界各民族，在其社会的进程中，是否都不曾有奴隶制这一特定阶段的存在呢？前者只有拿马恩两氏自己的话来参考，后者只有依据历史事实来作证据，问题才能解决。

恩格斯说到奴隶制度时，都是明白的在指一般的古代的阶级压迫之支配形态而说的，并不曾只限定为希腊和罗马。他在《英国劳工状况》中说：

"在……古代，阶级的压迫形态，为对于大众之土地榨取并其人格之剥夺，这便是奴隶制度。"

他在《家族私有财产及国家之起源》中说：

"没有奴隶制，便不能有希腊、罗马的国家，以及其艺术科学；从而也不能有罗马的帝国。没有希腊、罗马帝国的基础，便不会有现代的欧洲文明。"

后一段话尤明白的在说，奴隶制度是社会发展过程中一个必经的阶段，若没有这一特定阶段的存在，则后来的文明时代便不可思议。

马氏在其《资本论》第三卷中说：

"在作为敛财手段之所有形态中的奴隶经济——不是家长式的，而是后来之希腊、罗马式的——以货币购买土地和奴隶，为榨取他人劳动的方法，在这种场合里，货币便成为有用，因为它可以这样作为资本去投资，而产生利息。"

"古代世界商业的作用和商业资本的发展，常归结为奴隶经济。依据其出发点之如何，其归结，把以直接生活资料的生产为目的家长制奴隶经济，转变为以剩余价值的生产为目的奴隶制度。在近代的世界便归结为资本主义的生产方法。"

在前一段话中所指的后于家长式的奴隶经济，也不单在指希腊和罗马，而是指一般之"希腊和罗马式"的。在后一段话中，显明的指出古代家长制奴隶制度之直接转化的前途，是"以剩余价值的生产为目的奴隶制度"。

在他们的文集中，像这一类的话，我们还可以找出许多来。如次的一段论述，也是说得明白的："社会的——经济的构成之历史诸形态（Type）：前阶级的社会；阶级社会的诸构成——奴隶所有制、封建制、资本主义制；无阶级的社会。"（《生产力论》，白杨社版，六页）其次，在罗马国家存在的当时，日耳曼人和罗马国家的关系怎样，这是值得考察的。照我所知，当时日耳曼人，大部分是在罗马的统治之下的——无论其关系疏密如何？恩格斯在《家族私有财产及国家之起源》中说："曾为罗马属领支配的日耳曼诸民族，他们对被征服后的罗马人，自非加以组织不可……因此，便在残存的罗马地方行政机关的尖端上，附加了罗马国家的代用物。"不宁惟此，而且在罗马国家的末期，奴隶制经济已走上衰退途程的时候，已有大批的日耳曼人，或由于被掠获而参加在罗马经济生产的领域中，作了后代农奴之前驱的科劳士（Calonus），或是在罗马管辖的区域内，由士兵而作了所谓"边疆佃产"。易言之，在罗马国家解体期中，日耳曼人不仅和罗马发生了很密切的关系，而且在罗马国家内的日耳曼系人，也已经形成了一种潜伏力量。因而日耳曼民族对罗马国家的文化，是充分地继承下来。所以日耳曼民族在其发展的过程中，空白了奴隶制度这一阶段，并不是偶然的。这好像今日的印度一样，它在英国资本主义之下而演过资本社会这一阶段，将来印度直接由此不（而）跃入社会之新的阶段时，我们断不能说在历史发展的一般法则中，另有一种什么途径。欧洲人一走入南北美洲，对其祖国的社会所走的途径，便不再重复，直接就过渡到资本主义社会。

再次，我们从日本的历史来看，对于中国，这尤其是一个最好的典型的例子。日本历史的发展，依次经过原始共产制、古代奴隶制、中古封建制、近代资本主义制相续的诸阶段。在这里，因为不是在研究日本史，对其社会演进过程的详细内容，没有检举的必要。请参阅佐野学的《物观日本史》。在日本著名经济学教授福田德三君的《日本经济史》中，也暗示出这条线索，不过福田君有他主观的立场，他不肯明白指出来罢了。更以俄国历史来说，在其发展的过程中，也同样经过原始共产制、古代奴隶制、中古封建制、近代资本主义制……之相续的诸阶段。（参看嘉治隆一：《俄国经济史》，见改造社《经济学全集》第二九卷，《各国经济史》）

此外，在古代地中海沿岸的埃及、希伯来、巴比伦、腓尼基和波斯各国，也皆有奴隶制度的存在过。

最后，关于"商业资本主义社会"这一问题。在中国的所谓学者们，也都是从波格达诺夫那里抄袭来的。这在稍具社会科学常识的人们看来，本是无用申辩的。因为所谓商业资本这东西，它并不能代表何种独特的生产力，也并不能独自的创造出何种生产力，它是在最远的古代就已经存在着。

"货币及商品的流通，可以适用于各种不同的生产范畴。"因而它并不能成为一种独自支配的构成的社会阶段。而且就是商业资本最发展的封建社会末期——到资本主义社会的过渡期，它也不能对于封建社会的生产关系有何重大的改变——而能创造出何种新的生产力。库斯聂（Kushncr）在其《社会形态发展史》中曾这样说："若是我们认为商业资本出现以后，封建的生产关系就会随之消灭，这见解是绝大的错误。"不宁惟此，"商业资本之独立的发展……是和社会之一般的经济的发展，正成反比例。"然这"发明"商业资本主义社会之理论的人们，也应该是懂得的。但他们也常常去引用旁人的话去证实其自己的理论之正确。像如次的一类话，便是他们最喜引用的："封建生产方法的转变，取两条途径。生产者变为一个商人与资本家，正与中世农业自然经济及城市行会手工业相反对。这是真正革命的路，或则由商人以直接的手段，占有生产……（注意为这虚点所抹去的文句，羽）这种方法，到处都是真正资本主义生产方法的障碍，依后者的发达而常归崩坏的。"（朱其华：《中国社会的经济结构》，某君"序言"引①）

如果原文的意义真是如此的话，那么，便谁也不能否认，在封建社会和资本主义社会之间，显然有所谓商业资本主义社会这一阶段的存在。但我们为慎重起见，无妨再翻一下原文，把它重译一下："封建的生产方法的转变，有两个途径。生产者成为商人和资本家，与农业自然经济以及那和中世都市行会相结合的手工业相对立。这是真正革命的方法。或者，由商人自己直接占取生产，这种形式，也可说有历史的转变作用在里面，如在十七世纪的英国织物商，把独立经营的机织业者们，置于自己的支配之下，贩卖羊毛给他们，购买他们的毛织物——然而这都不能提供为对于旧生产方法的革命。反而对旧的生产方法予以支持，以为维持其自身之存在的前提条件……""这种方法，到处

---

① 编者注："某君"，指陶希圣。

都成为真实的资本制生产方法的障碍，随着资本制生产方法的发展，它便归于消灭。"把这段原文看过后，将可以发现在前者的引文中，那占去两个字的地位的虚点中，包含着一个怎样神秘的葫芦呢？

因而，由封建主义的生产方法到资本主义的生产方法之一过渡期间，并不曾有所谓第三种生产方法的存在；无论商业资本这一过渡期间的作用如何，但它绝不能产生一种由其独自支配的生产力。

"资本之作为商业资本独立优势的发展的事，和不能使生产隶属于资本之下，易言之，资本是一个外来的，从其本身独立的社会生产形态之基础上发展的事，是意义相同的。商业资本之独立发展……和在社会之一般的经济的发展，恰成反比例。"所以，所谓商业资本社会，既没有其独立的生产力作基础，那么，在人间的世界内，便没有它独自存在的依据；有的，就只有在那班诡辩论者的脑子里。

B.　中国经济发展之阶段的划分

中国经济发展的法则，也和世界其他各民族一样，并没有什么本质的特殊。

中国古代原始共产社会——原始共产君主国、氏族共产社会，依样是顺次的存在过。不过我们目前对这方面的知识，还是太缺乏罢了。因为关于旧石器时代的实物，还可说全无发现——在蒙古所发现的还不能确定其是否和中国民族有关。新石器和金石器时代的出土实物，不仅很少，而且至今还不曾完全确定其系统出来。然而这些实物——新石器和金石器时代的出土古物和丰富的神话传说，能指示我们古代中国诸民族活动的一幅轮廓画，则能确切相信的。

现下研究中国经济史的，大抵都只肯从殷代开始，对殷代以前的那个悠久的传说时代，都很小心的不去过问。可是问题长此的悬下去，似乎不妥当。若是严格的说，我们对殷代的可靠史料，也还是很不够的。所以我们对那悠久的传说时代，该来作一次探险的工作。

照我根据目前能有的材料研究的结果，传说之"尧舜禹"的时代，正是中国母系氏族社会发展完成的时代。所有能凭神话传说所指出的一些特征，几与莫尔甘和恩格斯对古代社会研究所得出的结论，完全符合。

不过所谓"尧舜禹"这三位"圣人"，或者都是神化的人物也未可知①。或不免系殷周及殷周以后的人们，根据古代传说作底本，又制作出这三位"圣人"来，拿他们和神话传说相结合，又加入作者的时代意识去粉饰一番，便成功了儒家的"华胥之国"。总之，要肯定，还有待于地下的发现。其次，"尧"、"姚"、"虞"、"夏"这四个字，我以为或者就是由"夏"这一字的讹变而转出来的。"夏"和"雅"也或者就是一个字，"夏"或"雅"或者是当时这一族的总名称。这都在后面还要研究。

传说中的"启"时代，是古代中国社会之一大变革期——由男系代替母系社会之一大革命时期。结合神话传说，也恰能暗示出这一变革时代的特征来。

"羿因民"而"距""太康"，是罢免酋长的神话传说；同时又"立其弟仲康"，是酋长的男系世袭权之确立的一种传说。对偶婚的形迹，在"浇因羿室"和"浞"与"浇"的子媳共宿等传说中，可以得到证明。畜牧业的繁盛，在"庖正"和"牧正"等传说中，可以寻出形迹来。

在传说中的所谓"桀"的时代，我也找着一点由氏族到市区的转变的形迹，但不够充分。

自然，对于古代的许多事情，我们是无法知道的。只有借助于比较的研究，去了解其轮廓，或者有待于地下的发现。出土的一些新石器和金石器时代的实物，所能指出的时代和神话传说所暗示的，竟能符合——自然还有空白——而其出土的主要地方，亦竟能和神话传说所寄托的主要区域相当，这不能不算是巧合。

只是有一点，莫尔甘和恩格斯曾有在东半球，直到中期未开化时代的终

---

① 帝喾在甲骨文中已得到证明，并且帝喾就是帝舜，也已得到多数人的公认。我此刻虽不敢说"帝喾即帝舜"的结论是错误，然而我觉得"帝喾即帝舜"的证据，还不免薄弱一点。在古代，"夏商"两族，似系各为一族的，这从其各自散布的地域去考察，可以得到证明。因而，如果"帝喾即帝舜"，则在商族的"帝舜"是人格化的人，在和"尧"、"禹"结合着的"帝舜"，在目前仍不能说他不是神化的人。"禹"之为神话的人，庄子就说过："无有为有，虽有神禹，且不能知。"（《齐物论》）近人有谓"禹"为一图腾名称，颇近似。

局，还不曾知道种植的一个假说①。这在中国，凭神话传说和出土物所指示的，却并不如此：它在新石器时代，一方面和东半球的其他区域一样，知道畜牧，他方面又能和西半球一样，也知道种植②。不过这并不违反莫、恩两氏研究的结果，这是应该声明的。

殷代的社会，现下国内的历史家，几乎一致的判定为氏族社会。若是用投票的方法可以表决，那我们就再没有提出研究的必要了。

但照我的研究，殷代不仅有很繁盛的畜牧③，而且有很繁盛的农业。不仅在生产事业的范畴里及其他事务上都使用奴隶，而且有专靠奴隶为生的自由民阶级的存在。在上层建筑的政治形态上，已经完全看不见民主的形迹，充分表现阶级支配的机能。这些特征，在甲骨文字和殷虚出土物中，也都表示出来。在殷代和周初的文献中，更表现很明白——自然，殷代文献中之后人附加的部分，应该要分别出去。

殷代王位之大部分为"兄终弟及"的事实，我以为这种上层建筑的东西，是无关重要的。而且终归是男系的父子兄弟的世袭，这种世袭，不曾有半点民主选举的形迹。选举和自承是氏族社会和阶级社会之政治范畴里的划界线。莫尔甘在《古代社会》中，对此曾再三声述过。而且兄终弟及的事实，不惟在古代国家中存在过，就是在此后的国家也存在过的。在中国的例子就很多，如武王之与周公④，赵匡胤之与赵光义，均为兄终弟及事例。

关于铁的问题，无疑是问题的中心。莫尔甘在《古代社会》中说：

"铁的产生，是人类经验中最重要的事件，再没有能和它等量齐观的东西，其他的一切发明和发现，都只是在其一旁的无足轻重的，至少也是居于它的附属地位。举凡槌、砧、斧、凿，都由铁制造，犁也须用铁尖，并有铁剑。

---

① 莫尔甘在其《古代社会》中曾说：在东半球，经过未开化时代初期，直至中期的终局，似乎还不知道谷物及其他植物的种植。恩格斯在其《家族私有财产及国家之起源》中也有与此同样的推论。不过他们都不曾坚决的判定，而只在说"似乎"是那样。
② 在仰韶的出土物中，曾发现用于种植上的石锄和石耦，又发现印有布纹的陶器，同时又发现谷粒。可是并不曾有铜器的发现。在无发现铜器的辛店、沙井和寺洼，知道农业的形迹更显然，可是从其出土物作全盘的考察，主要还是适应于中期未开化时代的。
③ "奴隶制度，多是在畜牧对于纯农业等比较占着优势，且是于对外贸易占着有利地位的区域发生的。"（山川均：《唯物史观经济史》）如果这是正确的话，奴隶制度的经济，在畜牧比农业占优势的情况下，都是可能的。
④ 周公曾为天子，在《周书》及其他周代的文献中，都说得很明白，这到研究周代社会时再详述。

总之，文明的基础，不能不说是建筑在这一金属上面的。"

恩格斯对"铁"的功用，也有如次的评价：

"我们在这里（未开化晚期——吕）开始遇到铁制的用家畜拖曳的犁头，它使大规模的田野农业得以实现，且由此得以无限制的去增加食粮的生产。其次的一个结果，是森林采伐，把森林地转化耕地和牧场，这若是没有铁斧和铁锄的力量，便是不能作大规模的进行的……这种进步，又实现了人口之急速的增加和小区域内之人口的集中。在田野农业未出现以前，若是让五十万的人口放到一个中央机关的指导之下，而能够得到统一的话，那就只有在异常优良的环境下面，才有其可能——这是绝对不会有的事情。"

因而田野农业的出现——铁的功用，它无疑是文明时代的接生婆（青铜器在相当的条件下，也似乎有这种功用）。可是到现在为止，在殷虚的可靠出土物中，还不曾有铁器的发现；然而在出土的铜器中，我们却已找着一点铁的形迹[1]，虽然还不敢判定，系属铜的自然含量，还是有意的合金的配合。这就是暂时不信任罗振玉所搜集的古物中之铁器为可靠的话。

铁到春秋时代，似乎还把它当作"恶金"，只用作制造农具，而不曾用它来制造兵器。制造兵器是当时人们称谓"美金"的铜。殷虚是殷代的首都，人民所用的生产工具是否也有一些被政府收容在内呢？这却还是一个问题。在殷虚出土物中，多是些祭器、食器和兵器等，关于耕种工具，还不多见——严格的说，还未曾发现。据昨年十月三十一日北平《世界日报》所载，董作宾君发现春秋时代邾国（按即邹）的遗址，并不曾有铁的发现。如果所发现的果属春秋战国时代的遗物，并且在该处将来若继续仍无铁的发现，这便值得我们特别的注意。不过凭传说去判定古物的时代，这是很危险的。

从文字的演进的程度说，甲骨文的文字，并不是所谓象形文字：实际而是已演变到较复杂之形声文字阶段的文字。这是大家都能看到的事实。那么，拿莫尔甘研究的结果来说，即此就能证明是"文明时代"的象征[2]。

在甲骨文中的"命周侯"三字的发现之后，不但指出了殷代国家政治支

---

[1] 殷虚出土铜器经化验结果，主要成份多为铜和锡铁之合量。
[2] "文明时代，开始于音标字母的使用和文字记录的产生。"（《古代社会》）

配区域之扩大，同时又指明了贵族诸侯之业已存在。这实在给我们说明了不少问题①。

商业对于奴隶制度的确立，是有其重要意义的。殷代商业发展的情形，我们不能单凭传说去说明。然而在殷代，从奴隶之作为商品交易（《周易·旅》），以及殷虚中之远方物件的发现的事象去考察，便不难想见其商业上的一个概况出来。

作为商品交换之媒介物的货币形态，便可以作为考察商业发展程度的一个尺度。在古代的希腊和罗马，作为商品交换之媒介物的东西如阿司（ass），也还是货币之一种早期的形态。以阿司（ass）作为货币的单位，真正的意义上，就意味着以一匹驴为货币的单位。因而不论其代替物是什么，它也还是一种早期形态的货币。我们在殷虚中所发现的珠玉和贝货②，它的性质上，已经专门在作为商品交换的媒介物而存在了。我国文字，凡关于货币的字类均从贝，从贝字除三数之外，又多系形声，货字的本身，也便是一个从贝的形声字（参看《说文》）。贝当为最初的专门化的货币。此其一。我在山东，曾亲自见过一块和周代铲币形状一样的铲贝，并灼有"文貝"字样，而视其构造大小，又非能作为器物使用，我以为这便是古代曾专门充任货币的贝货。此其二。

但是我并不否认，殷代的奴隶制度，或并不曾发展得像古代希腊、罗马的奴隶制度那样繁盛。这当然各受其地理的环境的条件所限制。古代希腊、罗马，占据地中海那样天然交通的区域，和"逆子"般的中国黄河比较，是不能同日而语的。凡此，我们到专论殷代社会时，还要详细研究。

西周的社会，虽然还有使用奴隶的事实的存在；然而在生产领域里，奴隶经济已退出支配的地位，而让渡给了农奴经济；原来的奴隶主，也已如实的让位给了封建领主。所以在西周，奴隶之被使用这一事实，那不过是前代的一点残余，而且这种残余的东西，实通过了所有阶级制度的社会，通同存在着。

这奴隶的被使用——到战国之末以迄汉代，不仅贵族们多还拥有奴隶，如秦之吕不韦，汉之王侯公主，便是例证。而且卖子鬻女的事情，也还存在着。如果我们只从表面看问题，这些表面现象，便可以蒙蔽我们，能使我们误认秦

---

① 参阅郭沫若《甲骨文字研究》"释封"。
② 按有真贝、骨贝、珧贝、铜贝（同上条释朋）。郭先生也不否认。

汉为奴隶制度经济，可是我们一考察谁是担任生产的主要阶级的时候，却看见不是和工具一样的奴隶，而是具有半人格的农奴。农奴的本质的农民，被榨取的却是地租、契约和赋税等表现出来的剩余劳动——榨取的方式，曾充分表现着超经济以外的强制榨取。这而且一直继续到后来一个悠久的时期。

话又说回来了，在西周的从事生产的农民，所耕作的土地，不单是"公田"，并同时有"私田"，这在《诗经》中的"雨我公田，遂及我私"的一句话便能说明的。农民饲养的牲畜之类，除供给领主以外，自己还可以留存一部分。《诗》"七月流火"，对这些事就有确切的说明。凡此都不是工具化的奴隶们所能想象的。这不过是一些例子。

政治上的隶属关系，也完全表现初期封建社会的一种形态。

研究西周的社会，在周金文和《诗经》这一类可靠的材料中，就能找到它的说明。郭沫若先生在其大著《中国古代社会研究》中所例举的关于西周社会的一些史证，大多只能说明封建制度，并不能说明其所谓奴隶制度。

在春秋时代，可说是中国封建制度发育完成的时代，而且最典型。无论在阶级剥削关系的内容上所表现的，抑其上层建筑之诸形态上所表现的，均系如此。详细内容，我们到专论春秋时代的经济时，再详细说明。

很多人紧紧握住庄园制度来度量中国的封建社会，认为在庄园经济就是衡量初期封建社会的尺度。实际，照我所见，庄园制度，就是在中古欧洲的各国，也并非一般都是那样典型的存在着的。

战国时代，中国封建社会内部所包含的一种变化，已开始成长。一方面，新兴地主经济之渐次确立，和商业资本的抬头；一方面，原来的封建领主之大批没落，因而直到周秦之际，这种内部的变化的因素已经存在，旧封建领主所支配的农奴经济，不能不让渡到新兴地主的农奴经济；因而建筑于其上层的封建领主的政权，当然不能完全符合新兴地主的要求。秦始皇的地主支配之封建国家的政权，便在这个基础上建立起来的。像这样以地主表现领主职分之一形式的封建社会，为要把它别于原来的封建社会，借波特卡诺夫的话来说，便可以叫作"变种的封建社会"。实际，阶级剥削关系的内容，本质上并不曾改变，这是应该知道的。

由秦代一直到鸦片战争的前夜，这种经济性质的内容，并不曾改变，只在封建经济的体制内连续的发展，但并不曾中断。只是一入秦代以后的封建社会，系一变种的形态，因而在政治的形式上表现为一种外表的统一的国家，经济上有商业资本和高利贷资本的存在和活动。实际上，这在其前代就已存在着的。这便使许多观念论的历史家们都陷入迷途，只能看见现象，对于其本质上的认识，便显出十分无力的窘状。因为从现象去认识问题，连什么都无法认识的。只有从社会自身之本质的最基础的东西去把握，则建筑于其上层的种种东西及一切现象，才能正确的被我们认识。因为一切上层的建筑物，对于其本身都不能说明。因而，要了解自秦以后到鸦片战争前这一阶段的经济性质，只有从其阶级的剥削关系的内容上去考察，才是问题的核心，才能说明其经济的性质。如果阶级的剥削关系的内容是封建主义的内容，那么，社会内便是封建主义的社会。封建主义的经济以及和其相次的资本主义的经济，都各有其不同的物质，是不容混淆的。

"农奴制的经济，在三种体制上和资本主义体制不同。即一，封建经济，系属一种自然经济，反之，资本制经济，是以货币为基础的；二，封建制经济之剥削基础，在把劳动者隶属于土地，受领于领主的土地之上，反之，资本制经济的剥削基础，则置于所谓从土地解放出来的劳动者的事情上……三，领得一部分土地的农民，便须把其个人从人格上都隶属于领主……因以形成农奴制的超经济的强制……反之，资本制则在于自由市场上，资本家与劳动者间的契约之完全自由。"（伊里奇）

我们依此去考察由秦到鸦片战争前的中国经济，连半点资本主义的特征也找不出来，反之，封建主义的特征，却完全具备。这到我们专论这一时代的经济性质时，还要详细研究的。

可是，自秦至鸦片战争前这一长的历史时期中，社会的内容性质，虽还是不曾改变，却也在连续不断的向前发展中。譬如从地租和赋税的形态来说，在秦代，大体上可说还行着劳役地租和劳役赋税；到了汉代，地租和赋税便都以现物为主要面表现出来了。一到唐代的天宝时代，在赋税的范畴里，便表现出现物和货币之间同时存在的事实。到明代，现物便完全为货币所代替。但在地租方面，直到这一时期之末，还是现物为主要形式。劳役地租虽然常常存在着，不过它的重要性，是随着时代的进展而渐次丧失了的。

地租的本身，在前资本主义社会的场合里，无论用何种形态表现出来，本质上都是剩余劳动即无偿劳动的构成物。

"地租在历史上……是剩余劳动即无偿劳动之一般形态。在这种场合里，剩余劳动的占有，与资本家的场合不同。在这种场合里，为其基础者……是露骨的奴隶制、农奴制，以及政治上的隶属关系。"（《剩余价值学说史》）

封建地租之最基本的形态，便是劳役地租。而且"劳役地租，也就是地租之最单纯的形态"。但是，"劳役地租向现物地租的转化，在经济学上，不曾引起本身之何种的变化"。就是由现物地租转化为货币地租的时代，构成地租的基础的东西，也还是同一的。

"货币地租，那虽属行将崩溃的基础，与为其始点的现物地租的基础，是同一的。就是直接生产者由其相续或其他的因袭，依然对土地的占有者，而须将强制的剩余劳动——易言之，即须将不受相等代价而须给付的无偿劳动……以转化成货币的剩余生产物的形态，支付给为这最重要生产条件的所有者即地主之手。"

不过在这里须慎重指出的，现物地租—转化到货币地租的形态，即由劳役地租递演到货币地租的形态，封建地租的基础，便临于崩溃。同时随着货币地租的发现以后，农村无产劳动者即农村雇佣工人阶级便必然伴着产生。这种农村无产劳动者，他们在表面上之人格的完全自由及雇者与被雇者间的契约之完全自由这一点上，和后来的产业劳动者是同一的。随着这一新阶级的发生，社会的阶级剥削关系的内容，便随着转变，直到这一阶级在生产的领域上占着优势的时候。

"现物地租之货币地租化，不仅更使为货币而将其自身卖给他人雇佣的无产劳动者之一阶级，便必然地伴着而形成，而且是依此而先行着的。虽然，这新的阶级，还不过是开始在这里那里散布的发生期，在占有优良的地位的负有支付义务的农民们之间，就必然地发生出用自己的计算从农村工资劳动者来剥削的习惯。这恰如在封建时代的富裕的隶农民，雇佣他们自身或奴隶一样。"（转引自《读书杂志》）

"货币地租从现物地租的转化，是随着商业，都市工业，商品生产一般，乃货币流通等显著的发达为前提的。"

为要说明封建地租之诸形态，不禁引文过多，现在再回到本题来。

由秦到鸦片战争前这一长的历史时期中，社会内部的矛盾，曾爆发为多次的内战。这些次战争的结局，常归结为两种形式：其一，是农民军常为其同盟者或首领所拍卖，而归结为封建地主政权之延续；其二，农民军往往为地主阶级引来之外力所压服，因而地主阶级的政权，乃在又一形式之下得以延续。前者如秦末农民军之与泗上亭长刘邦，西汉末农民军之与大地主刘秀，元末农民军之与僧人朱元璋……"后者如唐代的农民军黄巢一群为唐政府引来之沙陀李克用所镇服，宋末农民军为地主阶级引来之鞑靼势力所镇服，明末农民军为地主阶级引来之满洲贵族势力所镇服。这些都是历史上最明显的例子。甚而，太平天国农民起义，清政府亦曾用关税特权做交易引来之英国势力（戈登）的援助之下才得到平定的。

不过每一次战争的结局，地主阶级的经济，也不能不一时呈现衰退，以及因战争的残杀而发生人口的减少，这往往反使社会内部的对立的矛盾，渐趋于缓和了，直至矛盾的发展——达到某种局势，内战又重新爆发。不过这种战争的范围，总是一次比一次更扩大，内容也便一次比一次更充实，所以这并不是内战之循环的回复。

地主阶级的经济发展到元代，商业资本和高利贷资本的发展，可说已到了尖端。这时的中国，无异已成为中世的"国际市场"。尤其是和海外交通的广州和泉州，手工制造业中心的杭州，内河商业都市中心的苏州和扬州，更成了商业的中心地。可是随着元代政权的崩灭，中国和中亚细亚的交通，便被强制的停止了。然而在地主阶级的经济遭受战争的大破坏之后，明代却仍然在继续作海外通商航路之恢复，可是虽然有三保太监郑和之"七下西洋"以及其他类似的事情，也终于不能不受其同时代之亚洲封建各国之封建闭锁政策所影响，而减低其成效。

自鸦片战争到现在的中国经济性质，应归"中国现代经济问题"那一课题中去决定。

第三编

殷代的奴隶制度经济

关于殷代的史料问题——殷代的经济组织——殷代国家的成立——余论

A. 关于殷代的史料问题

一、《周易》

《周易》的本身应分为不同时代的两个部分——卦爻辞和系辞。关于后者，相传为孔子所作，这是很难凭信的。《左传》："晋韩宣子来聘，观书太史氏，见易象，曰：吾乃今知周公之德与周之所以王。"是《易象》在春秋时已存在，或系可靠。《易传》究出自何时，我们现在颇难于判定。但从其构意去考察，似属一种变革时代的思想反映，同时关于其以前的时代的历史；作者从动的观点统统给它否定了。一叙述到其自身的时代的现实上，便又转入于一个静止的主观的肯定的观点，因而在周初似有产生这种作品的可能，我们虽不敢遽然判定。

关于卦辞和爻辞产生的时代，历来儒家的各种传说，均难作凭信。因为儒家根本就戴了一副有色眼镜，不惜给卦辞和爻辞也披上一件神秘的袈裟。拿我们现在科学的眼光去研究，所以卦辞和爻辞，不过是关于古代阶级社会"人吃人"的简略记事，并不曾看出有何种神秘所在。我们要对其产生的时代作一判定，只有从其本身去考察。因而：其一，从卦辞和爻辞所说明的社会及其文体看，无宁和甲骨文很相似，不过按卦分类，编辑成书，这或许是后人完成的。其二，文中所记人物有帝乙、高宗、箕子，这无论是帝乙系成汤或纣父，高宗系武丁或武乙，总之他们都属于殷代就够了，至于那种有关阶级的考古研究，我们无暇与之争论。依此判定卦辞和爻辞为殷代史料，便不算牵强。不过，我们若以为以此便能把殷代的社会充分说明，这也是错误的。因为它究竟只是一种关于占卜上的简略记事，而不是一种正式的历史的编述。其文辞不免概略，在三千年后的我们，仍难于完全了解，所以它只能给我们暗示着殷代社会的一些影子。

二、殷虚遗物

殷虚前后出土文物之为殷代铁一般的史料，是毫无问题的。问题只在于它们是否能代表殷代文物的全部？再则关于甲骨文字的各家释文是否完全正确呢？这点我们在开始就说过，不再费言。

殷虚前后出土遗物及其考释，大致能构见于如次的各书中：

罗振玉：《殷虚书契前编》八卷、《后编》二卷、《铁云藏龟之余》一卷、《殷虚书契菁华》一卷、《殷虚古器物图录》及《附录》共二卷、《殷虚书契考释》三卷、《殷周文存》、《吉石庵丛书》等。

王国维：《海宁王忠悫公全集》中关于殷代遗物的各种著作。

孙诒让：《契文举例》；刘铁云：《铁云藏龟》；叶玉森：《铁云藏龟拾遗》；商承祚：《殷虚文字汇编》十四卷；王襄：《簠室殷契征文》十二卷（郭沫若认像伪片）；明义士（Rmes Mellon Menzies）：《殷虚卜辞》；林泰辅（日人）：《龟甲兽骨文字》二卷。中央研究院：《安阳发掘报告》（已出至第四期）；《蔡元培六十五岁论文集》；郭沫若：《甲骨文释》、《殷周青铜器铭文研究》等。其他，有关各种金文所收集之可靠殷代遗物等。

三、《尚书·商书》各篇

《史记》称《尚书》中有《商书》二十余篇，存者共五篇①：《汤誓》、

---

① 按：今本《尚书》注云：隶书写古文二十五篇，《商书》中《仲虺之诰》、《汤诰》、《伊训》、《太甲》三篇、《咸有一德》、《说命》三篇。又今本《尚书》中《商书》共十七篇。

《盘庚》、《高宗肜日》、《西伯戡黎》、《微子》。这五篇之中，《汤誓》一篇，其构意与所谓《夏书》之《甘誓》完全为同一公式，其文辞亦不似其他各篇之佶聱难解，故其时代显系后于其他各篇，断难作为商代信史。

《盘庚》篇分上中下三篇，国内学者从各方面考订，已一致确认为商代信史，兹不词费。其他三篇，王国维等亦判定为商代信史。我们从其所说明的时代以及其文辞构造，大体亦殊能与《盘庚》篇相衔接；不过又似乎夹杂有后代人润色形迹在，这或者是事实，因而我们在引证上不可不加考辨。

此外，在周初的几篇可靠文献中《周书》有关商代的史料，也有相当可靠的。其他古籍中关于商代的记事，充其量也只能作为历史的副料。

B. 殷代的经济组织

就既有的殷代史料能说明的殷代经济性质，是氏族社会呢？还是阶级社会呢？这不是让我们来诡辩，而是活生生的历史事实。在奴隶制和晚期氏族制这两者间之在社会下层基础以至其上层建筑的诸形态上都有其各异的特征，这是不容混淆的。

我们要想正确的认识一个时代的社会的本质，必须从其当时所反映的各种现象作辩证的考察。若是把每个现象从其当时社会存在的一联串的象征中孤立起来去考察，便只能作出：

是—是

非—非

甲即是甲

乙即是乙

非甲即乙

的结论来。那只有实验主义的方法论才是如此，他们对于问题的本质是无法接近的。因为孤立的各个现象，并不能说明其自身。不幸我们的那班自号辩证唯物论的中国史研究者（自然，那不过是一些冒牌的半截的货色），却都在如实的履行着十足的实验主义的方法。

因而在氏族制晚期的农业和畜牧，和奴隶制下的农业和畜牧，在我们的实验主义者看来，农业就是农业，畜牧就是畜牧，难道还有什么质的不同吗？家长制时代的奴隶和后来的奴隶制时代的奴隶，也就不能不是同一的奴隶，并没有什么质的差异了。像这一类的说明，对问题有什么补助呢？还不是真理遭殃吗？

其次，我们的历史家更从而可以作出以残余作为主要，以局部概括全部的结论出来。如我们的诗人郭先生，看见商代王位有"兄终弟及"的事实，有"常常专为先妣特祭"的事情，更妙的是所谓"多父多母"的形迹的存在，便忍不住大声疾呼："商代不明明还是母系中心的社会，那时候的家庭不明明还是一种'彭那鲁亚家庭吗'？""那以前的社会就不言可知了！"妙哉！此外的一班殷代氏族社会论者，都还比郭先生落伍得多，所以我特别提出他作为代表。

此外，在我们的"唯物论"历史家的血液中的实验主义的成份，便是他们不了解因历史的连续发展的中断而引起向前飞跃的形势，以及突变和历史的质的变化的联系，反之，他们却认为在渐变的连续过程中能完成历史的质的变革作用。因而在殷周之际的那一次历史的变革，却有人认为不曾引起质的变革；在西周和东周之际那一连续发展的进程中，反又认为是历史的一大变革期。

以下我们从殷代的经济组织来作一实际的考察。

一、殷代的生产力和生产关系

1. 畜牧

先说畜牧。就现有出土甲骨文字中，殷代的家畜，我们现代人豢养的家畜——牛、羊、鸡、犬、豕、马等，已应有尽有。例如：

"辛巳卜，丰，贞埋三犬，寅五犬五豕，卯四牛，一月。"（《殷虚书契前编》卷六，三页）

"庚子卜，贞□羊，延于丁□用雨。"（《殷虚书契后编》十二页）

"鸡"（《甲骨文字汇编》卷四）

把家畜用作牺牲的数目，据郭沫若的举例，每次有多至三百、四百者。这诚如郭先生所说，"不是畜牧最盛时代是决难办到的"。畜牧业的繁盛，用畜牛马参加劳动或作为交通工具使用也可以看出来。例如：

"贞挈牛五十。"（《殷虚书契前编》卷一，二十九页）

"贞罟御牛三百"。（同上书卷四，八页）

"癸未，王□贞，有马在行，其在射获。"（《殷商贞卜文字考》）

"贲如皤如，白马翰如，匪寇婚媾。"（《周易·贲》）

"屯如邅如，乘马班如……"（《周易·屯》）

"良马逐，利艰贞，曰：闲舆卫，利有攸往。"（《周易·大畜》）

"见舆曳，其牛掣，其人天且劓，无初有终。"（《周易·睽》九三）

"曳其轮，濡其尾，无咎。"（《周易·既济》）

他如"康侯用锡马蕃庶，昼日三接"（《周易·贲》），也说得很明白。

2. 农业

关于农业上的，卜辞中有农、田、畴、井、疆、甽、圃、囿、畕、畄、畯、艺、禾、黍、啬、粟、麦、来、稷、曑、米、年、季、鰰、糌、芻、果等字。此外，不仅和农业相关的酒、罍、衣等字甚多，殷虚中所发现的酒器，甚至比其他器物为多。言衣者，据董作宾搜集其第一次发掘关于言衣者又发现二条。

他如卜雨、卜年、卜黍年之条甚多。除罗振玉、王国维所举者外（按罗氏《殷商贞卜文字考》中所举卜雨之例甚多），中央研究院第一次发掘又发现关于卜年者九条，卜雨者二十二条。

再从《易经》的卦爻辞来看。有田字、裳字（《坤》六五：黄裳元吉），年字、园字、束帛字、果字、酒字、瓜字（《夬》九五：以杞包瓜）、朱绂字、井字（《井》：改邑不改井）、袂字（《归妹》：其君之袂，不如其娣之袂良），衣袽字（《既济》："繻有衣袽"）等。他如"见舆曳，其牛掣"，已用牛参加农业劳动。"不耕获不菑畬，则利有攸往。"（《周易·无妄》）是则在农业上，并已实行着"三圃制"的经营。

商民族嗜酒的情况，据《诗·大雅》说："咨女殷商，天不湎尔以酒，不义从式……靡明靡晦，式号式呼，俾昼作夜"（《诗·大雅·荡》）"我用沈酗于酒"，"方兴沈酗于酒"。（《商书·微子》）"辜在商邑，越殷国灭无罹……庶群自酒，腥闻在上。"（《周书·酒诰》）

像这样的情况，不是农业已发展到一定高度，是不可能的。

周初周人追述其先世农业的繁盛，在《诗经·大雅·公刘》各篇中均能表现出来。新获卜辞中"命周侯"（《新获卜辞写本》二七七号）三字的发现，已能证明周在其建国前曾为殷的属领。因而辩证的解释，周在当时的生产绝不能超过殷而上之。因而农业之在殷代，已经和畜牧同为当时主要的产业部门。

3. 工具和工艺

在殷虚的出土发现物中，兵器和各种器具，铜器占最多数。郭沫若就罗振玉《殷文存》中所收集七百种铜器铭文分类为爵、卣、尊、䀠、觯、鼎、敦、觚、盉、角、斝、甗、匜、壶、鬲、罍、盦、盘、簠、豆等二十种，他并且说："足征当时的青铜器已很发达。"新近中央研究院在河南安阳发掘出的青铜器甚多，兵器方面如铜刀、铜矛、铜镞等甚多，并有铜锛。在同时出土物中虽然还有石器，但从其数量上去比较，已显然处于从属的地位。因此，李济君亦终于不能不确认殷代为青铜器时代（参看《安阳考古报告》各期）。

只是在殷虚的历史发现中，并不曾发现有农器在内。郭沫若等十分牵强的从"农"字的"辰"字去证明农器为石器，从而更以"石刀"充数为农器，这完全是一种诡辩。一方面在他们的脑子里有农业工具的石刀和石犁，他方面又有繁盛的农业，这两种现象，怎样能成为辩证的联系呢？那就只能靠我们的"历史家们"的脑筋。

最近中央研究院对殷虚的发掘，已发现有冶炼场和工艺场的遗址（参看发掘报告），这是最重要的一件事情。

殷代的农业工具，究竟是否已使用铁器？因为在殷虚既无金属农业工具的发现，单凭兵器和其他器具是无法判定的。铁器之用于兵器，却是至战国才有的事情。

"古者以铜锡为兵器……春秋迄于战国，战国至于秦时，攻争纷乱，兵革互兴，铜既不充给，故以铁足之。铸铜既难，求铁甚易，是故铜兵转少，铁兵转多……二汉之世，逾见其微。"（江淹：《铜剑赞序》）

"美金以铸剑戟，试诸狗马；恶金以铸钼、夷、斤、斸，试诸壤土"。（《国语·齐语》）

照郭先生的意见，曾为殷属领的周之先人公刘的"取厉取锻"（《诗经·公刘》），便是"采取铁矿来锻炼"。那么殷的属领在早就已知道炼铁，殷民族自身却还是只知道用石去耕作，这是如何的矛盾呵！但是我认为郭先生等"取厉取锻"的解释，却是相当正确的。

再则殷虚的出土铜器化验的结果，包含有铁的相当成份，明义士所获殷虚出土的一块陶片，内附有一块铁矿以及《易·大过》"藉用白茅"之"白茅"二字，均值得我们注意。因而我虽不愿和李季一样，拿埃及在三千二百年前就知道用铁（E. A. Palkgn Prehistori Cart Chap. X. P1），来作为商代也知道用铁的一个证明。如果这类的事情也能作为证据，那么中国应该在夏代就知道用铁了。例如陶弘景《刀剑录》云："（夏）孔甲在位三十一年，以九年岁次甲辰，采牛首山铁铸一剑，名曰夹，古字篆书，长四尺一寸"，所以我只能认为殷代有知道用铁的可能。

关于土木方面，郭沫若所举的甲骨文字中有宫、宅、室、宅、家、牢、图、舟、车等字。商承祚《殷虚文字汇编》中并有瞽（《说文解字》。瞽，狱之两曹也，在廷东。从棘，治事者，从曰。），亯（吴中承云：象宗庙之形）糯、图、廟、鄙、邑等字。最近殷虚又发现房屋建筑遗址。《易》卦爻辞中有家、廬、城、隍、邑、床、宫、栋、穴、坎、宧、牖、门庭、王庭、墉、屋、户、庙、宗等字。

关于衣物方面，郭举甲骨文字中有丝、帛、衣、裘、巾、幕、斿、旒等字，《易》卦爻辞中有裳、朱绂、帛、衣、柳、革、巩弊、带等字。

《易》卦爻辞中关于交通工具及其他器具，有乘马、金、皿、锡、舆、辐（《周易·小畜》九三：舆辐）、载、戎、大车、簪、蛊、履、金矢、黄金、车、白茅、樽、簋、缶、角、犁、弧、黄矢、金柅、金车、瓶、甕、鼎、金铉、玉铉、匕鬯、斧、矢、机、轮、弋等字。这在殷虚大抵也都有发现。《盘庚》篇有舟字（若参舟）。

依此，殷代工艺，均已有相当发展；工艺作坊遗址的发现，我们可以看出当时的分工也已有其相当的程度。

二、奴隶

殷代奴隶之广泛的存在，在甲骨文和《易》卦爻辞中就记述得很明白。甲骨文中有奴、仆、役、臣、姜、奚、竖、婢、姘、俘字。《易》卦爻辞中有小人、童、仆、臣、妾、李、刑人等字。但是这种存在的奴隶，是家长制时代的奴隶，还是其后来的希腊、罗马式的奴隶呢？这我们不能不考察一下在殷代奴隶之被使用的范围。

用于畜牧者，例如甲骨文中之"戊戌大占奴，卜令牧坐"、"土方牧"、"雀人刍于牧"；用于耕作者，例如："姘姘受黍年"，"贞叀小臣令众黍"、"耤臣"；用于捕鱼者，例如："渔有众"、"渔亡其众"等。用于战争上的，例如"竖来自毕"，"多臣伐吕方"；用于杂务的，仆字的甲骨文字形就是一例，文有用于牺牲及歌舞者。我们在卦爻辞中也能找出许多明白的例子来。例如：

"高宗伐鬼方，三年克之，小人勿用。"（《周易·既济》，九三）

"曳其轮，濡其尾。"（同上，初九）

"王臣蹇蹇，匪躬之故。"（《周易·蹇》，六二）

"见舆曳，其牛掣，其人天且劓。"（《周易·睽》，六三）

"硕果不食，君子得舆，小人剥庐。"（《周易·剥》，上九）

"剥床以足，蔑贞凶。"（《易·剥》，初六）

"孚乃利用禴。"（《易·萃》，六二）

"大君有命，开国承家，小人勿用。"（《周易·师》，上六）

"系蒙，不利为寇，利御寇。"（《周易·蒙》，上九）

是则奴隶不仅在普遍的生产领域和杂役中被使用，而且用以参加战争和公务。此外，奴隶又被普遍的作为商品而买卖。

他方面，非奴隶之参加生产者，我们除见到"惰农自安，不昏作劳，不服田亩，越其罔有黍稷"（《商书·盘庚》）一条外，便不多见，但这已充分在说明当时的自由民不屑劳动，才引起盘庚这样去谆谆告诫。这不劳而食的自由民阶级之存在，在《盘庚》篇中也能暗示出来：

"古我先王，暨乃祖乃父，胥及逸勤，予敢动用非罚。"

"予岂汝威，用奉畜汝众。予念我先神后之劳尔先，予丕克羞尔，用怀尔然。"

"古我先后，既劳乃祖乃父，汝共作我畜民"。

惟其由于他们是被"奉畜"的自由民，有大批的奴隶去替他们生产，所以才能终日无所事事，"式呼式号"、"俾昼作夜"、"靡明靡晦"的"群饮"，才能自微子、箕子以至"庶群"，从上至下长日的"沉酗于酒"。在氏族社会中，恐怕不会有这样终日沉湎于"醉乡"的大批人们——正确的说"有关阶级"存在吗？

大群奴隶的来源，全要由于战争，其次又由买卖去补充。在《易》卦爻辞中记载战争之事甚多，这种战争多是为掠取奴隶而战争的。例如：

"軎马孚服，王弗每。"（《新获卜辞写本》一五七号）。

"□挚孚归，克，卿王史，其挚。"（同上二六号）

"晋如摧如贞吉，罔孚，裕，无咎。"（《易·晋》初六）

"有孚挛如，富以其邻。"（《易·小畜》九五）

"扬于王庭，孚号有厉，告自邑，不利即戎。"（《易·夬》）

"厥孚交如，威如。"（《易·大有》，六五）

"有孚，惠心，勿问元吉，有孚惠我德。"（《易·益》，九五）

"随有获，贞凶，有孚在道，以明，何咎"。（《易·随》，九四）

"习坎有孚，维心亨，行有尚。"（《易·坎》）

"壮于趾，征凶有孚。"（《易·大壮》，初九）

"王用出征，有嘉折首，获匪其丑。"（《易·离》，上九）

"执之用黄牛之革，莫之胜说。"（《易·遁》，六二）

用战争去获得奴隶，其对象不外为环绕其四周的各族。从甲骨文看，环绕其四周的为舌方、土方、羌方、人方、井方、粪方、马方、羊方、洗方、苴方、林方、盂方、莘、邘、二封方、三封方、下勹、鄘、奄、雷等，所以其奴隶有"鄘人"、"羌人"、"人方牧"、"土方牧"、"奄奴"、"邘奴"、"臣舌方"、"俘馘土方"等。

买卖来的奴隶，例如：

"贞吉悔亡，憧憧往来，朋从尔思。"（《易·咸》，九四）

"睽孤，遇元夫，交孚，厉无咎。"（《易·睽》，九四）

"三人行，则损一人。"（《易·损》，六三）

"旅即次，怀其资，得童仆。贞。"（《易·旅》，六二）

"旅焚其次，丧其童仆。贞厉。"（同上，九三）

"弗损益之，无咎。贞吉。利有攸往，得臣无家。"（《易·损》，上九）

"鼎颠趾，利出否，得妾以其子，无咎。"（《易·鼎》，初六）

因而每次战争，都以"有孚"或"罔孚"为占卜，其战争的意义是十分明白的。以奴隶作为买卖的盛行，当然奴隶的生产方已有相当的高。我们从奴隶之不断逃亡的事实来说，更可以想见奴隶受压迫的残酷情形。奴隶逃亡的记载，例如：

"悔亡。"(《易·恒》,九二)

"系遁,有疾厉,畜臣妾,吉。"(《易·遁》,九三)

"闲有家,悔亡。"(《易·家人》,初九)

"众允,悔亡。"(《易·晋》,六三)

"革,巳日乃孚,元亨,利贞,悔亡。"(《易·革》)

"悔亡,有孚改命,吉。"(《易·革》)

由于奴隶之不断的逃亡,统治者便定出种种约束奴隶的残酷手段。例如:监禁奴隶的,在甲骨文中有狱字,替字,囚字等;卦爻辞中有"坎宦"等字。最近中央研究院在安阳发现了非普通住居的地穴,此种地穴并与房屋遗址连贯,对此种地穴的用途,目前曾有种种不同推断,我以为或即禁闭奴隶之"坎宦"。处理奴隶的严刑酷罚,甲文中有劓、刑、剥(字从象刀象鼻)等字,卦爻辞中有"劓刖,困于赤绂,乃徐有说,利用祭祀。"(《易·困》,九五)"困于石,据于蒺藜。"(同上);"赍咨涕洟,无咎。"(《易·萃》,上六);"繫(系)于金柅"(《易·姤》,初六);"莫益之,或击之,立心勿恒,凶。"(《易·益》上九);"其人天且劓。"(见前);"厥孚,威如,文如。"(见前);"执之用黄牛之革,莫之胜脱。"(见前);"咸其股,执其随。"(《易·咸》九三);"咸其腓","咸其拇"(同上,初六、六二)"出涕滂若,戚嗟若,吉。"(《易·离》六五);"系用徽纆,寘于丛棘,三岁不得,凶。"(《易·坎》上六);"来之坎坎,险且枕,入于坎窞,勿用。"(《易·坎》,六三);"习坎,入于坎窞,凶。"(《易·坎》,初六);"剥牀以肤。"(《易·剥》,六四),"利用狱"(《易·噬嗑》),"屦校灭趾,无咎"。(同上,初九);"噬肤灭鼻,无咎"。(同上,六二);"据系之,乃从维之,王用享于西山。"(见前);"发蒙,利用刑人,用说桎梏。"(《易·蒙》,初六)

依此,在当时对待奴隶的办法,大概是如次的。把新捕来的俘虏,最初是拘禁起来,然后把驯服的编入奴隶的队伍,以补充生产劳力;否则,或较长期的被禁闭,或作为牺牲而被杀戮。对于一般奴隶,若有使奴隶主感觉其有反抗的情形或劳动不力时,便可以随意的处罚或杀戮的。

奴隶所遭受的这种残酷待遇,可说已达到他们之在古代希腊和罗马的情形。因而奴隶虽属为在历史上最没有自由,而又是最缺乏政治觉悟的阶级,但是在阶级的生活的矛盾使他们到了无法忍受的极点,在古代希腊和罗马,曾发生一次光荣的阶级暴动。我们对殷代，虽然这方面的文献过分的缺乏——自然在他方面也是如此——却也有过奴隶暴动的一点影子。《周易·萃》初六说："有孚不终，乃乱乃萃，若号，一握为笑，勿恤，往无咎。"我们把这段话译成现代话，便应该如次的说："那班奴隶们已经不同向来一样，敢于公开起来反抗我们，揭起暴动的乱子来了，并且都是如醉如狂的，很快的就集合了大群的人，好像山崩地裂一般，就暴动起来了。这群狗奴才真该死，好，我们无妨先给他们一番假言的安慰，把事情和缓下来，然后给他们一个无所用其怜恤的屠杀吧！"这应该不能说是牵强吧！

三、商业

商业对于奴隶制社会，无疑是一个重要特征。惟其如此，甚而有不少现象论者，认为由古代希腊、罗马的奴隶制转入日耳曼民族的封建制，是历史的一种退化。且从而便否认奴隶制的这一阶段之一般的存在。实际，照我所知，就是在封建时代，也并不是没有商业的存在，封建时代的所谓"自足"，乃是农奴们的自足，封建贵族和领主，一般都不曾完全停止过商品交换，问题是在于前者，奴隶是被畜养于奴主而过活，所以奴主们的商品交换经济，便能把全社会卷入交换经济的场合；在后者，农奴在名义上已离开领主而营独立的经济，所以农奴们的经济封锁在自足中，便把社会商品交换的范围缩小得异常狭隘而无关轻重了。正确的说，我们便应该从生产力和生产关系上去把握，构成生产力的要素为人类的劳动力和生产工具。因而一般的说来，奴隶制和封建制时代的生产工具，自然无何区别，但是前者的劳动力系属被看成的工具一般的全无人格的奴隶，后者则系已具有一半人格的农奴，这种根本要素的各异，能够由我们的历史家的脑子把他们混淆吗？再者，前者的阶级关系是自由民和奴隶这两者间之对立的关系，剥削上虽属为全部剩余劳动的剥削，可是奴隶们必要的生产资料更是被减低到人的生活的水平以下，从而去扩大剩余劳动的部分。后者的阶级关系，为小学生也知道的领主和农奴这两者间之对立的关系，阶级的剥削程度，还比较的富于弹性。其次，前者的主要生产业为农业与畜牧并重，均而有畜牧较纯农业优势，后者则以纯农业为支配的产业。

现在我们进而考察殷代的商业情形。

阶级社会的商业存在，是以都市的存在为前提的。古代希腊、罗马的商业，曾创造出古代的都市的繁荣。殷代都市的存在，在甲骨文和卦爻辞中都可以考察出来。甲骨文字有"京"字（商承祚：《殷虚文字汇编》举例凡五）、"鄙"字（同上举例凡五）、"邑"字（同上，举例凡五），"乡"字（同上，举例凡十六）字形似两邑夹一皀，"邦"字（同上，举例二）、"國"字（同上，举例凡三）、"市"字（薛氏《钟鼎彝器款识》，乙酉父丁彝）、"城"字（《易·孚》上六）。在《商书·盘庚》中有如次的记载："以迁肆"、"用永地于兹新邑"；《说命》下篇说："若挞于市"说得很明白，因而当时不仅有都市的存在，而且有京、邑、肆、乡、鄙的分别。抑且都市之古代人口的集中，也已大有可观。《易·讼》九二："不克讼，归而逋其邑，人三百户，无眚"。其他各古籍中，均有"太公市饭肆于朝歌"的传说。前者不仅说明都市人口的众多，同时又在说明奴隶主私有奴隶数量之巨大，后者的传说如属可靠的话，朝歌不啻成了古代的国际都市。

其次，商品交易的盛行，是以有专门充任媒介物的货币之存在为前提的。甲骨文中有"贝"、"朋"字，我们在前面已指出过，并有真贝、珧贝之分，郭沫若也认为系专门充任媒介物的货币。《易》卦爻辞中亦有"贝"字、"朋"字、"资"字等。但我们为慎重起见，无妨再举一二例：

"庚戌口贞，锡多女之朋贝。"（《殷虚书契后编》下，八页）

"戊辰、弜师锡韔弜，廿卤鬲贝，用作父乙宝彝。"（《戊辰彝》）

"乙酉商贝，王曰，市锡工毋不彘遘旅，武乙。"（《乙酉父丁彝》）

"侯锡中贝三朋，用作祖癸宝鼎。"（《中鼎》）

"王常伐□贝一朋，用作父乙鼎。"（《伐□鼎》）

"阳亥曰：遣叔休于小臣贝三朋，臣三家。"（《阳亥敦》）

"或益之，十朋之龟弗克违。"（《易·益》，六二）

"锡贝五朋。"（《宰桄角》）

"癸巳，王锡邑贝十朋，用作母癸尊彝，佳王六祀肜日，在四月。"（《邑斝》）

这都是罗振玉、郭沫若均同确认为殷彝者。郭沫若《殷周青铜器铭文研究》有如次的一段话：

"甗鼎在南面（依图当在东面），最先出；器之内有贝百枚。"（《调查记》）"发现记中亦有得贝货三百十七"（《附录》第二页）其古物名称中亦有贝货。罗振玉分括为真贝与珧贝二种。据此，"则贝货于春秋初年就见使用，此为社会经济史上重要之史料。"

这确实是社会经济史上重要之史料。但是"贝货于春秋初年就见使用"的文字含糊，最好拿他自己引用过的罗振玉的一段话记载来注释："往岁于磁州得骨制之贝，染以绿色或褐色，状与真贝不异，而有两穿或一穿，以便贯系。最后又得真贝，磨平其贝，与骨制贝状毕肖，此所图之贝均出殷虚，一为真贝，与常贝形颇异；一为人造之贝，以珧制，状与骨贝同而穿形略殊，盖骨贝之穿在中间，此在两端也。合观先后所得，始知初盖用天生之贝，嗣以其贝难得，故以珧制之，又后则以骨……"（《殷虚古器物图录》）

但近世殷虚已有骨贝的发现。因而，贝在殷代，不仅与"多女"及"目"同为贵重的赏赐品，而且能够拿它去实现"为鼎彝"，贝的任务之在殷代，恐怕不减在希腊、罗马的阿司吗？我们无妨再从卦爻辞中去考察。

"怀其资，得僮仆"，这里所谓"资"，当然是以贝为实体的。这是明白地在说，买入"僮仆"得付相当价格的贝货。"亿丧贝"（《易·震》，六二），"亿无丧"（同上，六五），前者言商业上的损失，后者则否。像这样的话多着呢！为对问题作更进一步的说明，又例如甲骨文中如次的文字来：𣪘、贷、贮。𣪘便是现代人的保险箧，不过现在的保险箱中所藏的为纸币、股票、债券，而当时所藏的却是一些贝货。贷字却说明当时已有借贷事情的发生，贮字从贝，较𣪘字有更积极的意义。

关于当时商业盛行，如次的两句话是极关重要的：《商书·仲虺之诰》说，"不殖货利"，《商书·伊训》说，"殉于货色"。如果还嫌这两句话太抽象的话，我们再从卦爻辞中来找些更具体的说明。

"包荒，用冯河，不遐遗，朋亡，得尚于中行。"（《易·泰》，九二）

"大车以载，有攸往，无咎。"（《易·大有》，九二）

"由豫，大有得，勿疑朋盍簪。"（《易·豫》，九四）

"出入无疾，朋来无咎，反复其道，七日来复，利有攸往。"（《易·复》）

"无妄之灾，或系之牛，行人之得，邑人之灾。"（《易·无妄》，六三）

"行有眚，无攸利。"（同上，上九）

"舍尔灵龟，观我朵颐。"（《易·颐》，初九）

"弗损益之……利有攸往，得臣无家。"（《易·损》，上九）

"其行次且，牵羊悔亡，闻言不信。"（《易·夬》，九四）

"震往来厉，亿，无丧有事。"（《易·震》，六五）

"夫征不复，妇孕不育。"（《易·渐》，九三）

"旅于处，得其资斧，我心不快。"（《易·旅》，九四）

"鸟焚其巢，旅人先笑，后号咷，丧牛于易，凶。"（《易·旅》，上九）

"西南得朋，东北丧朋。"（《易·坤》）

"巽在牀下，丧其资斧，贞凶。"（《易·巽》，上九）

"商兑未宁，介疾有喜。"（《易·兑》，九四）

此外，甲骨文中"𣪊"字甚多，（例如《殷虚书契后编》下第七页），余案其形似㲹器量物形，卦辞中亦有"斗"字。

依此，我们可以推究出殷代商业发展的一般概况来。其商业特征，是盛行着奴隶买卖（例如《易·蒙》六三："勿用取女，见金夫，不有躬"），借贷事业也已经存在，专门作为商业交换之媒介的贝货，不仅已具有一般的交换价值，而且作为社会财富的代表形态而被贮蓄了。

商业的地域范围的广大，从如次的两点事实中，能寻找出一个线索来。1. 郭沫若《古代社会研究》中有如下一句话："大抵贝朋为通行货币之事即起源于殷人，其贝形由图录及我所见之实物（日本东京博物馆有真贝、石贝、铜贝诸事陈列）观察，实为海贝，即学名所称为 cgpraea moneta（货贝）者，此绝非黄河流域中部所能产……然其来源则必出于海滨民族交易或抢劫"，这是最重要的一点。2. 李济《小屯与仰韶》中有如次一句话："……至第六期之沙井，则铜器更多且有带翼铜镞与贝货……但是关于这类的实物尚没有得到详细的报告，无法与小屯出土物品比较。铜镞、绿松石及贝货都是小屯与沙井所同有的，细节处它们是否有分别，现在我们无法判定。"其次，最近在殷虚所发现的一块带彩陶片，证明完全为仰韶系遗物。我们知道绿松石和盐水贝也决不是黄河上游和中部所产，因而可推知他们之间在很早就有过商业关系，此其一；殷民族和海滨氏族有过商业关系，此其二。

四、私有财产制度的存在

我们在上面所举的许多事实，均能证明为私有制确立以后的象征。如卜辞中的货字、贮字等，此外卜辞中并有和"公"字对立和私字（按公字形为𠔼，私字形如ⓒ），就够说明了。但为慎重起见，再略为补充。

以奴隶和贝货作为国王对其臣下优崇的赐予品者，如前举之甲骨文"庚戌，□贞，锡多女之贝朋"及阳亥散等；锡贝者朋者，如前之举"乙酉父丁彝"、"中鼎"、"宰梳角"、"戊辰彝"等，此外"父乙鼎"、"乙酉戊命彝"（见前举薛著）、"甲寅父癸卣"见《殷周青铜器铭文研究》亦均有锡贝朋之记载；锡马者，如"康侯用锡马蕃庶，昼日三接"（见前）。"父乙鼎"铭并有锡田的记事，兹照录薛释如次：

"庚午，王命寝庙，辰易（赐）北田四品，十二月作册友史锡赖贝，用作父乙尊彝。"（明册）

依据赐田的事实，在当时是看得如何的慎重呵！《盘庚》下篇亦有"用永地于兹新邑"的话。此外，在卦爻辞中我们还可以寻出一些证据来。"巽在床下，丧其资斧，贞凶"，这就是说商人被盗窃去的藏在卧室中的财货，是很明白的。此外如："或益之十朋之龟。"（《易·益》，六二），"无妄之灾，或系之牛，行人之得，邑人之灾。"（见前）"不富以其邻。"（《易·谦》，六五）；"翩翩，不富以其邻。"（《易·泰》，六四）；"或锡之鞶带，终朝三褫之。"（《易·讼》，上九）"大君有命，开国承家，小人勿用。"（见前）；"王假有家"（《易·家人》，九五）、"悔亡"。（《易·家人》初九）"富家，大吉。"（《易·家人》，六四）；"朕不肩好货……无总于货宝，生生自庸"（《商书·盘庚》下），"不昏作劳，不服田亩，越其罔有黍稷。"（同上，上篇）这些记载，已能充分说明私有财产制之存在的象征。随着私有财产制度的发生后，因贫无所有而为盗窃的事情也必然随之发生，盗窃的对象当然为富有的商人和兼括财富的公家。因而便有"巽在床下，丧其资斧"的商人们晦气，和"殷罔不小大，好草窃奸宄，卿士师师非度，凡有辜罪，乃罔恒获，小民方兴相为敌仇……今殷民乃攘窃神祇之牺牲，用以容将食"的社会现象的发现。其次，随着私有财产制确立以后，因财产而争讼的事情，便也随着而纷至沓来了。因而有：

"不克讼，复即命渝，安贞，吉。"（《易·讼》，九四）

"不克讼，归而逋其邑，人三百户，无眚"（《易·讼》，九二）

按甲骨文中讼字亦屡见的事实，从而如次的一段关于阶级社会立法的存在，至少有几分确切性。

"敢有恒舞于宫，酣歌于室，时谓巫风；敢有殉于货色，恒于遊畋，时谓淫风；敢有悔圣言，逆忠直，远耆德，比顽童，时谓乱风。惟兹三风十愆，卿士有一于身，家必丧。邦君有一于身，国必亡。臣下不匡，其刑墨，具训于蒙士。"（《商书·伊训》）

这段话在说明什么问题呢？古代氏族共产社会，难道是这样一幅黑暗的图画吗？易言之，能有这样地狱般的共产社会吗？我们的历史家，凭他们那具机械的脑筋，是如何在颠倒历史的事实啊！

C. 殷代国家的存亡

我们对于殷代经济性质的研究，受着材料的限制，不能作充分的说明。因而对上层建筑的诸形态上，也不能有完满的叙述。

殷代国家的建立和其形成的过程，为我们所不十分明白的。我们所能说的，就是在殷代的政治形态上、阶级构成上、婚姻制度上，连半点氏族社会的影子也找不出来。

一、政治形态

氏族社会末期的部落酋长和紧接着在其后的阶级社会的古代专制帝王，形式上很容易产生混淆。其主要分歧点，在于前者必须要经过选举，并得被罢免，后者则无须经过选举而为男系的视为当然的世袭。恩格斯说：

"〔罗马〕在元老院和民会以外，还有来格司（res）的设置。这来格司恰相当于希腊的伯劳司（basileus），但并不是毛色所说的那种专制帝王。来格司为军务总司令官，高级僧侣，及特定裁判事件的首席裁判官。他除被授有为军务总司令官的统制权和首席裁判官的判决执行权外，便无其他权能——并没有对于市民的生命、自由、财产，有何种处置的权力。来格司的职位，不是世袭，但有由前任来格司提议，经过高利亚（Curia）会议选举，再由下次会议正式任命；同时，他并得被罢免。"（《家族私有财产及国家之起源》）

在殷代有人认为甲骨文、卦爻辞，以及《商书·盘庚》各篇之所谓"天子"、"帝"、"王"，便是这种"来格司"的性质。他们的主要证据，认为卦爻辞中之所谓"同人"和《盘庚》篇中之所谓"吁众感，出矢言。"（上篇），"乃话民之弗率，诞告用亶其有众，咸造勿亵在王庭。"（中篇）等记载，便是古代氏族社会的"民会"等组织的存在的证明。其次，便是认为殷代王位之过半数"兄终弟及"的事实，为证明男系世袭权还不曾确立。现在让我们来加以考察。

"同人于宗，吝。"（《易·同人》，六二）

"同人先号咷而后笑，大师克相遇……言相克也。"（同上，九五）

这两条之在暗示着"民会"或"协议会"的存在，似是难以否认。但是，即使这种解释是正确的，也并不能作为氏族社会和后来的阶级社会的划界的指标，恰恰相反，在其后来阶级社会的初期，也有这种组织之存在的可能。拿古代雅典国家来作例子："我们现在来讲雅典的国家，其统治权是握在十个部落所选举出的五百个议员所组成的协议会的手中，但他须服从每个公民都有出席与投票权的民会的议决。另外由安疆司（Archons）和其他官吏掌管各部行政及司法。至于那具有最高执行权力的元首，在雅典却不曾存在。"（恩格斯前揭书）

从而即使《盘庚》篇中所说的"有众咸造"、"在王庭"为"民会"或"协议会"的说明，也并不能作为氏族社会的独有的特征。而乃在另一方面，"国家的本质的特征，在于那和大众分离的公共的强制权力"（前揭书）。这种"强制权力"，在《盘庚》篇中，表现得十分明白：

"乃败祸奸宄，以自灾于厥身；乃既先恶于民，乃奉其恫，汝悔身何及？相时憸民，犹胥顾于箴言。其发有逸口，矧予制乃短长之命。"（《商书·盘庚》上篇）

"自今至于后日，各恭尔事，齐乃位，度乃口；罚及尔身，弗可悔。"（同上）

"明听朕言，无荒失朕命……非汝有咎，比于罚。"（《商书·盘庚》中篇）

"予岂汝威，用奉畜汝众，予念我先神后之劳尔先，予丕克羞尔，用怀尔然。"（同上）

"呜呼！今予告汝不易，永敬大恤，无胥绝远，汝分猷念以相从，各设中

于乃心。乃有不吉不迪，颠越不恭，暂遇奸宄，我乃劓殄灭之。无遗育，无俾易种于兹新邑！往哉生生！"（同上）

《盘庚》上篇的口吻，是对其左右臣僚而说的；下篇则是对其自由民而说的。这种"言出法随"，"敢有违命者尽杀无赦"的口吻，以及握有大众的一切生命权力的事实，是氏族社会的部落首长能够想象的吗？而且《盘庚》各篇中，纯系一种命令式的告白，并不曾有半点会议的形迹；而且《盘庚》上篇"其如台"止的一段，中篇至"盘庚乃登进厥民"的一段以及下篇的"盘庚既迁、奠厥攸居"前四句，显系编书者的按语，还不是原有诸文本呢。

因而照我看来，《盘庚》篇所说明的，第一只是说明了当时农业的发达，人们定居已久，所以才惮于"安土"的"重迁"；第二只是说明了集中于盘庚一身的政治的"强制权力"，已发展到一个较高的形式。

所谓"殷代王位的大半数为兄终弟及"之问题，那却只说明男系的世袭，此外并不能说明什么。而且这种"兄终弟及"的承袭，在所有阶级社会的所谓"王国"中，却是一个普遍存在着的现象。殷代"兄终弟及"的事情之较频繁，那或者由于奴隶制社会系直接由氏族社会的转化，所以对古代的习惯遗留能保存着较多的成份。

其次，殷代已经组织有其国家的军队。如下的记载中可以看出来。

"王臣蹇蹇，匪躬之故。"（《易·蹇》，六二）

"长子帅师，弟子舆尸。"（《易·师》，六五）

"在师中……王三锡命"、"师出以律。"（同上，九二、初六）

"食旧德……或从王事。"（《易·讼》，六三）

"屯如邅如，乘马班如，匪寇婚媾。"（《易·屯》，六二）

"武人为于大君。"（《易·泰》）

这种"武人"，大概就是军队中的自由民阶级，"王臣"大概就是被用作战卒或警察的奴隶。总之，他们都是"从王事"即"食旧德"的。

为保护私有财产而设置的警察的存在，如下的一段话更说得很白：

"殷罔不小大，好草窃奸宄，卿士师非度，凡有罪，乃罔恒获……今尔不指告，予颠隮若之何其？"

这明明在说："如今在我殷邦，奸民盗窃横行，有产者不得安居，你们负警察职务的人们，不仅事前不能防范，事后又不能破获，像这样一味放任下去，那还成个鬼世界吧?"《商书·说命中、下》也说："建邦设都，树后王君公，承以大夫师长，不惟逸豫，惟以乱民"。"股肱惟人，良臣惟圣"。因为这样，便不能行使阶级的政治的强制的权力。"国家无警察便不能存在"，在古代欧洲，"雅典在其新国家内，便创造有步行和骑马而负着弓矢的具有坚强的武力的警察。"（前揭恩著）这便是一个例子。

二、社会诸阶级的存在

到奴隶制时代，"作为社会的政治制度的基础的对立的阶级，已不是贵族和平民，而是奴隶和平民、保护民和市民。"

在殷代，我们从卜辞、卦爻辞、《盘庚》各篇等可靠史料中，关于说明阶级制度的单字，有如次的一联：

①天子、帝、王、公、侯、大人、君子、史、巫、邦伯……等。

②武人、邑人、行人、旅人、商、幽人、庶群、畜民……等。

③小人、刑人、臣、奴、奚、妾、役、牧、仆、偛、童仆、御、侑①、妌、媒……等。

第一列无疑是当时的贵族；第二列为当时的自由民、市民；第三列为奴隶。

第二列的自由民阶级，在当时或已被豢养于贵族"予其奉畜汝，汝当作我畜民"或"不事王侯，高尚其事。"而依奴隶以为生，或者成为握有社会财富的商人，足征在当时已不是这两者间的对立，而是成了这两者的统合与第三列的奴隶阶级的对立。有些人认为在第一列所举的所谓帝王、侯等，并不是意义着阶级社会的帝、王、侯，而是在意义着古代社会的部落酋长、世袭酋长、普通或军事酋长等；在卦爻辞中所谓"利建侯，行师，征邑国"，便是在说明设置军事酋长。这种实验主义的诡辩论，在辩证论者看来，本是毋庸申辩的。但我们为慎重起见，略为释明一下。

我们在一方面看见有"利建侯"的"侯"，但同时我们却又当看到"康侯用锡马蕃蔗"的"侯"。这两个"侯"，应是同一意义吧？那么，在这里，如果"康侯"是氏族社会的酋长，问题便限于不能说明了。氏族社会的财产，

---

① "王其侑于小乙，羌五人，王受祐。"（《新获卜辞写本》，一九八号，见董作宾：《获白麟解》）。

无论在世袭或赠予的何种形式下，以均须保存在氏族内为原则。因而，如果"康侯"为其氏族的世袭酋长，便不能有受族外"锡马"的可能；如果"康侯"为普通酋长，他若是族外人，问题是同一的，他若是族内人，在当时便无这种必要。因而要想问题得到说明，除非"侯"就是阶级社会的"侯"，而且这一条记事，还在说明私有财产制度之存在呵！

从而甲骨文中的"侯"、"周侯"，也应该是同样的解释。再次的一点说明，就是《史记》说殷命姬昌为西伯侯，《竹书纪年》说殷命季历为西伯，证之"命周侯"。《史记》和《竹书纪年》的记载，便不能不是确切的。从而这里所说明的，难道也是"氏族社会的酋长"吗？

在殷代的阶级的生活的悬殊，我们也可以找出点影子来。

都市无产者的生活：或则谓"罔不大小，好草窃奸宄……今殷民用攘窃神祇之牺牷牲，用以容将食"的盗窃生活；或则为依政府的救济以为生的"富民"。

有关的贵族和自由民阶级的生活，或则"不事王侯，高其事"，而过着那种"靡明靡晦，式号式呼，俾昼作夜"，"沉酗于酒"的"群饮"生活；或则过着那"不出户庭"，而"丰其屋，蔀其家，窥其户，阒其无人，三岁不觌"（《易·丰》，上六），而拥着娇妻过着那"妇子嘻嘻，笑言哑哑"，"老死温柔乡"的生活。在他们时常举行的宴会和各种盛大祭典上，奴隶们，甚至无产化的自由民也是没有分的。（"王用享于西山，小人弗克"）

他方面便是同于牲畜而被豢养，终日过着"萃如嗟如"、"涕血涟如"的奴隶们生活。他们不仅为贵族和自由民服生产上的劳动，做日常生活的卑贱杂役，而且贵族们饮酒时，便要跳舞给他们取乐；他们性欲冲动时，还要充作其排泄性欲的机器。奴隶们不堪忍受压迫，反抗吧，不是被杀戮或充作牺牲，便是拷打、劓鼻、刑宫、刖足，还要锁镣起来去坐土牢子……可见，奴隶们地位之低下，反映了殷代社会奴隶主统治和压迫奴隶的历史真实。

三、婚姻制度

殷代的婚姻制度，若是我们从其时代其他一切特征作联系的考察，只有"一夫一妻制度"才能说明其时代，从而和其时代的其他一切特征，才有其妥适性。若是仅从其外表所存在的某种现象孤立去考察，则卜辞中所谓"多父"、"三父"和所谓"多母"（参看郭沫若《卜辞中之古代社会》），确很容易被认为系属"彭那鲁亚"婚姻制度的一种现象。可惜现象并不能说明其本质。而且我们稍把事实考察一下，所谓多母，原来还是"祖乙之配曰妣己又曰妣庚"、"祖丁之配曰妣己又曰妣癸"、"武丁之配曰妣辛又曰妣癸又曰妣戊"的一回事呵！那么，这便只能说明一夫多妻，而不能说明所谓亚血族群婚；但是这依旧是不能成立的，因为据记载在殷代世系的三十一代"帝王"中，大多数都只是一个配偶的呵！

所谓"多父"，所谓"三父"，大概都是"父甲一牡，父庚一牡，父辛一牡"。这在郭君所引的三"商勾刀"铭文就能予以正确的解释。（按一刀列铭兄名曰："大兄曰乙，兄曰戊，兄曰壬，兄曰癸，兄曰丙"；一刀列铭父名曰："祖曰乙，大父曰癸，仲父曰癸，父曰癸，父曰辛，父曰己"；一刀列铭祖名曰："大祖曰己，祖曰丁，祖曰乙，祖曰庚，祖曰丁，祖曰己。"）在彭那鲁亚婚姻制下，乃是"父之兄弟皆为父"，"母之姊妹皆为母"，"父之父皆为祖"，这是很明白的。那么，何来所谓"大祖"和"祖"，"父"和"大父"及"仲父"的分别呢？其次，在对偶婚制度下，"子"以"母"的主夫为父，父的兄弟为"诸父"，一个人不能有一个以上的"父"。这也是很明白的。因而问题只有如次样的解释才有可能。大约在私有财产制确立以后，王位的相继承，并须同时继承其宗祧。所以，宋代赵光义的嫡子，在其继袭王位以后，不仅称赵光义为皇考太宗，并须同时称赵匡胤为皇考太祖。这便是一个明白的例子。今日的侄承"叔"祧者，亦同时称其生父和承祧之"叔"为"父"，这习惯在中国还很普遍。

在我们所见的其他记载，也只是明显的在说明一夫一妻制度。

"夫征不复，妇孕不育。"（《易·渐》，九三）这在说丈夫出征的期间内，他的留在家中的妻子受着青春的性欲的冲动，便不免有些忍耐不住，不免和其他男人偷偷摸摸的实行着两性的交易。但是像这样的恋爱的结晶品，是不能得到她的正式丈夫和当时社会的承认的，因而她只能把肚中怀着的小生命，用人工方法流产，把他抛置到厕所里，或者像现在的大学的墙角下，才算完事。这是彭那鲁亚婚或对偶婚时代能够想象的吗？——像这样的事实，是我们的历史家们所不肯看见的。

我们在其他记载中又看到有：

"归妹以须，反归以娣。"（《易·归妹》，六三）

"归妹愆期，迟归有时。"（同上，九四）

"帝乙归妹，其君之袂，不如其娣之袂，良月几望，吉。"（同上，六五）

"女承筐无实，士刲羊无血。"（同上，上六）

"挚仲氏任，自彼殷商，来嫁于周，曰嫔于京，乃及王季，惟德之行。大任有身，生此文王。"（《诗·大雅·大明》）

"文王初载，天作之合，在洽之阳，在渭之涘。文王嘉止，大邦有子。大邦有子，伣天之妹。文定厥祥，亲迎于渭，造舟为梁，不显其光。"（同上）

"缵女维莘，长子维行，笃生武王。"（同上）

这一是帝乙很隆重的把他的妹子嫁给周；二是季历取了一个很贤德美丽的殷女作妻，就生了文王；三是文王也娶王室的公主作妻，并且还举行着十分隆重的亲迎典礼。后来这个公主又给他生了武王。这还不很明白吗？但是我们的历史家，却还要说"太姒嗣徽音，则百斯男"，那也正在说明"彭那鲁亚婚姻制的存在"。依此，则周代建国前既在行着"彭那鲁亚婚姻制"，那么和其相适应的便应该是图腾社会了。另一方面，周代却从此一直就跃入"奴隶制度"时代。真妙呵！这一跃，就跃过历史的好几万年，中国社会历史的进化真是比"神"的社会还要神速啊！那么，中国人简直不是人而是神了。

其次的一个问题，便是所谓殷代的氏族制到周初尚还存在着的问题。郭沫若曾举出许多可靠的历史材料。如：

"贞令多子族从犬侯寇周，盐王事。"（《甲骨文释》）

"癸未令斿族寇周，盐王事。"（《殷虚书契前编》）

"昔武王克商，成王定之，选建明德，以藩屏周……分鲁公以大路大旂、夏侯氏之璜，封父之繁弱，殷民六族：條氏、徐氏、萧氏、索氏、长勺氏、尾勺氏……因商奄之民，命以伯禽。而封于少皞之虚。分康叔以大路，少帛、綪茷、旃旌、大吕，殷民七族：陶氏、施氏、繁氏、锜氏、樊氏、饥氏、终葵氏……命以康诰，而封于殷虚。"（《左传》定公四年）

郭先生这一发现，真是非同小可啊！这简直给《读书杂志》那一些"历史家"们发现了一处金矿似的，辗转抄袭，大展其在"论战"场上的"破"呀"立"呀的英雄手段。但是问题的真相究竟是怎样的呢？我想起了恩格斯在《家族私有财产及国家之起源》中曾有这样的两段记述：

在雅典"因这新的制度，对于那半由外来，半由被解放的奴隶所形成的大群保护民，都与以市民权，从而原来的血族制的组织，为公共事务的组织所代替，它们自此仅成为私有的或宗教团体；但其道德影响，因袭观念以及其意识形态，还是长期的存在着，仅能迟渐的去消灭。这在另一种国家制度上，也还在表现着。"

"差不多在罗马建国后的三百年的期间，还有异常坚固的氏族的约束，因而名作法比亚（Fabians）的一个贵族氏族，他可以在元老院的许可之下，单独和其邻近的都市藩岸（Vcii）作战。秘传上前线的三百零六个法比亚人都为伏兵所歼灭，仅留下一个男孩子来繁殖这一氏族。"

从而氏族的原有的组织，在形式上，在其以后的阶级社会的一个很长的时间中还是存在着。我们再从中国来看，直到现在，在农村中还有"聚族而居"的氏族社会的组织的孑遗的存在。从而，那不过是历史的习惯的因袭之一种私的联系，早已完全丧失其原有的机能罢了。

在《左传》定公四年所指的"殷民"各族，究竟是殷的同血族，还只是在政治的隶属之下？我们还难以判定。如果是后者的关系的话，我们不愿意拿美洲的古代印加来作例子，我们只拿古代希腊和罗马来说，在当时，在其政治隶属下的许多区域，都保留在氏族社会的形态下，日耳曼各族，便是一个例子。而且在资本主义时代的旧俄，它的境内各族，也还有许多保存在氏族社会的形态下，能说他们不是"俄民"吗？在今日中国境内的苗瑶族，也都还是氏族社会组织，难道因此就认为中国今日还是氏族社会吗？而且，周民族在其建国以前，一方面是殷的从属，另一方面，它却还是一种氏族的组织。这样，问题不是很明白吗？

D. 余 论

郭沫若的殷代氏族社会论的主要论据，我们在上面已附带的讨论过。

现在我们来略为提述一下某某们的殷代氏族社会及所谓"原始封建社会"论。他之所以确认殷代为氏族社会的论据，完全是郭沫若的理论和材料的重复，更妙的是拿卜辞中"贞焚"、"卜焚"等类的单字，去和《史记·货殖列传》中所谓楚地在汉初有"火耕水耨"等记载联系起来，证明殷代还是使用新石器为主要生产工具，从而证明其农业区才发生……这在殷虚出土的遗物中，就能予以完满的答复——如果当时对它们作联系的考察的话。

关于殷代的婚姻制度，在他们的脑子里也依样是亚血族婚姻。总之，"一夫一妻制"是不曾存在的。主要材料根据，也还是如次类的：

"商人自大父以上皆称为曰祖，其不须区别而自明者，不必举其本号，但云祖某足矣。即须加区别时，亦有不举其本名而但以数别之者。如云，□□于三祖庚，其称父者亦然。父者，父与诸父之通称，卜辞曰：父甲一牡，父庚一牡，父辛一牡。"（《殷虚书契后编》上，二五页。）"凡单称父某者，有父甲，有父乙，有父丁，有父已，有父庚，有父辛。"（《观堂集林》卷九）

王国维在这些地方，简直成了他们的考茨基或棕巴特了。另一方面，这些论据也依样没有跳出郭沫若的圈子。那么，在这里也就没有再驳辩的必要了。

但是殷代又显然有贵族和奴隶诸阶级的存在（存在的自由民那一阶级，当然是他们之中一大半"历史家"所看不见的），那又怎样才能去圆满我们的"学者"们的理论呢？有了！反正脑子是一副活机器，稍为转动一下（或者也不免绞得好苦吧?）就已制造一个"原始封建社会"来。中国学者们发明的本领真不小啊！今而后，我才知道中国文化的古老之所由来，原来在其"奴隶社会"或"初期封建社会"以前，还有一个"原始封建社会"的存在啊！这种"原始封建社会"是什么东西呢？原来是，把和氏族社会平分春色的一种社会啊！这样的历史研究法，真算省事极了。还要拿什么古代"印加"，或什么 Kpelle 族、Pangwe 族、Ungworo 族的事情作证，这有什么必要呢！要这样，问题便扯得更远了。请诸君从莫尔甘《古代社会》、恩格斯《家族私有财产及国家之起源》、卢森堡《新经济学入门》等书去研究一下"印加"；从我们的"学者"所指定的 R. H. Lowie：Origin of Stale 去研究一下 Dangwe 等族，从 R. H. Lowie：Are we ciilized 去研究一下 Ungoro 等族吧。

最后，我们该说到经师李季的高论。这位由神童而经师的"历史家"的议论，就更要出奇的厉害。他把神话传说中的人物和神话传说的本身，都一律当作历史的事实看。他根据自己的"推论"和一个"间接的证据"，判定殷代的"氏族共产社会在盘庚时已经崩溃，到盘庚时才组织殷代的国家"（请问盘庚何时组织国家的呢?),他并且"将氏族共有的土地转变为国有的土地"(一个推论和一个间接证据能作数吗?),可是另方面他又看见殷代有奴隶阶级的存在,因而在我们经师的脑子里,便产生了一个"亚细亚生产方法"和"奴隶制"的混血儿的殷代奴隶制度社会。

他又依据《左传》和其他一个"推论",判定"旁的曾孙公刘应在商中宗即位时的前后""商中宗时有田野农业",因而他的时代是在"野蛮(即我所说之未开化)的高级"阶段。他又从《诗经·绵》和《公刘》篇比较一看,"就是公刘篇只表现田野农业的经营,而《绵》篇则……还表现了国家制度",因而他便确认公刘是未开化的晚期,太王时的周民族却已建立了"国家"。他根据《辞源·世界大事表》又认为绝不可信。结果还是由他自己又来一个"推论",判定周太王的"建国至迟距盘庚末年不过一百四十年",或者"太王建国在盘庚建国后一百多年","也许太王居豳时已建立了国家。"最后他又给我们一个结论:

"这两个国家都因自然的、地理的环境关系,于原始共产主义的生产方法崩溃之后,同达到亚细亚的生产方法。再详细些说,就是盘庚和太王所处的环境均适于农业的经济,而因周又没有强悍的遊牧人须企图抵抗(这不是白天说鬼话吧——羽),从事战争,因此取得大批俘虏,作为奴隶,形成一种奴隶制的生产方法。所以中国古代的氏族社会崩溃后,生产方法的发展,不取希腊、罗马式,而取亚细亚式,正是有原因的。"

像这样经师式的理论,虽然皆热心去批判实验主义而值得我们的同情,然对于他自己病入膏肓的机械论,却又未免贻误读者。

第四编
西周——初期封建制度

关于西周的史料——周代国家的形成——封建制度成立的经济基础和西周封建制度的建立——初期封建社会的经济组织

A. 关于西周的史料问题

关于西周时代的史料，照目前考究的结果，最可靠的材料，还只有如次的三种：(1)《诗经》(内有春秋时代的部分)、《周书》各篇(今本《泰誓》除外)，西周时代的彝器铭文。他如《十三经》(《尚书》除外)、诸子、《史记》、《汉书》、《九通》等以及其他后人著作。无论为全部或部分关于西周时代的记事或托为西周的文献。在我们没有更多的证明以前，还只能作为历史的副料，不能随意引用；反之，它们对于其自身出世的时候，倒能作为可靠的材料。因为清代儒家和现在的实验主义者"辨古"，虽替我们提出了一些问题，但不曾而且也不能替我们解决问题；而辩证唯物论者，此刻还不曾对中国史的材料作过系统的考证工作。

B. 周代国家的形成

一、在灭亡前夜的殷代奴隶制度社会状况

周代的封建国家，是建筑在殷代奴隶所有者国家的废墟之上。因而在这里有略述殷代奴隶制度社会在灭亡前夜的状况之必要。

古代的希腊和罗马奴隶制度的灭亡的主因，是由于奴隶制度的生产关系已经和其自身的生产力的发展相矛盾，易言之，前者已成了后者发展的桎梏；奴隶来源的缺乏，上层阶级的腐败……招致生产力的衰退等等，而归结到社会经济的崩溃。

在殷代，是否和希腊、罗马的灭亡为同一的情况（但是其主因，当然不能有二致的），我们没有充分的材料来说明。我们只能从《商书·微子》篇中找到一点关于自由民阶级的贫穷化的说明（"殷罔不小大，好草窃奸宄。……今殷民乃攘窃神祇之牺牷牲，用以容，将食无灾"），依据此去推看当时社会的穷困和经济的衰落。至于是否发生着何种奴隶缺乏的情形，却还没有材料来作具体说明。大概在当时更由于上层阶级的腐败，战争的力量也已经衰退下来，不能对其四周各族继续着掠取奴隶的战争。（《商书·微子》："殷其弗或乱正四方，我祖底遂陈于上，我用沉酗于酒，用乱败厥德于下。"）这都是事实。因为经济的衰落，统治阶级为满足其剥削和财政的来源，便只有更加紧对被剥削者的榨取。这在武王的口中，能给予一个简单的说明：

"乃惟四方之多罪逋逃，是崇是长，是信是使，是以为大夫卿士，俾暴虐于百姓，以奸宄于商邑。"（《周书·牧誓》）

"今商王受无道，暴殄天物，害虐烝民，为天下逋逃主，萃渊薮。"（《周书·武成》）

这在周公的口中也有如次的两句话：

"诞惟厥纵淫泆于非彝，用燕丧威仪，民罔不衋伤心。惟荒腆于酒，不惟自息乃逸。厥心疾很，不克畏死，辜在商邑，越殷国灭无罹。"（《周书·酒诰》）

"自时（祖甲）厥后立王，生则逸。生则逸，不知稼穑之艰难，不闻小人之劳，惟耽乐之从。自时厥后，亦罔或克寿。"（《无逸》）。

《诗·大雅·荡》："敛怨以为德。"

因而阶级间的仇视，使之日益加深，到殷代国家灭亡的前夜，大概普遍地都发生着被压迫阶级的骚动。照微子所说，这种骚动的形势，简直可以倾覆殷的国家，其严重可想而知。（《商书·微子》："小民方兴，相为敌仇。今殷其沦丧，若涉大水，其无津涯，殷遂丧越至于今。"《诗·荡》篇亦说："寇攘式内，侯作侯祝，靡届靡究……如蜩如螗，如沸如羹，小大近丧……内奰于中国，覃及鬼方。"这位微子老先生看见这种情形，便不免害怕起来。因而他们说："从前把被我们征服的人都捕来替我们作奴隶；现在若是我们的国家为人家灭亡，那便无疑，我们都要去替人家作奴隶了。"（"商今其有灾，我兴受其败；商其沦丧，我罔为臣仆。"）

至于在商代究竟替周代创造出一些怎样的历史因素——物质条件，我们还没有可靠的材料来说明。传说中的所谓"殷人七十而助"的原始佃户的经营，论理这种情形在殷末是有发生的可能的。但在没有更可靠的材料以前，我们还不敢确定。

二、周代国家的形成

周民族的祖先，《诗·大雅》和《鲁颂》均追述那位传说中的农神后稷。《史记》根据《世本》追述周之先世，更至帝喾，自帝喾至文王——帝喾、稷、不窋、鞠、公刘、庆节、皇仆、差弗、毁隃、公非、高圉、亚圉、公叔、祖类、古公亶父、季历、昌，凡十五世。并都记载稷居邰（今陕西武功县内），公刘迁豳（今陕西邠县），古公迁岐（今陕西岐山县）。这种记载，是不能完全凭信的。惟《诗·大雅》所载公刘和古公的事实，则颇足凭信；不过公刘究为文王几世祖，却仍然不能决定。至《史记》载"公刘虽在戎狄之间"，则颇有研究价值。大概商周原为不同民族，这从殷虚遗物和陕甘境内出土的仰韶系遗物之显然各为一系看，是能证明的。周族或者即羌戎之一族，此证之后稷之母曰姜嫄，太王妃曰姜女，王季母曰周姜。古姜、羌或即系一字，这似乎不会错误的。不过在殷末这两族的关系，似乎已很频繁。最近殷虚发现的鹿头刻辞亦有关"羌"、"凉"的记载：

"于惊（凉）田，□□，获白麟，圈于□，在□月，佳王田祀肜日，王来
圉盂□□。"

"己亥王田于羌，□□，在九月，佳王田圉。"（均从董解）

按羌、凉均在今甘肃境内，这是否和古代的地域有变革，尚无从考证。

我们对周民族的起源，根据上述，只能从公刘来开始研究。据《诗·大
雅·假乐》篇所载，周族在公刘迁豳前，还是未定居的游牧民族。《大雅·公
刘》说：

"笃公刘，匪居匪康，迺场迺疆，迺积迺仓，迺裹餱粮，于橐于囊，思辑
用光。弓矢斯张，干戈戚扬，爰方启行。"

"笃公刘，于胥斯原，既庶既繁……陟则在巘，复降在原。何以舟之？维
玉及瑶，鞞琫容刀。"

"逝彼百泉，瞻彼溥原。迺陟南冈……于时处处，于是庐旅。"

据此，周民族在迁豳前，已知道农业，所以他们游牧到豳这个地方以后，
才开始经营定居生活（这当时也要经过一个相当时间）。当时社会的组织，依
如次两段话看，则是一个村落社会的组织。

"蹌蹌济济，俾筵俾几，既登乃依，乃造其曹。执豕于牢，酌之用匏，食
之饮之，君之宗之。"

"相其阴阳，观其流泉。其军三单，度其隰原，彻田为粮，度其夕阳，豳
居允荒。"

前者是关于氏族的祭典或庆祝的盛大宴会的描写；依后者看，公刘大概为
其氏族中的一个军事酋长；所谓"彻田为粮"，大概就是村落公社的一种公务
上的征税。

从"取厉取锻"来看，大概当时公社的分工，已有专门工匠的存在，因
为炼铁并不是简单容易的事情。

自铁的发明以后，不仅农业有更急速的发展的可能，而且它已制造出古代
共产社会的丧钟。因而至古公时，农业便达到很繁盛的境地。《诗·大雅·
绵》说："周原膴膴，堇荼如饴。"

村落公社的组织，也就更典型化，而达到如次的情形："迺慰迺止，迺左
迺右。迺疆迺理，迺宣迺亩。自西徂东，周爰执事。"（同上）

工艺的发达，下面几句话可以说明之。

"其绳则直，缩版以载。"（同上）

"捄之陾陾，度之薨薨。筑之登登，削屡冯冯。百堵皆兴，鼛鼓弗胜。"（同上）

从"戎丑攸行"的一句话看，似乎已有氏族的奴隶存在，这戎"丑"显然就是奴隶。

周族到文王时代更加强大起来。由于农业的发展，便扩大了土地的需求，于是不废一矢的征服"虞"、"芮"之后，便又以兵力去伐灭"密"、"崇"，而至于"四方以无拂"。

只是周代在这时是否已建立国家？从"维此王季……王此大邦，克顺克比。"（《大雅·皇矣》）"文王受命，有此武功"来看，这所谓"王"，究竟是意味着罗马的 rex，还是意味着后来的阶级社会的"王"？我们颇觉难于说明。不过如此的一句话值得我们注意：

"呜呼！厥亦惟我周太王王季，克自抑畏。文王卑服，即康功田功……自朝至于日中昃，不遑暇食……不敢盘于遊田，以庶邦惟正之供。"（《周书·无逸》）

从这段文字记载看，文王自身似乎还亲自参加过农业劳动，但"以庶邦惟正之供"的一句话，又在说周民族对其所征服"庶邦"的各氏族，已在行使一定"贡纳"。从《大雅·皇矣》看，文王又确乎是一个专门以战争为事的军事领袖。惟其如此，所以武王才能在殷代奴隶制国家的废墟之上建立起封建国家来。

C. 封建制度确立的经济基础和西周封建制度的建立

一、封建制度确立的经济基础

封建制度的形成，我们从世界历史去考察，大抵有如次两种过程：一，便是如伊里奇所说的"奴隶制度，在许多国家，在其发展的过程中，便转化为农奴制。"（见前揭书）十五世纪到十六世纪之间的俄国和古代日本，便是采取这一过程；二，便是中世日耳曼式的封建制度形成过程——一方面保留有其自身的前一时期的氏族社会的结构，另一方面保留有前一时期商品关系的残余，由这两种混合而形成其封建制度。

但是这两者间在历史运动法则的根本点上，是有其共性的。无论其过程如何，从奴隶制度到封建制度的过渡，总是到前者的生产关系已成为其自身所具备的生产力发展的桎梏，再不能前进一步，同时作为后者之产生的历史的新因素，已在前者的母胎内发现，这样后者才能在前者的废墟之上，建立起新的社会制度来。

欧洲封建制度形成的过程，尼多尼亚说："那（封建制度）虽不是必要的阶段，然而那却是社会进化上共同踏过的阶段。那主要的，就是在已经被王权的或贵族的种族所组织的氏族内部，其首长于自己的指挥之下，使邻近他自己的集团之若干种族的小集团屈服于他的当中，他注意到征服者使一国顺从，且拉拢被征服的小王或首长，于是自己想处适当的方面有利的方面有利的时候始发生封建制度。"（见熊泽山川均：《唯物史观经济史》，第九页）库诺说："到了很大的土地所有的区别发生，以前的种族首长（即我之所谓部族的酋长）发展而为种族的诸侯，或种族的王之后；更到了特殊的所有愈见其重要性，连带发生了的大的地主阶级并小的隶属的农民阶级之后；则一方面以侵略的结果，一方面以新的地主贵族抑制土著的农民阶级的结果，封建组织遂到处发生了。"（同上）实际，库诺和尼多尼亚都还只是说明了问题的一半，而忽略了另一半。他们完全忽略了罗马国家给日耳曼民族所创造出的历史的新因素。

作为完成封建制度之基础的，一方面为已存在的村落共同体范围内的农业和手工业的生产，一方面为在崩溃中的原来的奴隶主的农场组织。这成了庄园或采邑的组织的出发点。

从这基础点出发而构成的封建时代的经济基础，山川均就中世欧洲的情形说："封建时代经济的基础，是在共同体内的农业生产及手工业的生产。此际，纯粹的农业是最主要的要素，畜牧不过建立在从属的地位。住居早已在一定的地域内，经营定住的生活了。不过生产物质的种类还少，剩余劳动占着生产的较大的部分。"

"因劳动生产的发展，共同体就逐渐扩张，至于包含好几千住民。"

"在共同体内对抗氏族的家族，已成为一个经济单位，农业即由这些家族而为个别的集约的农耕。"

"不过结合共同体内家族全体的纽带还残留着共同牧场、共有森林等。就是空地使用权，在某程度上，都还在共同体管辖之下。这样，封建的财产，并与封建财产相适应的社会组织，为家族集产主义，更正确的说来，乃是从血族集产主义到资产阶级个人集产主义的一个桥梁。"（拉法格：《财产进化史》）

"共同体内的手工业，也以独立的产业而存在了。最初是把应共同体的必要的生产，按照非共同体的命令而施行的，但后来，则成为由各个家族的定货而生产的样子了。"

"共同体内的选举公职，逐渐成为世袭，因之发生了氏族的贵族（尤其是军事贵族），这种家族在经济上也是占了优越的地位。"

"富裕的家族，马上把军队的组织者专由自己家族派出的事件也成功了。定住农民当然要受他们的保护，倒不论是战争的时间或饥馑的年头。"

"自由农民为要受着完全的保护起见，自己就将自己的所有地，让渡于那些有势力的家族，回头又附以条件而承领这块土地，土地以至成为那些有势力的家族的所有地。氏族的贵族已是全体土地的所有者，已是领主了。农民对于他的保护，则给以劳动的报酬。"

"这种关系并扩大至外面，弱小的封建领主，则靠强大领主的保护，而臣服他，由是就有了国王和诸侯的区别。"（以上均见熊泽山川均：《唯物史观经济史》）不过山川均在这里也一样忽略了问题的一面——忽略了罗马国家所创造出的经济的条件给予日耳曼民族建立其封建国家的影响。

二、西周封建制度的建立

西周封建制度的形成，采取何种过程？我们从现有的材料考察的结果，似乎是采取着日耳曼式的过程。

周民族在古公时，氏族村落公社的组织已发育完成，我们在前面已经说过。到文王时，文王自身也不曾完全从劳动脱离出来，前面也提述过。据《孟子·梁惠王下》说："文王之治岐也，耕者九一……泽梁无禁，罪人不孥。"《礼记·礼运》说："矜（鳏）寡孤独废疾者皆有所养。"是则在文王时，周民族的内部还是过着氏族村落公社的生活。

武王伐殷以后，便从其前时期的村落公社和殷代奴隶制所遗留下来的历史条件的基础出发，而转化为封建制度——农奴制度的采邑经济。

在武王伐殷前，其左右，已有其大量的扈从。

"王曰：嗟我友邦冢君、御事、司徒、司马、司空、亚旅、师氏、千夫长、百夫长，及庸、蜀、羌、髳、微、卢、彭、濮人。"（《周书·牧誓》）

"武王……东观兵，至于盟津……不期而会盟津者八百诸侯……居二年……乃遵文王，遂率戎车三百乘，虎贲三千人，甲士四万五千人，以东伐纣。"《史记·周本纪》

前者所说的御事、司徒、司马、司空、亚旅、师氏、千夫长、百夫长等，大概就是后者的甲士和虎贲，就是当时的"王"的左右的扈从。后者所说的"八百诸侯"，大概不外就是前者所说的"友邦冢君"，就是和周同盟的各族酋长；所谓"庸"、"蜀"等，大概就是和周同盟的各氏族。这些武王左右的扈从和随从去伐殷的各氏族酋长，后者便都作了等级不一的封建领主。此外，殷代的贵族，也有不少又转变成了封建时代的领主的。因而《左传》僖公二十四年说："封建亲戚，以藩屏周"；《荀子·儒效》说：周公"兼制天下七十一国，姬姓独居五十三人"；《史记》说：一以封前代帝王子孙，一以封周之亲族，一以封周初功臣。旧说谓武王分殷地为邶、鄘、卫，封武庚于邶，使管叔尹鄘，蔡叔尹卫。《左传》定公四年说："因商奄之民，命以伯禽而封于少皞之虚……命以康诰而封于殷虚。"《左传》昭公二十八年说，"武王克商，光有天下，其兄弟之国者十有五人，姬姓之国者四十人，皆举亲也。"《史记·周本纪》又说：武王封尚父于营丘曰齐，封弟周公旦于曲阜曰鲁，封召公奭于燕，封弟叔鲜于管，弟叔度于蔡，余各以次受封。又封神农之后于焦，黄帝之后于祝，帝尧之后于蓟，帝舜之后于陈，大禹之后于杞。当时所谓"封国"，究竟有多少，有谓"仪刑文王，万邦作孚。"（《诗·大雅·文王》）所谓周初盖千八百国（贾山《至言》），有谓周封四百余国（《吕览·观世》篇）。这种"国"，无疑就是各氏族酋长、贵族，和"王"的扈从所转化过来的领主的采邑。不过这种采邑，并不如孟子所说那样整列的分有疆土为百里、七十里、五十里和不满五十里的附庸；大概当时的采邑甚多，甚至数方里之内便是一个采邑，这应该是事实。不过大多数的小采邑，在历史上已均不可考，可考的只是一些庞大的领邑罢了。因为自大诸侯以至小领主，不仅有等级的从属，而且各级的领主自己又常把其领地分封其左右。

但是有人认为周代的"封建",只是"封土",而不是封建。究竟是"封土",还是"封建"?《诗·鲁颂》说:

"王曰:叔父,建尔之子,俾侯于鲁,大启尔宇,为周室辅。乃命鲁公,俾侯于东,锡之山川,土田附庸。"(《閟宫》篇)

"公食贡,大夫食邑,士食田,庶人食力。"(《国语·晋语四》)

如认为从这些话来看,还不能判明是"封土"还是"封建"的性质的话,则我们在他方面又看见有建立社稷的事实,同时又看见有庄园式的采邑的组织,问题便算明白了。

D. 初期封建制度的经济组织

一、阶级组织

1. 所谓"五等五服"之制

《周礼·王制》所叙的五等五服,我们暂把它撇开,先从孟子所说的来看:

北宫锜问周室班爵禄。孟子曰:"其详不可得而闻也。诸侯恶其害己也而皆去其籍。然而轲也尝闻其略也。天子一位,公一位,侯一位,伯一位,子、男同一位,凡五等也;君一位,卿一位,大夫一位,上士一位,中士一位,下士一位,凡六等。天子之制地方千里,公、侯皆方百里,伯七十里,子、男五十里,凡四等;不能五十里,不达于天子,附于诸侯,曰附庸……耕者之所获,一夫百亩。百亩之粪,上农夫食九人,上次食八人,中食七人,中次食六人,下食五人、庶人在官者,其禄以是为差。"

我们根据上层建筑的意识形态是下层基础的结构的反映这一原则,似乎不便说这完全系孟子的臆造,不过在他的"闻其略"的情形下,又经过他的修改而又加入他自己的一些意见,更加整列,恐怕系事实。

我们再从周的金文来看:

"明公朝至于成周徟令,舍三事令。众卿事寮、众诸尹、众里君、众百工、众诸侯:侯、田、男,舍四方令。"(《令彝》)

又《周书·酒诰》说：

"越在外服，侯、甸、男、卫、邦伯。越在内服，百寮庶尹，惟亚惟服宗工，越百姓里居。罔敢湎于酒，不惟不敢，亦不暇。"

王国维认为，《酒诰》之"侯、甸、男、卫、邦伯"，即《令彝》诸侯、侯、田、男，邦伯即诸侯。《酒诰》之"百寮、庶尹、惟亚、惟服，宗公，越百姓里"，即《令彝》之"卿士寮、诸尹、里君、百工"。罗振玉释为侯服、田服、男服。我认为这种解释，恐怕是无法非难的。因而封建领主的等级的从属，便得到铁一般的确证了。《王制》和《孟子》等书所说的"五服五等"制，或者就是从这个事实而排演扩大的。不过无论是"五等五服"或"四等四服"，于我们研究的问题并不重要。我们所重视的，只在于封建领主的等级从属制度的存在。

2. 阶级的组成

根据上节的结论则是：

"天子建国，诸侯立家，卿置侧室，大夫有贰宗，士有隶子弟，庶人、工、商，各有分亲，皆有等衰。"（《左传》桓公二年）

楚芊尹无宇辞曰："天子经略，诸侯正封，古之制也……故《诗》曰：'普天之下，莫非王土，率土之滨，莫非王臣'。天有十日，人有十等，下所以事上，上所以共神也。故王臣公、公臣大夫，大夫臣士，士臣皂，皂臣舆，舆臣隶，隶臣僚，僚臣仆，仆臣台，马有圉，牛有牧，以待百事。"（《左传》昭公七年）

上述记载，只是在说明封建时代的等级的差异。不过这里所谓皂、舆、隶、僚、仆、台、圉、牧等，都不是生产阶级，而是领主使用于家务劳动的"贱奴"。当时主要的生产阶级是"庶人"——农奴，在此处没有提及。《孟子·万章》说："在国曰市井之臣，在野曰草莽之臣，皆曰庶人。""庶召之役，则役。"《国语·晋语四》说："公食贡，大夫食邑，士食田，庶人食力。"《诗·大雅·灵台》说："经始灵台，经之营之。庶民攻之，不日成之。经始勿亟，庶民子来。"显然，这已是说明庶人就是劳力而服役的农奴。

《左传》襄公十七年说："宋皇国父为太宰，为平公筑台，妨于农收。子罕请于农功之毕，公弗许。筑者讴曰：'泽门之皙，实兴我役……'子罕闻之，亲执扑以行筑者……曰：'吾侪小人皆有阖庐以避燥湿寒暑。今君为一台，而不速成，何以为役'？""世之治也，君子尚能而让其下，小人农力以事其上。"（《左传》襄公十三年）"不知稼穑之艰难，不闻小人之劳。"《尚书·周书·无逸》这里的"小人"亦为力农服役的农奴之别称。因为有人说《左传》昭公七年条正是说明西周奴隶制的存在，便不能不算是绝大的误会。《左传》襄公十四年条和昭公七年条，完全为同一事的叙述，只是曾把庶人和工商也指出来了。

"天子有公；诸侯有卿；卿置侧室；大夫有贰宗；士有朋友；庶人、工、商、皂、隶、牧、圉，皆有亲暱，以相辅佐也。"（《左传》襄公十四年）

这对于当时阶级的构成上，便说得较明白了。

从金文中之锡臣、夫、庶人等事实，便不难得到解决。

"锡汝邦嗣四百，人鬲自驭至于庶人六百又五十又九夫。锡夷嗣王臣十又三百，人鬲千又五十夫。"（《大盂鼎》）

"姜赏令贝十朋，臣十家，鬲百人，公尹白丁父兄于戌。"（《令簋铭》）

"先王作井，亦多虐庶民。"（《牧簋铭》）

所谓"庶人"、"庶民"、"白丁"、"夫"，大概便都是农奴；所谓"王臣"、"臣"、"僕庶"，大都是"贱奴"或扈从。这在金文中也说得很明白：

"锡汝车马戎兵厘仆二百有五十家，汝以戎戎作。"（《齐侯镈钟鼎铭》）

这很明确说锡以作战的士兵或扈从。"鬲"，《周书·大诰》："民献有十夫"；"白丁"，《荀子·王制》："司马知师旅甲兵乘白之数。"杨倞注云："白谓甸徒，犹今之白丁也。"

二、"井田制度"

1. 采邑的组织

关于"井田制度"的传说，究竟是否为中国古代存在过的一种制度呢？及今尚未曾得出一个正确的结论。不过辩证的考察，虽不必有那样井字形的整列的土地区划制度存在过，类似这种制度的存在，则是十分可能的。而且若是没有这种类似的制度的存在过，则我们对于历史上的许多材料，便不免难以解说。

中国文字中的"田"字，甲骨文和金文均作田，周代作畾，《诗经》亦有"中田有庐，疆场有瓜"的记载。前者均极似村落公社的土地的区划形式，后者则极似公社的一幅构想图。要是曾有这种公社的存在过，则其后来的类似井田的采地的组织，便十分有其存在的可能。幸而金文中还给我们留下一些材料。

"锡田于畝五十田，于早五十田。"（《敔簋铭》）

"锡女田于埜，锡女田于淠。"（《大克鼎铭》）

"侯氏锡之邑二百又九十又九邑。"（《子仲姜镈铭》）

"王曰：郑，昔先王既命汝作邑，继五邑，祝今惟瞳。"（《郑簋铭》）

"王曰：'中……今兄里汝裹土，作乃采'。"（《南宫中鼎》）

"五在斤，锡趞采。"（《趞卣铭》）

"仆啇土田。"（《召伯虎簋铭》）

"至于大沽，一封以陟二封，至于边柳。"（《散氏盘铭》）

最有意义的，便是如次的一条铭文：

"据预颉（稽）首休，朕匎君公伯，锡氒臣弟据井五囷，锡甲胄干戈。据弗敢忘公伯休，对扬伯休，用作祖考宝尊彝。"（《彝铭》）

阮元释文云："言以一井公田所入之五囷锡据也。"这把郭沫若的金文中无井田制的记载又推翻了。

从而《孟子·滕文公上》所谓：

"井九百亩，其中为公田。八家皆私百亩，同养公田。"

《汉书·食货志上》说：

"民受田，上田夫百亩；中田，夫二百亩；下田，夫三百亩。岁耕种者为不易上田，休一岁者为一易中田，休二岁者为再易下田。三岁更耕之，自爰其处，农民户人己受田，其家众男为余夫。"

《文献通考》说：

"遂人凡治野：夫间有遂，遂上有径；十夫有沟，沟上有畛；百夫有洫，洫上有涂；千夫有浍，浍上有道；万夫有川，川上有路，以达于畿。"《九通分类总纂》："九夫为井，四井为邑。"《通典》："六尺为步，步百为亩，亩百为夫，夫三为屋，屋三为井。"

这至少有几分确切性，能互为说明。自然，这种数字的排列和其整然的系统，这都是后代儒家替古代人作了进一步的理想的设计，这是应该注意的。

这里还应该说明的，从《诗经·小雅·采芑》"薄言采芑，于彼新田，于此蔺亩"来看，当时还实行着三圃制的经营，从而《汉书·食货志》所谓上田、中田、下田，也便有几分确切性。

2. 剥削关系

封建的剥削关系，不纯是基于经济的条件，而且基于政治的超经济以外的强制榨取。同时基于这种——类似"井田制"的基础上的剩余劳动的剥削，当然便是以赋役为主要形态去表现。赋役经营的必要的前提，照伊里奇所说：①自然经济的支配；②对于直接生产者，就一般说，必须分给生产手段；就特殊说，必须分给土地，且必须把他们束缚于土地上面不许离开；③农民在人格上必须隶属于地主，从而才能为"经济外的强制，那而且是必要……"（《经济学》）

西周封建制度对于剩余劳动的剥削形式也是令农奴以部分的劳动时间在自己的"私田"上劳动，一部分在领主的"公田"上劳动。

"有渰萋萋，兴雨祁祁，雨我公田，遂及我私。彼有不获穉，此有不敛穧。彼有遗秉，此有滞穗。伊寡妇之利。"（《诗经·小雅·大田》）"噫嘻成王，既昭假尔，率时农夫，播厥百谷。骏发尔私，终三十里。亦服尔耕，十千维耦。"（《诗·周颂·噫嘻》）

"倬彼甫田，岁取十千，我取其陈，食我农人。自古有年，今适南亩，或耘或耔，黍稷薿薿。"（《诗·小雅·甫田》）

农民所使用的劳动手段，从下面的两段话看，也系受自领主的。

"大田多稼，既种既戒，既备乃事，以我覃耜，俶载南亩，播厥百谷。"（《诗·小雅·大田》）

"命我众人，庤乃钱镈，奄观铚艾。"（《诗·周颂·臣工》）

农奴们在领主的"公田"上劳动，领主们为扩大剩余劳动量而提高劳动强度起见，还常常派人去监督劳动。

"曾孙来止，以其妇子。馌彼南亩……禾易长亩，终善且有。曾孙不怒，农夫克敏。"（《诗·小雅·甫田》）

"既方既皁，既坚既好，不稂不莠，去其螟螣，及其蟊贼，无害我田稚。"（《诗·大田》）

因而剩余劳动的显化物，便是如山的堆积起来了。

"曾孙之稼，如茨如梁；曾孙之庾，如坻如京。乃求千斯仓，乃求万斯箱，黍稷稻粱。农夫之庆，报以介福，万寿无疆。"（《诗·甫田》）

此外，农夫并须向领主贡纳畜牧及其他物品及为之采薪射猎等劳役。

"采菽采菽，筐之筥之，君子来朝，何锡予之。虽无予之，路车乘马，又何予之？玄衮及黼。"（《诗·小雅·采菽》）

"终朝采蓝，不盈一襜。五日为期，六月不詹。"（《诗·小雅·采绿》）

"有兔斯首，炮之燔之。君子有酒，酌言献之。"（《诗·小雅·瓠叶》）

"纠纠葛屦，可以履霜。掺掺女手，可以缝裳。要之襋之，好人服之。好人提提，宛然左辟。佩其象揥，维是褊心，是以为刺。"（《诗·魏风·葛屦》）

"有狐绥绥，在彼淇梁，心之忧矣，之子无裳。"（《诗·卫风·有狐》）

"八月载绩，载玄载黄，我朱孔阳，为公子裳。"《诗·豳风·七月》"取彼狐狸，为公子裘。二之日其同，载缵武功。言私其豵，献豜于公。"（同上）"嗟我农夫，我稼既同，上入执宫功。昼尔于茅，宵尔索绹。亟其乘屋，其始播百谷。"（同上）"二之日凿冰冲冲，三之日纳于凌阴，四之日其蚤，献羔祭韭。九月肃霜，十月涤场，朋酒斯飨，曰杀羔羊，跻彼公堂，称彼兕觥，万寿无疆。"（同上）

若是农奴家的妇女为领主们所垂青，就要一任他的糟蹋。而领主们家中的妇女，却不准农民去调戏的。"春日迟迟，采蘩祁祁，女心伤悲，殆及公子同归。"（《诗·豳风·七月》）"今汝下民，或敢侮予"，"予口卒瘏，曰予未有室家。"（《诗·豳风·鸱鸮》）

领主们的建筑房屋园林，也是由农奴们担任的。

"经始灵台，经之营之，庶民攻之，不日成之。经始勿亟，庶民子来。"（《诗·灵台》）

"公功棐迪笃，罔不若时。"（《周书·洛诰》）

"周公初基，作新大邑于东国洛，四方民大和会"，（《周书·康诰》）。"鲁人三郊三遂，峙乃桢榦，甲戌，我惟筑，无敢不供。汝则有无余刑，非杀。"（《周书·费誓》）

此外，农奴们并须为领主们服兵役。

"我徂东山，慆慆不归。我来自东，零雨其濛。果臝之实，亦施于宇。伊威在室，蠨蛸在户。町畽鹿场，熠燿宵行。不可畏也，伊可怀也。"（《诗·豳风·东山》）

"大车啍啍，毳衣如璊，岂不尔思，畏子不奔。"（《诗·王风·大车》）

"王命南仲，往城于方。出车彭彭，旐旗央央。天子命我，城彼朔方。赫赫南仲，狎狁于襄。昔我往矣，黍稷方华。今我来思，雨雪载涂。王事多难，不遑启居，岂不怀归？畏此简书。"《诗·小雅·出车》

《诗经》中像这一类的记载，真是举不胜举。我们根据这些事实去推论，《周礼·王制》中的司马法，便至少也有几分可靠的事实作根据的。此外次于农奴的被榨取阶级，便是我们在前面所指出的贱奴。

3. 阶级间的反感

农奴们终岁像牛马般的劳苦，结果只满足了领主们豪奢生活，而农奴们自己呢，却只落得"无衣、无褐，何以卒岁"的结果。因为农奴们自己畜养的家畜，要择肥献给领主；所耕作出的农产品的大部分也为领主们所收夺，他们的妻女所织的衣、裳，也完全在为领主效劳……所以他们自己的生活，在住的方面，便是一种黑暗不堪、风雨频繁的茅舍。(《诗·豳风·七月》："十月蟋蟀，入我床下，穹窒熏鼠，塞向墐户")在食的方面呢？终年都是一些藜藿菽果为主，肉类当然是吃不到的，谷物也是不经常吃的。(《诗·七月》说："六月，食郁及薁；七月，亨葵及菽；八月剥枣；十月获稻，为此春酒，以介眉寿。七月食瓜，八月断壶；九月叔苴，采荼薪樗，食我农夫。")

衣的方面呢，他们的妻儿们的"女执懿筐……爰求柔桑"、"七月鸣鵙，八月载绩"的采桑、养蚕、纺绩所作成的"载玄载黄"的衣裳，自己却不能受用，而是要每年九月送纳给领主("九月授衣")给公子们去享受的("为公子裳、为公子裘")。把那班公子们打扮得十分华贵了，然后他们才好生讲恋爱，并不时来看望农奴们家中的闺女("女心伤悲，殆及公子同归")。至于农奴们和其家人呢，却是过着那："一之日觱发，二之日栗烈，无衣无褐，何以卒岁？"的景况（均见《诗·七月》）。

其次农奴们为领主们服役去参加封建战争，不惟对家中的父母妻子不容顾及，而且对其自身的生命是一种重大的危险。

在这种情况下，便必然的曾发生着阶级间的反感。在农奴们对领主们的反感的怨声中，同时又可以看出阶级剥削关系的严酷和阶级间产生的悬殊。

"骄人好好，劳人草草。苍天苍天！视彼骄人，矜此劳人。"（《诗·小雅·巷伯》）

"陟彼北山、言采其杞。偕偕士子，朝夕从事。王事靡盬，忧我父母。溥天之下，莫非王土；率土之滨，莫非王臣。大夫不均，我从事独贤。四牡彭彭，王事傍傍。嘉我未老，鲜我方将。旅力方刚，经营四方。或燕燕居息，或尽瘁事国，或息偃在床，或不已于行，或不知叫号，或惨惨劬劳，或棲迟偃仰，或王事鞅掌，或湛乐饮酒，或惨惨畏咎，或出入风议，或靡事不为。"（《诗·小雅·北山》）

"明明上天，照临下土。我征徂西，至于艽野。二月初吉，载离寒暑。心之忧矣，其毒大苦。念彼共人，涕零如雨，岂不怀归，畏此罪罟。"（《诗·小雅·小明》）

"不稼不穑，胡取禾三百廛兮？不狩不猎，胡瞻尔庭有悬狟兮，彼君子兮，不素餐兮。"（《诗·魏风·伐檀》）

"有饛簋飧，有捄棘匕，周道如砥。其直如矢，君子所履，小人所视。睠言顾之，潸然出涕。"（《诗·小雅·大东》）

"硕鼠硕鼠，无食我黍。三岁贯汝，莫我肯顾。逝将去女，适彼乐土。乐土、乐土，爰得我所。"（《诗·魏风·硕鼠》）

"黄鸟黄鸟，无集于栩，无啄我黍。此邦之人，不可与处。言旋言归，复我诸父。"（《诗·小雅·黄鸟》）

"荏染柔木，君子树之。往来言行，心焉数之。蛇蛇硕言，出自口矣。巧言如簧，颜之厚矣。"（《诗·小雅·巧言》）

"相彼投兔，尚或先之。行有死人，尚或墐之。君子秉心，维其忍之。心之忧矣，涕既陨之。"

"莫高匪山，莫浚匪泉。君子无易由言，耳属于垣。无逝我梁，无发我笱。我躬不阅，遑恤我后。"（《诗·小雅·小弁》）

领主们对农奴们的阶级的愤懑情绪，为防患阶级的暴动于未然，便常常不惜用暴力去禁止。这在《诗经》里有如次的两段话：

"谓山盖卑，为冈为陵。民之讹言，宁莫之惩？召彼故老，讯之占梦。具曰予圣，谁知乌之雌雄?"（《诗·小雅·正月》）

"天方荐瘥，丧乱弘多。民言无嘉，憯莫惩嗟?"（《诗·小雅·节南山》）

因为在当时的情形，凡关唤起阶级意识的言论，不独严格的被禁止，而且一被统治者察觉，就不免还要脑袋开掉的（"厉王使监谤者，得……则杀之"）。因而民众们自然便不免在暴力的恐怖下而禁若寒蝉了。（"忧心如惔，

不敢戏谈。"《小雅·节南山》)

4. "超经济的强制"和法律

"超经济的强制"榨取，是农奴榨取关系中的一个主要特征。"超经济的强制"的意义，就是领主对农奴的剥削，不单是基于经济的条件上，而且基于政治的权力上，强制农奴在人格上也从属于他，实行超经济条件以外政治的强制榨取。领主们作为实现这种"超经济的强制"榨取的前提，他必须把农民束缚在土地上面，不许他们自由移动，反之，要是农民能自由移动，这种强制便没有实现的可能。

在西周，我们在上面所说的所谓"井田制度"的"私田"，那就是领主给予农民的"分与地"，以此把农民束缚于土地上面。不如此，便不能保证他的"公田"的耕种所必需的劳动力，以及其他榨取。《九通分类总纂》有如次的两段话：

"上地，夫一廛，田百亩，莱五十亩，余夫亦如之；中地，夫一廛，田百亩，莱百亩，余夫亦如之；下地，夫一廛，田百亩，莱二百亩，余夫亦如之"。(卷三)

"凡任地，国宅无征，国廛二十而一，近郊十一，远郊二十而三，甸、稍、县、都，皆毋过十二；惟其漆林之征，二十而五。"(卷一)

我们既已从金文中证明采邑式的"井田制"的存在，那么，这两段话，便可以作为对于"井田制"的一点说明。

从金文中之所谓"赐夫"、赐"白丁"多少，"夫"多少"家"，便是领主把其属内的农奴连同采地而分赐其左右，这不仅说明农民被束缚在土地上面，没有自由移动的可能，而且充分说明了农民对于领主的人格之从属。

但是当农奴们到了被剥削不堪的时候，也免不了逃亡，而致领主的"公田"荒芜。《诗·大雅·召旻》说：

"旻天疾威，天笃降丧，瘨我饥馑，民卒流亡，我居圉卒荒。"

领主们为禁止农奴的逃亡，便自由的订出种种残酷的法律来，随意就可以把农奴们监禁起来。

"交交桑扈，率场啄粟。哀我填寡，宜岸宜狱。握粟出卜，自何能谷。"(《诗·小雅·小宛》)

但是把农奴监禁，对领主并无何种经济上的利益，因而他不过把这一类的手段向农奴们示威罢了。所以领主又对农奴们说：

"题彼脊令，载飞载鸣。我日斯迈，而月斯征。夙兴夜寐，毋忝尔所生。"（《诗·小雅·小宛》）

"这就是说："蠢货！看吧！那脊令小鸟，都是不飞就鸣，并不片刻偷闲。你们这班蠢货，总还算不是禽兽呀！我既已赏了你们一碗饭吃，你们就应在每日由早到晚的不要偷闲，每日要如此，每月要如此。每年也要如此。要不然，我就要你们这班蠢货的性命啊。当心吧！"

领主对农奴常任意处罚，这里也说得很明白。

"今尔尚宅尔宅，畋尔田，尔曷不惠王熙天之命？……我惟时其教告之，我惟时其战要囚之。至于再，至于三，乃有不用我降尔命，我乃其大罚殛之。"（《周书·多方》）

"鲁人三郊三遂，峙乃桢榦。甲戌，我惟筑，无敢不供，汝则有无余刑，非杀；鲁人三郊三遂，峙乃刍茭，无敢不多，汝则有大刑。"（《周书·费誓》）

"悠悠昊天，曰父母且，无罪无辜，乱如此幠。昊天已威，予慎无罪。昊天大幠，予慎无辜。乱之初生，僭始既涵。乱之又生，君子信谗。君子如怒，乱庶遄沮。君子如祉，乱庶遄已。"（《诗·小雅·巧言》）

领主们对农民，不仅可以随意处罚，而且可以随意残杀。其次，领主的牲畜可以随意践踏农民的场圃。农民不但不能向领主提出赔偿，还要替他送还牲畜。

"皎皎白驹，食我场苗。絷之维之，以永今朝。所谓伊人，于焉逍遥。"

"皎皎白驹，食我场藿。絷之维之，以永今夕。所谓伊人，于焉嘉客。"

"皎皎白驹，贲然来思。尔公尔侯，逸豫无期。慎尔优游，勉尔遁思。"（《诗·小雅·白驹》）

领主们对待农奴们的残刑酷罚，和中世欧洲的封建领主们施于农奴者，殆也没有两样。

《周书·吕刑》所载，有所谓"墨"、"劓"、"剕"、"宫"、"辟"等五刑。他们并且曾明白地说：我对农奴们若不施以极严酷的刑罚，是难以统治的。（《吕刑》："天罚不极，庶民罔有令政，在于天下。"）领主们为扩大剥削起见，又作出所谓"金作赎刑"的勾当来。这样一来，就是"疑赦"的嫌疑犯，也从而"阅实其罪"。领主们的榨取收入虽因而扩大，而农奴们便更陷饥寒之深渊了。看他们是怎样去实行其宰割吧！

"王曰：吁！来。有邦有土，告尔祥刑。在今尔安百姓，何择非人？何敬非刑？何度非及？两造且备，师听五辞；五辞简孚，正于五刑；五刑不简，正于五罚；五罚不服，正于五过；五过之疵，惟官、惟反、惟内、惟货、惟来。其罪惟钧，其审克之。五刑之疑有赦，五罚之疑有赦，其审克之。简孚有众，惟貌有稽，无简不听，具严天威。墨辟疑赦，其罚百锾，阅实有罪；劓辟疑赦，其罚惟倍，阅实其罪……宫辟疑赦，其罚六百锾，阅实其罪；大辟疑赦，其罚千锾，阅实其罪。墨罚之属千，劓罚之属千，剕罚之属五百，宫罚之属三百，大辟之罚其属二百，五刑之属三千。上下比罪，无僭乱辞，勿用不行。惟察惟法，其审克之。上刑适轻，下服；下刑适重，上服。轻重诸罚有权，刑罚世轻世重，惟齐非齐，有伦有要。"（周书·吕刑》）

这里所谓"锾"究竟意味着什么呢？《周礼》谓：锾为锊。马融云："锊，量名。"郑玄云："锾，称轻重之名。"《传》云："大半两为钧，十钧为锾，锾重六两。"注云："六两曰锾，锾，黄铁也。"他们的解说也极不一致。我们从时代的经济情况上去判断，当以马融、郑玄两说为近似。

我们的"历史家"，有认为这是贵族对奴隶所实行的罚款。但事实上，奴隶连其身体都属于主人的，何来百锾、五百锾、千锾的罚款呢？这不是连历史的常识都颠倒了吗？所谓"上刑适轻，下服；下刑适重，上服。"这在法律上，显然有一个适应的等级性存在。

四、商业及工艺

由奴隶制到封建制，若单从商业来说，真算是一种"逆转"。因为由奴隶主的用奴隶经营"农业"和"工业经济"，到庄园的农奴制和工奴制的经济，后者由于封建的封锁性，每个庄园几乎成了一个经济的独立单位。但是庄园和外间的联系，不过比较薄弱，并不是绝对无商业关系的存在。

在西周，关于商业上的史料，最可靠的记事中，在《诗经·卫风·氓》中只有如次的两句话：

"氓之蚩蚩，抱布贸丝。"

"如贾三倍，君子是识。"

前者似系说在农奴们之间所行的现物交换，而后者的交换，则已说明由所谓"君子"的领主去承当的。

关于西周的货币，在可靠史料中，是不容易得到说明的。《尚书·周书》和《诗经》中有贝、朋、圭、璧等字，后者是否系用作货币，抑用作装饰品及祭献品，实在无法判定。从金文锡贝、朋看，贝、朋似乎还当作货币。其次《诗经》中虽有"钱"字（"痔乃钱镈"），但系属农耕器具，而并非货币。《文献通考》称：

"周制以商通货，以贾易物。太公又立九府圜法，黄金方寸而重一斤，钱圜函方，轻重以铢。布帛广二尺二寸为幅，长四丈为疋。故货宝于金，利于刀，流于泉，布于布，束于帛。周官司市国凶荒札丧则市无征而作布……外府掌邦布之出入，以共百物，而待邦之用。"

"泉府掌以市之征布，敛市之不售，货之滞于民用者，以其贾买之物，揭而书之，以待不时而买者，买者各从其抵都鄙，从其主，国人、郊人从其有司，然后予之。凡赊者，祭祀无过旬日，丧纪无过三月。凡民之贷者，与其有司辩而授之，以国服为之息。凡国事之财用取具焉，岁终则会其出入而纳其余。"

《周礼》："外府掌赍锡之出入，泉府掌买卖之出入。"

《通志》："陶唐氏谓之泉，商人周人谓之布，齐人莒人谓之刀。"

《通典》："夫玉起禺氏，金起于汝汉，珠起于赤野；东西南北去国七八千里，水绝壤断，舟车不能通，为其途之远，其至之难，故托用于重，以珠玉为上币，黄金为中币，刀布为下币。"

《皇朝文献通考》："案自上古刀布之用，一变而为九府圜法……三代以后，珠玉但为装饰，而不以为币。"

荀悦云："夏殷以前钱无文，周制则有文。盖以宝字系外，自周景王之宝货始。"

这都是后代人的追记，我们不惟难于凭信，而且显属以后代的事实作背景而追记上去的。山东图书馆曾在临淄掘出许多刀币，大约为春秋时齐国遗物。该馆并藏有春秋时郑卫所用之铲币，这均属我亲自鉴赏过。因而上述所谓刀，恐亦系春秋时代的事实，而所谓"九府圜法"，就更不能不属后来的事情了。

工艺方面，大抵是属于采邑之内，主要为供应给领主们自己的需要而存在的。关于纺织工业和蚕桑。据《诗经》中所载：

"妇无公事，休其蚕织。"（《大雅·瞻卬》）

"七月流火，八月萑苇。蚕月条桑，取彼斧斨，以伐远扬，猗彼女桑。七

月鸣鵙，八月载绩。载玄载黄，我朱孔阳，为公子裳。"(《豳风·七月》)

"纠纠葛屦，可以履霜。掺掺女手，可以缝裳。要之襋之，好人服之。"(《魏风·葛屦》)

"小东大东，杼柚其空。纠纠葛屦，可以履霜。佻佻公子，行彼周行。既往既来，使我心疚。"(《诗·小雅·大东》)

这里所说的从事纺织业的妇女——工奴，无论其为农奴家中的妇女，抑系独自存在的工奴，总之其生产是附庸于采邑内；生产的目的，主要在满足"公子"或"好人"们的消费，却是很明白的。

西周的土木工事，也都是农奴赋役劳动的结晶品。如周文王的"经始灵台"，系由"庶民子来"的"庶民攻之"而成的，周公的经营洛邑，并由"四方民大和会"而建筑起来的，这不过一个例子。

在西周，应用在农业的工具，有耒、耜、钱、镈、铚、艾等字。但这些工具究系由何种金属制造，在可靠史料中苦无说明。不过我们根据前面的论述，证明周民族在公刘时已知制铁；其次像周初那样繁盛的农业，也是必须有铁才能开创出来。济南图书馆馆长王献唐君曾示我以所考之一颗周代的铁质印章，但不能判明为西周抑为东周时物。《诗·秦风·驷驖》有"驷驖孔阜，六辔在手"的记载。郭沫若先生说："有的迻作铁，以为是马色如铁的缘故，这当然是有铁以后才有的文字。"我认为这个解释是很有可能的。孟子说："以铁耕乎？"在战国时用铁制农具，是毫无问题的。不仅如此，在春秋时代的吴越，已知道炼铁去制造兵器。

"干将作剑，采五山之铁精，六合之金英……天气下降，而金铁之精不销沦流……于是干将妻乃断发剪爪，投于炉中，使童女童男三百人鼓橐装炭，金铁乃濡，遂以成剑。"(《吴越春秋》卷四上)

"欧冶子干将凿茨山，泄其溪，取铁英，作为铁剑三枚。"(《越绝书》上)

这应是发明炼钢制兵器的一种传说。但由于铸铁演进到钢铁，是要经过一个相当时间的。同时铁制的犁[①]，到今天也还是铸冶成的。这似乎可作春秋以

---

① 孔子："犁牛之子骍且角"，说明春秋时已用犁耕；孔子的门人冉耕字伯牛。"耕"、"牛"相连，亦是说春秋时已用牛耕。因而在这种情形下，用牛曳犁耕应已非常普遍而由来已久，所以反映在人们的意识上才如此通俗。

前已知道使用铁犁之又一间接证据。再次照《管子》所说。春秋时代的齐国，工艺和农业工具也均已用铁。"今铁官之数曰：一女必有一铖、一刀，若其事立。耕者必有一耒、一耜、一铫，若其事立。行服连、轺、辇者，必有一斤、一锯、一锥、一凿，若其事立。不尔而成事者，天下无有。令铖之重加一也？三十铖一人之籍。刀之重加六，五六三十，五刀一人之籍也。耜铁之重加七，三耜铁一人之籍也。其余轻重皆准此而行。"（《管子》卷二十二《海王》）"一农之事，必有一耜、一铫、一镰、一鎒、一椎、一铚，然后成为农；一车必有一斤、一锯、一釭、一钻、一凿、一銶、一轲，然后成为车；一女必有一刀、一锥、一箴、一铢，然后成为女。请以令断山木，鼓山铁，是可以毋籍而用足。"（《管子》卷二十四《轻重乙》）

上面这两段记载，所列的器具，也至少须熟铁才能制造，并且依此，铁器工具在当时也十分发达，这不似使用铁器的短期所能达到的。但只是《管子》这部书的时代性，至今还不曾正确的完全考定。有人认为该书并非出于一人之手，而是一部分为春秋时人所作，一部分或系战国时人之手。（见《管子探源》）我以为无论出自春秋时或战国时人之手的各篇，从其所说明的时代性，则其对管子时的事实，都不似无所根据。而《管子》中所谓"美金"、"恶金"，至战国时，已并不把铁称为"恶金"，而是直接称作铁了。因而上述《管子》中所记，至少是有几分可信的。那末，这也可作为西周知道使用铁农具的又一间接证据。

战国时的楚国，据《荀子》所说："楚人宛钜铁铊，惨如蜂虿"，这"惨如蜂虿"的兵器，当然非钢不可。这也值得作为对于其前代的工具的推究上之一点可靠材料。最值得注意的，关于周代的遗物，也和殷代一样，至今并无农耕工具的发现。从辩证的考察，西周在农业上应用铁制工具，是无问题的。不然的话，对西周时代的一切，其他特征——从可靠史料所说明的特征，便要陷于不能说明。

五、财产制度

封建初期的土地，在名义上属于君主所有，甚而这个时候，他还可以随意的赐予并收回。所以在西周的可靠文献中，诸侯的土地，都由周天子所赐予，这在金文及《诗经》都说得很明白。承受土地的领主，在初期还须向君主缴纳贡物。在西周的可靠文献中对于这一点,虽无确切的说明,但在春秋时代的初期,齐桓公伐楚,所加于楚子的罪名是"苞茅不贡。"我们于此可以推想出,楚在这时以前,曾负着向"周天子"贡纳苞茅的义务;同时由一定的贡纳而至于停止这种贡纳物,这正是封建内部发展的必然结果。

封建领主把土地分赐其左右,不仅是自然的土地,而是连同包括在土地内的农民。山川均说:"在封建时代的土地概念中,不单是自然的土地,并包含着劳动于土地上的农民。即被继承被赠予的土地财产,不单是自然的土地,而固着于土地的农奴,也不管他自己的意志如何,反正他们非欢迎新的所有者不可。身为自由民的农奴,与其说是人类,不如说是还近于家畜。"(《唯物史观经济史》,一二四页)

在西周的彝器铭文中,和"锡田"同时又有锡"夫"、锡"白丁"、锡"庶人"的记载,正是这个历史事实的说明。我们的"历史家"却不肯看见这一点历史特征,便反而把农奴本质的"夫"、"庶人"、"白丁"降级为"奴隶",这是一个何等危险的论证啊!

在封建初期,下级领主向上级领主的贡物,我们从上述"苞茅不贡"的事实去推论,则下面的一段记载,在原则上至少便有几分确切性。

"周武王……分九畿。方千里曰王畿,其外曰侯畿,其贡祀物;又外曰甸畿,其贡嫔物;又外曰男畿,其贡器物;又外曰采畿;其贡服物;又外曰卫畿,其贡财物;又外曰蛮畿,又外曰夷畿,要服也,其贡货物;又外曰镇畿,又外曰蕃畿,此荒服也,谓之蕃国。(无贡)"(《通典·赋税上》)

封建时代的财产承袭权,大抵为长子继承制。因为长子代理其父的领主职权的义务,较之其弟辈们,在事实上能力上都为优越,因而完成其承袭的优越的地位。因而在西周承继周公者为其长子伯禽(王曰叙曰:"建尔元子"),承继太公者为其长子吕伋,便是一个例子。不过这并不是一个机械的公式,实际弟承兄者也很频繁——反正是男性继承吧。不过严格地说,是以长子为先的原则,这从东周时代的为着父子相承和兄弟相承而争持所闹出的许多内乱看,就不难明白的。

E. 大领主的兼并和小领主的没落

封建制度下的各封建领主，一到了封建经济本身发展到一个相当程度，即发展到庄园内的经济的繁盛和人口的增殖，从而领主的生活欲望的提高，在他们之间，便开始其兼并的过程。在这种兼并的过程中，较弱小的领主不断的趋于灭亡，强大领主的领地则不断的扩大。这种兼并的过程，是以封建战争去实现的。且从原来的庄园经济，扩大而为广大区域的领地经济，渐次把庄园的面目完全改变了。所以孟轲答北宫锜周室班爵禄说：“诸侯恶其害己也，而皆去其籍。”正是这一事实的说明。

一、小领主的没落

在最初，领主间的领地疆界，大概还是用和平的手续，或由最高的领主去解决。这在从《矞攸从鼎》、《曶鼎》和《散氏盘的》铭文，都说得很明白。

“矞从以攸卫牧告于王曰：‘女为我田牧，弗能许矞从。’王令眚史南以即虢旅，逎史攸卫牧誓曰：‘我弗具付矞从其租，射分田邑，则诛’。”（《矞攸从鼎》）

“昔馑岁，匡众厥臣廿夫寇曶禾十秭，以匡季告东宫，东宫逎曰：‘求乃人！乃弗得，汝匡罚大！’匡逎稽首于曶，用五田，用众一夫，曰益；用臣曰疐，曰朏，曰奠，曰：‘用兹四夫稽首’……东宫逎曰：‘偿曶禾十秭，遗十秭，为廿秭。来岁弗偿，则付卌秭。’逎或即曶用田二，又臣一夫，凡用即曶田七日，厥五夫，曶觅匡卅秭。”（《曶鼎》）

“用矢戡散邑，逎即散用田。眉：自瀗涉以南至大沽一封，以陟二封。至于边柳，复涉瀗、陟雩、叡陵以西封于敿槱棫木，封于刍逨，封于刍衢内。陟刍，登于厂湶，封诸桥陕。陵刚柝，封于罣道，封于原道，封于周道。以东封于荠东疆右。还，封于眉道。以南封于渚逨道。以西至于骑莫眉。井邑田。自棵木道左至于井邑道，以东一封。还，以西一封。陟刚，三封。降，以南封于同道。陟州刚，登柝降棫，二封。矢人有嗣眉田兲且，敿武父，西宫襄、豆人

虞丂、彖贞、师氏右眚、小门人誩、原人虞荓、淮嗣工虎、孝酺豐父……嗣马
嚣凰、㪔人嗣工䮘、君宰德父、散人小子眉、田戎㪔父，效喫父、襄之有嗣
橐、州㒸、悆従嚣，凡散有嗣十夫。隹王九月，辰乙卯、矢卑薆且、㝬旅誓
曰：'我既付散氏田器，有爽实，余有散氏心贼，则罳千罚千傅弃之。'薆且，
㝬旅则誓。洒卑西宫襄武父誓曰：'我既付散氏湿田墙田，余有爽癵，罳千罚
千。'西宫襄、武父则誓。毕受图矢王于豆新宫东廷。"（《散氏盘》）（请参看
郭沫若《古代社会研究》二九五一三〇五页）

这种情况到西周的末期就大不相同了。最高领主周天子的权威已不能起作
用，而其他领主间的盟约也不能依旧维系了。《诗·小雅·巧言》说：

"君子屡盟，乱是用长。君子信盗，乱事用暴。盗言孔甘，乱事用馋。匪
其止共，维王之邛。"

从而小领主的采邑，常为大领主兼并。《诗·大雅·瞻卬》说："人有土
田，女反有之；人有民人，女复夺之。此宜无罪，女反收之。彼宜有罪，女复
说之。哲夫成城，哲妇倾城。"

这种失去土地和人民的领主，当然便没落下来了。在他们没落以后，自然
免不了发生对大领主们的许多反感，和对他人的嫉视，则其自己的前程，不免
日暮途穷，真是天地反常了。

"爗爗震电，不宁不令。百川沸腾，山冢崒崩，高岸为谷，深谷为陵。哀
今之人，胡憯莫惩。"（《诗·小雅·十月》）

"皇父孔圣，作都于向。择三有事，亶侯多藏。不慭遗一老，俾守我王。
择有车马，以居徂向。"（《诗·小雅·十月》）

"彼有旨酒，又有嘉殽，洽比其隣，昏（婚）姻孔云。念我独兮，忧心愍
愍……哿矣富人，哀此惸独。"（《诗·小雅·正月》）

"匪风发兮，匪车偈兮。顾瞻周道，中心怛兮。……谁能亨鱼？溉之釜
鬵。谁将西归？怀之好音。"（《诗·桧·匪风》）

"苕之华，其叶青青。知我如此，不如无生。牂羊坟首，三星在罶。人可
以食，鲜可以饱。"（《诗·小雅·苕之华》）

"於我乎？每食四簋。今也每食不饱。於嗟乎，不承权舆！"（《诗·秦
风·权舆》）

"於我乎！夏屋渠渠。今也每食无余。於嗟乎，不承权舆！"（同上）

"有兔爰爰，雉离于罗。我生之初，尚无为。我生之后，逢此百罹，尚寐无吪（讹)"(《诗·王风·兔爰》)

"出自北门，忧心殷殷。终窭且贫，莫知我艰。已焉哉！天实为之，谓之何哉?"

"王事适我，政事一埤益我。我入自外，室人交徧谪我。"(《诗·邶风·北门》)

因而这些穷得没有饭吃的没落领主们，一面毒骂他人，一面又安慰自己地说：

"西人之子，粲粲衣服。舟人之子，熊罴是裘。私人之子，百僚是试。"(《诗·小雅·大东》)

"民之无良，相怨一方。受爵不让，至于已斯亡。"(《诗·小雅·角弓》)

"衡门之下，可以栖迟。泌之洋洋，可以乐饥。"(《诗·陈风·衡门》)

"岂其食鱼，必河之鲂？岂其娶妻，必齐之姜?"

二、由一部分领主的没落而揭起的社会骚乱

那班没落的领主们，虽然他们因没落而衣食无着，至趋于厌世。但他们自身以及旧日依他们为生的左右扈从，至此却形成社会内部的衣食无着的一个群团。他方面，由于封建兼并战争之不断发生所加给农奴们的影响，使农奴们的痛苦较前此日益加深，这便构成其社会骚乱的因子。当时的统治阶级对这种骚乱的记事诗，却说得十分明白。

"天降罪罟，蟊贼内讧。昏椓靡共，溃溃回遹，实靖夷我邦。皋皋訿訿，曾不知其玷。兢兢业业，孔填不宁，我位孔贬。"(《诗·大雅·召旻》)

"彼何人斯，居河不赎？无拳无勇，职为乱阶。既微且尰，尔勇伊何？为犹将多，尔居徒几何?。"(《诗·小雅·巧言》)

"天降丧乱，灭我立王。降此蟊贼，稼穑卒痒。哀恫中国，具赘卒荒。"(《诗·大雅·桑柔》)

上述几首诗，大概都是咏厉王时那一次社会动乱的记事。据传说，周厉王时那一次的社会动乱，是由人们谤王，王杀谤者的高压手段而激成的。但我根据上述各节的叙述的事情的真相，应该是如次样的：1. 农奴们因为痛苦的加重，已积成为一个由来自阶级间的反感，而由这种反感所发生的怨言，也遭受

严酷的压迫，愈增高农民阶级的愤怒情绪。2. 没落的领主们，因生计的无着，而原来为他们所依附的最高领主的"周天子"，现在也不肯（实际已不可能）为他们解除危难，从而他们便转而积怨于"周天子"；周朝的王室对他们的怨恨，反而予以严厉的处置，因此要激起愤恨，从而这两者的合流，而形成中国历史上第一次农民大暴动。

"至于厉王，王心戾虐，万民弗忍，居王于彘。"（《左传》昭公二十六年）

"厉王得卫巫使监谤者，监谤后三年乃流王于彘。彘之乱，宣王在召公之宫，国人围之，乃以其子代宣王。"（《国语·周语》）

"王怒，得卫巫，使监谤者……国人莫敢言……三年，乃相与畔，袭厉王，厉王出奔于彘。厉王太子静匿召公之家，国人闻之乃围之。"（《史记·周本纪》）

这些记载，只能给我暗示了一个影子，并不能对问题的内容作充分的说明。其他王国维《今本竹书纪年疏证》转引《庄子·让王篇》译文引纪年云"共伯和即王位"（转引自郭著）《史记》索隐引"共伯和干王位"，《史记》又称"召公、周公二相行政，号曰共和。"又《竹书纪年遗文》云："共和十四年大旱，大焚其屋。伯和篡位立，秋又大旱。其年周厉王死，宣王立。"（均转引自郭著）他书又有谓共伯和为中山之君者。郭沫若认为当时大概有两个政府（革命和复辟的），这是有其可能的；要不然，所谓周、召二公行政的共和，必系出自《史记》的附会，而革命的政府或者存在的时期很是短促，就被大领主们竭力扑灭了。

所谓共伯和，无疑是没落的领主集团中一个首要分子。要不然，问题是无法说明的。所谓"国人"，大抵是包括领主和农奴而说的；所谓"万民"，大概就指的农奴。因为所谓"市民阶级"，依照我们在前面的叙述，是还不曾存在啊！

从而大概自宣王以后，领主间的兼并更为加紧，地方领主愈益强大，而最高领主的权威愈益旁落，从而经济愈益衰落，而至于失去抵抗猃狁的侵略，终于不能不东迁，反依附于强大的地方领主以自存。

第五编

初期封建制度的发展和
领主制的没落——春秋战国

本编的史料问题——春秋战国时代的封建制经济组织——封建战争的持续与扩大和最高领主的没落——封建领主的没落和新兴地主阶级的代起。

A. 本编的史料问题

春秋战国时代的史料，便比较的丰富了。

1. 关于这一时代的遗物及其彝器铭文，这是最可靠的部分。

2.《论语》、《国语》、《春秋》（公羊、左氏、穀梁），即或有至战国时代才成书的，然仍不失其为春秋时代的信史，这从其和战国时代文献比较，从其各自说明的时代性上能分别出来的。

3. 老子《道德经》，成书的时代，虽然难于判定，然从其所说明的时代性看，应该是前于《庄子》，而和《论语》的时代背景是一致的。罗根泽先生认为它和太史夼有关系，这是值得注意的。

4.《管子》一书并非出自一人之手，而所说明的时代性，似能包括春秋和战国。因而我认为或系出自战国时人之手，一方面根据春秋时候的材料，又掺入不少作者的时代意识在里面。因而我们在应用上，是必须经过一番考虑才能避免错误。

5.《孟子》、《荀子》、《庄子》、《墨子》，都是战国时代的可靠文献，是无用考辩的。

6.《战国策》、《楚辞》，也都是无用考辩的战国时代的可靠文献。

7.《韩非子》、《吕氏春秋》，则系战国末期的可靠文献。我们能从这些文献中去找出其对于封建领主和新兴地主阶级的经济的过渡时代的说明。此外《商君书》，有人认为系出自汉人之手，但《商君书》所说明的时代，明显的为前于上述两书。

8.其他诸子及十三经中之《周礼》、《仪礼》、《孝经》等，我们对于其成书时代性，确难于判定，因而便只能作为历史的副料。其他各书关于春秋战国时代的记事，也同样只能作为历史的副料。(《吴越春秋》和《越绝书》，虽明系出自后人之手，但从其内容看，却能有相当的部分可作为信史。)

我们非常抱恨：传说中的所谓晋之乘、楚之梼杌，我们已无法看到，其内容究竟在说明些什么，其他各古籍中无一字提及；其次报载，目前在安徽寿阳所发现的大批楚国遗物，我们此刻亦无缘和它们见面。

B. 春秋战国时代的封建制经济的组织

从西周到春秋，从春秋到战国，社会经济的本质，并无何种的变化，而只是其本身的一步前进。其阶级的关系的主要内容，依然为领主和农奴之对立的阶级关系，只是原来的"井田制"式的庄园组织，至此已扩大为领地经济；其次原来在庄园的工奴，至此却开始离开庄园而成为独立的手工业者，商品的交易的扩大和新兴地主的出现，而渐次形成为封建内部之一种活动的新因素。从而封建的财产制度，亦引出一种形式的变化，我们试依此来略加考察。

一、阶级的剥削关系的主要内容

"井田制"的经济组织，战国时已完全绝迹，这在孟子的言论中已论述的很明白。在春秋时代的情形是怎样呢？在强大领主的广大领地内，照《国语·齐语》说却是如次的情形：

"制国以为二十一乡：工商之乡六，士农之乡十五。公帅五乡焉，国子帅五乡焉，高子帅五乡焉。参国起案，以为三官。"

"制国：五家为轨，轨为之长；十轨为里，里有司；四里为连，连为之长，十连为乡，乡有良人焉。"

"制鄙：三十家为邑，邑有司；十邑为卒，卒有卒帅；十卒为乡，乡有乡帅；三乡为县。县有县帅；十县为属，属有大夫。"

晋夷吾对公子絷说："中大夫里克与我矣，吾命之以汾阳之田百万亩。丕郑与我矣，吾命之以负蔡之田七十万。君苟辅我，蔑天命矣……君实有郡县，且入河外列五城。"（《国语·晋语》）

当时各强大封建诸侯的领地内，大概由于领地的广大，已开始把庄园变为这种县、乡、邑、鄙的组织。从而原来从属于强大领主们的下级领主，亦有把原来的庄园而扩大成了领邑，同时由于强大诸侯需要代管领邑的人数的增多，因而小领主们便又有转化为这种领管理人的"邑宰"。这种变更情形，到战国便算完成了。孔子的学生，大抵都充任过这种"邑宰"，这是很明白的。但这对原来的封建领主的等级的从属，本质上并不曾改变。

在农奴方面，依旧被束缚在土地上面，而为领主们财产观念中的元素之一，就是和土地联结着不可分离。

"季康子欲以田赋，使冉有访诸仲尼。仲尼不对，私于冉有曰：'求来！女不闻乎？先王制土，籍田以力，而砥其远迩；赋里以入，而量其有无；任力以夫，而议其老幼。于是乎有鳏、寡、孤、疾。有军旅之出则征之，无则已。其岁，收田一井，出稷禾、秉刍、缶米，不是过也。'"（《国语·鲁语》下）

"夫仁政，必自经界始。经界不正，井地不均，谷禄不平。是故暴君污吏必慢其经界。经界既正，分田制禄可坐而定也……无君子莫治野人，无野人莫养君子。请野九一而助，国中什一使自赋。卿以下必有圭田，圭田五十亩，余夫二十五亩。死徙无出乡。乡田同井，出入相友，守望相助，疾病相扶持，则百姓亲睦。方里而井，井九百亩，其中为公田，八家皆私百亩，同养公田。公事毕，然后敢治私事，所以别野人也。"（《孟子·滕文公》上）

"远方之人，闻君行仁政，愿受一廛而为氓。"（同上）

"梁惠王曰：'寡人之于国也……河内凶，则移其民于河东，移其粟于河内；河东凶亦然。察邻国之政……寡人之民不加多，何也？'孟子对曰：'王好战……不违农时，谷不可胜食也，数罟不入洿池，鱼鳖不可胜食也，斧斤以时入山林，材木不可胜用也……是使民养生丧死无憾也……五亩之宅，树之以桑……鸡豚狗彘之畜，无失其时……百亩之田，勿夺其时，数口之家可以无饥矣。"（《孟子·梁惠王》上）

从而看出对农奴们所行的剥削形式，主要还是一种赋役制的剥削。农奴对领主除担任其他封建性的服役和贡纳外，仍以支出其劳动力在领主的土地上劳动为主要。

"公食贡，大夫食邑，士食田，庶人食力，工商食官，皂隶食职，官宰食加。"（《国语·晋语》四）

"相地而衰征，则民不移……陵阜陆墐，井田畴均，则民不憾；无夺民时，则百姓富；牺牲不略，则牛羊遂。"（《国语·齐语》）

"十亩之间兮，桑者闲闲兮，行与子还兮。"（《诗·魏风·十亩之间》）

"不稼不穑，胡取禾三百廛兮。"（《诗·魏风·伐檀》）

"有布缕之征，粟米之征，力役之征。君子用其一，缓其二。用其二而民有殍，用其三而父子离。"（《孟子·尽心》下）

由于商品交换的发展，而提高了领主们的生活的欲望，同时由于战争的频繁，扩大了领主们的军费的支出，因而便又加重了农奴的负担，所以对农奴们苛敛，除前此的劳役和贡物而外，并实行征收农奴的"私田"上的生产物。所以除力役外更征收"粟米"、"布缕"。事实这在春秋时代就已发生了。《穀梁传》说：

"初税亩……古者什一。藉而不税……古者三百步为里，名曰井田。井田者九百亩，公田居一，私田稼不善则非吏；公田稼不善则非民。初税亩者，非公之去公田，而履亩十取一也，以公之与民为已悉矣。"（宣公十五年）

"作丘甲。"（成公元年）

"哀公问于有若曰：'年饥，用不足，如之何?'有若对曰：'盍彻乎?'曰：'二，吾犹不足，如之何其彻也。'"（《论语·颜渊》）

这是便除"助"以外，又兼行着"贡"。

此外，农奴们当然还要替领主们服兵事劳役、内宫劳役、打猎劳役……及其他杂役等。而在另一方面，山林、牧场、川泽，都被领主占领而又取消农奴们的采薪、牧畜、渔鱼的权利了。

"山林薮泽之利，所以与民共也；虞之，非正也。"（《穀梁传》庄公二八年）

"罢民三时，虞山林薮泽之利，且财尽则怨，力尽则怼……一年罢民三时。"（同上书，庄公三十一年）

"文王之囿方七十里，刍荛者往焉，雉兔者往焉……臣闻郊关之内有囿方四十里，杀其麋鹿者如杀人之罪。"（《孟子·梁惠王》下）

因而农奴们的生活，便更陷悽惨了。结果，农奴们便不免走入"死"和"亡"的两途。这是因为一方面农奴们负担过重，便直接影响生产力的衰落；他方面，因农奴们逃亡，领主们的土地便不能不陷于荒芜。结果，便必然的发生所谓"凶年"；同时又形成阶级间的矛盾的深刻化。这种情况，到战国时代，便达到十分尖锐的情势。这在孟轲的言语中说得很明白：

"庖有肥肉，厩有肥马，民有饥色，野有饿莩（殍），此率兽而食人也。"（《孟子·梁惠王》上）

"凶年饥岁，子之民，老羸转于沟壑，壮者散而之四方者，几千人矣。"（《孟子·公孙丑》下）

"彼夺其民时，使不得耕耨以养其父母，父母冻饿，兄弟妻子离散。"（《孟子·梁惠王》上）

"为民父母，使民盼盼然。将终岁勤动，不得以养其父母。又称贷而益之，使老稚转乎沟壑。恶在其为民父母也。"（《孟子·滕文公》上）

但是那班"治于人者食人"的农民阶级的血汗是有限的，若是他们逃散或死亡，甚至不能保持劳动力自身的再生产，则那班"治人者食于人"的封建统治阶级，也无法去继续其剥削的。要能继续其剥削，便要使农民不逃亡，同时必须能保障此种劳动力自身的再生产，从而便不能不使农民能保有最低限度的物质生活资料。孟轲究竟不愧为儒家封建统治阶级代言人的第二巨头，对于这种经济上的内幕，是看得很明白。因为他便大声疾呼的向当时的封建领主们提出警告说：

"民之为道也，有恒产者有恒心，无恒产者无恒心，苟无恒心，放辟邪侈，无不为已。"（《孟子·滕文公》上）

"是故明君制民之产，必使仰足以事父母，俯足以畜妻子，乐岁终身饱，凶年免于死亡。"（《孟子·梁惠王》上）

"春省耕而补不足，秋省敛而助不给。"(《梁惠王》下)

他说要不是这样去作，眼见农民不是死亡便是逃亡，而况这还可以激起农民们的叛乱呢？你们还是愿意保有这群"母牛能常常有牛乳可被榨取为有利？还是一次把母牛斩杀完事为有利呢？如果你们认为我所说有不错的话，那么，那班帮助你们为不顾事实而行过分苛敛（榨取）的人们，就根本算不了什么"好人"，他们根本就没有怀着好意，而是在加速我们现社会的灭亡，事实上，那简直都是一班蟊贼。孟子曰："今之事君者曰，我能为君辟土地，充府库。今之所谓良臣，古之所谓民贼也"。(《孟子·告子》下)

儒家所极力赞扬的孟轲的那一幅理想的"王道仁政"的图案，其本质不过是这样。

二、手工业者和商人

1. 独立手工业者的存在

随着庄园制度的解体，原来附属于庄园内的工奴，便离开庄园而独立。因而便产生着独立手工业者的存在。随着商品交换范围的扩大，手工业的生产亦随着发展，在春秋和战国的文献中，对这种事实的记载是很多的。这一过程，在《国语》中也说得很明白：

"(桓)公曰：'处士、农、工、商若何？'管子对曰：'昔圣王之处士也，使就闲燕；处工，就官府；处商，就市井；处农，就田野。令夫士，群萃而州处……论比协材。旦暮从事，施于四方，以饬其子弟……相示以巧，相陈以功。少而习焉……不见异物而迁焉……其子弟之学不劳而能。夫是，故工之恒为工。"(《国语·齐语》)

这种已存在的独立手工业者，至战国时更有进一步的发展，并有较进步的分业。《孟子·滕文公》上篇有如次的一段话：

"许子必织布而后衣乎？曰否，许子衣褐。许子冠乎？曰冠。曰奚冠？曰冠素……曰许子奚为不自织？曰害于耕。曰许子以釜甑爨，以铁耕乎？曰然。自为之与？曰否，以粟易之。以粟易械器者，不为厉陶冶；陶冶亦以其械器易粟者，岂为厉 农夫哉？且许子何不为陶冶？舍皆取诸其宫中而用之，何为纷纷然与百工交易？何许子之不惮烦？"

又"大匠诲人必以规矩，学者亦必以规矩。"(《孟子·告子》上)"离娄

之明，公输子之巧，不以规矩，不能成方员。"（《离娄》上）

独立手工业者已独立存在，这是很明白的。我在济南图书馆曾见其在齐国故都临淄发掘出大批陶器——豆，制作甚精美，每豆上并有"楚贾购，○○里豆"字样。这不惟能说明齐国手工业技术的发达，而且说明了齐楚间的商品交换情况。从而《国语·齐语》所谓"工商之乡六"，"工立三族，市立三乡"，也完全是确实的。

但是这种手工业者虽已独立存在，也一样要供纳其制品于领主们，所以在事实上，并不是和前此的工奴有什么的本质的不同。

"农工皆有职以事上。"（《穀梁传》成公元年）

"庶人工商各守其业，以共其上。"（《国语·周语》）

"农人纳其获，工农效其织。"（《九通分类总纂》）

"税课公田什一及工商衡虞之人也。"（同上）

"廛无夫里之布，则天下之民皆悦而愿为之氓矣。"（《孟子·公孙丑》上）

因而这种手工业者，一方面已离开领主而营其独立的生活，另方面仍负着供给领主需要的义务。同时，他们却直接又转入到商人的支配下。

2. 商业和借贷事业

在庄园经济的末期，由于庄园内工艺的发展，领主为扩大对外地的工艺品的要求，于是出现了连结这种交换的中间商人之存在。在最初充任这种中间人的，大概还是小领主（如贾三倍，君子是识）兼充。到春秋时，这种中间商人，便渐渐握有社会的财富，而渐次成为独立存在之一社会阶层。《国语·齐语》说：

"令夫商，群萃而州处，察其四时而监其乡之资，以知其市之贾负任担荷，服牛轺马，以周四方，以其所有，易其所无。市贱鬻贵，旦暮从事于此，以饬其子弟，相语以利，相示以赖，相陈以知贾。……其子弟之学不劳而能。夫是，故商之子恒为商。"

"通齐国之鱼盐于东莱，使关市讥而不征，以为诸侯利。"

于是一方面便群集聚处，把原来的封建采邑，转扩充而成为城市，同时便出现了操奇制利，而拥有巨额财富的商人。"朱公以为陶天下之中，诸侯四通，货物所交易也，乃治产积居，与时逐……十九年之中，三致千金。""白

圭乐观时变，故人弃我取，人取我与。夫岁孰取谷，予之丝漆，茧出取帛絮，予之食。"（《史记·货殖列传》）

此外，孔子的学生子贡，也是这一时代的市侩。到战国时，这种商品交易的范围便更为扩大，形成了中世纪城市的商品交换的一种秩序，同时便形成了中世纪城市的繁荣。前者在孟子的口中可以得到相当的说明。

"从许子之道，则市贾不贰，国中无伪，虽使五尺之童适市，莫之或欺。布帛长短同，则贾相若，麻缕丝絮轻重同，则贾相若……曰：夫物之不齐，物之情也；或相倍蓰，或相什伯，或相千万。子比而同之，是乱天下也，巨屦小屦同贾，人岂为之哉。"（《孟子·滕文公》上）

关于后者的说明是如次的情形：

临淄："临淄之中七万户，……甚富而实，其民无不吹竽鼓瑟击筑弹琴斗鸡走犬六博蹹踘者。临淄之途，车毂击，人肩摩，连袵成帷，举袂成幕，挥汗成雨。"（《国策·齐策一》）

邯郸："邯郸，亦漳、河之间一都会也。北通燕、涿，南有郑、卫。"（《史记·货殖列传》）

长安"陇蜀之货物而多贾……长安诸陵，四方辐凑并至而会。"（同上）

洛阳："东贾齐、鲁，南贾梁、楚。"（同上）

浙江："浙江南则越……东有海盐之饶，章山之铜，三江五湖之利，亦江东一都会也。"（同上）

吴："大城周四十七里二百一十步二尺，陆门八，其二有楼，水门八。"（《越绝书》）

寿春："郢之后徙寿春，亦一都会也。"（《史记·货殖列传》）

番禺："番禺亦其一都会也。"（同上）

绛："夫绛之富商……而能金玉其车，文错其服，能行诸侯之贿。"（《国语·晋语》八）

《史记》中的这些记载，从当时商业情况去推论，以及和《齐策》对临淄的记载比较，似乎并不含有什么夸大性在这里面。

商业城市的繁荣和商人阶级的经济力量的抬头，于是他们对于当时各封建领地间的障壁和领主们对商品的征税，便渐次知道提出其要求了。于是他们在主张新兴地主的利益应从属在封建领主的利益之下去发展的经济意愿，从孟轲的口中提出如次的要求了。

"市廛而不征，法而不廛，则天下之商皆悦而愿藏于其市矣。关讥而不征，则天下之旅皆悦而愿出于其路矣。"（《孟子·公孙丑》上）

"白圭曰：'吾欲二十而取一，何如？'"（《孟子·告子》下）

同时商人们基于商路的要求，深感封建障壁的不便，因此便又去促进封建的兼并。如子贡的南游北说，便是一例。而封建诸侯因战争的持续与扩大，一方面促成农业生产的衰落，另方面由于军费开支的扩大而至于"国用不足"，因而便开始把其土地抵卖给商人，从而商人更又以地主的资格而出现了，地主的出现以后，农业上的雇佣劳动者，便开始从历史上出现了。

"夫卖庸而播耕者，主人费家而美食，调布而求易钱者，非爱庸客也。曰：如是耕者且深，耨者熟耘也。庸客致力而疾耘耕者……非爱主人也。曰：如是羹且美，钱布且易云也。"（《韩非子·外储说左上》）

随着这种进程，到战国时代之末期，新兴地主已如实的握有社会经济的支配地位。在另一方面，新封建领主却由于其封建的兼并……而扩大其疆域，反因此而替其自己掘成葬身的坟墓。

随着商业的发展，借贷的事情又随之出现了。

"问邑之贫人债而食者几何家……问人之贷粟米有别券者几何家？"（管子·问篇）

"庄周家贫，故往贷粟于监河侯。监河侯曰：诺，我将得邑金，将贷子三百金，可乎？"（《庄子·外物》）

"（栾）桓子骄泰奢侈，贪欲无艺，略则行志，假贷居贿。"（《国语·晋语八》）

"陈氏……以家量贷，而以公量收之。"（《左传》昭公三年）

"孟尝君……封万户于薛……使人出钱于薛。岁余不入，贷钱者多不能与其息……冯驩……至薛，召取孟尝君钱者皆会，得息钱十万。"（《史记·孟尝君列传》）

这是随着商业和地主阶级的存在而发生的。

三、阶级的构成和阶级间矛盾的发展

我们根据上述，春秋战国时代的阶级构成，主要和西周时代并无二致。只是在封建统治阶级方面，其一，原来的小领主大多以士的资格而化身为大领主——诸侯领邑的管理人——所谓邑宰之类，其自身多已失去其领地，或则跻身于大夫之林，而成为从属于诸侯的次要领主；其二，在春秋时代，已开始有一个新兴的地主阶级的加入，这一阶级到战国时代，在经济上已开始和原来的领主们争衡，而渐次形成社会的支配者的地位。同时在被统治阶级方面，除直接生产者的主要阶级的农民阶级而外，原来的附属于庄园内的工奴，都已离开庄园，化身为手工业者而独立存在了。

封建领主由于战争的支出的增大，而加紧对农奴们的剥削，农奴阶级因为负荷的过重，而形成阶级的敌对。这种敌对的形势，从春秋到战国，都在剧烈的发展。关于农奴阶级的逃亡和骚乱，《庄子》说：

"盗跖从卒九千人，横行天下，侵暴诸侯。穴室枢户，驱人牛马，取人妇女，贪得忘亲，不顾父母兄弟，不祭先祖。所过之邑，大国守城，小国入保，万民苦之。"（《庄子·盗跖》）

其对于封建统治阶级敌视的阶级意识的表现，在如下两段记载中表现得很明白：

"盗跖乃方休卒徒太山之阳，脍人肝而脯之。孔子下车而前，见谒者曰：'鲁人孔丘，闻将军高义，敬再拜谒者。'谒者入通，盗跖闻之大怒，目如明星，发上指冠，曰：'此夫鲁国之巧伪人孔丘非邪！为我告之：尔作言造语，妄称文武……多辞谬说，不耕而食，不织而衣；摇唇鼓舌，擅生是非，以迷天下之主，使天下学士不反其本，妄作孝弟，而侥幸于封侯富贵者也。子之罪大极重，疾走归。不然，我将以子肝益昼餔之膳。'"（《庄子·盗跖》）

"将军有意听臣，臣请南使吴越，北使齐鲁，东使宋卫，西使晋楚，使为将军造大城数百里，立数十万户之邑，尊将军为诸侯，与天下更始，罢兵休卒，收养昆弟，共祭先祖。此圣人才士之行而天下之愿也。""盗跖大怒曰：'丘来前……且吾闻之，好面誉人者，亦好背而毁之。今丘告我以大城众民，是欲规我以利……天下何故不谓子为盗丘，而乃谓我为盗跖？'……"（《庄子·盗跖》）

这简直可作为农民军讨伐统治阶级代言人的一篇檄文看。在《墨子》中，我们又可以指出一些关于农民阶级的意识的反映（《墨子》的全部思想，一方面代表农民阶级的一部分意识，一方面他又并不否认封建统治阶级的存在）：

"以其极赏，以赐无功。虚其府库，以备车马衣裘奇怪。苦其役徒，以治宫室观乐，死又厚为棺椁，多为衣裘。生时治台榭，死又修坟墓。故民苦于外，府库单于内。上不厌其乐，下不堪其苦。故国离寇敌则伤，民见凶饥则亡，此皆备不具之罪也。"（《墨子·七患》）

"当今之君，其蓄私也，大国拘女累千，小国累百，是以天下之男多寡无妻，女多拘无夫，男女失时，故民少。"（《墨子·辞过》）

"民之为淫暴寇乱盗贼，以兵刃毒药水火，退无罪人乎……夺人车马衣裘以自利者，并作，由此止。"（《墨子·明鬼》）

这对于当时统治阶级利益矛盾，能相当明确的给予说明。其次在当时统治阶级内部，随着地主阶级的发生，便已存在着他们和封建领主阶级间的利益之不完全协调的事实。这就是事物内部矛盾性的存在。随着新兴地主阶级的经济的发展，这两者间的矛盾便跟之而愈益剧烈，直至前者完全代替后者，这在《荀子》、《韩非子》、《商君书》、《吕氏春秋》等史籍中都说的明白。

C. 封建领主经济的没落和新兴地主经济的代起

一、封建领主经济的没落过程

在西周的末期，处在西北方面的最高领主的周室，由于对西北游牧民族猃狁、戎狄等不断战争，又加之因战争而增加开支，其结果：一方面由战争对生产的直接破坏，另方面由于增加农民的负担而使生产衰退。同时，农民在苛重的负担下，而引起不断的逃亡，这往往使西周的经济更加速没落（"民卒流亡，我居圉卒荒"《诗·大雅·召旻》）。加之当时西北区域的连年旱灾，西周经济便完全崩溃了。因而一经戎狄的侵袭，西周到此时当然便再无抵抗的力量，不得不举行东迁，去依附地方的强大领主（诸侯），自此便徒然拥有最高领主之名义，事实上都已成了诸侯从属的领主了。

但在其他方面，随着西周的没落，地方的强大领主都在开始其兼并，从而强大者由于其领地的扩大，其经济力同时增强了。

自西周平王东迁而进入所谓春秋时代以后，地方领主间，更加紧其兼并的过程，亦即弱小领主没落的过程。在春秋二百四十二年间，据《春秋》所记，地方封建主间所进行的封建战争，言"侵"者六十次，言"伐"者二百一十二次，言"围"者四十四次，言"取师"者三次，言"战"者二十三次，言"入"者二十七次，言"进"者二次，言"袭"者一次，国被"灭"者三十。然此还仅就各独立的较强大的领主而言，各诸侯领地内小领主的被兼并还不在其数。如在晋国，据叔向说：

> "栾、郤、胥、原、狐、续、庆、伯降在皂隶，政在家门，民无所依……晋之公族尽矣……肸之宗十一族，惟羊舌氏在而已。"（《左传》昭公三年）

其实在其他"封国"也都是同样的情形，因而有所谓"周初盖八百国"，至春秋末，则仅存"四十"国便可以想见一个大概。

到战国时代之初，所谓这四十国者，又大抵不是被灭亡，便已成了强大者的从属物，事实上便只有七大各自独立的封区——齐、楚、燕、秦、韩、赵、魏。其他小国，甚而有处于两大国之间，求其为一从属而存在下来。《孟子·梁惠王》上说："滕，小国也，间于齐、楚，事齐乎？事楚乎？"这不过是一个例子。在另一方面，在各大"国"之间各为争取小"国"为自己的从属而继续其战争，及至小"国"都有所属了。于是如大"国"间所进行的相互火并，把战争的范围更为扩大了。而表现的所谓"合纵"和"连横"，每一次战争，几乎把当时存在着的各"封国"都卷入战争的旋涡。

各封国为扩大领地的要求，连续扩大战争，随着其战争和领地的扩大的过程，却同时替自身预备了葬身的坟墓。

从而我们总结一句：春秋时代是封建制度典型发展的时代，战国时代为封建领主没落的时代。

二、新兴地主的代起

在春秋时代，新兴地主已开始出现。到战国时代，农奴制的经济，由于战争和对农奴的过重负担，便开始衰落，但在其他方面，新兴地主阶级的地位，在战国初期已开始显现其重要性。到荀子时代，已渐渐形成支配社会的经济势力，到战国末期，这种支配势力便更为充分了。

恰恰在封建领主的经济退落一步，新兴地主的经济便前进一步，后者恰伴随着前者没落的过程而发展。

　　这种新兴地主的经济，从其本质上说，和原来的封建领主的农奴制经济并没有什么本质的不同，不过其形式上，多多少少有点改变而已。领主和地主对农民所施行的剥削，本质上是统一的，但是因为外表形式的稍异，所以后者所需要的条件也不能完全和前者一致，从而他们间的利益也不是完全一致，依然有其矛盾性存在，这便是所谓统一物中包含着对立性的存在。

　　在战国的末期，新兴地主的经济在秦国已取得其社会经济的支配地位，从而秦便成了当时全中国经济的中心区域。而其他如齐楚各国的领主经济则正在没落中，而在其国内，不仅统治阶级和农民阶级间矛盾已形成尖锐化，而领主和地主间的矛盾亦已形成尖税对立，因而他们当然无力去抵抗秦的新兴地主阶级的势力。

　　在这种情况下，便发生了同时存在各种运动：一是新兴地主阶级的"合纵"运动，一是封建领主间的"连横"运动。前者是基于地主阶级的统一运动，后者是基于渐趋没落的领主们的自存运动。这时在封建统治阶级的内部，却形成两个各自统一的对立集团。在其间，虽然有些领主不惜去从属"强秦"企图自存，然历史告诉他们这也是枉然的。而秦国那些地主阶级的政治家却正在利用领主们的矛盾和弱点，去进行其对封建制度的改组。

第六编

变种的封建时代（一）
——大地主经济优势时代

我们在这里所谓"变种"的封建制，在构成其本质的生产诸力和生产诸关系，和原来的封建经济并无不同，只是在构成的形式上有点变异。因而把它别于原来的封建制，特称之为"变种"的。

本编的范围，暂断自秦代至唐代的"安史之乱"这一历史阶段。在这一历史时期，秦代为地主阶级经济取得支配权的时代，汉代为地主阶级经济的稳定和发展的时代，三国迄晋，为大地主经济矛盾之暴露时代，南北朝为矛盾斗争之扩大的时代，唐代虽然把大地主的政权重新稳定，但不曾和缓经济上的矛盾，卒引发"安史之乱"，作为地主经济本身的一个转换点。

A. 大地主经济支配的树立——秦代

一、由封建领主经济到封建地主经济的转换

由封建领主经济到封建地主经济，由农奴经营到佃户的经营，在农业生产性的提高上，是其本身的一步前进。

在秦代产生的地主阶级，以其较进步的农业生产——雇役佃农制的生产，很快的就把原来落后的农奴制的生产代替了。因为有地主经济的雇役佃农制生产的存在，给予负担苛重的农奴们以一种有力的吸引，而作为他们逃亡的一个

归宿地，因而引起了领主们领地上的农奴们不断逃亡，使之领主们的田园因劳动力缺乏而致使其荒芜，从而又把领主们的农奴制生产引向地主经济的雇役佃农制生产，结果使原来的领主也不断的转化为地主。

在这一过程中，领主们虽然对地主们抱有很深的仇视态度，然而事势所趋，亦终于为地主的势力所克服了。《史记·商君列传》说：

"商君相秦十年，宗室贵戚多怨望者。"

"赵良曰：'君……相秦……刑黥太子之师傅。……公子虔杜门不出，已八年矣；君又杀祝懽而黥公孙贾……君之出也，后车十数，从车载甲，多力而骈胁者为骖乘，持矛而操阖戟者旁车而趋……尚将欲延年益寿乎？则何不归十五都，灌园于鄙？……君尚将贪商于之富？'"

商鞅系秦国地主阶级政治上的第一个代理人，这在如次的一段话中可以明显表现出来。

"今秦之地方千里者五；而谷土不能处二，田数不满百万，其薮泽、谿谷、名山、大川之财物货宝，又不尽为用，此人不称土也……三晋……韩、魏……彼土狭而民众，其宅参居而并处……上无通名，下无田宅，而恃奸务末作以处……此其土之不足以生其民也，似有过秦民之不足以实其土也。意民之情，其所欲者田宅也；而晋之无有也信，秦之有余也必。如此而民不西者，秦士戚而民苦也……不夺三晋民者，爱爵而重复也。"（《商君书·徕民》）

这完全系满足新兴地主阶级农业劳动力之一种政策。他的第二个抑制领主的政策，即所谓"作耕战"的奖励有功的办法，对参加作战的有战功的农民，视其功之大小，可以免除徭役的一部或全部，功更大者得准其私有其耕种的土地。这样把农民从领主的支配下解放出来（自然，并不是让农民得到解放）。他又使这班领有土地的农民，也把自己的土地佃给新来农民耕种，让他们仍去从事战争。据他说：

"兴兵而伐，则国家贫；安居而农，则敌得休息。此王所不能两成也……今以故秦事敌，而使新民作本，兵虽百宿于外，竟内不失须臾之时，此富强两成之效也。臣之所谓兵者，非谓悉兴尽起也，论竟内所能给军卒车骑。令故秦兵，新民给刍食。"（同上）

这样，便把地主阶级在秦国的支配地位开始树立起来了。又"以民以粟入官爵，官爵必以其力"（同上），给地主阶级开辟一条直接参加政权的道路。

由于地主阶级在秦国取得支配地位之后，秦国的经济便得到一个较进步的发展，而形成为当时全中国经济最发展的区域。这从其当时对农业的耕作方法上可以看出来。

"上田弃亩，下田弃畎，五耕五耨，必审以尽，其深殖之度……是以六尺之耜，所以成畝也，其博八寸，所以成甽也。耨柄尺，此其度也，其博六寸，所以间稼也。地可使肥，又可使棘。"（《吕氏春秋·任地》）

"故亩欲广以平，甽欲小以深。"《吕氏春秋·辨土》

此外，《吕氏春秋·上农》、《审时》各篇，亦均系关于增进农业经营上生产性的研究。秦国的地主阶级在这种经济基础上把全中国统一起来，而树立其封建地主阶级的经济的政治的支配权。

二、秦代——地主经济的组织

1. 土地私有制的确立

新兴地主是随着土地私有制的发生而存在的。在中国历史上，土地私有制在春秋时代已开始出现了。至秦时，土地私有制便得到确立，地主阶级对于土地的兼并，乃更为激烈，这在汉代文献中记载得很明白：

"秦为无道，厚赋税……兼并起，贪鄙生，强者规田以千数，弱者曾无立锥之居。"（《汉书·王莽传》）

"其视有天下也，与无立锥之地同。"（《吕氏春秋·为欲》）

"至秦，则不然……小民……或耕豪民之田，见税什伍。"（《汉书·食货志》上）

"（陈平）少时，家贫，好读书，有田三十亩……伯常耕田，纵平使游学。"（《史记·陈丞相世家》）

"井田废，田有耕者之所有，而有田者不耕也。耕者之田资于富民，富民之家，地大业广，阡陌连接，募召佣客，分耕其中。鞭笞驱役，视同奴仆……田主日累其半，以至于富强，耕者日月秋收以至于穷饿而无告。"（马端临引苏洵语）

这一方面表示土地私有制已确立，而盛行着土地的自由买卖，一方面说明土地集中到大地主的手中，多数农民转化为雇役制度下的"佣客"。

2. 佃耕——雇役制和剥削关系

从农奴制度解放出来的自由农民，所谓自由也还是表面的，本质上依旧和前此无何区别。新兴地主依旧把他们束缚在土地上面，对他们实行其农奴制时代的榨取。

"使民毋得擅徙，则诛愚乱农，农民无所于食而必农。"（《商君书·垦令》）"今以草茅之地，徕三晋之民。""避农则轻其居……凡治国者患民之散，而不可不抟也。"（同上《农战》）"则民不得无田，无田不得不易其食……田者利，则事者众。"（同上，《外内》）"农不上闻，不敢私藉于庸，为害于时也。然后制野禁，苟非同姓，农不出御，女不外嫁，以安农也。"（《吕氏春秋·上农》）

因为不如此，地主对农民，便不能实行超经济以外的强制榨取。这种给予农民的土地，就是地主给予农民的作为维持其最低物质生活的工资，同时作为保有其必需劳动力的一种手段。不然，若是农民可以自由迁徙，则地主不仅无法实行其超经济的强制榨取农民，而且其经营上的必要劳动力也无法保障。

农民对于地主的劳动力支付的形态，主要以"剩余劳动"和"剩余生产物"的两种形态而支出的。前者，仍是由农民除以部分劳动力在其分有地上劳动外，另一部分的劳动则在地主的土地上劳动。

"农民不饥，行不饰，则公作必疾，而私作不荒，则农事必胜。"（《商君书·垦令》）

后者，大概由农民向地主缴纳现物地租。

"至秦……小民……或耕豪民之田，见税什伍。"（《汉书·食货志》上）

"田主日累其半，以至于富强。"

同时，农民还要随时去供应地主的杂役。此外，还须向地主阶级的政府输纳现物赋税，应役徭役。关于赋税，例如：

"诸侯所税于民轻重之法，贡职之数，以远近土地所宜为度。"（《吕氏春秋·季秋》）

"令送粮无取僦，毋得反庸，车牛舆重设必当名。"（《商君书》）

"百姓曰：'我疾农，先实公仓，收余以食亲'。"（同上，《同君书·农战》）

"故爵五大夫，皆有赐邑三百家，有赐税三百家者。"（同上，《商君书·境内》）

关于徭役，则下例事实，更说得很明白：

"故为国分田数小，亩五百，足待一役……方土百里出战卒万人者，数小也。此其垦田足以食其民，都邑遂路足以处其民，山林薮泽谿谷足以供其利，薮泽隄防足以畜，故兵出粮给而财有余，兵休民作而畜长足，此所谓任地待役之律也。"（《商君书·算地》）

"民无一日之徭。"（同上，《商君书·徕民》）

"能人得一首则复。"（同上，《商君书·境内》）

"城郭高，沟洫深，则民力罢矣。"（《吕氏春秋》）

"陈涉起匹夫，驱瓦合适戍。"（《史记·儒林列传》）

"高祖以吏徭咸阳。"（《史记·萧相国世家》）

"二世常居禁中……右丞相去疾、左丞相斯、将军冯劫进谏曰：'关东群盗并起……皆以戍漕转作事苦，赋税大也。请且止阿房宫作者，减省四边戍转'。"（《史记·秦始皇本纪》）

在这里，我们可以看出农民所担任的赋役和前此的封建时代稍有差异者，便是前此只有其直属领主的一层征发；至此，则有地主和地主阶级的统治机关之两层征发。从而农民在其事实上的负担，还甚于在此前的农奴制时代。

除这种农民以外，参加生产者还有所谓"佣"的存在。如陈涉"为人佣耕"，栾布"穷困赁佣于齐"，便是一例。同时，小自耕农民并已存在，如陈平有田三十亩，其兄"伯常耕田，纵平使游学"，便是一例。

在另方面，这时还有大量奴隶的存在。如吕不韦和张良各有大群的"家僮"，不过他们已不是担任生产的主要阶级，我们也找不出这时的奴隶担任农业劳动的事实来。

3. 商业和工艺

中世的大地主固不必同时又是大商人，但大商人却同时便是大地主。如史书所记载的商人卓氏和孔氏都同时是大地主。

"卓氏：田池射猎之乐，拟于人君。"

"孔氏：大鼓铸，规陂田。"

商品的种类，陶希圣君就《史记·货殖列传》列出如次之种类：谷、丝、漆、帛、絮、鱼、盐、枣、栗、革、竹、木、金、珠玑、瑇瑁、果、布、牛、羊、彘、薪、藁、僮奴、醯酱、浆、漆木器、钢器、铁器、马、筋角、丹砂、文采、答布、蘖面、狐貂、羊裘……

大部分为农产品，次为手工制品、海滨和远方物产，再次为人口买卖。在这里，人口买卖和手工制品是有其关系的。《汉书·货殖传》说"童手指千"，是说明以奴隶从事手工业制造的。同时吕不韦、卓氏、白圭等均系大商人而拥有大群"僮仆"，这"僮仆"大概便是为他们制造商品的奴隶，从而僮婢的买卖的价值因此发生了。这是由于商业资本的活动所引起的结果，同时便可算作是变种的中国封建社会的一个特点。

不过在秦代，担任手工业等制造的，确乎不只奴隶之一种，还有独立手工业者①，有专为官府制造物品的工匠②，这似系由工奴的一种遗制。

我们根据上述商品种类来看，当时手工业的分工已有相当发展。由于分工的发展，手工技术便也随着发展了。据《史记》所说秦始皇统一六国后，乃销天下兵器，铸金人十二。是这时的手工技术已发明铸造铜像。其次《吕氏春秋·精通》篇说："慈石召铁，或引之也。"说明已具有素朴的物理学知识——这当然是由劳动经验而来的。

秦代的土木工程建筑，如伟大的万里长城与"火焚三月不绝"的阿房宫，却都是农民徭役劳动的结晶。

再说回到商业资本。秦始皇的统一，商业资本在其对商路的要求上，大概曾起了一个相当的作用。商人和地主在这里本来是二位一体的，秦始皇的地主政权，当然也不能不代表商人的利益。所以吕不韦以一商人而参加政权，为相封侯（文信侯）。他如《史记·货殖列传》说：

"秦始皇帝令倮比封君，以时与列臣朝请。而巴蜀寡妇清，其先得丹穴，而擅其利数世，家亦不訾……用财自卫，不见侵犯。秦皇帝以为贞妇而客之，为筑女怀清台。"

其次，度量衡的统一是商人所要求的商品交换秩序之建立的前提。秦代的彝器铭文有：

"廿六年，皇帝尽并兼天下诸侯，黔首大安，立号为皇帝。乃诏丞相状

---

① "齐有北郭骚者，结果罘罔，捆蒲苇，织萉屦，以养其母，犹不足也。"（《吕氏春秋·士节》）
"凡民自七尺以上，属诸三官，农攻粟，工攻器，贾攻货。"（《吕氏春秋·上农》）
② "是月也，命工师令百工，审五库之量，金铁、皮革、筋、角、齿、羽、箭干、脂胶、丹漆……无或不良，百工咸理，监工日号，无悖于时。"（《吕氏春秋·季春》）

绾，法度量则不壹，歉疑者，皆明壹之。"（薛氏：《钟鼎彝器款识》解秦权及平阳门）

4. 阶级的构成

在秦代的地主的统治权之下，依旧还有封建诸侯的遗制的存在。秦始皇的左右，在秦统一六国后，仍有封侯食邑者。不过经济领域中是地主经济的支配罢了。

形成秦代统治阶级的，除为其主要的地主商人阶级外，还有封君。在被统治阶级方面，主要为农奴本质的农民——雇役佃农（浮客）、自由农民、"佣"——和手工业者——独立手工业者，官府的工匠、"僮手"和执贱役的贱奴等。主要的对立阶级为地主和农民。

三、农民的徭役输纳和秦代政权的没落

秦代的新兴地主阶级的政权，在短时内就已没落下去了，这在许多机械论者看来，曾引起两种很大的误会：一方面有人因此误认秦代为封建领主的政权，汉代是以地主阶级的势力起来把秦的政权推翻；一方面有人因此也认为秦代为地主阶级的政权，由已没落的封建领主的死灰复燃，又把秦代的地主阶级推下历史的舞台。前者显然是不认识秦代政权的性质，后者则显系历史"退化"论的见解。只有辩证的考察，才能认识问题的本来面目。

我们试一考察点燃起秦末暴动的火焰的陈涉是哪一个阶级？他怎样去燃起这一把火焰的？照《汉书·陈胜项籍传》说："胜少时，尝为人佣耕"，"胜……初为王，其故人尝与佣耕者闻之，乃之陈。"贾谊《过秦论》说："陈涉甕牖绳枢之子，甿隶之人，而迁徙之徒。"陈涉的本身完全是一个雇佣农民，这是很清楚的。再看他是怎样发动这一次暴动的。这次暴动的参加者是些什么人呢？贾谊在同一文中说："蹑足行伍之间，而崛起什伯之中，率罢散之卒，将数百之众，而转攻秦，斩木为兵，揭竿为旗，天下云集响应。"班固在《汉书》中说："秦二世元年秋七月，发闾左戍渔阳九百人，胜、广皆为屯长，行至蕲大泽乡，会天下大雨，道不通，度已失期。失期法斩……胜曰：天下苦秦久矣……今诚以吾众为天下倡，宜多应者。"（《陈胜项籍传》）"并杀两尉，召令徒属曰：公等遇雨，皆已失期，当斩，藉弟令毋斩，而戍死者固什六七。"（同上）

再拿秦代大地主们自己的话来看：

"右丞相去疾，左丞相斯、将军冯劫进谏曰：关东群盗并起，秦发兵诛

击，所杀亡甚众，然犹不止。盗多，皆以戍漕转作事苦，赋税大也。"（《史记·秦本纪》）

班固也说：

"至于始皇，遂并天下，内兴功作，外攘夷狄。收泰半之赋，发闾左之戍。男子力耕，不足粮饷；女子纺绩，不足衣服。竭天下之资财以奉其政……海内愁怨，遂用溃畔。"（《汉书·食货志》）

从而，揭起此次暴动的是农民阶级，为首领导的也是农民。激起暴动的主要原因，是农民阶级不堪赋税和徭役的苛重的负担，所谓"遇雨"、"失期"那一偶然事件，只不过起了加速必然性的作用罢了。

我们再从刘邦来看，他的家庭是自耕农，他自身却是"泗上亭长"（地主阶级的爪牙）。据班固说：

"高祖常徭咸阳。"（《汉书·高帝纪》上）

"高祖以亭长为县送徒骊山，徒多道亡。自度比至皆亡之。到丰西泽中亭止饮，夜皆解纵所送徒，曰：'公等皆去，吾亦从此逝矣。'"（同上）

"萧何、曹参曰……愿君召诸亡在外者，可得数百人，因以劫众。"（同上）

"如萧、曹、樊哙等皆为收沛子弟，得三千人。"（同上）

很明显，这也是以农民为主力的。

农民暴动的火焰燃烧起以后，原来已没落了的各国领主，也纷纷乘机起来，企图作死灰复燃的挣扎，这虽是历史上数见不鲜的事实，然却并不能对历史引起何种的作用。这从汉初的政权的构成上去看，是能看得十分明白的。

B. 汉代——大地主经济的稳定和其发展过程

经济的——政治的秩序之重新稳定——大地主经济之发展过程——大地主经济的发展和社会矛盾的暴露

一、经济的——政治的秩序之重新稳定

1. 汉代政权性质

　　秦汉之交的那一次社会大骚动，点燃起一把火焰的，为陈胜、吴广一群的农民，我们在上面已略为指摘过。其次继起的有已没落的"六国"封建领主的残余势力所形成的一些集团。这由于秦代——大地主经济支配期间的短暂，原来被消灭了"六国"领主，还有其残余势力的存在，他们看到这一社会大骚动的时候的到来，便企图死灰复燃了，去重新建立其封建领主的社会支配权。但是社会的前进动力，并不容许他们去拉着它倒退，因而他们终于无法逆转历史的动力，而作了时代的殉葬品，从而"力拔山兮"而"仁如妇女"的楚项羽的失败，是有其必然性的。

　　从而，参加秦汉之交这一次社会大骚动的封建领主们的残存势力，其作用只是加速了秦代政权的崩溃，扩大了对社会经济的破坏和人口的杀戮，此外对于历史本身的运动发展，并不曾引起何种重大的作用和影响。

　　我们在这里所要考察的是汉代政权的阶级性，从而应当首先考察一下刘邦及其所领导的那一集团中所包括的阶级成份。

　　刘邦本人，是生长在一个自耕农民的家庭，但他本身却作了地主阶级的爪牙的泗上亭长，同时他又是因为送役徒失期而弃职逃亡的。在刘邦所领导下的主要人物，据《史记》所说，萧何："为沛主吏掾。"（《萧相国世家》）

　　张良："其先……相韩昭侯、宣惠王、襄哀王，父平相釐王、悼惠王……秦灭韩，良年少，未宦事韩。韩破，良家僮三百人，弟死不葬，悉以家财求客刺秦王，为韩报仇，以大父、父五世相韩故。"（《留侯世家》）

　　陈平："少时家贫，好读书，有田三十亩，独与兄伯居。伯常耕田，纵平使游学。"（《陈丞相世家》）

　　魏豹："故魏诸公子也。"（《魏豹彭越列传》）

　　彭越，"常渔钜野泽中，为群盗。"（同上）

　　韩信："始为布衣时，贫无行，不得推择为吏，又不能治生商贾，常从人寄食饮，人多厌之者。"（《淮阳侯列传》）

　　张苍："秦时为御史。"（《张丞相列传》）

　　郦食其："好读书，家贫落魄，无以为衣食业，为里监门吏。"（《郦生陆贾列传》）

　　陆贾："以客从高祖定天下，名为有口辩士。"（同上）

　　叔孙通："秦时以文学征，待诏博士。"（《刘敬叔孙通列传》）

季布："为气任侠。"（《季布栾布列传》）栾布："穷困，赁佣于齐，为酒人保。"（同上）

《汉书》记载，樊哙："以屠狗为事。"（《樊郦滕灌傅靳周传》）

灌婴："睢阳贩缯者也。"（同上）

任敖："少时为狱吏。"（《张周赵任申屠传》）。

王陵："始为县豪……及高祖起沛，入咸阳，陵亦聚党数千人，居南阳，不肯从沛公。"（《张陈王周传》）周勃："以织薄曲为生，常以吹箫给丧事。"（同上）

曹参："秦时为狱掾，而萧何为主吏，居县为豪吏矣。"（《萧何曹参传》）。

黥布："姓英氏……及壮，坐法黥……布以论输骊山，骊山之徒数十万人，布皆与其徒长豪桀交通，乃率其曹耦亡之江中为群盗。"（《韩彭英卢吴传》）陈豨："少时，常称慕魏公子。"（同上）

从上述记载看，在刘邦所领导的那一集团中，有没落的封建领主（如张良、魏豹、陈豨等）；有大地主（王陵等）；有地主阶级的爪牙（刘邦自身，萧何、曹参、张苍、任敖等）；有封建统治阶级的代言人（郦食其、陆贾、叔孙通等）；有小土地所有者（陈平、卢绾等）；有小商人（樊哙、灌婴等）；有失业的农民（彭越、韩信、黥布等）及雇佣劳动者（栾布等）。

但在汉代地主的政权确立后，代表没落的领主的张良、魏豹、陈豨等，便不能不遭受驱除，代表农民阶级的彭越、韩信、黥布、栾布等，也不能不遭受"狡兔死，走狗烹"的残杀的结局了。原来为欺骗农民群众而故意痛骂的"儒生"，都成为汉代地主阶级政治上代言人，只容留大地主、地主阶级的爪牙、小所有者出身的那些分子的存在，重新建立起封建地主的社会支配权。同时，他们自身便都也转化而成了大地主了。例如《史记》说：

"上罢布军归，民道遮行上书，言相国贱强买民田宅数千万。"（《史记·萧相国世家》）这便是一个典型例子。

2. 地主阶级经济的稳定

长期的社会的动乱和战争的结局，直接给予社会经济以极大的摧毁，尤其是劳动人口的损失，这使地主阶级的经济不能不一时的呈献衰落。《汉书·食货志》上说：

"汉兴，接秦之敝，诸侯并起，民失作业而大饥馑，凡米石五千，人相食，死者过半。高祖乃令民得卖子，就食蜀汉。天下既定，民亡盖臧，自天子不能具醇驷，而将相或乘牛车。上于是约法省禁，轻田租，什五而税一。量吏禄，度官用，以赋于民。而山川园池市肆租税之人……漕转关东粟以给中都官，岁不过数十万石。"

"丁壮苦军旅，老弱罢转输。"（《汉书·高帝纪》）

因为为复兴地主阶级经济的第一前提，便在使流亡的劳动人员的复员和提高劳动人口的生殖率。因而刘邦在其"约法三章"的基础上，开宗明义的政治设施的第一篇诏文便是如次样说的：

"民前或相聚保山泽，不书名数；今天下已定，令各归其县，复故爵田宅。吏以文法教训辨告，勿笞辱。民以饥饿自卖为人奴婢者，皆免为庶人。"（《汉书·高帝纪》）

同时又有如下的一些记载：

"民产子，复勿事二岁。"（同上）

"天下初定，故大城名都散亡，户口可得而数者十二三。"（《史记·高祖功臣侯者年表》）

"女子年十五以上至三十不嫁，五算。"（应劭曰："汉律人出一算，算百二十钱"）（《汉书·惠帝纪》）

"诏曰：'欲省赋甚。今献未有程；吏或多赋以为献，而诸侯王尤多，民疾之。令诸侯王、通侯常以十月朝献，及郡各以其口数率，人岁六十三钱以给献费。"（同上《高帝纪》）

这样，不仅减轻农民的负担，并赦免逃亡农民的治罪，为诱致劳动人口复员的手段，同时并以法律去强制提高劳动人口的生殖率。这种地主阶级提高劳动人口的政策，是十分明白的。

从而到汉文景时代，由于劳动人口的增殖，地主阶级的经济便完全复兴起来了。于是，恢复原来的法令，地主阶级扩大对农民的剥削，又引起了农民逃亡。这些事实，在陆贾和晁错上文帝的说帖中（见《汉书·货殖列传》）都说得很清楚。

二、汉代——大地主经济的发展过程

1. 经济的组织

汉代的经济组织，原则上和秦代完全相同，只是在本身的内容上前进了一步。

在汉代的统治阶级的组成中，同样有"封君"、"食邑"的形式存在。

"其七大夫以上，皆令食邑。"（《汉书·高帝纪》下）

"以故东阳郡、鄣郡、吴郡五十三县立刘贾为荆王；以砀郡、薛郡、郯郡三十六县立弟文信侯交为楚王；壬子，以云中、雁门、代郡五十三县立兄宜侯喜为代王；以胶东、胶西、临淄、济北、博阳、城阳七十三县立子肥为齐王；以太原郡三十一县为韩国，徙韩王信，都晋阳。上已封大功臣三十余人。"（《汉书·高帝纪》下）

"诏曰：吾立为天子……与天下之豪士贤大夫共定天下，同安辑之。其有功者上致之王，次为列侯，下乃食邑。而重臣之亲，或为列侯，皆令自置吏，得赋敛；女子公主为列侯食邑者，皆佩之印，赐大第室；吏二千石徙之长安，受小第室；入蜀汉定三秦者，皆世世复。"（同上）

"高祖帝匡饬天下，诸有功者，皆受分地为列侯。"（《高后纪》高后诏语）

又如萧何食邑于高祖诛韩信后增五千户，张良食万户，周勃食八千一百八十户。（详见《史记》）

诸侯王在经济和政治上，并有相当独立性。不过到文景之际，由于地主经济的复兴和商业资本的发展，才把诸侯的政治势力削弱了。只是诸侯王和列侯与原来的封建领主不同者，他们却同时是大地主——各在其诸侯国都有其大量的私有土地；他们对"侯国"或"食邑"内的农民，对征发赋税和徭役，其他土地所有者的地主则征取现物地租①。政府对其所属郡县之征发赋役，一如诸侯王之在其侯国内。

地租采取现物的形态为主，赋税则至武帝时，已有现物和货币两者的同时存在（元狩四年……初算缗钱）。在此以前还纯采取现物的形态。

"今列侯多居长安，邑远，吏卒给输费苦。"（《汉书·文帝纪》）

"因各敕以职任，务省徭费以便民。"（同上）

"复晋阳、中都民三岁租。"（同上）

---

① 《文献通考》："汉列侯封君食租税，岁率户二百，如千户之君则二十万，可谓富矣，而复效富人广蓄园池。"

"吾农民甚苦，而吏莫之省，将何以劝焉。其赐农民今年租税之半。"（同上）

其次，无食邑各级的封建官僚，则各由政府给予现物俸禄（如所谓二千石、三千石、五千石）。统治机构的基础如所论亭长和三老（如新城三老，壶关三老之类）。"力田为生之本也，三老众民之师也。"（《汉书·文帝纪》）

担任产业支配部门的农业生产的，为应征徭役和贡纳租税的农民，而不是所谓奴隶。晁错说：

"今农夫五口之家，其服役者不下二人，其能耕者不过百亩；百亩之收不过百石。春耕夏耘，秋获，冬藏，伐薪樵，治官府，给徭役。春不得避风尘，夏不得避暑热，秋不得避阴雨，冬不得避寒冻。四时之间无日休息，又私自送往迎来，吊死问疾，养孤长幼在其中，勤苦如此，尚复被水旱之灾，急政暴虐，赋敛不时，朝令而暮改。"（《汉书·食货志》）

地主阶级也必须把农民束缚在土地上面，因为这对封建性的剥削关系是根本的必要的前提。

"不农则不地著，不地著则离乡轻家，民如鸟兽，虽有高城深池，严法重刑，犹不能禁也。"（同上）

"〔景帝元年〕诏曰：'间者，岁比不登，民多乏食，夭绝天年，朕甚痛之。郡国或硗狭，无所农桑系畜；或地饶广，荐草莽，水泉利，而不得徙。其议民欲徙宽大地者，听之。'"（《汉书·景帝纪》）

农民负担的程度，仅从租税说，已苛重倍于前。王莽说："汉氏减轻田租，三十而税一，常有更赋，罢癃咸出，而豪民侵陵，分田劫假，厥名三十税一，实什税五也。"（《汉书·王莽传》中）荀悦说："今汉人田或百一而税，可谓鲜矣！然豪富强人占田踰侈，其赋大半。官收百一之税，而人输豪强大半之赋。官家之惠优于三代，豪强之暴，酷于亡秦。"（《东汉会要》卷三十一）①。

奴隶在汉代确还有大量的存在着。哀帝诏书说："诸侯王、列侯、公主，吏二千石及豪富民，多畜奴婢，田宅亡限……其议限列，"有司条奏："诸侯

---

① 《文献通考》又载："汉列侯封君食租税，岁率户二百，如千户之君则二十万，可谓富矣。又复效富人广蓄园池。"

王奴婢二百人，列侯、公主百人，关内侯、吏民三十人。"（《汉书·哀帝纪》）"今民卖僮者，为之绣衣丝履偏诸缘，纳之闲中。"（《汉书·贾谊传》）

不过我们却寻不出奴隶之参加农业生产的事实来。据《史记·萧相国世家》说："拜丞相何为相国，益封五千户，令卒五百人一都尉为相国卫。"若是"奴"和这里所谓"卒"的意义有类似的话，则当时的奴婢，或者主要都是使用在家内杂役上或作为护卫。证之在后来的部曲和仆婢，这种解释是十分可能的。

2. 经济的复兴和土地兼并的进行

汉代地主阶级的经济，到文景之世，已经由稳定而得到安全的复兴。随着劳动人口的增加和劳动生产力的发展，原先因劳动力的缺乏而致于荒芜的土地，又都已成为自主的熟地了。从而商业资本开始活跃，土地的兼并又开始盛行，小土地所有者的土地，在大地主商人支配下，便不断地被兼并而失去其土地。这一过程，在晁错的叙述中十分明白。

"今农夫五口之家，其服役者不下二人；其能耕者不过百亩，百亩之收不过百石。春耕，夏耘，秋获，冬藏，伐薪樵，治官府，给徭役，春不得避风尘……于是有卖田宅，鬻子孙，以偿责者矣。而商贾大者积贮倍息，小者坐列贩卖，操其奇赢，日游都市，乘上之急，所卖必倍……亡农夫之苦，有仟伯之得。因其富厚，交通王侯，力过吏势，以利相倾，千里游遨，冠盖相望，乘坚策肥，履丝曳缟。此商人所以兼并农人，农人所以流亡者也。'"（《汉书·食货志》上）

这种土地兼并的过程，到武帝以后便更为剧烈了。社会的土地，为少数大地主占有，而直接生产者的农民和小土地所有者，几已完全失去其所有土地。在这种剧烈的分化的情势下，在地主阶级的政治代言人董仲舒看来，那并不是一个良好的现象，因而为维持其阶级的统治计，便向汉武帝提出限田的主张。

"富者田连阡陌，贫者无立锥之地。又颛山泽之利，管山林之饶，荒淫越制，踰侈以相高。邑有人君之尊，里有公侯之富，小民安得不困。又加月为更卒，已复为正，一岁屯戍，一岁力役，三十倍于古，田租口赋盐铁之利，二十倍于古。或耕豪民之田，见税十五。故贫民常衣牛马之衣，而食犬彘之食。重以贪暴之吏，刑戮妄加。民愁亡聊……古井田法虽难卒行，宜少近古，限民名田，以澹不足……去奴婢，除专杀之威。"

从此愈演愈烈，至成帝时，张禹占郑白之渠，四百余顷，其大地主兼并亦类此。因而到哀帝时代，这种土地兼并的形式已到了尖端。一方面土地向大地主集中，他方面出现大群的"无立锥之地"的"贫者"，因而地主阶级的代言人师丹基于和董仲舒的同一的见解，便又重新把董仲舒的限田说重新提出：

"'古之圣王，莫不设井田，然后治乃可平。孝文皇帝承亡周乱秦兵革之后，天下空虚，故务劝农桑，帅以节俭，民始充实，未有并兼之害，故不为民田及奴婢为限。今累世承平，豪富吏民訾数钜万，而贫弱俞困。盖君子为政，贵因循而重改作，然所以改者，将以救急也。亦未可详，宜略为限。'天子下其议。丞相孔光、大司空何武奏请：'诸侯王、列侯皆得名田国中，列侯在长安，公主名田县道，及关内侯、吏民名田皆毋过三十顷。诸侯王奴婢二百人，列侯、公主百人，关内侯、吏民三十人。期尽三年，犯者没入官。'时田宅奴婢贾为减贱，丁、傅用事，董贤隆贵，皆不便也。诏书且须后，遂寝不行。"（《汉书·食货志》上）

这是很明白的，地主阶级的政治代理人，为稳固其阶级的统治，提出限田的办法，企图去和缓当时所存在着的社会矛盾，然而这种改良政策，终因大地主们丁傅、董贤等的反对，而终归取消了。

但是社会矛盾的存在，和广大的失去土地的贫民层的浮动，于是残存着的仅有其躯壳的封君们乃乘机发动复古运动，企图去恢复其理想中封建领主的经济组织。因而所谓王莽的复古运动。便于此出现了。王莽曰：

"古者，设庐井八家……则国给人富而颂声作，此唐虞之道，三代所遵行也。秦为无道，厚赋税以自供奉……坏圣制，废井田，是以兼并起，贪鄙生，强者规田以千数，弱者曾无立锥之居……今更名天下田曰王田；奴婢曰私属，皆不得卖买。其男口不盈八而田过一井者，分余田予九族邻里乡党；故无田今当受田者，如制度。敢有非井田圣制无法惑众者，投诸四裔。"（《汉书·王莽传》中）

可是这不仅引起地主阶级的反对，而且也不是农民们所乐于接受的。因而招致所谓"农桑失业，食货俱废，人民困苦愁怨"的反响来。同时，在当时的一个地主提问王莽的说帖中，也可以表露出地主阶级反对的情绪来。

"井田虽圣王法，其废已久，周道既衰，而民不从。秦知顺民心，可以获大利也，故灭庐井而置阡陌，遂王诸夏，讫今海内未厌其弊。今欲违民心，追

复千载绝迹，虽尧舜复起，而无百年之渐，弗能行也。"（中郎区博谏王莽语）

王莽的复古运动，既不能获得地主阶级的援助，国用上便也不能不限于困境。同时，不但不曾解决了社会的矛盾，而且使矛盾更为激烈化了。

"刑罚深刻，它政诖乱。边兵二十余万人仰县官衣食，用度不足，数横赋敛，民俞贫困。常苦枯旱，亡有半岁，谷价翔贵。末年，盗贼群起。"（《汉书·食货志》）

王莽的复古运动，便不能不在地主阶级和农民的反对之下，而趋于失败，历史的自身的运动，是不容人们拿着它开回转的。

可是这一次的社会骚乱，只是人口的大批被杀戮，曾把社会的矛盾暂时和缓了下来，而地主阶级的经济，却不曾受着重大的破坏。因而大地主刘秀一群把地主经济的政权重新树立起来之后，地主阶级的经济乃继续向前发展。从而土地的兼并，依样的在进行，同时社会的矛盾，也便随着这种进行而发展。这种情况，从荀悦的口中可以说出来。

"古者什一而税，文帝诏除田租，或百一而税，可谓鲜矣。然豪强富人，占田逾多，而人输豪强太半之赋。官家之惠，优于三代，豪强之暴，酷于亡秦。今不正其本而务除租税，适以资富强也。高祖初定天下，光武中兴之后，井田之法，可行而未能行。平时土田散布在豪强，若强行之，必有怨心，致生纷乱。今宜以口数占田，为之立限，人得耕种，不得买卖，以瞻贫弱，以防兼并，且为制度张本，不亦宜乎？"

然而荀悦的这种意见，亦在地主阶级的其他代言人崔寔、仲长统的"徙贫民于宽乡，以事开垦"的意见的巧妙的反对之下，而无形取消了。

这种土地兼并的进行，到了东汉末年，社会的矛盾便完全暴露出来，而发生了地主阶级和农民阶级长期的混战。

3. 商业的发展和商路的开发

汉代地主阶级的经济到武帝时，大为繁盛，其生产发展的情形，据司马迁所说：

"汉兴七十余年之间……民则家给家足，都鄙廪庾皆满，而府库余货财。京师之钱累巨万，贯朽而不可校。太仓之粟，陈陈相因，充溢露积于外，至腐败不可食。众庶街巷有马，阡陌之间成群，而乘牸牝者，傧而不得聚会，守闾阎者食粱肉。"（《史记·平准书》）

从而商业资本也大为发展起来——经过文景时代的发展，便达到很繁荣的情况。社会的财富，已不音集中在地主商人阶级手中。这在史书中有明确的记载。

"民多饥乏，于是天子遣使者虚郡国仓廪以振贫民。犹不足，又募豪富人相贷假。"（《史记·平准书》）

"而富商大贾，或蹛财役贫，转毂百数；废居居邑，封君皆低首仰给。冶铸煮盐，财或累万金，而不佐国家之急，黎民重困。"（同上）

这从商业城市的发达也可以看出来。

"巴、蜀、广汉本南夷……有江水沃野，山林竹木疏食果实之饶，南贾滇僰僮，西近邛、笮、马、旄牛，民食稻鱼，亡凶年忧……而轻易淫泆，柔弱褊阸。"（《汉书·地理志》下）

"颍川、南阳，本夏禹之国……其俗……好商贾渔猎，藏匿难制御也。"（同上）

"中山……丈夫相聚游戏，悲歌慷慨……游媚富贵，徧诸侯之后宫。"（同上）

"宛，西通武关，东受江、淮，一都之会也。"（同上）

"邯郸，北通燕、涿，南有郑、卫，漳、河之间一都会也。"（同上）

"上谷至辽东……有鱼盐枣栗之饶，北隙乌丸、夫余，东贾真番之利。"（同上）

由于财富的集中和商品交换的发达，相随而至的便是商人们的参加政治。商人参加政治的事实，例如：

"以东郭咸阳、孔仅为大农丞，领盐铁事。桑弘羊以计算用事，侍中。咸阳，齐之大煮盐；孔仅，南阳大冶，皆致生累千金。故郑当时进言之。弘羊，洛阳贾人子，以心计，年十三侍中。故三人言利事析秋豪矣。"（《史记·平准书》）

"除故盐铁家富者为吏，吏道益杂，不选，而多贾人矣。"（同上）

关于商路的开发，有如下的一些记载：

"严助、朱买臣等招来东瓯，事两越，江淮之间萧然烦费矣。唐蒙、司马相如开路西南夷，凿山通道千余里，以广巴蜀，巴蜀之民罢焉。彭吴贾灭朝鲜，置沧海之郡，则燕齐之间靡然发动。"（《史记·平准书》）

由于商人直接执政，对于商路的开发当然更属积极。因而为着商路的寻求，便不惜以兵力向东西南北的国境去开发。南路开发的情形，据史载："南越王……杀汉使者……遣伏波将军路博德出桂阳，下湟水；楼船将军杨仆出豫章，下浈水；归义越侯严为戈船将军，出零陵，下离水；甲为下濑将军，下苍梧。皆将罪人，江淮以南楼船十万人，越驰义侯遗别将巴蜀罪人，发夜郎兵，下牂柯江，咸会番禺。"（《汉书·武帝纪》）

随着兵力把商路开发后，便是大批的商队的出发及向南的海外交易。

"自日南障塞，徐闻、合浦船行可五月，有都元国；又船行可四月，有邑卢没国；又船行可二十余日，有谌离国；步行可十余日，有夫甘都卢国；自夫甘都卢国船行可二月余，有黄支国，民俗略与珠厓相类，其州广大，户口多，多异物，自武帝以来，皆献见。有译长，属黄门，与应募者，俱入海市明珠、璧琉璃、奇石异物。赍黄金杂缯而往。所至国，皆廪食为耦，蛮夷贾船转送致之。亦利交易，剽杀人。又苦逢风波溺死，不者数年来还。大珠至围二寸以下。"（《汉书·地理志》）

向西的商路的开发，是要经过匈奴才能达到至中亚西的交通。

张骞至西域，"俱出陇西，径匈奴，匈奴得之，传诣单于。单于曰，'月支在吾北，汉何以得往使？吾欲使越，汉肯听我乎？'留骞十余岁……骞持汉节……西走数十日，至大宛。大宛闻汉之饶财，欲通不得，见骞，喜，问欲何之？"（《汉书·张骞李广利传》）

而通商上最有利可求的区域，却是西域，而不是匈奴。"骞身所至者，大宛、大月氏、大夏、康居，而传闻其旁大国五六，具为天子言其地形，所有……骞曰：'臣在大夏时，见邛竹杖、蜀布，问安得此？大夏国人曰：吾贾人往市之身毒国……大夏去汉万二千里，居西南。今身毒又居大夏东南数千里……今使大夏，从羌中，险，羌人恶之；少北则为匈所得；从蜀宜径，又无寇。天子既闻大宛及大夏、安息之属皆大国，多奇物……而兵弱，贵汉财物；其北则大月氏、康居之属，兵强，可以赂遗，设利朝也。'"（《汉书·张骞李广利传》）

因而汉代的商人，对于到"西域"的商路的交通的保持，便采取着和平和武力的两种手段。最初是用贿赂去买通匈奴，至这种和平手段失败后，又济之以兵力。这条商路，在一个长的时间中，都是时通时断的，结果还是用兵力把匈奴征服，但这也并不曾得到根本的解决，并在各通商的区域内，都设置有类似资本主义时代那种使节般的"使节"。到西域的商路，据《汉书·西域传》上说：

"自玉门、阳关出西域有两道：从鄯善傍南山北，波河西行至莎车，为南道；南道西踰葱岭，则出大月氏、安息；自车师前王廷随北山，波河西行至疏勒，为北道，北道西踰葱岭，则出大宛、康居、奄蔡、焉耆。西域诸国，大率土著，有城郭田畜……"

据《西域传》所记，汉与西域通商诸国，最著者有婼羌国、鄯善国、罽宾国、乌弋山离国、安息、大月氏、大宛、姑墨国、温宿国、莎车国、渠犁城等。

尤其对于安息，有如下两段值得注意的记载：

"安息……风气物类所有，民俗与乌弋、罽宾同，亦以银为钱，文独为王面，幕为夫人面……有大马爵，其属小大数百城，地方数千里，最大国也。临妫水，商贾车船行旁国。书革，旁行为书记。武帝始遣使至安息，王令将二万骑迎于东界……因发使随汉使者来观汉地。"（同上）

"自宛以西至安息国，虽颇异言，然大同，自相晓知也。其人皆深目多须髯，善贾市，争分铢。"（同上）

因而四方的异物奇珍，便都由商人之手运来中国。《西域传》说：

"孝武之世……天下殷富，财力有余，士马强盛，故能睹犀布、瑇瑁则建珠崖七郡，感枸酱、竹杖则开牂柯、越巂；闻天马、蒲陶则通大宛、安息。自是之后，明珠、文甲、通犀、翠羽之珍盈于后宫，蒲梢、龙文、鱼目、汗血之马充于黄门，巨象、师子、猛犬、大雀之群，食于外囿。殊方异物，四面而至。"[1]

这种情况，在西汉和东汉之交的那一次社会骚乱，虽不曾完全中断，然却陷于半停止的状态，到东汉又继续进行，在历史上所称颂的班超，也和张骞获得同样的意义。

三、大地主经济的发展和社会矛盾的暴露

社会矛盾，随着大地主经济的发展，社会矛盾的斗争必然随之暴发。

---

[1] 详情亦可参看《汉书》武帝纪、西南夷传、南粤王传、闽粤王传、朝鲜传、匈奴传等。

随着汉代大地主经济的发展，地主阶级对农民阶级之剥削的加强（租、税、劳役及地主——商人阶级为商路的开发而加于农民的兵役和高利贷等），以至在孝武之后，阶级间的矛盾已形尖锐，及至平安之际，农民阶级又加上一层水旱蝗灾的负担，已至无法继续生活下去，因而便暴发为普遍的农民的骚动。

"（天汉）二年，泰山、琅琊，群盗徐勃等阻山攻城，道路不通。"（《汉书·武帝纪》）

到了王莽的时候，这种农民的暴动，便更如大河潮涌般的暴发，在这些农民军的各集团间，最有声色的是樊崇领导的"赤眉"。这些形势，我们可以择要指出一二。

"南郡秦丰聚众且万人。平原女子迟昭平，亦聚众千人在河阻中。"（《资治通鉴》卷三八）

"富者不能自保，贫者无以自存，于是并起为盗贼。依阻山泽……浸淫日广。临淮瓜田仪，依阻会稽长州，琅琊吕母聚党数千人，杀海曲宰，入海中为盗，其众浸多，至万数。荆州饥馑，民众入野泽，掘凫茈而食之，更相侵夺。新市人王匡、王凤为平理净讼，遂推为渠帅、众数百人。于是诸亡命者南阳马武、颍川王常、成丹等皆往定之。共攻离乡聚，臧于绿林山中，数月间至七八千人。又有南阳张霸、江夏羊牧等与王匡俱起，众皆万人。"（见《通鉴》三八卷、《后汉书·刘玄刘盆子列传》）

"琅琊樊崇，起兵于莒，众百余人，转入太山。群盗以崇勇猛，皆附之，一岁间至万余人。崇同郡人逄安、东海人徐宣、谢禄、杨音各起兵，合数万人，复引从崇，共还攻莒，不能下，转掠青、徐间。又东海刁子都，亦起兵钞击徐、兖。"（同上）

农民最初发生暴动，在反抗地主阶级。因为王莽的"变法"，更把农民暴动的范围扩大了，加之地主阶级为维护其社会制度的存在，也纷纷以他们的武装去反对王莽。从而农民暴动，反而和地主阶级联合，渐转移其共同反对王莽的复古的政权，后来又消灭农民的军队而复兴地主阶级政权的刘秀一群的主要人物，大抵都是一些大地主。

"莽末，天下连岁灾蝗，寇盗蜂起……光武避吏新野，因卖谷于宛。宛人李通等以图谶说光武……遂与定谋……与李通从弟轶等起于宛。"（《后汉书·

光武帝纪》)

"齐武王缜字伯升，光武之长兄也……莽末，盗贼群起，南方尤甚。伯升召诸豪杰计议曰：'王莽暴虐，百姓分崩，今枯旱连年，兵革并起，此亦天亡之时，复高祖之业，定万世之秋也……于是分遣亲客……伯升自发春陵子弟，合七八千人。"（《后汉书·齐武王缜传》）

"豪杰咸归于伯升。"（同上）

"公孙述字子阳，扶风茂陵人也。哀帝时，以父任为郎……王莽天凤中，为导臣卒正，居临邛……及更始立，豪杰各起其县以应汉。南阳人宗成自称'虎牙将军'，入略汉中；又商人王岑亦起兵于雒县，自称'定汉将军'，杀王莽庸部牧以应成，众合数万人。述闻之，遣使迎成等。"（《后汉书·公孙述传》）

"关中豪杰吕鲔等，往往拥众以万数，莫知所属，多往归述，皆拜为将军。"（同上）

这次社会大骚动的结果，对地主阶级的经济虽不似秦汉之际那一次摧毁得厉害，然亦有相当大的衰退。（《后汉书》所说："光武初年，承兵革之后，海内贫乏。"）农村人口的死亡，亦有很大的数量。因为社会的矛盾又暂时和缓下来，可是地主阶级经济的发展，并不曾中断。

因而地主阶级仍踏上了前进之途。土地集中的情势，较前更为剧烈，所谓"赵魏豪右往往屯集"，可见一斑。商业资本亦更为发展，所谓"富商大贾……收税与封君比入"，可见一斑（《后汉书·桓谭传》）。因而社会财富的集中，愈形巨大。仲长统说：

"豪人之室，连栋数百，膏田满野，奴婢千群，徒附万计。船车贾贩，周于四方；废居积贮，满于都城。琦赂宝货，巨室不能容；马牛羊豕，山谷不能受。"（《后汉书·仲长统传》）

"又说："井田之变，豪人货殖，馆舍布于州郡，田亩连于方国。"（同上）

在社会上的一方面为剥削的扩大与财富的累积，同时在社会的另一方面，便必然的出现着贫乏和饥饿的增多。剥削压迫的情形，据朱穆上梁冀书云："公赋既重，私敛又深；牧守长吏，多非德选，贪聚无厌，遇人如虏，或绝命于箠楚之下，或自贼于威迫之求。"（《后汉书·朱穆传》）

又益以水旱天灾，"永兴元年，河溢，漂害人庶数十万户，百姓荒馑，流移道路"（同上），从而加剧了阶级间的矛盾对立，矛盾斗争的局势，便很自然的展开了。据《后汉书·朱穆传》说："财空户散，下有离心，马免之徒，乘敝而起"。"百姓荒馑，流移道路，冀州盗贼尤多。"

农民暴动的第一把火焰燃烧起以后，便渐次而普遍的泛滥到全中国了。这种时代的洪流，一方面替汉代大地主阶级的政权作了一个结束，另方面却展开此后一个长期的阶级间的混战。在这次洪流中，被称为"黄巾贼"的农民军的那一集团，特别值得我们提述。

"钜鹿张角自称大贤良师，奉事黄老道……转相诳惑。十余年间，众徒数十万……遂置三十六方。"（《后汉书·皇甫嵩传》）

"张鲁，字公祺……祖父陵……学道鹄鸣山中，造作道书以惑百姓，从受道者出五斗米，故世号米贼。陵死子衡行其道，衡死鲁复行之……鲁遂据汉中，以鬼道教民，自号师君，其来学道者，初皆名鬼卒，受本道已信，号祭酒，各领部众，多者为治头大祭酒，皆教以诚信不欺诈，……大都与黄巾相似。诸祭酒皆作义舍，如今之亭传，又置义米肉悬于义舍，行道者量腹取足。"（《三国志·魏志·张鲁传》）

"妖贼大起，三辅有骆曜……东方有张角，汉中有张修。骆曜教民缅匿法，角为太平道，修为五斗米道。"（《三国志·魏志·张鲁传》注引《典略》）

这种以宗教为联系的农民的原始社会主义运动，我们在德国农民战争中（参看 The Peasant war Germanr）看见与此类似的许多事情。在这里的张鲁和张角，也很类似于路德（Luthcr）和多玛斯苗曹（Tharms Muzier）；在彼处的千年太平教义，也很类似于张角的教义。在历史上，封建时代的农民的政治运动，大抵都是采取类似的形式。

所谓"黄巾贼"和"米贼"的集团，虽然不久就被地主阶级消灭了；但当时存在着的社会矛盾都不曾消灭，从而社会的骚乱无疑要若断若续的继续下去的——继续到游牧民族的侵入把斗争的内容弄得更为复杂了。

C. 矛盾斗争的扩大和社会经济的衰退

矛盾斗争扩大的过程——社会经济的衰退和南北朝的经济。

一、矛盾斗争扩大的过程

（1）矛盾斗争的展开

随着大地主的经济的发展而引起的社会矛盾，爆发了汉末之所谓"黄巾贼"、"米贼"的农民大起义。这种历史上的有计划的农民的政治运动，虽然不久就在地主阶级的暴力和利诱下而归于消灭了，但是社会矛盾并不因此就和缓了下来，相反的，仍更加激烈了。因而便扩大为两方面的混战：其一为农民之此起彼伏的对地主阶级进行斗争；其一为地主阶级自救运动出发所形成的各封建性集团的混战，最后演成魏、蜀、吴三大集团的争持。

曹魏是原封原样的支持大地主、大商人集团的利益，蜀汉则以纯粹的大地主贵族的利益为出发点，东吴和蜀汉我们很难寻出他们的区别来。

但当时中国经济中心区域在北方，一般富商大贾也都出自北方。从而曹魏在经济上较蜀、吴处在有利的条件和地位，它终于把蜀、吴两个集团击败了。但是长期的战争，养成了出征军事首领的军事的支配权和社会力量，同时魏政权在经过一个相当的时期中，对地主商人阶级的经济，仍无法去稳定，因而便出现了魏晋的交替，这种不断的交替情形，一直继续到唐代的统一止。不过这种上层的统治首脑内部的交替，对历史的本身，不曾发生何种作用。

其次由于魏、蜀、吴三国的长期混战的结果，一方面由于劳动人口之损失和战争对生产之直接的破坏，引起商业的停顿和农业之愈形衰退；一方面，社会的骚乱随着大众贫乏的加深而愈益加深，从而地主阶级愈表现其统治的无力。他们为维持其统治，于是便去引进游牧民族的势力，代他们镇压骚乱。

同时，散居于西北方面的游牧民族，自秦汉以来，由于中国商业资本的发展，以及彼此间交换的频繁，他们对于铜、铁、布、粮食……等类的生活必需品，大抵已完全在依赖汉族商人们去供给。由于中国内部的长期战争而引起的商品交换的衰减，因而他们的生活也随之而限于穷乏与恐慌了。他们为获取那些生活必需品，于是便组成武装的军事集团来肆行掠夺，从而游牧民族便潮涌般入侵中原。

（2）游牧民族的侵入和矛盾斗争的扩大

游牧民族的入侵中原后，他们根据其原来的部落的组织，在西北部组织了十几个小"国家"。实际上还是一种氏族社会的部族联合的组织。其中，较进步的拓拔族，则以其自身的历史发展和中原地主阶级的政权形式相合流，组织成为历史上又一变态的封建国家。在其经济范畴中，一方面仍允许原有的汉族地主阶级的经济存在，一方面又把荒芜的土地和占夺农民的土地分赐给其军事领袖的左右扈从，而组织牧场和庄园。但是这种经济的组织，从拓拔族的自身来说是一种进步，但从中国社会的本身说，却是一种逆转。因而拓拔族不但不能解决中国社会的存在的矛盾；而且和地主商人阶级的要求也是完全相反的。因而矛盾斗争的局势，反愈益扩大了。

地主——商人阶级在其自身的利益的观点上，对于由其自身引进来而成了新政权的支配力者的拓拔魏又实行反目了。垂绝的晋代政权，由地主——商人阶级的支配而移植到江南，他们纷纷而随之南迁了。

汉族地主——商人阶级为反对游牧民族的统治，便号召进行长期的民族的斗争。这在南北朝那种充分表现着民族斗争意识的文学中，也能予以说明的。

在同时，在游牧民族统治下的北朝，地主阶级由于其财产遭受战争等等的破坏，便也自然的引发出一种民族的反感。在农民，除去战争的过重的负担外，作了统治者的拓拔族的全体则完全依存于农民的剩余劳动的剥削以为生，而且在这种异族的统治下，农民的生命财产更分外的无任何保障可言。从而在北朝的范围内，便由农民们支持着此伏彼起的，对统治民族的不断斗争——阶级斗争和民族斗争之两种斗争的合流。例如：

"卢水胡盖吴聚众反于杏城……河东蜀薛永宗聚党入汾曲。"（《北史·魏本纪》二）

"车驾自东，擒永宗斩之，其男女无少长皆赴水死。"（《北史·魏本纪二》）

"高阳人封辨，聚党自号齐王。"（《北史·魏本纪》三）

"妖人刘举，自称天子。"（《北史·魏本纪三》）

"冀州人宋伏龙，聚众自称南平王。"（同上）

"秦州略阳人王元寿，聚众自号冲天王。"（同上）

"怀州人伊祁苟，自称尧后，应王，聚众于重山。"（同上）

"兖州人王伯恭，聚众劳山，自称齐王。"（同上）

"幽州人王惠定聚众反，自称明法皇帝。"（《北史·魏本纪》四）

"秦州人王智等聚众自号王公，寻推秦州主簿吕苟儿为主，年号建明。"（同上）

"幽州沙门刘僧绍聚众反。"（同上）

"沃野镇人破六韩拔陵反，聚众杀镇将。"（《北史·魏本纪》四）

"梁州人公孙贵宾，聚众反，自号天王。"（《北史·魏本纪》五）

"徐州人刘乌黑聚众反。"（同上）

上述不过是一些例子。

在南朝的区域内，由于地理资源的较丰富，在南朝统治下的农民较优于在北方统治阶级下的农民生活。加之地主商人阶级极力在倡导着民族的意识，和北朝之不时南侵的压迫，故内部的阶级间的斗争，便较为和缓。但是加于农民的军事上的供应和横征暴敛存在，阶级间的斗争，并不曾完全缓和下来，相反依然是存在着的。例如：

"袄贼孙恩，作乱于会稽，朝廷遣卫将军谢琰、前将军刘牢之东讨……恩遁入海。四年五月，恩复入会稽，杀谢琰。十一月牢之复东征，使帝戍句章……帝每战陷阵，贼乃退还淡口……恩频攻句章，帝屡破之，恩复入海。三月，恩北出海盐，帝筑城于故海盐，贼日来攻城……恩知城不可下，进向沪渎。"（《南史》卷一，《宋本纪》上）

这是南朝统治下，规模最大的一次农民起义。

因为这一时期，从三国至隋，社会的矛盾最初发展为农民和地主两阶级的战争和封建各集团间的混战。自游牧民族入侵后，矛盾的斗争范围便更为扩大了，于是一方面有统治阶级和被统治阶级间的斗争，他方面又掺杂着民族间的矛盾和斗争。这一直继续到游牧民族的被驱除。游牧民族的被驱除，一方面由于在其统治下的经济达到极度的衰落，一方面由于其长期的寄生生活，其民族统治者本身也完全腐化了。

二、社会经济的衰退和南北朝的经济

（1）南北朝的经济

地主——商人阶级的经济，在游牧民族未入侵前，经过三国至魏晋的长期的社会的战乱，其组织的构成上，虽无何种重大的改变，但由于战争的影响，一方面给予生产组织上以直接的破坏，他方面商品交换便因而陷于半停止的状态；农业人口的逃亡与被杀戮，引出原来的耕种的有主的熟地转而成为无主的荒地。

在北方，游牧民族的侵入以后，他们从其原有的氏族组织的原理出发，把那种无主的荒原土地和占夺来的农民土地，都当作征服者的胜利品，分赐给其军事集团中各个成员去组织牧场或庄园。这种庄园的组织，是如次的：

"〔魏文帝太和〕九年下诏：均给天下人田，诸男夫十五以上受露田四十亩，妇人二十亩，奴婢依良。丁牛一头，受田三十亩，限四牛。所授之田率倍之，二易之田再倍之，以供耕休及还受之盈缩。人年及课则受田，老免，及身没则还田；奴婢、牛，随有无以还受；诸桑田不在还受之限。但通入倍分田，于分虽盈，不得以充露田之数；不足者以露田充倍。诸初受田者，男夫一人给田二十亩，课莳余，种桑五十树，枣五株，榆三根。非桑之土，夫给一亩，依法课莳余果，及多种桑榆者不禁。诸应还之田，不得种桑榆枣果，种者以违令论。地入还分。诸桑田皆为代业，身终不还，恒从见口。有盈者，无受无还。不足者受种如法。盈者得卖其盈，不足者得买所不足。不得卖其分，亦不得买过所足。诸麻布之土，男夫及课，别给麻田十亩，妇人五亩，奴婢依良，皆从还受之法……其地足之处，不得无故而移。诸人有新居者，三口给地一亩，以为居室，奴婢五口给一亩……诸远流配谪无子孙及户绝者，墟宅桑榆尽为公田，以供授受……诸宰人之官，各随所给公田；刺史十五顷，太守十顷，治中、别驾各八顷，县令、郡丞六顷，更代相付，卖者坐如律。"（《通典·食货》一）

"北齐给授田令，仍依魏制。"（《通典》）周亦同此原则。

这种授田法，用意很明显。其一，把农民束缚于土地上面；其二，农奴则供纳现物、劳力、税赋、徭役，给贵族地主及政府。例如："〔魏〕孝明孝昌二年冬，税京师田租亩五升，借赁公田者亩一斗。"（《通考》）"〔齐〕武帝河

清三年……令男子率以十八受田输租调，二十充兵，六十免力役，六十六退田，免租调。"（《文献通考》卷二）

其庄园主受田的等级，则是如次的。"京城四面诸方之外三十里内为公田，受公田者，三县代迁户。执事官一品以下逮于羽林虎贲各有差。其外畿郡，华人官第一品以下羽林虎贲以上各有差。"（同上）"隋文帝令自诸王以下至于都督，皆给永业田，各有差。多者至百顷，少者至三十顷……京为官又给职分田，一品者给田五顷，至五品则为田三顷，其下每品以五十亩为差，至九品为一顷。外官亦各有职分田，又给公廨田以供用。"（《通典》）

当时农民，似乎从形式上可以区别为受田的民和奴婢，大抵前者为土著的，后者则是系强制而迁徙来的，或系属战争俘虏。例如："奴婢受田者，亲王止三百人，嗣王二百人，第二品嗣王以下及庶姓王百五十人，正三品以上及皇宗百人，七品以上八十人，八品以上至庶人六十人，奴婢限外不给田者，皆不输。"（《文献通考》卷二）

当时受赐土地的诸贵族，受领土地以后，但是并不能得着其必要的劳动力，因而或是把战争得来的俘虏编制成农业生产军，或同时又把攻下的区域内的农民，强制迁徙来满足这种劳动力的需要。例如："扬难当尅汉中，送雍州流人七千家于长安。"（《北史·魏本纪》二）这种奴婢，得受有田宅，同时其劳动力，除去大部分为庄园主支配外，自己并能支配在其分田上劳动。同时，他们也一样要替国家输纳徭役和丁税等。（《文献通考》："奴婢限外不给田者，皆不输)。""（齐）时定令，率人一床，绸绢一匹，绵八两，凡十斤绵中折一斤作丝，垦租二石，义租五斗，奴隶各准良人之半。"这在本质上，与其说近似于奴隶制时代的奴隶，无宁说是近似于农奴，还较妥当些。同时，征敛、战争，强压下的农民们，又纷纷的投于沙门，而作为其荫户者。这种荫户其本质便是典奴。史载："正光已后，天下多虞，工役尤甚，于是所在编民，相与入道，假慕沙门，实避调役。"（《魏书·释老志》）从而便出现寺院庄园。

寺院庄园组织和原来的初期封建时代的庄园有根本不同的特征。在此前的庄园内，把土地分为公田和私田，从而农民们被剥削的劳役地租中，在这里一概都划为公田，分给农民们去经营，农民们则直接以现物地租缴给庄园主，同时，前此的农民只直接向庄园主输纳，在此处，则还要直接向政府机关供纳"役"和"调"。而隋代的"永业田"，已完全转变到地主土地私有上面。同时，在北朝的这样的统治区域内，不仅有庄园制的存在，并有大地主经济的存在。土地也照样行使买卖，不仅有庄园内的农奴，而且有佃户式的农奴。同时商品交换和商业资本也一样存在着。

"〔魏文帝和平二年〕诏曰：'刺史牧人，为万里之表。自顷每因发调，逼人假贷，大商富贾，要射时利，上下通用，分以润屋。为政之弊，莫过于此，其一切禁绝。犯者十匹以上皆死。'"（《北史·魏本纪》二）

其次，独立手工业者也继续其存在。例如：《北史·魏本纪》所说"徙长安城内工巧二千家于京师。"便是一例证。

在南朝，完全承袭着过去的大地主经济组织。并且由北方迁来的侨户和原来的地主商人们，对土地的兼并，仍在激烈的进行着。如："宋孝武帝大明初，扬州刺史西阳王子尚上言：'山湖之禁，虽有旧科，人俗相因，替而不奉。炽山封水，保为家利。自顷以来，颓弛日甚，富强者兼岭而占，贫弱者薪苏无托，至渔采之地，亦又如兹。斯实云埋之深弊。请损益旧条，更申恒制。'"（《通典》）"自晋中兴以来，朝纲弛紊，权门兼并，百姓流离，不得保其产业。"（《南史·宋本纪》一）

农民们的经营，仍是雇役制的佃耕制经营。而且由于战争和豪强势力之强加威迫，小土地所有者的自耕农，也纷纷的自投豪贵的门下，把自己的土地投献于豪贵，而自己充当佃户。《九通分类总纂》说：

"至〔南〕齐武帝时，都下人多为诸王公贵人左右佃客、典计衣食客之类，皆无课役。官品第一、第二，佃户无过四十户，每品减五户，至第九品五户。其佃谷皆与大家量分。"（卷一）

同时豪贵地主并都有佃户的管理人。同书又说：

"其典计，官品第一第二置三人，第三第四置二人，第五第六及公府参军、殿中监监军、长史司马、部曲督关外侯、材官议即以上一人，皆通在佃客数中……其客皆注家籍。"（同上）

农民对地主的供纳，为现物地租和杂役劳动，此外对于国家又须担荷赋税和徭役。同书又说：

"其课，丁男调布绢各二丈，丝三两，绵八两，禄绢八尺，禄绵三两二分，粗米五石；丁女并半之。男年十六亦半课，年十八正课，六十六免课。其男丁每岁役不过二十日。其田，亩税米二斤，盖大率如此也。"

在南朝的"调"就是汉代所谓"口算"。这是从原来的农奴向领主的贡物转化出来而具体了的东西。

南朝的商业资本，虽然受着长期的不断战争的影响，一样在继续着。而且国际的贸易关系也不曾中断。例如：

"婆皇、河西、高丽、肃慎等国各遣使朝贡，西域献舞马。"（《南史·宋本纪》中二）

"今见作天王，便是大罪……不如市边屠酤富儿百倍。"（《南史·齐本纪》下五）

"林邑、扶南、于阗国，各遣使朝贡。"（《南史·梁本纪》上六）

"蠕蠕、狼牙修国各遣使来朝贡。"（同上）

"河南、扶南、婆利等国各遣使朝贡。"（同上）

以上记载不过是一些例子。

其次，在北朝，商品交易的媒介物，几乎逆转到现物交换的状态中。这自然是由于商品交换范围的缩小和朝代的更易，代表交换的媒介物也要求一种具有同样使用价值的东西来充当，才能适应。因而丝、帛便代铸币而出现了。在南朝，货币仍然是盛行着铸币。例如："孝建以来，又立钱署铸钱，百姓因此盗铸，钱转为小，商货不行。"（《南史·宋本纪》中二）"闻百姓铸钱。"（同上）依此便不难得出一般概况来。

海外商品的输入和工艺的发展，在如次的一段话中，能说明一个梗概。

"〔废帝〕马乘具用锦绣处，患为雨所湿，织杂采珠为覆蒙，备诸雕巧。……翳中帷帐及步障，皆袷以绿红锦、金银镂弩牙，瑇瑁帖箭……担幢诸校具服饰，皆自制之，缀以金华玉镜众宝。"

"又凿金为莲华以帖地，令潘妃行其上，曰：此步步生莲华也。涂壁皆以麝香，锦幔珠帘，穷极绮丽。縈役工匠，自夜达晓，犹不副速，乃剔取诸寺佛刹殿藻并仙人骑兽以充足之。武帝兴光楼，上施青漆，世人谓之青楼。帝曰：武帝不巧，何不纯用琉璃。潘氏服御，极选珍宝，主衣库旧物，不复周用，贵市人间金银宝物，价皆数倍，琥珀钏一只，值百七十万。都下酒租，皆折输金，以供杂用。犹不为足。"（《南史·齐本纪》下第五》）

（2）社会经济衰落过程

在北朝，一开始就感受劳动力的缺乏，致使田园荒芜。他们为满足这种必要劳动力的获得，于是一方面把战争的俘虏都编入生产劳动中，一面从攻下的南朝或其他统治下的区域内，强制居民为几万户的大群的迁入，而编制为从事于庄园内劳动的所谓奴婢。

由于劳动力的缺乏，生产力是显然的退后了。原来的逐岁耕作的土地，现在又回到"率易"、"三易"的三圃制的经济了。

同时，由于不足的劳动力，去生产那大量的不劳而食的统治民族的食粮，这已经对于农民的劳动力是一种过分的榨取，加之大量面积的土地作为牧场，农作物的生产量便更加减少了。另一方面，战争的频繁，不仅更加重农民的负担，而且直接又摧残既有的生产。从而饥馑和农民的暴动，便不可避免的不断相续的到来。

而且由于其经济的组织性，对中国历史之当时情势，是采取着一种逆势，这不但决定他们无力去稳定社会的经济的发展，而且徒然使社会的矛盾益为尖锐，反加速经济的衰退。

战争和掠夺，随着经济的衰退而愈益扩大，结果引起原来的大地主们去组织其自己的保卫武装。因而引发隋代之地主阶级化，从而去统一中国，把经济恢复起来。但随着这种经济发展而来的矛盾，如农民的戍役的过重等等，又激发农民的普遍的大骚乱，全国又陷于"烟尘"烽火中。当时这种骚乱的到来，便使大地主们又去组织其自卫的武装。如唐李渊便是这样起家的。因为农民们或为求自身生存与避免过重的负担，便纷纷逃向到这种地主武装范围内去求其保护，或逃亡相聚山泽，形成并扩大以劫掠为生的"盗匪"集团，力量较小的地主们为求其自己的生存，也纷纷入伙这种"盗匪"集团中去。隋末的瓦岗寨，原初便是逃亡农民形成的一种"盗匪"集团，后来地主阶级的分子像李密、魏征他们也都去加入，而构成这两个阶级的混合集团。

因而游牧民族的庄园经济，最终在历史的动力下消灭了。隋代的地主阶级化的政权，也不能不让渡于唐了，自然这种首脑的交替，并无何重要。

同时在其他方面随着经济的衰落，游牧民族的原有的战斗力也大为衰退了。而农民的逃亡，便无法去实现劳动力之补充的原有方策，不能不引起隋的转化。

总之，北朝的统治在到了其经济的政治力量之无法继续的时候，便不能不有隋的转化，隋的自身终因农民随着经济的发展而负担过重，尤其是徭役，又把矛盾对立的局面展开,在"盗匪"集团的骚乱下而宣告解体,而让还其统治权给汉族的地主阶级——唐代。

在南朝,战争的长期的持续,也不仅直接减少了劳动人口,而且对生产不断破坏。加之,在其统治区域又遭受北朝的不断军事掠夺,同时内部的阶级矛盾的发展与扩大,这都加速南朝经济的没落。这种形势的发展到陈代,便达到了尖端,因而"风流盖世"的陈后主,便不能携其"车服器物"去过奢富的生活,只留给人们以"后庭花"的佳唱了。

第七编
变种的封建制时代（二）

本编的范围，暂断自"安史之乱"至宋代政权的没落这一阶段。"安史之乱"为小地主和大地主的利益冲突之爆发——激起这两者间冲突。唐天宝以后，大地主——大商人的土地兼并之猛烈的进行，和小土地所有者——农民之不断的无产化，以及小地主偏倚的负担，于是引起了小地主与大地主之间利益的冲突，农民与地主间的阶级间的仇视，均呈激烈化；同时，在唐代地主经济复兴的基础上，而随着商业资本与高利贷资本的发展，以及海外贸易的扩大，招来了海外商业资本及高利贷资本和中国地主阶级的商业高利贷资本相勾结，联合宰割佃农和小土地所有者，因而便引发王仙芝、黄巢等所领导的农民大暴动。由于地主阶级本身对农民起义无力镇压，于是便去引进沙陀和突厥（东土耳其）来为其平定农民起义。然而结果上，农民的大集团势力在内外联合镇压下虽被消灭了，但不曾解除社会矛盾，从而社会矛盾和斗争的局势反增加新的因素，出现了"五代"的纷乱。宋代统一以后，到"王安石变法"，如此这一长期混乱的一个结束点，小地主经济的优势，于此得到了确立。这直到宋的没落，历史的运动本身又跃进了一步。

A. 地主阶级经济的复兴

隋代的统一和其没落——唐代地主经济的构成和其剥削诸关系——地主阶

级内部的利益冲突和"安史之乱"。

一、隋代的统一和其没落

隋代继后周的政权而出现。但在后周的末期，因为劳动力的缺乏而引起的庄园经济的解体，因而隋代在这种业已解体的庄园的废墟上，便从庄园的生产组织而转化为地主的经济组织，从而把土地分赐其左右而为"永业田"。这种永业田式的土地的占有，便是地主占有形式，因为受取"永业田"的贵族，对其所受取的土地，取得自由处理与买卖的权力，因而受取"永业田"的贵族们便无条件的转化为地主了。

隋代在这种转变的基础上，在其原初的统治区内——从来自北朝所统治的区域内经济，便迅速的再呈活跃了。

同时由于隋代的生产组织的这一转变，从而在经济的组织上和南朝是无何区别了，从而南朝的地主——商人阶级敌视北朝的前提不存在了。另方面，由于南朝的地主——商人们要和北方的商业的交通，加之南朝的统治层首脑部已完全腐化。于是隋代在南北两方地主阶级的支持之下，便又把全国统一了。

由于地主阶级的经济的发展，也促使手工业和商业的迅速的发展，海外通商也迅速的扩大了。《北史·隋本纪》说：

"〔文帝十年〕吐谷浑、契丹并遣使朝贡。"（《隋本纪》上）

"〔十一年〕高丽、靺鞨并遣使朝贡。突厥献七宝盌。"（同上）

"〔十二年〕突厥、吐谷浑、靺鞨并遣使朝贡。"（同上）

"〔十三年〕契丹、霫、室韦遣使朝贡。"（同上）

"〔十五年〕吐谷浑、林邑等国并遣使朝贡。"（同上）

"〔十七年〕高丽、突厥并遣使朝贡。"（同上）

"〔炀帝六年〕倭国遣使贡方物。"（《隋本纪》下）

"〔七年〕突厥处罗多利可汗来朝。"（同上）

"十一年正月甲午朔，宴百僚。突厥、新罗、靺鞨、毕大辞、诃咄、越、乌那曷、波腊、吐火罗、俱虑建、忽论、诃多、沛汗、龟兹、疏勒、于阗、安国、曹国、何国、穆国、毕、衣密、失范延、伽折、契丹等国，并遣使朝贡。"（同上）

"〔十二年〕真腊国遣使贡方物。"（同上）

其次，从水上交通工具的发展，也可以说明商业交通发展的情形。

"吴越之人，往承弊俗，所在之处，私造大船，因相聚结，致有侵害。江南诸州，人间有船长三丈以上，悉括入官。"（《北史·隋本纪》上）

"〔炀帝〕遣黄门侍郎王弘、上仪同於士澄往江南采木，造龙舟、凤鹝、黄龙、赤舰楼船等数万艘。"（同上）

关于商路的开发上，炀帝东征的那一段事实，便是例证。

"〔八年诏云〕今宜授律启行，分麾届路，掩勃澥而雷震，及夫余以电掃……左第一军可镂方道，第二军可长岑道，第三军可海冥道，第四军可盖马道，第五军可建安道，第六军可南苏道，第七军可辽东道，第八军可玄菟道，第九军可扶余道，第十军可朝鲜道，第十一军可沃沮道，第十二军可乐浪道；右第一军可黏蝉道，第二军可含资道，第三军可浑弥道，第四军可临屯道，第五军可候城道，第六军可提奚道，第七军可踏顿道，第八军可肃慎道，第九军可碣石道，第十军可东腌道，第十一军可带方道，第十二军可襄平道。凡此众军，先奉庙略，络绎引途，总集平壤……朕躬驭元戎，为其节度。涉辽而东，循海之右。解倒悬于逷裔，问疾苦于遗黎……又沧海道军，舟舻千里，高骊电逝，巨舰云飞。横断沮江，迳造平壤……称朕意焉。总一百一十三万三千八百，号二百万，其馈运者倍之。癸未，第一军发，终四十日，引师乃尽。旌旗亘千里，近古出师之盛，未之有也。"（《北史·隋本纪》下）

其商业，也完全在满足宫廷和贵族地主的豪奢生活，并不曾影响到农民的自足经济上。如下两段记载，便是一个例证：

"于皂涧营显仁宫，采海内奇禽、异兽、草木之类以实园苑。徙天下富商大贾数万家于东京。"（同上）

"东西行幸，靡有定居。每以供费不给，遂收数年之赋。所至，惟与后宫流连酖湎，惟日不足。招迎姥媪，朝夕共肆醜言。又引少年，令与宫人秽乱。不轨不逊，以为娱乐。"（同上）

"课天下富室分道市武马，匹值十余万，富强坐是而冻馁者，十家有九……所幸之处……辄数道置顿。四海珍羞殊味，水陆必备焉。求市者无远不至。"（同上）

这对于当时的商业的性质,已够说明了。

但是,当时经济的最繁荣的区域,已经不是中原和西北,而移到东南了。东南不仅是农业的丰产区域,而且扬州已成了当时商业的中心。因而为沟通漕运和南北商业运输,便使用农民的徭役劳动,开凿横贯南北的大运河。

"四年……诏发河北诸郡男女百余万,开永济渠,引沁水南达于河,北通涿郡。"(《北史·隋本纪》下)

"元年……发河南诸郡男女七百万开通济渠,自西苑引谷、洛水达于河,自板渚引河通于淮。"(同上)

贯通南北的运河,便这样在广泛的农民的徭役劳动的过分输纳下,成功完成了中国历史上这一伟大的工程。

同时,统治阶级又极力去追求其生活的享受,又广兴徭役,动员几百万的劳动农民到长安和洛阳去建造宫殿。为避免游牧民族的侵袭,并企图巩固其统治,又役使大批的劳动农民去修筑长城。

"四年……七月辛巳,发丁男二十余万筑长城,自榆林谷而东。"(《北史·隋本纪》下)

从而农民在这样苛重的徭役和兵役的负担之下,加之赋税的繁重,恰和统治阶级的享受向两极疾驰,矛盾对立的局势,急剧的趋于尖锐。李延寿说:

"骄怒之兵屡动,土木之功不息。频出朔方,三驾辽左。旌旗万里,征税百端。猾吏侵渔,人弗堪命。乃急令暴赋以扰之,严刑峻法以临之,甲兵威武以董之。自是海内骚然,无聊生矣。俄而玄感肇黎阳之乱,匈奴有雁门之围……加之以师旅,因之以饥馑,流离道路,转死沟壑,十七八焉。于是相聚萑蒲,蝟毛而起,大则跨州连郡,称帝称王;小则千百为群,攻城剽邑。流血成川泽,死人如乱麻。"

"无辜无罪,横受夷戮者,不可胜纪……六军不息,百役繁兴,行者不归,居者失业。人饥相食,邑落为墟……区宇之内,盗贼蜂起,劫掠从官,屠陷城邑。"(同上)

"辽东战士及馈运者,填咽于道,昼夜不绝,苦役者始为群盗。"(同上)

在这样形势下,农民们便爆发了起义。

"〔炀帝大业九年〕,贼帅杜彦冰、王润等陷平原郡,大掠而去。"(同上)

"〔同年〕,平原李德逸聚众数万,称阿舅贼,劫掠山东。灵武白榆妄称奴

贼，劫掠牧马，北连突厥，陇右多被其患。"（同上）

同年，"济北人韩进洛聚众数万为群盗。"（同上）

同年，"济阴人孟海公起兵为盗，众至数万。"（同上）

同年，"北海人郭方预聚徒为贼，自号卢公，众至三万，攻陷郡城。"（同上）

同年，"济北人甄宝车聚众万余，寇掠城邑。"（同上）

同年，"余杭人刘元进举兵反，众至数万。"（同上）

同年，"吴人朱燮、晋陵人管崇，拥众十万余，自称将军，寇江左。"（同上）

同年，"贼帅陈瑱等众三万，攻陷信安郡。"（同上）

同年，"济阴人吴海流、东海人彭孝才并举兵为盗，众数万。"（同上）

同年，"贼帅梁慧尚率众四万，陷苍梧郡。"（同上）

同年，"东阳人李三儿、向但子举兵作乱，众至万余。"（同上）

同年，"贼帅吕明星率众数千，围东郡。"（同上）

同年，"齐人孟让、王薄等众十余万，据长白山，攻剽诸郡。清河贼张金称众数万；勃海贼帅格谦，自号燕王，孙宣雅自号齐王，众各十万，山东苦之。"（同上）

同年，"扶风人向海明举兵作乱，称皇帝，建元白乌。"（同上）

十年，"扶风人唐弼举兵反，众十万，推李弘为天子，自称唐王。"（《本纪》下）

同年，"彭城贼张大彪聚众数万。"（同上）

同年，"贼帅宋世谟陷琅珥郡。庚申，延安人刘迦论举兵反，自称皇王……贼帅郑文雅、林宝护等众三万，陷建安郡，太守杨景祥死之。"（同上）

同年，"贼帅司马长安破长平郡。乙卯离石胡刘苗王举兵反，自称天子……众至数万……是月，贼帅王德仁拥众数万，保林虑山为盗……贼帅孟让众十余万，据都梁宫。"（同上）

十一年，"贼帅杨仲绪率众万余攻北平。"（同上）

同年，"上谷人王须拔反，自称漫天王，国号燕，贼帅魏刀儿自称历山飞，众各十余万，北连突厥，南寇赵。"（同上）

同年，"淮南人张起绪举兵为盗，众至三万。"（同上）

同年，"彭城人魏麒麟聚众万余为盗，寇鲁郡。壬申，贼帅卢明月聚众十余万，寇陈、汝间。东海贼帅李子通拥众渡淮，自号楚王。"（同上）

十二年，"雁门人翟松柏起兵于灵丘，众至数万，转攻傍县。"（同上）

同年，"东海贼卢公暹率众万余，保于苍山……癸亥，魏刀儿部将甄翟儿复号历山飞，众十万，转寇太原。将军潘长文讨之，反为所败，长文死之。"（同上）

同年，"东海人杜扬州、伏威沈觅敌等作乱，众至数万……安定人荔非世雄……举兵作乱，自号将军。"（同上）

同年，"鄱阳贼操天成举兵反，自号元兴王，建元始兴，攻陷豫章郡。""鄱阳人林士弘自称皇帝，国号楚，攻陷九江、庐陵郡。"（同上）

十三年，"齐郡贼杜伏威率众渡淮，攻陷历阳郡。丙辰，勃海贼窦建德设坛于河间之乐寿，自称长乐王……辛巳，贼帅徐圆朗率众数千，破东平郡……朔方人梁师都杀郡丞唐世宗，据郡反，自称大丞相……马邑校尉刘武周杀太守王仁恭，举兵作乱……贼帅李密、翟让等陷兴洛仓……李密自号魏公，称元年，开仓以振群盗，众至数十万。河南诸郡相继皆陷……庐江人张子路举兵反……贼帅李通德众十万，寇庐江……金城校尉薛举率众反，自称西秦霸王……贼帅孟让夜入东都外郭，烧丰都市而去……贼帅房宪伯陷汝阴郡……武威人李轨举兵反，攻陷河西诸郡，自称凉王。"（同上）

"丙申，罗令萧铣以县反，鄱阳人董景珍以郡反，迎铣于罗县，号梁王。"（同上）

在这样烽烟弥漫的情形下，地主阶级的统治机关及首脑部已完全失去其统治的机能，因而大地主们便只有组织自己的武装起来自卫。这其中最值得提出来说的，便是："（炀帝十三年）甲子，唐公起义师于太原。"（《北史·隋本纪》下）这一位大地主"唐公"把他的"义师"组织起来之后，因为有许多的地主们都去依附他，因而他的势力便逐渐壮大起来了。同时原来混合在所谓"盗匪集团"中的地主们像魏征之流，于此便也纷纷去投奔他，而且还替他去引诱所谓"盗匪"中渠魁，从而农民军又在地主阶级的势力下，终于被消灭了。

二、唐代地主经济的诸构成和其剥削诸关系

1. 生产的组织

唐代的地主阶级从社会大骚乱中，挽回其阶级的统治，但长期的普遍骚乱的结果，引起劳动人口之大量损失——逃亡与被杀戮，同时土地所有者，也大量的在农民的骚乱中死亡了。因而一方面出现大量的荒芜的土地，他方面却是劳动力之过分缺乏。地主阶级在这种情形下去进行生产的恢复，而获得劳动力，先决的前提在使逃亡的劳动人口的复员，但是要他们一样回去领受雇役制剥削下的生活，这无疑是没有效力的。因而需要改变以往形式，重新给予他们以土地，使之成为自由农民的独立经营，所谓"均田制"，便在这种情势下产生的。

"丁男给永业田二十亩，口分田八十亩；其中男年十八以上依丁男给；老男、笃疾、废疾各给口分田四十亩，寡妻妾各给口分田三十亩。"（《通典·食货》二）

"武德七年始定均田赋税，凡天下男丁十八以上者给田一顷，笃疾废疾给田十亩，寡妻妾三十亩，若为户者加二十亩，皆以二十亩为永业，其余为口分。永业之田，树以榆桑枣及所宜之木，田多可以足其人者为宽乡，少者为狭乡，狭乡授田减宽乡之半。其他有薄厚，岁一易者倍授之，宽乡三易者不倍授。工商者，宽乡减半，狭乡不给。凡庶人徙乡及贫无以葬者，得卖世业田，自狭乡而徙宽乡者，得并卖口分田，已卖者，不复授，死者收之，以授无田者……授田先贫后富及有课役者。凡田乡有余以给比乡，县有余以给比县，州有余以给比州。凡授田者，丁岁输粟二石，谓之租；丁随乡所出，岁输绢、绫、绝各二丈，布加五之一，绵二两，输布者，麻三斤，谓之调；用人之力，岁二十日，闰加二日，不役者，日为绢三尺，谓之庸。"（《文献通考》卷二）

依此，地主阶级的政府，原在把农民束缚于土地之上，作为实质的国家的农奴。不过，既给予农民对其受有的"永业田"和"口分田"有买卖之权，然而事实上除绝户者外，他们便成了事实上的小土地所有者。所谓小土地主的经济便是这样产生出来的。

同时，在另一方面，除原有的既存的大地主外，大批的新贵，在"永业田"授受的名义下，也都成为大地主了。

"其永业田，亲王百顷，职事官正一品六十顷，郡王及职事官从一品各五十顷；国公若职事官正二品各四十顷，郡公若职事官从二品各三十五顷；县公若职事官正三品各二十五顷，职事官从三品二十顷；侯若职事官正四品各十四顷，伯若职事官从四品各十顷；子若职事官正五品各八顷，男若职事官从五品各五顷。上柱国三十顷，柱国二十五顷，上护军二十顷，护军十五顷，上轻车都尉十顷，轻车都尉七顷，上骑都尉六顷，骑都尉四顷，骁骑尉、飞骑尉各八十亩，云骑尉、武骑尉各六十亩。其散官五品以上同职事给，兼有官爵及勋俱应给者，唯从多，不并给……诸永业田皆传子孙……即子孙犯除名者，所承之地亦不追。"（《通典·食货》二）

"其官人永业田及赐田，欲卖及贴赁者，皆不在禁限。"（同上）

在这里，和土地联系的封建统治层的组织，无异乎是一幅活现的图画。

这种大地主的土地的经营方式，为前者一脉承袭下来的雇役佃耕制的经营，承佃者为所谓"私属"、"佃客"、"浮客"，或"放附户"。陆贽说：

"今富者万亩，贫无容足之居，依托豪强，为其私属，终岁服劳，常患不充。有田之家坐食租税，京畿田税亩五升，而私家收租亩一石，官取一，私取十，穑得安得足食？宜为定条，限裁租价，损有余，优不足。"（《陆文宣公集》）

这些所谓受田的自由农民，由国家去征取租、庸、调。所谓"私属"、"佃客"、"浮客"、"放附户"，则直接受地主的现物和劳役的榨取外，并须向国家缴纳什一税和负担徭役。此外，手工业的担税，则为"诸工匠不役者收庸，无绢之乡，絁布三丈。"（《九通分类总纂》）役则为"诸工匠岁役二十日，在闰之年加二日，须留役者，满十五日免调，三十日租调俱免。"

所以虽说"租庸调之法，以人丁为本"，实际上贵族地主以及贵族地主的扈从却都是例外的。

"武德元年诏曰：'……诸宗姓有官者，宜在同列之上；未有职任者，不在徭役之限。'"

"制卫士八等以下，仍免调庸。"

"诸边远州……诸任官应免课役者，皆待蠲符至然后注免；符虽未至，验告身灼然实者亦免。"

因而土地大部分掌握在贵族地主的手中，而担税则累于自耕农民——小土地所有者及佃户的身上。这存在着一个根本的矛盾，其矛盾的存在，便爆发了所谓"安史之乱。"

同时，随着劳动人口的繁殖和经济之急速的复兴，因而一方面原来的所谓自由农民，虽已如实的而成为小土地所有者；他方面，大地主却急速的在进行着土地的兼并。失去土地的农民，土地虽已丧失，而租庸调的负担，却依旧依户存在。这又包含着一个根本的矛盾，为和缓这个矛盾杨炎提出的"两税法"，却不曾获得具体的结果。所谓"两税之法，久而生弊。"（《续通典》）而且在业的农民，反因此而负担益重，地主——商人们反因此而获利。所谓：

"安居不迁之民，赋役日重……自建中定两税，而物轻钱重，民以为患。至穆宗时四十年，当时为绢二疋半者为八疋，大率加三倍。豪家大商，积钱以逐轻重，故农人日困，末业日增。"（《文献通考》卷三）

因而在这种矛盾的发展中，便随之而来了两个畸形而残酷的现象。其一，便是随着贵族大地主的土地财富的集中，而减少其担税户口。

"乾元末，天下计百六十九州，户百九十三万三千一百三十四，不课户百一十七万四千五百九十二……口千六百九十九万三百八十六，不课口千四百六十一万九千五百八十七……减天宝户五百九十八万二千五百八十四，损口三千五百九十二万八千七百二十三。"（同上《户口考》）

其二，便是农户因不堪负担而逃亡，地主阶级的政府为获取逃亡户口法担税的补偿，于是便取偿于所谓"安居不迁之民。"

"〔代宗朝〕租调之违负及逋逃者，计其大数而征之，择豪吏为县令而督之，不问负之有无，赀之高下，察民有粟帛者发徒围之，籍其所有而中分之，甚者十取八九，谓之白著；有不服者，严刑以威之。"（《文献通考》卷三）

另一方面，农民、小土地所有者，因无力偿付租税的负担，便以高贷于地主——商人们。这样，不仅加重了他们对于商人地主的从属，而且又移入高利贷的压榨之下。这种矛盾现象，随着其经济组成，经过五代迄宋，到"王安石变法"，才进入一个转换点。

2. 商业和高利贷

随着地主阶级经济的复兴和发展，商业资本和高利贷资本迅速的又活跃、发展起来了。

随着前此不断继承下来的国际通商的范围更为扩大了。主要的商路，其一为中亚细亚的突厥（东土耳其）、阿拉伯和波斯。这一交通的路线上，一为波斯湾经过印度洋而达广州；一是由中亚细亚经陆路而直达中国的黄河上游的长安。其一为朝鲜和日本。其一为印度。由中国达印度的交通，一为海道到广州，一为绕道中亚细亚，由陆路达黄河上游长安。

中国的地主——商人阶级为商路的开发与保持，并采取着强硬的军事行动。为保持由中国到朝鲜的商路以及和朝鲜的通商，用强大武力把朝鲜克服，在朝鲜组织直属武装，并派遣使节。在中亚细亚方面，则采取两种办法，对强大的东土耳其、波斯和阿拉伯，则和他们缔结和好条约；对弱小区域，则用武力去克服，也同样在被克服的区域内，组织直属武装，屯驻使节。

这时期有大批阿拉伯和波斯商人来中国经商。据阿拉伯商人的日记载，在广州一隅就不下十二万人，他们在广州设立了工厂。（参阅沙发诺夫《中国社会发展史》）。中国政府并在广州和泉州一带设置许多税关。阿拉伯等国家商人的商品一经纳税之后，不但可以畅销全国，而且经过登记的手续之后，中国政府还负有保护和赔偿损失之职责。他们在和中国地主商人结合的原则下，同时又对中国的农民施放高利贷的借款。（同上）

由中国输出的商品，大抵为绢、丝、麻、布和粮食等。这都是地主阶级从农民那里征取来的剩余劳动的生产物。易言之，即农奴式的剩余劳动的结晶品。输入的商品，主要为宫廷的装饰品，贵族地主阶级的奢侈消费品……因而这依旧不曾冲破农民们的自足经济的藩篱。

不过这时的商业，究竟比其在汉代时前进了一步。这是由于小地主经济的比重的增大，把国内交换的领域扩大了。

由于交换领域的扩大和商业资本的发展，需要的货币量便随着增大，因而便扩大去铸造货币。

"唐武德四年，废五铢钱，铸开元通宝钱，每十钱重一两……置钱监于洛、并、幽、益等诸州。赐秦王、齐王三炉，右仆射裴寂一炉。"（《文献通考·钱币考》）

后来由于商品交换的发展，货币具有一般物品的交换的价值，便普遍的当作财富的基本形式而被储积起来。这从元和十二年的勒令及文宗太和四年的诏文中可以看出来：

"勒自今文武官僚，不问品秩高下，并公郡县主、中使，下至士、庶、商旅、寺观、坊市，所有私贮见钱，并不得过五千贯。"

"诏积钱以七千缗为率……万缗至十万缗者，期以一年出之。十万缗至二十万缗者，期以二年，凡交易百缗以上者，匹帛米粟居半……未几皆罢。"

当时各藩镇均各自铸钱。宪宗时户部尚书杨于陵奏云："开元中，天下铸钱七十余炉，岁盈百万，今才十数炉，仅十五万而已。大历以前，淄青、太原、魏博杂铅铁以通时用，岭南杂以金银、丹砂、象齿，今一用钱货，故用钱不足。""（元和）时，京师里闬区肆所积多方镇钱，如王锷、韩弘、李惟简，少者不下五十贯。于是竞买地屋以变其钱，而高赀大价，多依倚左右军官身为名，府县不能究冶。"

而且地主——商人也竞相制造私钱。例如各"富商奸人，渐收好钱，潜将往江淮南，每一钱货得私铸恶钱五文，假托公钱将入京私用，京城钱日加碎恶。"（《通典·食货九》）币制上的这种纷乱情形，正是封建时代的特色。

同时为适应于这种情况下的赋税，便正式的确定为现物和货币并收了。"（天宝）三年……停郡县官，日值课钱，但计数多少，同料钱加数充用，即应差丁充日直并停。""天宝中，天下计帐户约有八百九十余万，其税钱约得二百余万贯，其地税约得千二百四十余万石；课丁八百二十余万，其庸租调等约出丝绵郡县计三百七十余万丁，庸调输绢约七百四十余万疋，绵则百八十五万余屯，租粟则七百四十余万石；约出布郡县计四百五十八万丁，庸调输布约千三十五万余端，其租约百九十余万丁。江南郡县折纳布约五百七十余万端，二百六十余万丁；江北郡县纳粟约五百二十余万石。大凡都计租税庸调，每岁钱粟绢绵巾约得五千二百二十余万端屯疋，贯石诸色资课及句剥所获不在其中。其度支岁计粟则二千五百余万石，布绢绵则二千七百余万端屯疋，钱则二百余万贯。"（《九通分类总纂》卷一）

同时，官吏的俸给，也由现物而转化为货币。例如："（武宗六年）勅：文武百寮俸料，宜起三月一日并给见钱，其一半先给，零估疋段，对估价支给。"

三、地主阶级内部的冲突和社会矛盾的发展

1. "安史之乱"和地主阶级的内部的冲突

在唐初产生的小土地所有者的经济，在社会经济的范畴里，和大地主的经

济有其同等的重要，而且在他们的本身上，是能离开大地主而独自存在的。但是国家的赋税却偏由小土地所有者们负担，大地主们反没有负担，从而随着小地主经济的独立性的确立，他们的愤恨和不平便表现出来了。

因而在这种经济的利益的冲突的背景下，便爆发了所谓"安史之乱"。但"安史之乱"并不曾解决这一矛盾，而只是这一矛盾的公开化的开端。此后的斗争，却由武装的政治运动而转入和平的政治运动，由小土地所有者的政治代言人和大地主的政治代言人在统治机关内形成不断的政治斗争。这一直继续到王安石变法。

2. 矛盾的发展和"黄巢之乱"

由于大地主商人的兼并土地的进行，农民又不断的失去土地，不仅扩大了佃农的数量，而且出现了大量的失业农民。农民失去土地后，而户籍仍未除，还照常负担租庸调的赋役。

在业农民，由于商品交换的发展和担税户的减少，地主阶级更加重对他们的剥削。且从而使他们又陷于高利贷的压榨下，加之地主商人阶级为开辟商路，又赋于农民以过分的兵役，这对所谓自由农民和佃农是有同样意义的。马端临说：

"租庸调法，以人丁为本，开元后，久不为版籍，法度废弊，丁口转死，田亩换易，贫富升降，悉非向时，而户部岁以空文上之，又戍边者蠲其租庸，六岁免归。元宗事夷狄，戍者多死，边将讳不以闻，故贯籍不除。天宝中，王鉷为户口使，务聚敛，以其籍存而丁不在，是隐课不出，乃按旧籍除当免者积三十年，责其租庸，人苦无告法，遂大弊。至德后，天下兵起，人口彫耗，版图空虚……科敛凡数百……吏因其苛，蚕食于人。富人多丁者，以宦学、释老得免，贫人无所入则丁存……是以天下残瘁，荡为浮人，乡居土著者，百不四五。"（《文献通考》卷一）

这种剥削的残酷情形，在唐代几位诗人的诗句中说得很明白：

"合浦无明珠，龙洲无木奴。足知造化力，不给使君须。越妇未织作，吴蚕始蠕蠕。县官骑马来，狞色虬紫须。怀中一方板，板上数行书。不因使君怒，焉得诣尔庐？越妇拜县官，桑牙今尚小。会待春日晏，丝车方掷掉。越妇通言语，小姑具黄粱。县官踏殴去，簿吏复登堂。"（《李长吉集·感讽》）

"赐浴旨长缨，与宴非短褐。彤庭所分帛，本自寒女出。鞭挞其夫家，聚

敛贡城阙。"（《杜诗镜铨·自京赴奉先县咏怀五百字》）

"国家定两税，本意在爱人……奈何岁月久，贪吏得因循。浚我以求宠，敛索无冬春。织绢未成匹，缲丝未盈斤。里胥迫我纳，不许暂逡巡。岁暮天地闭，阴风生破村。夜深烟火尽，霰雪白纷纷。幼者形不蔽，老年体无温。悲喘与寒气，并入鼻中辛。昨日输残税，因窥官库门。缯帛如山积，丝絮如云屯。号为羡余物，随月献至尊。夺我身上煖，买尔眼前恩。进入琼林库，日久化为尘。"（《白香山诗集·秦中吟》）

"有吏夜叩门，高声催纳粟。家人不待晓，场上张灯烛。扬簸净如珠，一车三十斛。犹忧纳不中，鞭责及僮仆。"（《白香山诗集·纳粟》）

"杜陵叟，杜陵居，岁暮薄田一顷余。三月无雨旱风起，麦苗不秀多黄死。九月降霜秋早寒，禾穗未熟皆青干。长吏明知不申破，急敛暴征求考课。典桑卖地纳官租，明年衣食将如何？剥我身上帛，夺我口中粟。虐人害物即豺狼，何必钩爪锯牙食人肉？"（《白香山诗集·杜陵叟》）

"姑春妇担去输官，输官不足归卖屋。"（元稹：《长庆集·田家词》）

其次，关于农民应征兵役的写实诗，在白居易的《新丰折臂翁》和杜甫的《兵车行》等诗篇中写得最为生动深刻。例如：

"……去时里正与裹头，归来头白还戍边。边庭流血成海水，武皇开边意未已……且如今年冬，未休关西卒。县官急索租，租税从何出？信知生男恶，反是生女好。生女犹得嫁比邻，生男埋没随百草！"（杜甫：《兵车行》）

"听妇前致词：三男邺城戍。一男附书至，二男新战死……室中更无人，惟有乳下孙……老妪力虽衰，请从吏夜归。急应河阳役，犹得备晨炊。……"（杜甫：《石壕吏》）

农民的物质生活，照他们所说，已到了无法维持下去了境地。

"朱门酒肉臭，路有冻死骨。"（《杜诗镜铨·自京赴奉先县咏怀五百字》）

"八年十二月，五日雪纷纷。竹柏皆冻死，况彼无衣民。回观村闾间，十室八九贫。北风利如剑，布絮不蔽身。唯烧蒿棘火，愁坐夜待晨。"（白居易：《村居苦寒》）

"麦死春不雨，禾损秋早霜，岁晏无口食，田中采地黄。采之将何用，持以易餱粮……愿易马残粟，救此苦饥肠。"（白居易：《采地黄者》）

农民们在这求生不得的情况下，于是便从矛盾的局势中冲破出来，而爆发为王化云、黄巢所领导的农民大暴动。暴动发起后，首先便直袭今日的广州，他们把广州攻下后，曾表现有两点值得注意的行动：一是屠杀十二万波斯和阿拉伯的商人及高利贷者，并捣毁他们的工场；二是击坏公私仓库，放粮赈济贫民。他们回头便直袭洛阳和长安，消灭地主阶级的统治首脑部，也同样的捣毁其统治组织，并开仓赈贫。同时，僧人也为他们所极力反对，有不少的僧人被屠杀。这些行动，把农民起义的背景，表示得十分明白了。

这一次暴动，在很短的期间就影响了全中国。地主阶级到了其无力平定起义的时际，于是故伎重演，去借助外部的力量，一方面引来沙陀的李克用，一方面又引进突厥（东土耳其）来镇压农民起义。

黄巢领导的农民起义，虽然在地主阶级引来外部势力的镇压下失败了，但这并不曾消除社会矛盾。同时，地主阶级引来的沙陀等势力，却没有驱除他们的势力。因而反把矛盾斗争的内容扩大了。唐代的政权，便不能不于此崩溃，而进入一个长期的混战时期，即所谓"五代"。

B. 大地主经济的没落过程

矛盾斗争扩大的过程和大地主经济的没落——宋代统一和"王安石变法"

一、矛盾斗争扩大的过程和大地主经济的没落

1. 矛盾斗争扩大的过程

大地主阶级为镇压黄巢所领导的农民起义，不惜去引进外族——沙陀和突厥的势力，因而把社会内部的矛盾斗争的内容，反更为扩大了。黄巢所领导的农民武装虽然被消解了，但是存在于农民及小土地所有者和大地主之间的矛盾并不曾消解，而且在继续其发展，因而这两者之间的斗争，也一样存在和发展着。另方面，由于外来民族的武装集团形成对汉族的统治，便必然引发出民族的斗争，这也正是人类历史发展过程中的一个矛盾。因为在这种矛盾的复杂的对立的形势下，就引起汉族地主阶级和统治民族间，在维护其共同的剥削关系上，两者间是统一的，但在其彼此间的利益的矛盾上，两者间又有其对立存

在。地主阶级和农民之间，在其社会的生产关系上，是根本对立的两个阶级，但前者对统治民族有其利益的冲突，后者对统治民族则有一个剥削和被剥削之根本对立关系存在，因而这两者间在其统治民族的反抗上，却又有其统一性存在。"五代"的历史，就是这种矛盾斗争的过程。因此，在五代，一方面爆发为被统治阶级和统治阶级间不断的战争，一方面爆发为被统治民族和统治民族的战争，同时又爆发各封建集团相互间的战争。战争的持续与扩大，是与社会矛盾的发展相适应的。最后由于长期混乱的结果和大地主经济的没落，大地主和农民及小土地所有者间的矛盾局势暂时呈现缓和，以及统治民族的军事的衰落，归结为由军事的掠夺而成为小所有者的集团势力的统一。

2. 大地主经济没落的过程

五代的经济完全承袭唐代，并无任何组织上的变更；在经济领域中的各种活动因素，也是一直存在着。

但是长期的阶级间、民族间的混战，对于既有的生产力不断的受着破坏，劳动人口的死亡和逃散，引起土地荒芜，以及大地主的消亡，致使有主的土地成为无主的荒废状态，失业农民所形成的"盗匪"和武装对富有户的抢掠，以及统治民族所施行的无条件的掠夺，又加速了经济没落的过程。

只是在既存的社会经济关系下，统治者又为着必需品的获得和维持其军事上的开支与收入，乃不能不极力去维持商业关系的存续，从而又去无条件的（无时代和地域的限制）承认货币的交换价值。士兵们在各处所掠取的财物和货币，其掠得的货币，当然不只是属于一个朝代和一个封建区域的。但他们要求无条件的予以同等的交换价值，这也是有重要的意义。

在上述这两方面的情形下，于是便有离开土地的占有的独立商人层的出现。这对于此后的都市经济的兴盛，提供一个更具体的前提——这前提的自身自然是存在于从历史上发展而来的货币经济的基础之上的。

在矛盾斗争的过程中，农民们以破坏大地主的经济为其斗争上的消极的策略，在积极方面又同时去发挥其小所有者的本性，掠取财物，甚而去获得土地。

随着社会经济的破坏，那些战斗集团中的农民，由于在战争中的掠夺率皆拥有小量的财物，依旧成为小土地所有者。从而他们便普遍的对战争感到厌倦，要求去安度其小所有者的生活。这种群众心理的存在，在历史上的所谓

"陈桥兵变"和赵匡胤的"黄袍加身"那两出悲喜剧中，表现得很明白。沙发诺夫在其《中国社会发展史》中曾引用如次的一段话：

"站住！总司唤他们——你们要想这样作，为的是要成为有钱人。但是你们是不是服从我呢？如果你们不服从我，那我就不愿作你们的皇帝。"（原注：Textes. P. 1556）

此句话，我此刻还没有找着中文的原文。

这样在士兵和小所有者的拥戴之下，便把长期的骚乱作个暂时结束，又把统一的局面展开了。

二、宋代的统一和"王安石变法"

1. 完成宋代统一的社会背景

赵匡胤在士兵——小土地所有者的拥戴之下，奠定了宋代的统治的基础，同时把后周的统治权结束了。这完全由于大地主经济的衰落和小土地所有者的时代要求。

这在当时和后周并存的各封建国家内，在社会经济上都达到了同样的情势，因而以小土地所有者为基础势力的宋代，很快的便把它消灭了。易言之，在当时的经济的情况下，一方面各国小土地所有者也同样对战争厌倦，一方面在小土地所有者的经济条件下所成立的商业资本者，他们要求打破各区域的封锁性，这成为完成宋代统一的主要动力。

其次，也正是在小土地所有者的经济条件上而形成的都市经济，把都市和都市间的联系，较前更前进了一步。商人们要求都市与都市间的经济交往关系的联结，而不要封建性的封锁。因此相沿已久的藩镇制度，在赵匡胤"杯酒言欢"之下，作了一个暂时的结束。这在各藩镇诸侯的封区内，以及其属下的士兵大众，已先有这个要求的存在，才引起这一急转直下的转变。

唐代及五代以至宋初的藩镇制度，本质上完全同于秦汉诸侯王和南北朝王公。他们是在变种的封建时代保存的典型封建时代地方的封建领主的孑遗。不过，后者系属其领区内的政治的、经济的绝对支配者，为其领区内的土地的唯一领有者。其领区内的农民，均由他给予"分有地"，他们则对他供纳劳役地租（或现物地租）及其他贡纳和徭役。前者则在其封区内有其占有私有地，在这一点上，他们是以大地主的资格去表现的；同时又有其他的大地主……等的占有地存在，对于此种大地主占有土地上耕作的农民的剩余劳动的被剥削，一部分是以地租和杂役等等的形态而贡纳地主，一部分则以赋税和徭役的形态受封建主们的征收，一如中央政府在其直属区域内所行使的一样。

2. 统一后的宋代初期的经济

宋代政权的建立，原先是适应小土地所有者的要求，但随着宋的统一的出现，原来失去土地的农民，又大都获得了一小块的土地，而成为小土地所有者，而且由于大多数的大地主的消亡，所以小土地所有的形态在宋代一开始就占着优势。

另一方面，原来存留下的大地主，以及君王左右的将军军官之占有土地而转化成为大地主者，这也在宋代一开始就存在着，不过他们所占有的土地的面积和全国面积比较，在最初，在全经济的领域中，并无何重要的意义。

此外，国家直属的土地如官田的营田、屯田、官庄、职田；公田的义仓田、学田、寺田的总面积，在总量上也无何重要意义。

大地主的土地——即所谓形势户及官户的土地，和官田及公田的经营，则适用一种佃耕制度，不过在后者的关系中，国家统治机关又同时以大地主的资格而出现。

国家对于小土地所有者征取两税（唐代的租庸调一变而为具体化的以财产为标准的两税，再变而为宋代以土地为标准的两税）和力役。官田和公田的所有者是国家本身所有。所以两税是被融化在地租之内而仅以地租的名义去征自佃农。同时，耕种官田和公田的佃农可又以农奴的资格去应征国家的力役。国家对于形势户和官户的土地的赋税是免除征收的。他们所应担的力役，名义上也是被免除的，实际上是由耕种其土地的佃农在负担，这种佃农还须向国家缴给人头税（丁口税），小土地所有者也有这种纳税，他们对于大地主，则供纳地租和杂役。

这种小土地所有者的内部，一方面有以土地出佃去剥削他人的剩余劳动的小地主，一方面也有以自己的劳动去耕种自己土地的自耕农民。

这样，在社会的内部，一方面存在着地主和佃农及小土地所有者的两个主要阶级，一方面在地主阶级内部，又包含着被剥削的小地主和逍遥在一切负担之外的大地主。

随着经济的发展和土地的兼并，原来的小土地所有者，当他们的土地被形势户或官户兼併以后,国家虽然还保留他们的纳税户额,但是他们是在逃避事实上的负担了。同时,这些被形势户或官户兼并了的土地,便也随之而免去了两税的供纳,因而原来的纳税的总额却不曾减少,这便是转嫁到小土地所有者身上。从而这两者间的矛盾,便随之而愈趋尖税了。这为引发小地主阶级的政治运动——王安石变法的一个主要的社会的经济根据。

另方面在历史的条件下面而成长起来的都市经济的发展,适应于小地主经济的生产的优势的条件下,一方面发现对农民之借贷定货的事情,同时农民及小地主为缴纳赋税上的货币的需要,扩大了向商人们去请求借债的事情,这作为宋代高利贷发展的一个主要依据。他方面由于商品交换范围的扩大,需要商品的增加,因而把原来的手工业者聚集到城市,进行其行会制度的生产,这无宁是中世都市所存在的吸引乡村农民的一种因素,从而出现了中世都市的流浪群。

随着这种行会的产生,高利贷资本者——商人大地主们对小地主和农民们所进行的剥削,高利贷成了一个食人的恶魔了。同时,小地主及农民们,从而又陷入在高利贷的压榨下,不能动颤了。因此,解除高利贷的压榨,便成了当时小地主和农民们一致的要求。这又作为引发小地主阶级的政治运动的主要依据。

3. "王安石变法"的历史意义和其主要内容

依据上面所叙述,当时小地主及农民所最苦者为赋税和高利贷。赋税中又以力役为甚。自唐的租庸调法中的庸,到宋初已三倍折税,力役依然存在,加之贵族地主、形势户和富户,既不输力役,小地主及农民的负担更重。再加之封建官吏(州官县令)和乡村豪绅(里正、乡户)辗转为奸,力役更成了吃人的恶魔了。这在当时韩绛的一段话中,说得很明白:

"害农之弊,无甚差役之法。重者衙前,多致破产;次则州役,亦须重费。向闻京东有父子二丁,将为衙前,其父告其子曰:'吾当求死,使汝曹免冻饿',自缢而死。又闻江南有嫁其祖母及与母析以避役者,此大逆人理,所不忍闻。又有鬻田宅于官户,田归不役之家,而役并增于丁户,其余戕贱农民,未易遽数。望今中外臣庶,条具利害,委侍从台省官集议,考验古制裁定。使役力无偏重之患,则农民知为生之利,有乐业之心。"

这样,小地主及农民在这一基础上,与大地主阶级、封建官僚已达到矛盾的尖端。关于高利贷的情形，在唐代已很剧烈，此种情景，在唐人咏农家的诗中说得很明白："三月卖新丝，五月卖新谷，医得眼前疮，剜却心头肉。"

到北宋的中叶，便更为厉害，所谓"丝谷预约"，是很普遍的现象。这由于赋税甚而田租的负担过重，小地主及农民在青黄不接、丝谷尚未成熟之际，经济更感缺乏，剜肉医疮的办法，只有向大地主和商人们借债，但这些鄙吝的高利贷者们，不是无抵押就肯应借的，因而便行着所谓"丝谷预约"的手段。在这种"丝谷预约"的原则下丝谷的价格是受到极大的限制，而听任高利贷者的指画，所以每年丝谷登场，便由高利贷者以极低贱的价格捆载而去。

在这力役和高利贷的双轮压榨之下的小地主及农民，自然会去追求其相当的对策，尤其是在生产形态中已占着优势的小地主们，从其切身的利害出发，在政治上以上述两个问题为基础，和大地主处于利益对立的地位。在这种对立的情势下，很自然的便产生了小地主阶级的政党，以之作为其联合向大地主及商人之政治上的斗争的武器（自然，在历史上，由这种阶级的内讧所引发的政治斗争，常不免是温和主义的所谓和平的斗争）。王安石站在小地主阶级的利益的立场上，成为其领袖，而身立于政治斗争的前线。

在另一方面，随着小地主阶级的政党的出现，大地主阶级为其自身的优越的权利的防卫，也便组成政党，在他们的政党中，便是以大地主司马光为领袖。这种大地主的政党，后来由于政治上的斗争的失败，便出现其内部的破裂，而分化为所谓"蜀社"和"洛社"等等的组织。

在两者的斗争中，由于小地主阶级经济自身在当时社会经济领域中的优势，以及他们的政纲又包含着农民的要求在内，所以在对立物的统一的原则下，把农民也抓住在其自己的身边，在斗争上自然便占着绝大的优势。斗争的结果，小地主阶级的政党把政治的首脑争取到自己的掌握中，把大地主阶级排挤出去。

小地主阶级政党掌握大权以后，马上便如实的把其政纲中适合其自身急需的两大原则加以实施，这就是王安石变法中"免役"和"青苗"。

"免役"为平均大地主和小地主的赋税力役的负担，从而减轻小地主自身的重荷，让原来的不担任力役的大地主也同样负担。其办法为：使民出钱募人充役，计民之贫富分五等输钱，名"免役钱：官户、女户、寺观、单丁、未成丁者等第输钱"，名"助役钱"，"凡敷钱，先视州若县，应用雇值多少，而随户等均取。雇直既已足用，又率其数增取二分，以备水旱欠缺，谓之免役宽剩钱。"

这样小地主阶级和农民得到宽优，仕官豪右则受到裁取，"坊郭品官之家，尽令输钱"，"坊场酒税之人，尽令入役"。这当然又引发出大地主阶级之激烈的反对。于是大地主阶级的代表人物文彦博便马上向宋神宗提出抗议，他俩曾有如次的对话：

彦博："祖宗法制具在，不便更张，以失人心。"

神宗："更张法制，于士大夫诚多不悦，然于百姓何所不便？"

彦博："为与士大夫治天下，非与百姓治天下也。"

但是时势所趋，大地主们反对也是徒劳的。

"青苗法"为小地主阶级从高利贷榨取下解放出来的一个对策。初由陕西转运使李参试行于陕西，后来条例司据此形成具体的政策，普遍施行于全国。条例司所申请的内容要点如下：

"诸路常平、广惠仓钱谷，依陕西青苗钱例，民愿预备者给之，令出息二分，随夏，秋税输纳，愿输钱者从其便。如遇灾伤，许展至丰熟日纳。非惟足以待内荒之患，民既受贷，则兼并之家不得乘新陈不接以邀倍息。又常平、广惠之物，收藏积滞，必待年俭物贵，然后出糶，所及者不过城市游手之人。今通一路有无，贵发贱敛，以广蓄积，平物价，使农人有以赴时趋事……是亦先王散惠兴利，以为耕敛补助之意也……诏曰可。"①

这又引起大地主另一政治代表司马光出面反对，他说：

"夫民之所以有贫富者，由其材性愚智不同，富者智识差长，忧深思远，宁劳筋骨，恶衣菲食；终不肯取债于人，故其家常有赢余而不致狼狈也。贫者啙窳偷生，不为远虑，一醉日富，无复赢余，急则取债于人，积不能偿，至于鬻妻卖子，冻馁填沟壑而不知自悔也。是以富者常借贷贫民以自饶，而贫者常假贷富民而自存。"②

这一段黑心冤话，把历史上大地主阶级的狰狞面孔，却完全暴露出来了。同时，儒家所称道的"司马温公"，原来是大地主阶级的代言人。

---

① 参阅《宋史纪事本末》卷 三十七，"王安石变法"。
② 编者注：《司马光文集·乞罢条例司常平使疏》。

代表小地主阶级的这两大政策，虽然在实行过程中曾遇到了不少的挫折和阻力，然而并不因大地主的反攻而打消，恰恰相反，终随其本身的经济的优势而持续下去，而且得到绍圣时，关于"青苗法"的内容的改进又前进了一步，根据董遵的建议又把二分的利息改至一分利息了。

还该说明的一点，便是小地主阶级也并不是让农民和佃农也同样得到利益，恰恰相反，不过是为其自己从大地主方面夺回一部分利益，同时把大地主直接间接从农民方剥削去的利益，夺回到自己的手中来。易言之，把直接间接在大地主支配下的农民，夺回来归于自己的支配下罢了。因而他们之所"凡以为民，公家无利"的口号，也包含着一个骗局在里面。历史上的统治阶级在夺取政权之初，无论是新阶级的代起或阶级内部统治权的交替所叫出的口号，总是比较雅观的。这种雅观带有欺骗性的。

第八编

变种的封建制度时代（三）
——小地主经济时代

　　小地主经济，经过王安石变法后，其对社会的支配权便确立起来了。这一直继续到鸦片战争的前夜——国际资本主义经济的侵入和其对中国社会经济支配权的确立止，都属于经济发展的这一段落。

　　在这一长的历史时期，我们又可以分作三个小段落去考察：（1）小地主经济确立时代的两宋经济；（2）游牧民族的统治和小地主经济的动摇；（3）小地主经济的重新稳定和其发展。

　　在这一段落中的中国经济，本质上不啻和欧洲中世的都市行会手工业经济同样，而且形成了先资本主义繁盛的都市经济。中国的行市制度，追源其历史来，在后魏时代洛阳已具有其相当的规模。（参考杨衒之：《洛阳伽蓝记》）。到宋代，行会制度之发展的历史条件已充分的存在，因而才得到普遍的发展与确立。在小地主经济动摇的元代，由于国际贸易成了一个支撑点（当然还有其内部的原因作支持），都市行会手工业，反更有了一个登峰造极的发展。到明代，由于国际商路之一度中断，都市行会手工业亦曾呈现一时的衰退，但随即便又踏上了发展之途；到清初乃为更一步的前进。

A．小地主经济确立时代的两宋经济

　　土地所有关系及其诸形态和榨取诸形态——国际贸易的发展和都市行会制

度的确立——阶级的诸构成和矛盾的发展。

一、土地所有关系及其诸形态

小地主阶级的经济，经过王安石变法运动之后，便确立起支配社会的政治秩序。从这时起，大土地的兼并和占有虽然依旧是存在着发展着，但其在整个生产领域中，已退出其支配的地位，而且王安石当时所提出的两大政策，却已成了此后地主阶级的政府施政上的原则。

但是在这里，小地主经济和大地主经济，本质上却同是封建性的，因而小地主经济的优势确立以后，并不是和大地主经济为绝对不协调的因素，恰恰相反，只是在其统一性内有矛盾性存在，仍然是相对存在的。因此，小地主经济确立其优势之后，大地主阶级并不是自此就退让下去，恰恰相反，大地主阶级仍然不断的在施行反攻。终两宋之世，这两者间的政治上的斗争一直持续着。而且在以王安石、韩绛为首班的小地主阶级政权之后，纯粹大地主阶级的政权，虽曾一度复活，然而他们究竟不曾拗过历史的车轮。暂时的回光反照以后，便又如幻影般的消失了。此后则不是纯粹小地主阶级的政权，便成了两者间的混合统一。这完全和社会经济的内容相照应的。

例如小地主阶级的政权成立于宋神宗熙宁三年，七年王安石罢政之后，便又由其同党韩绛、吕惠卿等继起，接着王安石再度登台执政，继着便是吴充、王珪、蔡确、章惇、张璪等，继着又是王珪、蔡确、章惇、张璪，继着又是蔡确、韩缜、章惇为首班构成其政治的首脑部。这直到神宗的去世，大地主阶级乃因缘太皇太后高氏（哲宗祖母）权柄的提拔，开始组成其新旧两党的混合政权——蔡确、韩缜、章惇与司马光等混合内阁。继之，进一步组成了文彦博、司马光、吕公著、吕大防、范纯仁等纯粹旧党内阁。这一旧党内阁一直自宋哲宗元祐元年继续至元祐八年哲宗亲政止，这便是儒家所称道的"元祐之政"。随着哲宗的亲政，政权又完全落入于小地主阶级新党的手中，历绍圣、元符至徽宗崇宁、宣和，随同北宋的灭亡始告结束。

宋高宗南度以后，新旧党的名称虽已不复存在，却因南方大地主的残存势力超过于北方，而且大地主阶级又以中原的沦陷作为责难新党的口实，因而又形成大地主阶级和中小地主的混合政权。虽然，依旧不曾停止这两者的明争暗斗，而且曾表现为所谓"禁止伪学"的剧烈的斗争。不过到南宋时代，大地主阶级的政治理论中，已掺杂着小地主阶级的政治理论的血液成份，而趋向于改良，这在儒家大头朱熹、张载的儒家政治理论和行动中能充分表现出来。这自然是随着历史事实的变化而起的变化。

1. 土地所有诸关系

我们在上编曾提及过，宋代的土地关系，有所谓官田和民田。官田包括有所谓营田、屯田、官庄、职田、公田（内又可分为仓田、学田、寺田）；民田则又分为大地主所有地、小地主所有地及自耕农所有地。

官田的来源：一，为逃户田地以及原来属于国有土地等；二，用政治力没收而来的"犯民"田产；三，用按契检地的方法，地不符契者以及下户闲田均在没收之例；四，检括民田；五，南宋时买公田。

在王安石变法前，由以上二三四点所扩张的官田，主要为由小地主和自耕农民没收而来，虽然有例外，亦有大地主因犯法而被限收田产的事实。然自王安石变法以后，刀锋便由小地主阶级转向大地主阶级了。南宋的买公田，实际上便在没收大地主限外之田以为公田。如《宋史·食货志》说：

"嘉定以后，又有所谓安边所田，收其租以助岁币。至其将亡，又限民名田，买其限外所有，谓之公田。"

"命会子课，日增会子五十万贯，充买置官田所"；"亩起租满石者偿二百贯，九斗者偿一百八十贯……五千亩以上以银半分、官告五分、度牒二分、会子二分半。五千亩以下，以银半分、官告三分、度牒三分、会子三分半。千亩以下，度牒、会子各半。五百亩至三百亩，全以会子。"（《宋史》，卷一七三）

但是在封建地主经济的内部，小地主经济的生产关系中虽然占着优势，却并不能停止土地兼并的进行。例如南宋理宗时谢方叔请限民名田奏中说：

"豪强兼并之患，至今日而极，非限民名田有所不可！是亦救世道之微权也……今百姓膏腴皆归贵势之家，租米有及百万石者。小民百亩之田，频年差充保役……则献其产于巨室，以规免役。小民田日减而保役不休，大官田日增而保役不及……可不严立经制以为之防乎……权势多田之家，种罫不容以加，保役不容以及之。"

"秦氏（桧）当国时，金陵田业甚富，曰永宁庄者，保义郎刘稳主之。曰荆山庄者，陈某主之。"（洪迈：《夷坚志·丁志》卷五）

"富人江景渊常与人争田不胜，用计杀之。"（同上，《甲志》卷九）

惟其如此，所以一方面大地主阶级在政治上有其对抗小地主阶级的力量；他方面，却使小地主阶级除在积极上增加其自身的利益外，乃不绝的继续施行其克服大地主阶级制度的政策。这在当时大地主阶级政治代言人叶水心的口中曾说得很明白："夫人主既未能自养小民，而吏先以破坏富人为事，徒使其主客相怨，有不安之心。"为维护小地主利益而抑制大地主的政策，如"方田"、"经界"等，虽属不曾收到完满的成效，却曾表现着相当的作用。

"徽宗崇宁三年，宰臣蔡京等复行方田，从之。"

"宣和元年，臣僚言，方田以均天下之税，神考良法，陛下推行今十年，告成者六路，可谓缓而不迫矣。"（《文献通考》）

"（绍兴二十一年）丁仲京言，凡学田为势家侵佃者，命提学官觉察，又命拨僧寺常住绝产以赡学。户部议并拨无数额庵院田。诏可。"

"嘉定二年三月，禁两淮官吏私买民田。"（《续文献通考》）

"（度宗）十年十一月括邸弟戚畹及御前寺观田"，"陈过等奏：今东南之民力竭，西北边患棘，而邸弟戚畹御前寺观，田连阡陌，无虑数千万计，皆巧立名。"（《九通分类总纂》）

"绍兴元年，以军兴用度不足，诏尽鬻诸路官田。初闽以福建八郡之田分等，膏腴者给僧寺道院，中下者给土著流寓……迨张帅守闽，上倚以拊循凋瘵，存上等四十余刹以待高僧，余悉令民请买。""五年诏诸官田比邻田租，召人请买……佃及三十年以上者减价十之二。"（同上，卷四）

此均足以表现小地主阶级的地改方针。另一方面如所谓"仓田"，官假民牛，官贷资给民购牛，均不外是"青苗钱"的遗制，是从小地主阶级的利益出发的。不过大地主阶级却在另一方面去实行破坏。例如：

"方田以均天下之税……御史台受诉，有二百余亩方为二十亩者，有二顷九十六亩方为一十七亩者，虔之瑞金是也。有租税一十三钱而增至二贯二百者，有租税二十七钱则增之一贯四百五十者，虔之会昌县者是也。"（《宋史·食货志》）

由于小地主和都市经济的发展，土地买卖却比较的自由——虽然并不曾减低其封建性。例如《文献通考》卷五说：

"绍圣元年臣僚言，元祐敕典卖田宅，遍问四邻，乃于贫而急售者有害，乞用熙宁元丰法，不问邻以便之。应问邻者，只问本宗有服亲及墓田相去百户内与所断田宅接者，仍限日以节其迟。"

"宋初亦有问亲邻之法。"

把农民束缚在土地上面，《宋史》有如次记载：

"宁宗开禧元年，夔州转运判官范荪言，本路施、黔等州荒远，绵亘山谷，地旷人稀，其占田多者须人耕垦。富豪之家诱客户举室迁去。乞将皇祐官庄逃移之法校定。凡为客户者许役其身，毋及其家属。凡典卖旧宅，听其离业，毋就租以充客户。凡客户身故、其妻改嫁者，听其自便，女听其自嫁。庶使深山穷谷之民，得安生理。"（《宋史·食货志》及《续通典》）

其他如陈靖的《援田策》、林勋的《本政书》，均不过是地主阶级使劳动力复员和把农民束缚在土地上面的一贯的政策。这在"安辑流亡"的官田的经营，并不曾溢出陈靖的《援田策》的原则，而是在继续奉行着。

辽金田制与宋代无何本质之区别。如辽，有所谓公田制，有所谓官闲田制，有所谓私田制。所谓公田制者，为不纳税赋之统治民族占田；所谓官闲田制者，为募汉人佃耕荒地，而征收租赋。易言之，即把农民束缚于土地之上，与宋代官田无殊。《九通分类总纂》卷一说：

"圣宗太平七年诏诸在屯者，力耕公田，不输税赋，此公田制也。十五年募民耕滦河旷地，十年始纳租，此在官闲田制也。"

不过这里所谓私田，有名同而实异者两种东西存在。一为原有之大地主、小地主及农民之私有地，一为由辽代创制类于永佃制的私田。例如："又诏山前后未纳税户，并于密云、燕乐两县占田置业入税，此私田制也。"（同上）

但是辽人在入主中原之初，其本身还正处于氏族社会的末期，还是以畜牧为主要生产方法。因而便以其家长制氏族社会和中原小地主及中世都市经济相合流，于是一方面以统治民族的资格，把汉人的耕地无条件的没收之，圈为牧场；一方面则由其民族的军事首领们组织其采邑式的所谓"头下军州"。其内容是这样的："各部大臣从上征伐，俘掠人口，自制郛郭为头下军州。凡市井之赋，各归头下也。"（《辽史·食货志》）很显然，这头下军州的领主（大臣），不仅向其领邑内的农民征取租赋，而且向其领邑内的商人征收税赋。在这种制度下的农民，表面上为佃户，而其受政治上的强制束缚，则又全同于初期封建时代的农奴。

金代田制，在之前则上为"官地输租，私地输税。其输租之制，不传大率，分田之等为九而差次之。夏税亩，取三合，秋税亩取五升，又纳桂一束，每束计十有五斛。"这在原则上和北朝田制无何区别。关于土地的买卖，《续通典》说："民田业各任其便，卖质与人无禁，但今随地输租而已。"

但是金人在入中原前，和辽人同样，也正处在氏族社会的末期。他们同时以统治民族兼统治阶级两重资格来统治汉族，其政治的强制力更分外猛烈，对农民的剥削更为残酷。表现在土地关系上，有两点特别值得指出：其一为牧场占地；其二为明安、穆昆占地。关于牧场占地的情形，至元时赵天麟上策说："今王公大人之家，或占民田近于千顷，不耕不稼，谓之草场，专放孳畜。"（《续通考》卷一）又大定十一年，"世宗谓宰臣曰：'往岁清暑，山西近路，禾稼甚广，殊无商牧之地，因命五百里外乃得耕种，今闻民皆去之他所，甚可矜悯，其令依旧耕种。'"（《续通典》卷二）

明安、穆昆为其氏族社会内部的原有军事部落组织。明安为相当一个胞族的名称；穆昆相当于一个氏族的名称，由数个穆昆构成一个明安。这一种组织移入中原后，便直接占领汉族的土地而定居下来。其最初还只止于山西，而占地亦主要是牧场，后来他们感受到农业的利益，以及因军事的原因而大批的向河北、山东，渐次向河南迁移，便由政府以括田的方式括占民田以与明安、穆昆耕种。这种括田愈推广，农民的失业与痛苦便更加大，因而一方面不管农民的呻吟和地主阶级的代言人如何陈诉，却不能取得统治民族统治者之同情。例如世宗说："此虽民地，然无明据，括为官田，亦无不可，""官地非民谁种；然女真入户，自乡土三四千里移来，尽得薄地，若不拘刷良田给之，久必贫乏，其遣官察之。"因此，河北、山东之地，便在括田的名义之下而全入于明安、穆昆之手了。例如大定时曹望之上书说："山东、河北，明安、穆昆与百姓杂交，民多失业；陈、蔡、汝、颖之间，土广人稀，宜徙百姓以实其处，复数年之赋以安辑之。"但是随着河北，山东的农民移入河南之后，明安、穆昆（河北军户）又随之而至。暴行于河北、山东者，今又施之河南。这在宣宗时，一个汉族地主阶级和一个女真贵族的口中有针锋相对的两段话：

刘元规说，"括地之议，闻者无不骇愕。向者河北、山东已为此举，民之垄墓井灶，悉为军有，嗟怨争讼，至今未绝，若复行之，将大失民心。"

伊喇布说："军户自徙于河南，尚未给地，请括诸屯处官田授之。"

因为统治民族的占有土地在世宗以前，已达到如次的一个惊人数字。"二十三年奏，明安、穆昆户垦土田一百六十九万三百八十顷有奇，牛具三万四千七百七十一；在都宗室将军自垦田二千六百八十三顷七十六亩，牛具三百四；德呼勒唐古二部垦田万六千二十四顷一十七亩，牛具五千六十六。”（《续通典》）

但是明安、穆昆以及其他女真贵族占有土地之后，仍不是自己耕种，而是以地主的资格又转佃给别人以坐食地租。这在世宗的口中说得很明白：

“二十一年正月，帝（世宗）谓宰臣曰：山东大名等路明安、穆昆之民，骄纵不亲稼穑，不令家人农作，尽令汉人佃莳取租而已。富家尽服纨绔，酒食遊宴，贫者争慕效之……近已禁买奴婢……更当委官，阅实户数，计口授地，必令自耕，力不赡者方许佃于人。”（《续通考》卷一）

“（章宗）十七年，随处官豪之家，多占官地，转与他人种佃，规取课利。”（《九通分类总纂》）

事实上，女真的统治政府，却企图把明安、穆昆转为定居的农业民族，以坚强其统治的基础。所以对他们不仅尽量分给土地，而且分给耕具。“（世宗）令明安、穆昆入户随宜分处，计其丁壮牛具合得土田，实数给之，不足则以前所劚地二万余顷补之。”这说明，宣宗时，企图将明安、穆昆由牧畜转向农业。宣宗时，要牧畜民农业化，还有如次这样滑稽的情形，“宜令县官劝率民户，借牛破荒，至来春然后给之。”

广大汉族农民在这样双重的压迫下，尤其是耕作土地的缺乏，为在小片土地内去获取其维持生活的食粮，便只有提高其经营的集约性，因而便产生所谓“区田法”。这在农业技术上较前又进了一步。“区田法”的内容，据徐光启《农政全书》说：

“按旧说：区田，地一亩，阔一十五步，每步五尺，计七十五尺。每一行占地一尺五寸，该分五十行；长一十六步，计八十尺……该分五十四行。长阔相乘，通二千七百区。空一行，种于所种行内，隔一区，种一区。除隔空外，可种六百七十五区。每区深一尺，用熟粪一升，与区土相和。布谷匀覆，以手按实，令土种相著。苗出，看稀稠存留。锄不厌烦，旱则浇灌。结子时，锄锄土，深壅其根，以防大风摇摆。古人依此布种，每区收谷一斗，每亩可收谷六十六石。今人学种可减半计。诸山陵倾坂及田丘城上皆可为之。”

这当然含有夸大性在里面。

2. 榨取诸形态

小地主阶级的政治的经济的原理，只是在其自身的利益上和大地主阶级争支配权，并不是在减低农民佃户及自耕农的剥削，恰恰相反，不过把他们争到自己的榨取之下罢了。总之，大地主和小地主都是自己不参加劳动而靠剥削他们劳动以为生的阶级。

从土地的经营状态来说，属于"公田"或"官田"形式的土地，无论其为"官庄"或"頭下军州"或其他贵族地主的庄地，也并不是原来意义的庄园（有人从字义上把这些东西解释，这是不可救药的错误），同样在实行一种雇役佃耕制度，所谓"公田收租。"如所谓一，"营田"，初用兵耕，继则招募民夫或征派民夫佃耕，而收其租，最后又令民请射佃耕而收其租课。二，"屯田"，至大中祥符时，为"多赋民而权收其租，第存在名,"（《续通典》）或则"募民充役"（同上），或则"强征民夫，借用民牛耕种。"至庆历时，则完全为"招人佃种"了。虽然在南宋后还有所谓官耕或有兵耕种的事实存在，但在生产领域中并不重要。三，"官庄"，"每五顷为一庄，招人佃耕，令民输租。所召客户以五家相保为一甲，推一人为甲頭，每庄田地照地段绘图置册编号，由县尉主管。或则以收租数为分庄标准，达三千石便置一庄。"（还有民庄则为同一的情形）李诚庄，"方圆十里，河贯其中，尤为膏腴，佃户百家，岁纳租课。"（宋魏泰：《东轩笔录》）。四，"职田"，为给官吏之禄俸代价，招浮客佃户，征取租课，国家免征租税。五，仓田、学田、寺田，亦均为招佃收租，不对国家纳税。这表明国家和寺院又完全以地主的资格去剥夺佃农。

民田中之自耕农的地位，仅稍优于佃农，他们除担负纳税外，还有种种徭役的负担。地主阶级的所有土地可分为大地主的所有地（所谓形势户民田，后为官户）或小地主的所有地（所谓普通民田）。大地主土地的经营亦为佃农耕种，他们向佃户征收地租。这在变法前，差役地税皆变课免；变法后，他们虽一面须向政府缴地税及差役钱，但他则完全转嫁于自耕农和佃户，而且占仕籍者还受着减免的特权。

"官户所减之数（役钱），均入下户；下户于常赋之外，又代官户减半之输，岂不重困?"（《宋史·食货志上六》）

小地主所有地的经营形态，除主要为佃耕形式外，还有雇役经营的形态。

例如："婺源石田村汪氏仆王十五正耘于田。"（《夷坚志·乙志》卷十七

《宣州孟郎中》）"是人佣于某家，累年负其直不偿，故诣令诉，特口不能言耳。"（同上《甲志》卷十《孟温舒》）

前者所谓私田，便是地主作为工资而分与农民的土地，这并且是他用以束缚农民的手段。这种雇役制的形式，在资本主义前夜的俄国曾很普遍的存在过。

这种小地主一面剥削农民的剩余劳动，同时国家向他们征税，这种征税额，也往转又累加到佃农身上。佃农负担的地租额，并没有一定的标准，这完全表现超经济的强制意义。

《续通典》说："诸籍复佃募民耕者，皆仍私租旧额，每失之重，输纳之际，公私事例迥殊。私租额重而纳轻，承佃尤可；公租额重而纳重，则佃不堪命。"

实际上官田私田的增租，是累进无已的。而官田增租过程中之谓"划佃一次"和"勒令离业"[①] 的把戏，更使农民不能不思痛承受。地主对农民所征取的租额，还高于官田。

现在再考察一下自耕农的情形。"小民百亩之田，频年差充保役，官吏诛求百端，不得已，则献其产于巨室，以规免役。"（淳祐六年殿中侍御史谢万叔言）。

（淳祐四年诏曰："户口之数悉载于版图……近年赋税减耗，簿书纠纷……小民因以多辟，下吏缘而为奸。乃有匿比舍而称逃亡，挟他名而冒耕垦。征役不均于苦乐，收敛未适于轻重……令诸路知州通判诏到，具如何均平赋税，招缉流亡。"《文献通考》卷一）

"畿辅民苦税重，兄弟既壮乃析居，其田亩聚税于一身，即弃去，县岁按所弃除其租，已而匿他舍，冒名佃作。"（《宋史·食货志》）

"以有为无，以强吞弱，有田者未必有税，有税者未必有田。"（《宋会要》卷二九一）

佃农所负担的地租和杂税以及自耕农的负担，总括起来，有如此的种种的名色：义仓税、和买税、进际税、牛革税、头子钱、法定加耗、农具税、支移脚钱、折变增额、收撮课子、罚钱、斛面、经总制钱、月桩钱、板帐钱、预

---

① 高宗时诏："令见佃人添租三分，不愿者勒令离业招人佃"。

征、进奉、赏贡等等，不一而足。

此外农民并不时要去应地主的杂役和缴纳贡物等，同时又须负担国家的徭役。如：

"溧水县石臼固阳湖中浅处有官圩，亘八十四里，为四千顷，名曰永丰圩，政和以来，历赐蔡、韩、秦三将相家。绍兴二十三年四月为江水所坏，朝廷下令江东，发四郡民三万修筑。时秦氏当国，州县用命，督工甚整。"（《夷坚志·丁志》卷五《石臼湖螭龙》）

此外，他们又要受高利贷者和商人的剥削。《宋史·食货志》说：

"岁一不登，则富有操奇赢之资，取倍称之息。岁或小稔，责赏愈急，岁调未毕，资储罄然；谷未离场，帛未下机，已非己有。所食者糠籺而不足，所衣者绨褐而不完。直以此服田亩，不知舍此之外有何可生之路耳。"

至于官吏本属地主阶级的代表，但在宋代，却更属露骨的无耻。僧侣也是实质上的地主，所以官吏又是僧侣的工具，那也是不足奇怪的。例如：

李诚之孙欲买田而无钱，商之县尉。县尉说："'吾有策矣'：即召见佃田户，谕之曰：'汝辈皆下户，因佃李庄之利，今皆建大第高廪，更为豪民。今李孙欲买田而患无力；若使他买之，必遣汝辈矣。汝辈必毁宅撤廪，离业他去，不免流离失职。何若醵钱借与诚孙，俾得此田，而汝辈常为佃户，不失居业，而两获所利耶'。"（《东轩笔录》卷八）

"泸州合江县赵氏村民毛烈，以不义起富。他人有善田宅，辄百计谋之，必得乃已。昌州人陈祈，与烈善……悉举田质于烈，累钱数千缗……载钱诣毛氏，赎所质。烈受钱……约以他日取卷……后数日往，则烈避不出，诉讼于县。县吏受烈赂，曰：'官用文书耳，安得交易钱数千缗而无卷者？吾且言之令。'令决狱……祈以诬罔受杖，诉于州、于转运使，皆不得直……僧曰：'但见初质田时事，他不预知也。'与祈俱得释。"（《夷坚志·甲志》卷十九《毛烈阴狱》）

农民被剥削的剩余劳动，是以现物、货币和直接劳动三种形态去表现的。据马端临统计说：

"大凡租税有谷、帛、金、铁、物产四类；谷之品七，粟之品七，黍之品三，稷之品三，菽之品十六，杂子之品九；布、帛、丝、绵之品十……金铁之品四（金、银、铁镴、铜铁钱）；物产之品六；六畜之品三；齿、革、翎毛之品七；竹之品四；木之品三；草之品五；蒭之品四；油之品三；纸之品五；薪之品三；杂物之品十。""谷以石计，钱以缗计，帛以匹计，金银丝绵以两计，藁秸蒸薪以围计，他物各以其数。"（《文献通考》卷四）

这不啻是一纸封建贡纳的账单。不过我们应该替马先生补充一项力役（杂役和徭役）上去才算完全。

二、国外商路的发展和都市行会制度的确立

1. 行会制度的存在和确立

就中国历史说，自封建初期的庄园崩溃解体之后，原来的有些大庄园，便成了商人聚集的都市。这时商品的生产者除由农民的家庭生产而作为剩余劳动贡纳于地主外，便出现了由定货制度去联系的农村家庭手工业者和城市独立手工业者。随着新兴地主阶级经济的发展与封建领主经济的没落，并又扩大了商品交换之国内市场的范围，而提高了商品的销售量，同时又随着地主阶级经济制度的产生的催役佃农制和小土地所有制，一方面便由土地的兼并而制造出农村的失业者，一方面城市对于不堪重荷的农民以一种逃亡的吸引力，而这些失业农民逃到城市以后，或转变而成为手工业者，或则卖身为奴去作地主商人们个人的仆役或充任"僮手"，留在乡村则为家庭手工业者和雇佣或佃农。若是他们无业可作，便成为城市和农村的流浪分子。

基于这些条件下，便给予都市手工业会行以发生和存在的可能，但是在大地主经济制度的基础上，商人和大地主大抵是二位一体的。独立商人虽已存在，但其在商业领域中还不曾具有何种重要的意义。同时又是地主商人的商品的生产，"主要为束缚在其土地上面的农民的剩余劳动生产物"，因而这并不能给予手工行会生产发展以积极的有力刺激。其次依于国外通商而发展起来的行会，如在后晋时代之洛阳，又不能不随着国外通商的中断和衰落而衰退下去。

到宋代，一方面由于小地主阶级经济优势的确立，把社会的交换范围积极的扩大了；一方面由于商品领域中之独立商人的支配，他人聚集于全国几个大城市中，便要求确立其都市经济的独立性，而显现其重要性。这不啻成为行会制度的发展之基础条件。

城市经济之独立性的内容，一方面城市有其独自存在的商品制造（手工

行会）以及和此相适应的行市组合。为适应这种形势的需要，在宋代又设立了"市场管理处"并创制出"市场交易制度"。其经济组织的内容很近似于欧洲中世纪的基尔特制度。（沙发诺夫前揭书）

宋代行会与行市的组合，例如：

"京都有四百四十行。"

"诸行市：川广生药市、象牙玳瑁市、金银市、珍珠市、丝锦市、生帛市、枕冠市、故衣市、衣绢市、花朵市、肉市、米市、卦市、银珠绿色市、金漆桌凳市、南北猪行、青箭行、夏布行、麻布行、青果行、海鲜行、纸局行、蟹行、鱼行、木行、果行、笛行……"（宋·西湖老人：《繁盛录》）

"药市、花市、珠子市、米市、肉市、菜市、鲜鱼行、鱼行、南猪行、北猪行、布行、蟹行、花团、青果团、柑子团、鲞团、书房……"（泗水潜夫：《武林旧事》卷第六①）

"市肆谓之团行者，盖因官府回买而立此名，不以物之大小，皆立为团行……又有名为团者……有名为行者……更有名为市者。"（吴自牧：《梦粱录》卷十三）

"乐平桐林市童银匠者，为德兴张舍人宅打银。"（《夷坚志·乙志》卷二）

自手工业行会制度的存在以后，在生产领域内之阶级对立关系中，又出现了师傅和徒弟这一历史新因素。

同时随着这种都市经济把都市的面貌和内容改变以后，都市不仅吸引了大群流浪者，而且吸引了大群的知识分子，这些便奠下了学术和艺术发展的前提。因而宋代的理学、戏剧、小说、印刷术的发明……更点缀着中世都市的繁荣。（参看泗水潜夫：《武林旧事》）这一切，表现其在文化上之一步伟大的前进。

其次，我们考察其工艺的情况，不但达到前资本主义社会之复杂的分工，手工业技术之较高的精巧程度，而且有利用自然力的简单的活动机械之发明。在生产工具方面，有武允成所发明的"踏犁"。

"（淳化）五年：宋亳州牛多死，官借钱令出牛。有太子中允武允成献踏

---

① 编者注：参阅《四库全书》地理类《武林旧事》卷六（台湾商务印书馆，下同版本）。

犁，不用牛，以人力运之。诏依其制造，咸以给民，民甚赖之"。(《续通典》)

在其他方面，例如泗水潜夫《武林旧事》载："一入新正，灯火日盛，皆修内司诸瑞分主之，竞出新意，年异而岁不同。往往于复古、膴福、清燕、明华等殿张挂，及宣德门、梅堂、三闲台等处，临时取旨，起立鳌山。灯之品极多，每以苏灯为最，圈片大者径三四尺，皆五色琉璃所成，山水人物，花竹翎毛，种种奇妙，俨然著色便面也。其后福州所进，则纯用白玉，晃耀夺目，如清冰玉壶，爽彻心目。近岁新安所进益奇，虽圈骨悉皆琉璃所为，号无骨灯。禁中尝令作琉璃灯山，其高五丈，人物皆用机关活动，结大綵楼贮之。又于殿堂梁栋窗户间为涌壁，作诸色故事，龙凤噀水，蜿蜒如生……前后设玉栅簾，宝光花影，不可正视。仙韶内人迭奏新曲，声闻人间。殿上铺连五色琉璃阁，皆毯文戏龙百花。小窗间垂小水晶簾，流苏宝带，交映璀璨。中设御座，恍然如在广寒清虚府中也。"

"百艺群工，竞呈奇技。"

"所谓无骨灯者，其法用绢囊贮粟为胎，因之烧缀，及成去粟，则混然琉璃毯也。"

"景物奇巧，前无其比，又为大屏，灌水转机，百物活动。"（均参见《武林旧事》，卷二）

依此，琉璃制造已至为精绝。这虽然仅属宫廷工艺的一角，而时代工艺发展的程度，便不难依此想见。

2. 商业和货币

宋代的都市经济，已具有其在全经济领域的重要性。已具其独立存在的都市经济，为适应其要求已获得关于交换上的市场交易制度，并有其独自政治机关的"市场管理处"的设立。

行市的组织情况，我们在上节已论证过。

我们再从商品的类别来考察一下，据泗水潜夫《武林旧事》一书记载：(杭州)："市食：鹌鹑鬻饨儿、肝脏夹子、香药灌肺、灌肠、猪胰胡饼、羊脂韭饼、窝丝薑豉、划子、科斗细粉、玲珑双条、七色烧饼、杂炸、金铤裹蒸、市罗夹儿、宽焦薄脆、糕糜、旋炙犯儿、八造鹅鸭、炙鸡鸭、爊肝、罐裹爊、爊鳗鳝、爊团鱼、煎白肠、水晶脍、煎鸭子、脏馳儿、焦蒸饼、海蜇鲊、薑蝦米、辣齑粉、糖叶子、豆团、麻团、螺头、膘皮、辣菜饼、炒螃蟹、肉葱齑、羊血、鹿肉靶子。"

"果子：皂儿膏、宜利少、瓜蒌煎、鲍螺、裹蜜、糖丝线、泽州饧、蜜麻酥、炒团、澄沙团子、十般糖、甘露饼、玉屑膏、爁木瓜、糖脆梅、破核儿、查条、橘红膏、荔枝膏、蜜薑豉、花花糖……乌梅糖、玉柱糖、乳糖狮子、薄荷糖、琥珀蜜、饧角儿、诸色糖蜜煎。"

"菜蔬：薑油多、蕹花茄儿、辣瓜儿、倭菜、藕鲊、冬瓜鲊、笋鲊、菱白鲊、皮酱、糟琼枝、莼菜笋、糟黄芽、糟瓜齑、淡盐齑、鲊菜、醋薑、脂麻辣菜、拌生菜、诸般糟淹、盐芥。"

"粥：七宝素粥、五味粥、粟米粥、糖豆粥、糖粥、糕粥、馓子粥、菉豆粥、肉盦粥。"

"靶鲊：笋条、界方条，線条、鱼肉影戏、胡羊靶、削脯、槌脯、鬆脯、兔靶、麞靶、鹿脯、糟猪头，乾咸豉、皂角铤、腊肉、炙骨头、旋炙荷包、荔枝皮、鹅鲊、荷包旋鲊、三和鲊、切鲊、骨鲊、桃花鲊、雪团鲊、玉板鲊、鲟鳇鲊、春子鲊、黄雀鲊、银鱼鲊、蝛鲊。"

"凉水：甘豆汤、椰子酒、豆儿水、鹿梨浆、滷梅水、薑蜜水、木瓜汁、茶水、沉香水、荔枝膏水、苦水、金橘团、雪泡缩脾饮、梅花酒、五苓大顺散、香薷饮、紫苏饮。"

"糕：糖糕、蜜糕、栗糕、麦糕、豆糕、花糕、糍糕、雪糕、小甑糕、蒸糖糕、生糖糕、蜂糖糕、線糕、闲炊糕、糕干、乳糕、重阳糕、社糕。"

"蒸作从食：子母夹、春夹，大包子、荷叶饼、芙蓉饼、寿带龟、子母龟、欢喜、撚尖、剪花、小蒸作、骆驼蹄、……羊肉馒头、细馅、糖馅、豆沙馅、蜜辣馅、生馅、饭馅、酸馅、笋肉馅、麸蕈馅、枣栗馅、薄皮、蟹黄、鹅项……月饼……金花饼、市罗、蜜剂、饼馊、春饼、胡饼……诸色果食。"

"诸色酒名：蔷薇露、流香、宣赐碧香、思春堂、凤泉、玉练槌、有美堂、中和堂、雪醅、真珠泉、皇都春、常酒、和酒、皇华堂、爱咨堂、琼花露、六客堂、齐云清露、双瑞、爱山堂、得江、留都春、静治堂、十洲春、玉醅、海岳春、筹思堂、清若堂、蓬莱春、第一江山、北府兵厨、锦波春、浮玉春、秦淮春、银光、清心堂、丰和春、蒙泉、潇洒泉、金斗泉、思政堂、龟峯、错认水、谷溪春、庆远堂、清白堂、蓝桥风月、紫金泉、庆华堂、元勋堂、眉寿堂、万象皆春、济美堂……日课以数千万计，而诸司邸第及诸州供送之酒不与焉。盖人物浩繁,饮之者众故也。"

"小经纪:班朝绿、供朝报、选官图、诸色科名、开先牌、写牌额、裁板尺、诸色指挥、织经带、棋子棋盘、蒱捭骰子、交床试篮、卖字本、掌记册儿、诸般簿子、诸色经文、刀册儿、纸画儿、扇牌儿、印花盝、剪字、缠令、要令、琴阮弦、开笛、艳笙、鞔鼓、口簧、位牌、诸般盝儿、屋头挂屏、剪镞花样、簷前乐、见成皮鞯、提灯靘灯,头须编掠、香橼络儿、香橼坐子、柱杖、粘竿、风幡、钓钩、钓竿、食罩、吊挂、拂子、蒲坐、椅褥、药焙、烘篮、风袋、烟帚、糊刷、鞋楦、桶钵、搭罗儿、薑擦子、帽儿、鞋带……小梳儿、染梳儿、接补梳儿、香袋儿、面花儿、绢孩儿、符袋儿、画眉七香丸、膠纸、稳步膏、手皱药、凉药、香药、膏药、发垛儿、头发、磨镜、弩儿、弩弦、弹弓、箭翎、射贴、壶筹、鹁鸽铃、风筝、药线、象棋、鞭子、斗叶、香炉灰、纰刷儿、笓子剔……席草、鸡笼、修竹作、使法油、油纸、油单、毡坐子、修砧头、磨刀、磨剪子、棒槌、舂米、劈柴、淘井、猫窝、猫鱼……鸡食、鱼食、虫蚁食……竹钉、淘灰土、淘河、剔拨叉、黄牛粪灰、挑疥虫、卖烟火、镟影戏。"

"若夫儿戏之物,名什甚多,尤不可悉数,如相银杏、猜糖、吹叫儿、打娇惜、千千车、轮盘儿,每一事率数十人,各专借以为衣食之地。"[1]

依此,凡关食品,日用零细,游戏品,均完全商品化。然此仅关于食物及"小经纪"之类,而大经纪如金银、绸缎、铜铁、茶块……行店经售商品还不在数。

在杭州由于商品经济的发展和人口的繁多,随着又出现了高利贷之变相的"租物"。据泗水潜夫说:

"赁物:花檐、酒檐、首饰、衣服、被卧、轿子、布囊、酒器、帏设……盘合、丧具,凡吉凶之事,自有所谓茶酒厨子,专任饮食请客宴席之事。凡合用之物,一切赁至,不劳余力。虽广席盛设,亦可咄嗟办也。"

其次便随着而出现了专供有产者娱乐的场所,而陈列着无数特殊商品,我们试一看历史上留下的一些残酷形迹吧!

"平康诸坊,如上下抱剑营、漆器墙、沙皮巷、清河坊、融和坊、新街、

---

① 编者注:参见《武林旧事》卷六,同上书。

太平坊、巾子坊、狮子巷、后市街、荐桥，皆群花所聚之地。外此诸处茶肆：清乐茶坊、八仙茶坊、珠子茶坊、潘家茶坊、连三茶坊、连二茶坊，及金波桥等两河以至瓦市，各有等差。莫不靓妆迎门，争妍卖笑，朝歌暮弦，摇荡心目……或欲更招他妓，则虽对街，亦呼肩舆而至。"①

再次便随着而出现了流浪之群的不当的谋生方法，形成都市之黑暗和罪恶。例如：

"浩穰之区，人物盛夥，游手奸黠，实繁有徒。有所谓美人局（以娼优为姬妾，引诱少年为事），柜坊赌局（以博戏关扑结党手法骗财），水功德局（以求官、觅举、恩泽、迁转、讼事、交易等为名，假借声势，脱漏财物），不一而足。又有卖买货物，以伪易真；至以纸为衣，铜铅为金银，土木为香药，变换如神，谓之白日贼；若阛阓之地，则有剪脱衣囊环珮者，谓之觅贴儿；其他穿窬胠箧，各有称首；以至玩徒如拦街虎，九条龙之徒，尤为市井之害。"（同上）

除杭州而外，尚有泉州、广州、扬州、苏州、东京、新安、潍县……均为都市商业手工制造的中心。此等都市，同时又是货物辐辏的中心，为富商大贾所趋集。

"宗立本，登州黄县人。世世为行商……绍兴戊寅盛夏，与妻贩缣帛抵潍州，将往昌乐，遇夜，驾车于外，就宿一古庙，数仆击柝持械守卫。"（《夷坚志·甲志》，卷二《宗立本小儿》）

"缙云富人潘君少贫，尝贸易城中……潘藉以为商，所至大获，积财踰数十百万……生子擢进士第，至郡守。"（《夷坚志·甲志》，卷十一《潘君龙异》）

"自提举湖南茶盐罢官，贾巨杉数千枚，如潍扬。时方营行在官府，木价踊贵，获息十倍。"（同上，卷十六《郑畯妻》）

"南康建昌县民家……每告以先事之利；或云下江茶贵可贩，或云某处乏米可载以往，必如其言获厚利。"（同上《碧澜堂》）

"乐平明口人许德和，闻城下米麦价高，令干仆董德押一船出糶。既至，而价复增，德用砂砾拌和以与人，每一石又赢五升。不数日货尽，载钱回。"

---

① 编者注：参见《武林旧事》卷六，同上书。

（《夷坚志·丁志》，卷十九《许德和麦》）

"番阳士人黄安道……累试不第。议欲罢举为商，往来京洛关陕间，小有所赢，逐利之心遂固。"（同上，卷十六《黄安道》）

依此，我们可以看出：一、都市为百物辐辏交易的中心；二、地主、商人、官僚是三者一体的；三、商人们操纵市场需给，投机居奇，与欧洲中世都市的情形殆无二致。社会财富集中在都市商人的手中。例如："邢州富人张翁，本以接小商布货为业……赀至十千万，邢人呼为布张家。"（《夷坚志·乙志》，卷七《布张家》）

可见商人们集中巨大的财富，并不以之投入生产过程，只以之投入交换过程，只是作如次的进行 C—W—G，甚至完全为金银崇拜的奴隶，而把它埋藏起来，或向土地中投资。这正是中世纪商业资本的特色。

"兴仁府乘氏县豪家傅氏子，岁贩罗绮于棣州。"（同上，《甲志》，卷十八《乘氏疑狱》）

"福州余承相贵盛时，家藏金多，率以银百锭为一窖，以土坚覆之，博蒙其上。余公死，其子待制日章将买田，发其一窖。"（同上，《甲志》，卷十八《余待制》）

"劚其地，未数尺，得银孩儿数十枚……悉货之，自此巨富。"（同上，卷十二《林氏富证》）

海外贸易，较唐代又进了一步。海外通商的航路，至此却已趋重于海道，渐趋停止西北陆行。

由于都市商业经济的发展，一方面都市要求适合其需要的政治和法律，政府对商人的征税，便亦不能不一变从来的漫无标准的刼掠式的征课。

"止斋陈氏曰……维我艺祖开基之岁，首定商税则例，自后，累朝守为家法。"（《文献通考》）

"朱元者，徽州人。蔡京改茶法，元为茶商，坐私贩抵罪。"（《夷坚志·甲志》卷九《邹益梦》）

商业资本和高利贷资本，这是历史上的一双孪生儿。因而宋代高利贷资本的发展，亦殊可惊。王安石变法前的情形，我们已略为提述过。我们曾说过，小地主阶级的政治主张，并不要求根本反对高利贷，而只是要去符合其自身的利益。所以随着商业资本的庞大，高利贷资本也便跟着庞大起来的。

"邓州晁氏，大族也。相传云：自汉以来居南阳，刘先主尝从贷钱数万
缗，诸葛孔明作保立券，犹存其家。"（《夷坚志·甲志》卷十五《晁安宅
妻》）

"缙云何丞相在布衣时贫甚，预乡贡，将入京师，无以为资，往谒大姓假
贷，阍人不为通。"（同上，卷十一《何丞相》）

现再进而考察两宋的货币制度。

随着社会财富的积累和商品交换量的增大，不但要求在流通中的货币量的
增大，而且要求有质贵量小的物品去充任货币——财富的代表形态。

因而宋代的正货，原为铜铁二等。

"宋之钱法，有铜铁二等。而折二，折三，当五折十，则随时立制，因地
定规。西川、湖广、福建皆用铁钱与铜钱兼行。江南旧有铁钱十当铜钱一。太
祖初铸钱文曰：'宋通元宝'，凡诸州轻小恶钱，即铁蜡钱，悉禁之……江南
钱不得到江北，蜀平听任用铁钱。"（《续通典》卷十一）

但实际上，金银不但已被使用，而且已开始用银铸币。

"六朝迄唐，交广之域，以金银为币，然止限于一隅，至金时铸银币，名
'永安宝货'，公私同见钱用，此以银为币之始。"（《皇朝文献通考》）

"又有卖买物货，以伪易真，至以……铜铅为金银。"（《武林旧事》）

"外有方书，言锻水银为白金事……验其方，无一不酬。不数年，买田数
万亩，为富人。"（《夷坚志·甲志》，卷二《玉津三道士》）

铜铁币的铸造，太宗时由池、饶、江、建四监铸铜钱"太平通宝"、"淳
化元宝"，及由邛、嘉、兴三监用年号（按自后铸钱皆冠年号）铸造铁钱。仁
宗时，陕西铸铜币当十大钱，河东铸铁钱，江南铸大小铜钱。神宗时铸钱增至
二十六监。《文献通考》说："诸路铸钱二十六监，每年铸钱五百四十九万九
千二百三十四贯，内铜钱十七监，铸钱五百六万贯，铁钱九监，铸钱八十八万
九千二百三十四贯。"铸钱为当二钱。徽宗时，铸铜币折十钱，夹锡大铁钱。
"孝宗隆兴元年，诏铸当二小毛钱。"

但以笨重的铜铸货币，于商业资本发展时代大量交易带来最大不便，而且
由于财产的私人积累，这些商人们已具有在商品市场的信用，因而所谓"楮
币"便应时而出现而流行了。本来纸币的出现时代为唐代的"票钱"，然当时
还是商人们往来的一种期票的性质，并不具有一般货币的效用。其作为一般的

货币而使用，实始于宋代。

"若乃自宋代以来，兼用楮币，其制起于交子、会子，而金元明称之曰钞。"（《皇朝文献通考》）

"钞法始于宋之楮币。"（《九通分类总纂》）

最初为四川商人所私自发行，其发行的背景，《文献通考》说："初蜀人以铁钱重，私为券，谓之交子，以便贸易。富人十六户主之。其后富人皆货衰，不能偿所负，争讼数起。"

宋代小地主阶级的政府，很想把造币权完全放到政府手中藉以统治市场，同时为补救其财政的穷乏，却尽量的滥造纸币。例如：

"（神宗）熙宁元年始，立伪造（交子）罪，赏如官印文书法。"（《九通分类总纂》卷十二）

"宝祐四年，台臣奏：川引银会之币，皆因自印自用，有出无收，今当拘印造之权归之朝廷，做十八界会子，造四川会子，视淳祐之令，作七百七十陌于四川州县，公私行使，两料川引并毁，见在银会姑存。旧引既清，新会有限，则楮价不损，物价自平矣。"（同上，卷十二）

可是事实上，封建制度下的货币，是无法统一的，这犹之在政治上不能得到实质的统一一样。因为没有具备这样统一的物质条件。从而公私自由制的各种地域性的楮币，一样带着封锁性而杂然呈现于其各个区域内。如各地的"见钱关子"、"淮西湖广关子"、"淮东公据"、"川引"、"钱引"、"淮引"、"湖会"，以及金之"贞祐宝券"等等名目，不一而足（按金之楮币统名"交钞"，现币有"贞祐通宝"、"兴定宝泉"等）。

政府为弥补财政的困阨，所造楮币之巨大数额，如神宗熙宁初"诏更造二十五界百二十五万"，"理宗绍定五年，两界会子，已及三亿二千九百余万。"纸币的滥发，现货便必然的要受到驱除，于是形成"交子给多，而钱不足，致价大贱……竟无实钱"的现象。这种现象到南宋时，便形成货币市场之空前的混乱（按南宋因国库的空虚和费用的浩繁，乃更无限制的印造纸币）而至于政府收入半为楮币，其补救的办法：

其一，为限制会子发行的数额：

"〔孝宗〕三年……时户部岁入一千二百万，其半为会子。五年以蜀引增至四千五百余万，立额不令再增。"（《续通典》卷十二）

"宁宗庆元元年，诏会子界以三千万为额。"（同上）

其二，为取缔私造和兑现：

"〔孝宗隆兴元年诏〕……又令会子以隆兴尚书户部官印会子之印为文，更造五百文会，又造二百、三百文会。置江州会子务。又于大军库储见钱，印造五百并一贯直便会子，发赴湖广襄鄂等处大军，当见钱流转，止行于本路。二年会子印造益多，实数浸少，至于十而损一。帝念其弗便，出内库银二百万两售于市，以钱易楮，焚弃之仅解一时之急。"（同上）

其三，为限制铸币和楮币使用的比例：

"〔孝宗二年〕诏别印二百、三百、五百、一贯交子三百万，止行使于两淮，其旧会听对易，凡八输买卖，并以交子及钱中半。如往来不便，以交子会各二十万付镇江、建康府榷货，务使淮人之过江、江南人之渡淮者，皆得对易循环以用。"（同上）

再次便是限制现金的贮藏："钦宗二十九年，限制令之官家存留现钱二万贯，民庶半之，余限二年听转变金银算。"

事实上，发行统制是无法实现的，从而发行的数额也不得作出何种的计算。这是其时代性的必然。

最后其发行的铸币的本身，也充分表现着封建的地域性。各路有各路的铸钱，如江南铜钱、四川铁钱，"诸州轻小恶钱"（即所谓铁蜡钱）之类，不一而足。甲地的铸钱，到乙地便不能具有一般的交换价值，或降低价值行使，所谓"江南钱不得至江北，蜀平听任用铁钱"，便是一例。其次在铜钱和铁钱间的比价，以其铸造的混滥和不统一，当然便不能存在着何种标准。在这种混乱的情况下，商人地主们反因以投机谋利。例如："太宗四年……令民输租及榷利，铸钱十纳铜钱一，时铜钱已竭，民甚苦之。商贾争以铜钱入川界与民互市，铜钱一得铁钱十四"。"（范）祥等以俸所得铜钱市与民，厚取其直，知益州辛仲甫具言其弊，随令川数输租榷利，勿复征铜钱。"

这种现象自北宋初直继续到南宋灭亡。宋代地主的政府，对这一方面的应付，亦曾不断的施行过种种对策，但其原则上都不外限制私人的铸造，扩大铜币铸造的数量。据《文献通考》载："钦宗二十八年，上命御府铜器千五百事付泉司，大索民间铜器，告者有赏，其后得铜二百余万斤，寺观钟、磬、铙、钹既籍定投税外，不得添铸。"便是一例。

在另一方面，因为海外通商的发展，铜钱又不断的为商人输往海外，政府为维持其货币的稳定，曾不断的禁止铜币的输出，这在如次一段记载中说得很详尽，我把它转录下来，作为本节的结束。

"基儿狄（Girt）在补充（Chan Ju-Kua）的叙述中，他说中国的铜钱在阿尔西彼拉（Artipelag）是一很大的需求。一〇七九年，公使团在交换礼物上所得到的礼物中，有六万四千串钱送给中国政府。《宋史》上说：'在浙江、福建、广东各海关监督指派之后——这是藉商船之助使中国与外国商业彼此交通的结果——为我国需要而铸造的铜币便没有流到外国去了！'。这样看来，任何地方铜的输出——除杭州附近一带而外——都被禁止。一一八二年，颁布了一个命令，责成浙江地方政府注意货币之非法输出。一二一六年，政府对外贸易的检查总监，在作报告时有下面一段话：'从海关监督指派时起，铜币的输出就已被禁止了。在一一六三年，职等便注意到泉州与广州的海关监督，和西南几省的两个造币厂长，任意放行那些装载金银与铜币的船舶出口这些非法事情。如果这四个号称长官的人员自己成了法律的破坏者，则地方官吏又怎能不仿而效之呢？'这一大堆牢骚便使得后来铜币输出完全禁止，虽然在某个时期之内还不能严格的遵行。一二三四年，又有一个命令，'禁止放洋的船舶'（原注：铜也输出到日本去，本来是为手工业之用）输出铜币；这更明显，不过是一部分的限制，因为他一方面在与 SPO—P，O（爪哇的一个口岸）的交通上是特别禁止，而另一方面在检查到别国去的船舶的时候又未免不有些疏忽（原注：'Chan Ju-Kua'，81—82）"（沙发诺夫：《中国社会发展史》，新生命译本三七二—三七三页）

上面这段话中所引的《宋史》等书中材料，我此刻未及找原文，也暂就采用原译者译文。

3. 海外商业的发展

在小地主及都市行会经济基础上的宋代的海外通商，较之前者为又一步的前进。在通商史上，又具有不少的新意义。最重要的，为通商航路之方向的转变和海外商场之直接连接。

汉代与亚细亚的通商，几全借陆路交通去联系，隋唐虽已有海航交通，但仍然以陆路交通为主要。似此长距离的陆路往来，装运货物及商旅乘座，几全持骆驼为主要交通工具，一方面不但需时甚多，而且运行物品量甚小，他方面尤须经过许多国家及地方，不但贡纳过巨，且有被劫掠的危险，甚至历借经过国及地方的商人以为中间。至宋代，缘于往来货物之量的增大，前此的交通工具牲畜已不适应新的需要，因而促进交通工具——船舶制造的进步①。这种进步的交通工具，载物既多，需时又较少，兼能相对陆上运输可减免危险和不便，加之此时西北方的游牧民族凭与汉族敌对往复又使商人们视陆路交通为畏惧。从而长期开辟的陆路交通，在这种情形下便渐至放弃，而专趋于海上的运航。且从而对前此曾充任中间联络的外国商人，至此便不重要，而由自己去直接和海外市场联系了。这不啻给予此后的元代的海外事业上奠下一个新的基础，易言之，已展开其端绪。在这里，我们还是拿沙发诺夫的一段叙述来作说明：

"从十世纪起，本来就已开始渐渐造成和形成的商业兴旺的前提，现时厦门港口附近的泉州，早在八世纪时代，就已与日本与高丽进行独立的贸易。九世纪时，它几乎有封锁广州的气概。在七世纪时，中国广州的海船到达印度巴拿马的 Quilon 去。"（原注："Chian Ju-Kua" P. 18）

"十世纪末叶，广州与泉州又复兴盛起来，因为这时他们与阿拉伯、马来半岛、东京、爪哇、西苏门答拉、西 Borneo，以及与菲律滨岛等处进行直接贸易，虽然也有许多其他南方的和西南的国家的生产品运往那儿去。这个贸易中最主要物品的统计，是附录在《宋史》上面的（九百九十九年出口货与进口货的统计）。统计表里面有金、银、铜、铸币、铅，各种花纹的布疋、磁器、棉纱、香料、犀角、象牙、珊瑚、琥珀、珍珠串、钢（硬铁）、龟甲、玉石、肉红玉髓、苏门达拉的贝壳（这是揣测之词）、水晶、外国的棉布、乌木及杂色木。到十世纪末叶，这个贸易已成为如是有利润的事情，即是它不仅为政府所垄断，而且天子还派遣一个专门公使到外国去'请南海和海外各国的外商到中国来贸易。'特殊商品之输入，就是这个皇帝所规定的。可是政府热心推动这个商业的前进，却反遭受失败。皇帝的仓库中快被象牙、犀牛角、玉石、香料，以及其他一切的南海诸国的商品所充塞了。为要找着这些商品的销路，便要地方官吏强迫人民用黄金、布帛、谷米、稻草等来购买它。"（原注：

① "县民莫寅造大艦成……寅持钱三百万，将买盐淮东。"（《夷坚志·丁志》卷八《宜黄人相船》）这便是一个例子。

"Chan Jukua" P. 17—18)

"罗盘系此时以前几世纪发明的,但只为妖术家的目的而应用,它现在已经通行起来了,并且根本改变了航海的条件。迄于今日通航又已实现,因为船舶驶行海中是很危险的。在爪哇岛上那种交易所的组织,就是在中国出口上外国的商人利益的表现。"

"在爪哇,过去的一个海关监督 Chan Ju-Kua 说,有许多大的丁香的堆栈(原注:丁香在中世纪是投机事业一种最主要的东西)和商船,这些商船专门秘密地从中国把铜币运输出去以交换商品,我们的机关多方的禁止与彼国作任何贸易,但是外国的商人却欺骗政府,把爪哇的名字改了,而叫作'Su-Ki-Tan'"(原注:"Chan Ju-Kua," P. 78)(沙发诺夫:《中国社会发展史》,三七○—三七二页)

照这段话看,这时的海外贸易,已走上一个新方向,是很明白的。沿海重要都市市场的海关的组织,不但反映出海外贸易的兴盛,而且已臻于正常,不过从输入品看,却恰恰表示它几乎全在满足宫廷的奢侈消费,因而它和农民的消费上并不发生影响——影响的只是农民血汗被榨取的加深。

从而在欧洲的中世都市行会经济时代的商人黄金崇拜的冒险精神,在中国也一样显现着。当然,这种冒险的精神,并不自此时始,不过到此时而更普遍的活跃。关于这时海外通商的追逐,《夷坚志》有如许记载:

"泉州僧本偶说,其表兄为海贾,欲往三佛齐……此人行时,偶风迅,船驶既二日半,意其当转而东,即回柂,然已无反,遂落焦上,一舟尽溺。此人独得一木,浮水三日,漂至一岛畔……有妇人至,举体无片缕,言语啁吤。不可晓七八年,生三子。"(《夷坚志·甲志》,卷七《岛上妇人》)

"明州昌国人有为海商,至巨岛泊舟,数人登岸伐薪,为岛人所觉,遽归。一人方溷,不及下,遭执以往,缚以铁缏,令耕田。"(同上,卷十《昌国商人》)

"明州人泛海,值昏雾四塞,风大起,不知舟所向。天稍开,乃在一岛下。"(同上,《乙志》卷八《长人国》)

"福州甘棠港有舟从东南漂来,载三男子、一妇人,沉檀香数千斤。其一男子本福州人也,家于南台。向入海……至大岛上……岛人引见其主。主……妻以女……而岛中人似知中国人者,忽具舟约同行,经两月,乃得达此岸。甘棠寨巡检以为透漏海舶，遣人护至闽县……二男子皆其兄，以布蔽形，一带束发，跣足……女子齿白如雪，眉目亦疎秀，但色差黑耳。”（同上，《乙志》，卷八《无缝船》）

“泉州扬客为海贾十余年，致资二万万……举所賫沉香、龙琜、珠琲珍异，纳于土库中。”（同上，《丁志》，卷六《泉州杨客》）

这些记载，不但同时又证实了沙发诺夫所说的事实的真切，而且又指出，商人们长期的留住海外，并在其居留地娶妻生子者。

三、阶级的构成和矛盾的发展

1. 阶级的诸构成

依上述，宋代社会阶级的诸构成，可从两个方面为如次之分野：一为统治阶层；一为被统治阶层。

构成统治阶层的内部为大地主阶级、小地主阶级、都市商人和手工行会的师傅，以及统治民族。他们对于被统治阶层的统治、剥削，却是统一的，一致的。但在其内部也有其利益之不一致的矛盾性存在。在其中最显然而又表现得最重要的，为大地主阶级和小地主阶级的对立。大地主阶级以其高利贷和免除差役的特权，把小地主放在从属剥削之下，又通过小地主阶级，把农民完全放到其自己的剥削下；小地主阶级则反对大地主阶级的特权及其高利贷的剥削，把农民放到他们的剥削下。因而形成这两者间在其统治层内部之不断的冲突，直至小地主阶级的社会经济优势的确立，大地主阶级在政治上、经济上虽已退处在从属的地位，然而并不曾停止过反攻。这种反攻，在政治上充分表现着的：其一为内政方面的政权斗争；其一为对游牧民族的南侵之主战、主和的分野。关于后者的根源是如次的，大地主阶级在丧失其政治的经济的独有的支配权之后，他们一方面想借外力来推翻小地主阶级的政权，一面企图在外力的支配下去复活其统治。我们试翻阅两宋的历史，主和派如当时的白时中、李邦彦、张邦昌、唐恪、耿南仲、刘珏、胡安国、黄潜善、汪伯彦、秦桧、董宋臣辈，无一而非大地主或其阶级的代言人；主战派如童贯、李纲、种师道、吕好问、吴玠兄弟、吕文德兄弟、岳飞、文天祥等，或系小地主出身的文史或系失业农民出身的武将。前者如秦桧，曾留住金廷多年，与金人有密约而被遣归者。《宋史》上就说得很明白。关于张邦昌，金太宗给其一个南征的将军尼玛哈的谕旨中说："俟宋平，当援立藩辅，如张邦昌者。"虽然尼玛哈后来变更对象，援立了另立个投降的大地主宋之"知济南府事刘豫为齐帝"。内容是很明白的。这不过是一二例证。

商人和行会师傅，在大地主阶级和小地主阶级两者斗争当中，他们是附和小地主阶级的，因为小地主阶级对内的政治要求，也恰能符合他们的利益，而且都市行会经济的基础是建筑在小地主经济的生产之上的。小地主阶级对外的主战的主张，也和他们完全一致。游牧民族的南侵，在最初，与其说是政治的动机，毋宁说是为着掠夺。掠夺的主要对象当然是都市商人和手工业制造所。因而在主战主和两派斗争的当中，市民阶级在小地主（陈东）的领导下，扮演过重要的角色，而发动了广大市民大众的抗争运动——游行、示威，包围政府请愿，殴打主和派的首要分子。

女真族，在统治的意义上，他们以其民族来统治各族，而构成各族间的对立。但他们又曾以政治强制吸收农民（金之在河北，在山东，在河南，却是所有土地的被吸收）的土地，同时以大地主的资格而登场。在这点上，他们和汉族大地主，又有其共同的利益所在。

被统治阶级，主要是农民——佃农、自耕农和雇佣农村劳动者。他们是一切统治阶层的剥削的对象，其次是手工业徒弟。

其次，由失业农民所形成的流民无产者，一部分流为都市的流浪分子，一部分流为盗贼，一部分则应募而为士兵。随着都市行会经济、小地主经济的发展，更溃烂了农民失业的疮口，且从在适应这种经济的组织之下，原来的役兵失去其存在的条件，便跟着而转化出募兵制度来。这种募兵制便成为都市失业农民之一大归宿点。

再次，在宋代小地主经济制度下，还有奴婢的存在，但他们已是存在于生产过程之外，从而，这时在生产之主要对立的阶级为地主和农民，其次为店东和徒弟。

2. 矛盾的对立和发展

在统治各阶层对农民施行其联合剥削的情况下，因其本质上是带着超经济的政治的强制性，农民所负担者，不但有正规的租税课役，而且要受种种的杂税、高利贷等等的剥削和不当的课役……加之地主阶级的政府相继对辽、金、元的每年以岁币的名义而进奉巨量贡纳物，往往使农民的负担日益加重。而直接在游牧民族统治下的北方农民，除忍受和南方农民同样负担外，由于有更严酷的政治的强制作用在内，因而其剥削程度更为惨酷，甚至农民的自己土地，均被随意没收……

因此，农民们不但陷于穷困之深渊，而且连维持其生命的最低物质资料的"工资"都被剥削，而至于"所食者粝糠而不足，所衣者绨褐而不完，直以世服田亩，不知舍此之外有何可生之路耳"的绝境。（《宋史·食货志》）

关于各种租税及杂税的负担情形，在这里不再重述。现在再为提述下吃人的所谓"义役法"。其内容为使人民"五家相比，十五家相保，不及三保五大保者或为附属，或举之被併，有保长，有都、副保正，有五十小保长，有十大保长。"（《中国社会史丛书》）"凡州县徭役，公家科欽，县官使令监司迎送，皆责办于都保之中。"（《宋会要》，卷三〇六）为着这种徭役，农民除供役外，还要受着州县官吏及地方都保苛榨。例如：

"知县到罢有地理钱，时节参贺有节料钱，官县过都醋库月息，皆于是而取之。抑有弓兵月巡之扰，透漏禁物之责，捕盗出限之罚，催科填代之费，承月追呼之劳。至州县官吏收买公私食用及土产所有，皆其所甚惧也。"（《文献通考》，卷十三）

因而农民自然便要感到无力负担。这在叶水心的口中也不能不说：

"余尝问为保正者，曰：'费必数百千？'保长曰，'必百余千，不幸遇外事，费辄兼倍，少不破家荡产。'民之恶役，甚于寇仇。"（叶水心：《义役跋》，《文献通考》，卷十三引）

朱熹老夫子说：

"义役有未尽善者四：上户、官户、寺观，出田以充义役善矣，其间有下户，只有田一二亩者，亦皆出田，或令出钱买田入官，而上户田多之人却计会减缩，所出殊少。其下户今既被出田，将来却不免役，无缘复收此田之租，乃是困贫民以资上田，此一未尽善也。如逐都各立役首，管收田租，排定役次，此其出纳先后之间，亦未免有不公之弊，将来难施刑罚，转添词讼，此二未尽善也。又加逐都所排役次，今目已是多有不公，而况三五年后，贫者或富，富者或贫，临事未免却致争讼，此三未尽善也。所排役次，以上户轮充都副保正，中下户轮充下夏秋户长，上户安逸而下户陪费，此四未尽善也。"（《文献通考》，卷十三）

所行之结果，不但"庸钱白输，苦役如故"，而且"豪强专制，寡弱受凌。"（叶水心语）以至"中下之家……至有货鬻坟山以避徭役者。"（高宗时洪遵上言，《续通典》引）此中因果关系，在南宋淳祐六年谢方叔的一段话中说明了问题的一面："国朝驻跸钱塘，百有二十余年矣，外之境土日荒，内之生齿日繁。权势之家日盛，兼并之习日滋，百姓日贫，经制日坏。上下煎迫，若有不可为之势……识者惧焉……今百姓膏腴皆归贵势之家……小民百亩之田，频年差充保役，官吏诛求百端，不得已，则献其产于巨室，以规免役。小民田日减而保役不休，大官田日增而保役不及。以此……民无以遂其生。"（《续通考》引《宋史·食货志》）

其实谢方叔还只看见有百亩之田的小地主阶层的情况，还不曾看到只有数亩之田的小农及佃农的苦况呢！

在另一方面，农民的人格之被剥夺，以及地主、官吏对农民之任意压迫和榨取，不但表现出超经济的强制，农民犹保留在农奴本质的状况中，而且充分暴露了地主阶级的残酷。

"富人江景渊，尝与人争田，不胜，用计杀之。"（《夷坚志·甲志》，卷九《惠吉异术》）

"广都人张九，典同姓人田宅。未几，其人欲加质，嘱官侩作断骨契以罔之。"（《夷坚志·乙志》，卷五《张九罔人田》）

"尉自将以往，留山间两月，无以复命。适村民四辈耕于野，貌蠢甚……招之与语曰：'三弓手为盗所杀，尉来逐捕，久不获，不得归。请汝四人诈为盗以应命。"（《夷坚志·乙志》，卷六《袁州狱》）

"洛阳恶少年，恃权强妾良家子，既而又族其室。"（同上）

"赣州宁都县吏李某，督租近村，以一仆自随。仆乞钱于逋户，不满志，缚诸桑上，灌以粪，得千钱。"（《夷坚志·乙志》，卷七《宁都吏仆》）

"严州淳安县富家翁误殴一村民至死，其家不能诉。"（《夷坚志·丁志》，卷十七《淳安民》）

"南丰朱氏之祖轼，字器之……尝告归邑居，中道入厕，见一农夫自缢，而气未绝，急呼傍近人共救解之。既得活，询其故，曰：'负租坐系，不能输，虽幸责任给限，竟无以自脱。"（同上，卷二十《朱承议》）

农民受束于这种地狱般的压榨下，不是忍死，便只有逃亡，最后便只有揭竿而起了。林勋的《本政书》中说：

"今农贫而多失职，兵骄而不可用，是以饥民窜卒，类为盗贼。"（《续通典》卷二）

陈靖说：

"每一户归业，则刺报所由，朝旧尺寸之田，募入差徭之籍，追胥责问，继踵而来。虽蒙蠲其常租，实无补于损益。况民之流徙，始由贫困，或避私债，或逃公税，亦既亡逃，则乡里检其资财至于室庐什器，原枣材木咸计其直，或乡官用以输税，或债主用以偿逋。生计荡然，还无所诣，以兹浮荡，绝意归耕。"

至道元年开封府言：

"京畿十四县，自今年二月以前，民逃者一万二百八十五户。"（《文献通考》引）

在另一方面，却反映着地主阶级的穷奢极欲的生活。关于宫廷的奢侈，在泗水潜夫的《武林旧事》中记载得很详尽，请参阅。其他地主的生活，例如：

"临安人杨靖者，始以衙校部花石至京师，得事童贯，积官武功大夫，为州都监……造螺钿火镜三合，穷极精巧。买土人陈六舟，令其子十一郎賫入京……子但以一进御，而货其二于相国寺，得钱数百千。"（《夷坚志·甲志》，卷十八《杨靖偿冤》）

因而便引发农民的暴动。

"建炎初，江淮盗起，李成犯淮西……诸子或顾恋妻孥金帛，又方治装，未能即去……而贼至，皆委锋刃。"（同上，《甲志》，卷十《桐城何翁》）

"〔宋〕徽宗宣和二年十月，睦州清溪方腊因民不忍，阴聚贫乏游手之徒，举兵作乱。讬袄道惑众，自号圣公，以巾饰为别，自红巾而上凡六等。不旬日至数万人，遂陷睦、歙、杭、婺、衢、处等州，东南大震，计至乱平凡七阅月，凡破六州五十二县，戕杀二百万人。"

"淮南宋江起为盗，犯淮阳军，以三十六人横行河朔，转掠京东诸郡，官军莫被撄其锋。"（《宋史》）

又据《宋史》所载：高宗时，"宋室境内群盗蜂起，大者数十万，小者数万人，江、淮、楚、粤率为盗薮。诸将分讨，随剿随起，时洞庭贼杨太叔盛。理宗时，李全作乱，焚楚州，南向围扬州。"

在女真统治下的北方，据《金史》载：在宋高宗南渡之际，"山东群盗蜂起"，刘豫"招降群盗李成等为将。"

总括说来，自北宋末到南宋的全时期，此起彼伏的农民起义的火焰，便弥漫了全中国。

这构成宋代社会矛盾斗争之主要形势。

在另一方面所展开的社会矛盾的斗争，为地主阶级内部之大地主和小地主两阶层间的社会利益。这种阶级内部的冲突斗争，通过两宋的全时期，都也相当剧烈的持续着，小地主阶层并没有把大地主阶层的社会势力完全压服下去。

其次，在这一时代的存在于都市行会中的师傅和徒弟的两个阶层，则正在行会制度之黄金时代初期的阶级矛盾还不显现。

宋代国家内部发展过程，便是上述那两种矛盾斗争之发展持续的过程。这种矛盾斗争之内在与持续，构成社会内部的纷争，致无力排除游牧民族的侵掠，反往复又加重内部的矛盾。结果，宋代的国家，便在这种错综集结的矛盾斗争下葬送了。

3. 游牧民族入侵和宋代的灭亡

宋代统一中国后，把五代以来的游牧民族的各军事集团驱出中原之外，并沿宋代统治区沿西北驻兵屯田，以防止游牧民族的侵犯。但自汉唐以来，西北东北方面的游牧部落的生活必需品，几乎大都仰给于中原，这无论采取掠夺或商品交换形式，其受供给是同一的。宋代地主阶级的这种处置，除非他们肯回复到以前的沙漠区域的物质生活，便无法减除其掠夺的。而且已享受较高水准物质生活的游牧民族，要他们再回复到原先较低的物质生活中去，那无宁是难有可能的。

加之宋代的国外贸易，缘于其通商航路的转向——专趋重于海航，在历史曾继续着长期的西北方向的陆运，至此等于放弃。因而蒙古、女真、西夏各族在经济上便无异受到封锁，这便加紧他们对中原实行掠夺物品的军事行动。所以游牧民族的不断南侵，在宋初，与其说是政治的意义，还不如说是重在经济掠夺的意义上。这从他们对宋代每次和议上所提出的中心要求，不外是物品和货币的数量之多少。他们为什么需要宋代的货币呢？就是因为要购买中原汉族地区的各种商品。据《宋史》所载：

宋真宗时，宋辽和议：宋每年与辽银十万两，绢二十万匹。

仁宗时，宋辽和议：宋每年与辽银增十万两，绢增十万匹。

仁宗时，西夏献地请和称臣，但要求宋每年赐银二万两，绢二万匹，茶三万斤。

徽宗时，宋金和议，宋每年与金银二十万两，绢二十万匹，外加燕京代税钱百万贯。

钦宗时，除前此岁贡外，金又索金五百万两，银五千万两，牛马万头，绢帛百万匹。

高宗时，宋金和议，宋与金岁增至银二十五万两，绢二十五万匹。

孝宗时，银减至二十万两，绢二十万匹。

宁宗时，宋金和议，宋与金岁银增至三十万两，绢三十万匹，犒师钱三百万贯。

显然，自宋徽宗以后，他们对中原的军事行动已渐丧失其原来的意义。他们已经领略着政治的直接剥削，较军事的掠夺更为有利，因而便由所谓"代税钱"而转化为疆土的扩张和直接占领了。

所以辽金对宋的侵犯，是以迫于经济要求而发动的。宋代地主阶级之无力抵抗，主要是由于其内部之矛盾的存在，已如前述。此外还有一个附因，便是实行募兵制度的宋代的军队的成份，完全由流民无产者集结而成的。这些分子为由历史上各阶级没落下来的残滓，不但没有一定的阶级意识，而且是一种游惰成性的"铜臭"的东西。在他们看来，战争对于其自己，并无何种重大的利害关系，所以把他们送到战场上去，不但不能形成伟大的战斗能力，而且他们连一刻也不肯忘记其抢掠勾当的，何况以之去抗御饿虎般的善战的游牧集团呢！

不过辽金在进入中原后，其原来的军事组织便渐渐腐化（注意：在前史的历史上，无论统治阶级和统治民族，一跃上统治舞台，同时便造就了腐化其身的前途）之后，对于原来的社会内在矛盾，岂只不能解除，且从而加深，于是他们便不能不与宋代的统治者走入同样的前途。

女真族的金朝一遇上蒙古族，便一如前此女真的辽朝遇上他们自己一样。

已形成其强大的武力，向全亚各地肆行军事掠夺（自然，他们后来还统治了欧洲的一部分）的新的鞑靼族，马首向着中原，把趋于没落的女真族的统治和那内部矛盾集结的宋朝的统治权推翻，重新把中国统一，给中小地主阶级经济组织上又加入一些特色。

B. 游牧民族的统治和小地主经济的动摇

元朝统治下小地主经济和其特色——元朝统治下的都市经济和手工业行会的发展——元朝统治下的社会矛盾之新的发展和其灭亡。

一、元朝统治下的小地主经济和其特色

在元朝统治下，经济上并不曾改变小地主经济的本质，只是在其上面附加了一点特色。

鞑靼族在其用军事集团去征服其他统治者的前夜，其自身还不曾离开氏族社会的组织，照我的研究所得，在历史上，以氏族社会的军事集团去征服其他较进步的民族，而于上端建立其统治的时候，每每以征服民族和被征服民族制度间当时所存在的社会组织相合流而创造其新的世界原理；但是前者却趋就于后者的社会法则，并不能改变它，只能在它的上面加上一些特色。例如，还在氏族社会生活的日尔曼氏族把罗马帝国征服之后，便在垂没的罗马奴隶制度社会的基础上，建立其封建国家。还在氏族社会生活中的拓拔族，把封建地主阶级的汉族政权征服之后，却在地主阶级原有的经济组织上端，改变一点形象——创制出那形似庄园，又适合于地主阶级经济性的南北朝的庄园组织；同样，女真族把北宋征服后，乃在原有的基础上创造出所谓"头下军州"的组织；缘于宋代的经济已不同于魏晋，而是小地主优势和都市行会的存在的经济组织，"头下军州"便在适应于这种经济组织的内容，而只附加上了一点庄园式的形象。我这种发现并不是企图重新创造历史的原理，只不过是一种辩证的考察。

然而鞑靼族在宋代小地主阶级经济的上端，又附加了一些怎样的特色呢？那就是所谓"社田制"。

这"社田制"的内容是怎样的呢？据马可波罗说，它把中国的全境划分为九部，组成九个王国，每个王国中任命一王去统治，但它们须服从它的中央政府，每年并须向中央的赋税机关作报告。都市杭州便是这些王侯之一的所在

地，他管辖有一百四十个以上的大而又富的城市。当时全中国，除无数小城市及乡村外，共有一千二百个繁荣的大城市。在每一个大城市中都有至少在一千人以上元朝的警卫队——甚至多至一万、二万、三万人的。不过军队的构成分子不纯是鞑靼人。（Yule：Tome Ⅱ．P．190 引自沙发诺夫前书）每个城市又管理所属的无数乡村，这种乡村的组织内容，规定在世祖七年所颁的"农桑之制十四条中。内有：县邑所属村疃凡五十家立社，择高年晓农事者一人为之长，增至百家者另设长一员，不及五十家者，举近村合为一社，地远人稀不能相合，各自为社者，其合为社者，仍择数村之中立社长。凡种田者立牌于田侧，书某社某人于其上，社长以时点视劝诫。不率教者，籍其姓名以授提点官责之。如其不改，罚充本社伕役，社中有疾病凶丧之家不能耕种者，众为全力助之。一社之中灾病多者两社助之，凡为长者复其身。"

每一社均有一个由鞑靼人充任的提点官，社长是村中有力地主，完全听命于提点官的指使。这种提点官的主要任务，在征取赋税、徭役和监视人民的反抗。其征收赋税的标准，佃公田者征租，自耕或佃耕民田者收税，每社所负纳的租税额，社中农民负连带完纳的责任。

这种组织，一方面显系根据氏族社会的公社组织的原理及宋代保甲制度的组织基础，另一方面却又完全适应着地主阶级经济的、政治的组织之内容性质，从而具有剥削的内容性质。

在城市方所派的王侯，也完全是以征税及防止反抗为目的的。所以他们受着每年须向中央政府赋税机关作报告的特别规定。同时他们均须服从中央政府，则其在政治上的性质，并无所别于唐宋以来的地方节镇。

二、元朝统治下的都市经济和手工行会的发展

都市经济和行会手工业的生产，在元朝的统治下，不但不曾动摇，而且有高速度的发展。据马可波罗说，在元朝的统治下，中国有一千二百个繁盛的大城市。这其中最大的城市为杭州、漳州、苏州、泉州、广州、扬州、北京、太原、西安、济南、淮安、安庆、襄阳、荆州、金山府（按即镇江）、潮州等，都是手工业制造业和商业中心，尤其是杭州、广州、泉州、太原、扬州、苏州等几个大城市。在杭州，据马可波罗说，有一，六〇〇，〇〇〇房子。关于杭州商业，他又说："关于这一部分有十来个主要的市场，市场都是正方形的，

每方面约半英哩长；有一条宽约四十步的很大的街道，直达市场的旁边，他并且从城市的一端通到城市的另一端，中间架上许多桥梁以便于交通。在这个城市里，经过每四英哩远就有一个周围两哩宽的平方市场。与这条街平行而又在市场的旁边，开凿了一条大的运河，许许多多的大石头房子，就建筑在通往市场方面的运河旁。从印度和其他远方诸国来的商人，便把自己的商品堆存在这些房子里面，在每一块坪里都设有市场，一星期进行三次贸易，来贸易的人总有四五万人，他们把一切必需的食品都运到这儿来贩卖。如是总有各种肉品与飞禽之类的现成的储畜，如鹿、兔、鹧鸪、雉、鹑、鸡、鸭、鹅等等，因为在湖泊里面繁殖了许多这类的东西，所以你能够用一个威尼斯的银格罗梭（Qrosso）就可以买到了一对鸭或两只鸡。那里还有许多大屠场；一切的大动物——牛羊等都在那儿宰杀，牛羊的肉，是供富人之消费的。""十大市场，都有高楼大厦围绕着，而房子下面就是各种手工业部门的场所。一切商品（包括香料、珍珠、宝贝等等）都在那儿贩卖。有些铺子，完全是拿来卖本地米酒的，米酒备尝，而且卖得又极廉价。"

关于杭州的行会手工业，据沙发诺夫的引述："那里城市的中心有一个卫城，卫城是很大的，并且在卫城的中央有政府的宫殿……卫城围绕着宫殿，卫城自身又是为星罗棋布的手工工厂所包围。各种手工业者，便在这些工厂中工作。他们制造许多漂亮的衣服和武器。库尔泰王（Emiv Kutai）告诉我们，说那里有一千六百个工匠——手工业者。每个工匠手工业者，都有三四个学徒在自己的管理之下。这些学徒都是元朝的奴隶，他们在束缚中过生活，但是与农奴不同，他们可到城里的市场来，但不许他们越出城门一步。库尔泰王每天都去检查他们，如果缺少一个，就惟他们的工匠是问。有一种习惯，在十年服役之后，可以解放他们的束缚，并且那时可以自由地在那里服务，或离开那里到他们愿意去的地方去，但是不得离开元朝的疆域。他们到了五十岁便解除一切工作，由政府维持他们。（原注：……Yule：Calhar. Vol. Ⅳ. P. 132）"他又引述马可波罗的话说："在这个城市里面，有十二个不同手工业行会，并且每个行会的工人占有一万二千所房子。每一所房子至少可以容纳十二人，有些还可容纳二十至四十人之多。他们绝对不尽是工匠，这里还有替工匠工作的日工。所有这些手工业者他们要想有几多工作就有几多工作，因为别的许多城市都靠这个城市出产的一切必需品去供给。""在潮州——马可波罗说——有许多异教教堂（原注：佛教教堂）。那儿的人民都操商业与手工业，制造丝缎，以及超等的琥珀等等。在这个包含两万居民的城市中，计算起来有五十八个佛教堂。那里有管理纱、缎生产和分配金线、染料等等办事处。"因而沙发诺夫说："中国中世纪的手工业组织有三派：行会手工业、教会手工业和奴隶手工业。这些可以整个地确定为马克思的那个论据，即在城市组织中，社会是模仿积聚于农业中的关系。"

前述不过是都市商业及手工行会发展情况的一个例子。实际上，这时候各大城市中的手工业，还都是有很明显的地域分业的事实存在。例如，漳州是"绸缎出口和生产的中心"，泉州是"制糖和手工业的大区域，"太原是"葡萄酒及其他酒类制造的中心"，西安是以丝和金制造军装的中心，淮安是产盐的中心，扬州为军用品制造的中心，安庆和襄阳也都是制丝的中心，龙川是制造磁器的中心……像杭州和苏州等那些头等都市，自然是无所不产的。而其他各城市，大体又均能产丝，大概丝是这时中国的主要出品。因而手工业的发展，这时已达到惊人的高度。罗马教主派遣来元朝的代表卜兰罗·卡儿彼尼和尚说："大家都知道，在各种手工业中，全世界上没有哪一国人会再比中国人熟练些。"

在这种情况下，商人们和行会主的财富的积累，却也是惊人的。"据伊朋·巴吐达的话说，中国商人有一种习惯，商人把他们所有的金银铸成金锭和银锭——每锭重至百斤，一并把这些金锭和银锭置于自己的房屋大门之下。积有五个金银锭的人，手上便带上一个镯子。积有十个的人带上两个；积有十五个的人就叫作Stati。很显然，这个习惯是从印度搬运到中国来的。"（沙发诺夫）

在元朝地主阶级的经济受着过分的剥削和压迫，而表现着动摇的情势下，商业及行会手工业的生产反而急速的发展，这也不是偶然的。其一正和这种扩大的剥削相关联，其二则和国际贸易的发展相关联。

鞑靼族从农民身上过分的榨取巨量的劳动物以供养其全族，即他们以统治民族的地位全体依存于农民剩余劳动的榨取以为生。这种榨取量的巨大，刺激其豪奢生活的扩大，逐步增高其物质水准[1]。这就构成对手工业制品之大的消

---

① 参看沙发诺夫前揭书四一四——四一五页。

费力，往往给予商业及行会手工业生产一大刺激。其次，他们认识到商业及行会手工业是一个最大的税收来源，所以他们为获得最大的收入起见，故对于行会手工业及商业并不予以过分的政治上的危害。他们派遣在各城市的鞑靼人官吏，完全是基于征税的意义上而遣派的警卫队，也完全在为着维护征税而设置，另一方面的意义则为防止反抗。他们为着征税，把城市也仿照其农村的"社田制"的组织一样施实起来。据沙发诺夫引用阿多利克和尚（Odoric）的一段述说：

"杭州的统治者命令杭州的居民每户每年交纳元朝一个 Balis 赋税，或五块像丝的纸币，其值为一个半弗洛伦。"

"于是发生了这样一种组织，九家或十二家联合在一块，好像一家似的，而交纳一家的赋税。现在这样的家数计算起来共有八十五万家之多，还有四万家沙那青人共计八十九万家。"

因而据马可波罗说，元朝政府在"杭州及杭州管辖之地的总收入额为九，五四五，八三三磅金磅，即九千五百万卢布有奇。"自然，这其中并不仅是户丁赋税，而是包含有其他商业及产业税在内，其中盐税就占了二，六三三，三三三磅金镑。

又如在扬州，"这个城市有四八至五八万人家——阿多利克说，城市里一切教徒生活上所需用的东西无不应有尽有，城市的统治者单在盐税一项上就有五百万 Balis 的收入，Balis 等于一个半弗洛伦（Florin）。这样，一万人家便提供一万五千弗洛伦，可是统治者为表示他对人民慈爱而放弃两百万家，为是不想增加过剩的痛苦。"这便等于五百万家一共提供三，四〇〇，〇〇〇磅金镑。

另一个原因便是国际贸易的发展。在元朝的统治之下，国际通商的航路更为便利了，因为这时亚洲大陆几乎全部都在蒙古人的统治之下，所以荷勒兹阿拉伯、波斯、乌兹别克以及意大利……的商人都大批来到中国，而且连罗马教主英洛肯狄第四（lnno kentie）也派遣一个代表卜兰罗·卡儿彼尼（Piano Carpini）来元朝。外来的回教和佛教的商人，在中国各大城市还建立了许多教堂，无疑就是外来商人们的商务公所）。而且元朝的统治者，曾经巧妙地利用其统治下的甲国人去作为其统治乙国的助理，又利用乙国人去作为其统治甲国的助理。例如忽必烈，他利用乌兹别克亚赫默德（Ahmed）替他管理财务

（亚赫默德便是乌兹别克商人领袖），回人哈哈散为左丞相。文宗时诏御史台凡各道府司官同蒙古二人，农元河西回回、汉人、南人各一人。至元二年又诏令以回回人为同知。又利用汉人的一个道士长春真人邱处机与其徒李志常去到西域（沙氏前揭书三九一页）。沙发诺夫并引述如次的一段话："中国的工程师曾在狄格完沿岸工作，中国的天文家、医生、教士曾在塔佛利兹当过顾问。忽必烈自己的公使团也曾到马达加斯加（Madabascar）（原注：Ynle：'Cathay'I. P. 167）。这样更把国际贸易的发展加速了。

　　从而中国沿海各都市，几乎经常都有大批商人和大量货物的进入。马可波罗在其描写漳州时说："这个城市里有港口，有各种从印度来的船舶来往，它把香料和各种各色贵重的商品运输到这里来。这一个港口也有中国商人的船舶往来，因为大宗商品和贵重的珍珠、宝石等都运输到这里来，而且在这里把这些东西分配给所有的中国人，包管你在这一个到亚利山杜利亚去的或其他地方去的商船上，总有成百的或几百人到漳州来。因为这里是世界上两大商港之一。""元朝从这个城市和这个港口的关税上得到大宗的收入，你知道，他从一切入口的商品（包括宝石、珍珠等在内）上征收百分之十的关税。此外贱价货物的驳载，也要征收百分之三十；檀木与其他种重货，征取百分之四十，胡椒征收百分之四十四，商人把自己费用的一半交还元朝关税……"泉州在此时的国际贸易的地位也仅次于漳州而超过广州。

　　关于出口的中国商船的构造和商队的组织，沙发诺夫引述说："尼柯罗（Nicolo）在十五世纪时曾到过印度，他批评中国不免有点阿谀的气味：中国的人总是很富足的，他们有许多比欧洲船舶还要大的三四层高的船舶，并且为避免危险起见而可以把它分开，但是不得为水浸入。"（原注：Ynle，同书，P. 175）在十四世纪五十年代从唐格耳（Tamger）到中国来的阿拉伯商人伊朋·巴吐达（lbn-Batuta）也讲到中国船舶的事情，"中国船舶在航行时只能用之于中国海中。中国船舶有三等：一、大船，叫作'Januk'，二、中号船，叫作'zao'，三、小船，叫作'kakam'。每一只大船都有十二三幅风帆。风帆是把小小的竹片系在席上而作成，这种风帆总不至于折坏，因为它是这样的系着，即可以任凭风吹。当船停泊的时候，帆能自由摆动。每个船约有一千步队——六百水手和四百士兵。这一千步队中，有射手，有橹手，也有用洋油放射的弩手。每个大船都有叫作二、三、四号的三个小船随着。这些船舶只有在

Zablon（即漳州）和 Sinka Zan 或 Sinul-Sim（即广州）才能建造。船的建造是这样，先做成两块大木板，然后用一些极厚的桁栅把它联起，用许多大枵枝（每个长约三洛可笛）的帮助使它彼此密合。当看这两块大的木板在桁栅的帮助之下而钉合在一起时，就把这一些枵枝安到船底上去。到船造成之后，才将船放下水中。支出在水边的横木是供步队盥洗和其他需要之用。船桨（像船桅一般大小）就安在这些支出的横木上，需要十人至十五人来荡摇。这样大的桨约有二十个，荡桨的人分成两排，面对面的站在每个桨的两侧，桨是用两根大的绳子系着，一排人拖着一根绳子往那边去，然后又放松它，而让一排人拖着另一根绳子到这边来。这些桨手通常都很快活地唱着，'La! La! La!'的歌调。我们前面所说的其他三个船，也是这样使用桨。有时候这三只小船可以系在大船后面。每个船上都设有四块甲板，甲板上建筑着小小的屋和公共的住所以为商人之用。有些房屋是作便所和其他种便利之用。它有钥匙，这样，房主就能把这些房锁起来，并且把自己的妻妾带在这儿睡。步队们把自己的小孩安置在一定的住所里面，他们是在厨房装菜、装生姜的木桶里长大起来的。船主是一个至高无上的主人，当他下岸的时候，射手、阿奴，带着枪、剑、鼓、号、锣等前呼后拥的围绕着他。""浙江不独在河道航行上是很重要的，而且在海道交通上也很重要。在杭州有载重五千篓货物和五六百客人的大海船往来。"

从而中国的商品——农奴和工奴的血汗的结晶物，便充满了爪哇、安南、暹罗、柬埔寨、马来半岛、印度、阿拉伯、麻特拉司（Madras）、Aden、菲律宾群岛、日本的东京、阿利司（Oriss）、波斯、意大利的市场。

出口商品的种类，主要为丝、缎、麝香、绿玉、金刚石、珍珠、大黄、金、银、酒、铜、瓷器、糖、铁杨木、药材、樟脑、嵌花的盂子、金银装饰品、水汞、蓝棉布、黄红的手巾、刻龙的宝石、棉布、红琥珀、木梳、朱砂、草席、檀木、胡椒等等。入口主要是些珍奇宝石海味异兽奇禽之类。

随着商业范围之扩大，用作流通手段的货币的需要也便随之增大。据沙发诺夫的引述，元朝的政府共总曾发行了一，二四八，二七〇，〇〇〇卢布的纸币，纸币的名称叫作 bulisci。事实上，元朝的政府不但强制人民使用发行的纸币，令外国商人持着这种纸币购买物品，人民不得拒绝或抬高物价。元政府用纸币去吸收金银藏到国库中。

在另一方面，照着商业经济的发展，高利贷却受着相当的抑制而趋于衰退。

（本节系参照沙发诺夫《中国社会发展史》编成，请参阅该书）

三、元朝统治下的社会矛盾新的发展和灭亡

在那样锦簇花团中的元代政权，为什么在短短的九十年间就没落下去了呢？这仅拿"民族意识的复活"那些抽象无内容的结论来解释是不够的。在元朝统治下，民族间的敌对仇恨是很尖锐的。譬如元朝把全国人民分成四个阶级，第一等级蒙古人，第二等级色目人，第三等级汉人，第四等级南人（即原来南宋统治区内的汉人）。民族间的社会的——政治的地位是极不平等的；并排挤汉人参加政权；不准汉人带兵器及家族，这尤为留与后来人民不得携带兵器的遗毒，因而更加激起民族间的仇恨与反感。这在郑思肖《铁函新史·中兴集》咏"元鞑攻日本败北歌"中所说："纵遇圣明过尧舜，毕竟不是真父母。千语万语只一语，还我大宋旧疆土"，便可以代表当时汉族地主和市民阶级之心理，不过这种民族的仇恨，也是建在阶级的基础之上的。

元代的政权，它在农村方面忽视汉族地主阶级的利益，而只在着重其政府的租税征取的立场上。对于农民，则为着获得其——鞑靼人对商品的最大购买力的刺激和军费的增大，便无限的去扩大其榨取。加之对于汉人之政治上的无情的压迫——如提点官之设置等——这就形成农村各阶层对鞑靼自始至终的不满和对立。

在另方面，元政权自始却是站在外国商人的利益上，对本国商人和手工行会主，除去对他们征税外，不但未曾考虑到他们的利益，无宁是在援助外国商人与他们以不利。

又次，佛教是鞑靼人自己信奉的宗教，回教是中亚细亚商人的宗教。在全国各大城市中普遍存在着的佛教堂和回教堂，都享有特权和特典，他们利用其特权对国内商人、行会主、地主、农民，常施行无情的压迫，且借以为榨取的工具。

更次，教会手工业主的教会和奴隶手工业主的元朝官吏，对工匠们的压迫和束缚，无异于初期封建时代封建主所施于工奴者。因而在这两者间，便存着根本对立的矛盾。

在最初，元朝所加于汉族地主们的榨取，地主们只不过转嫁于农民。随着商业及政治的榨取的扩大，农民便无力忍受。因之，不但使统治者和农民阶级之间的矛盾尖锐化，且从而又加深了地主阶级的反感。

市民阶级在最初对元代统治者的反感，在国际贸易之巨大的利益下所隐蔽了。随着农村的衰落和农村税收的减少，元代政府为维持其巨大的费用，则转而加紧对城市的榨取，这使原来存在着的矛盾，便立即暴露出来了。尤其是纸币的滥发和政府对正货的吸收渐致形成市场上正货的枯竭、绝迹和纸币的膨胀的恐慌。这不啻予市民阶级以沉重的打击，且影响着商品流通和手工业生产的进行。这使市民阶级也对鞑靼的统治者处于剧烈斗争的前列。

其次，由于农村和城市的租税收入衰退，却同时加之对手工业制造所中的工奴们的剩余劳动的榨取，这促进了工奴们的死亡、逃走和反抗。

加之到元顺帝时代，全国水、旱、蝗、疫、民饥、地震、山崩各灾相沿而至，更加速矛盾斗争的爆发。

因而在鞑靼人统治的下半期，首先便不断的发生着农民的大暴动，最后农民的暴动便遍及全国，且得到城市市民阶级的支持和工匠们的共同参加。已经腐化的鞑靼人的军事组织，更无法对付农民大众的暴动，从而元代统治权便在农民大起义中衰败了。史载：鄂、豫、川三省农民首先发难，未几这种暴动便遍及了福建漳州、江西袁州、湖南、燕南、辽阳、云南、靖州、广州。最后到至正七年，"沿江盗起，剽掠无忌"。据统计到顺帝元年至七年间，全国农民所发动的起义，不下数百起。其中最著者为浙江温台之方国珍领导的农民起义军，河北栾州韩山童父子与安徽阜阳刘福通领导的红巾军，萧县人李二与赵均用等人及罗田人徐寿辉领导的"红军"（亦名香军），定远人郭子兴、泰州人张士诚领导的农民起义军，最后便是为这次农民大起义作结束的朱元璋、徐达、汤和等领导的农民起义军。在这些起义中，许多都有地主和市民阶级参加，纯粹的农民军多借宗教迷信去组织，如韩林儿、李二、徐寿辉等是通过宗教发动农民起义的，其教义充分带有原始社会主义的色彩。

C. 小地主经济的发展和没落

小地主阶级政权的再建——土地经济的组织和剥削诸关系——都市行会经济和封建的封锁——社会矛盾的发展和明清的朝代交替——资本主义的侵入和鸦片战争的历史意义。

一、小地主阶级政权之再建

垂灭九十年的汉族地主阶级的政权，在地主阶级、市民阶级的"民族复仇"的引导下，在农民起义的血泊中再建起来。

形成反鞑靼统治者的主要力量是农民和流民集团，其次是地主，再次是商人和工匠们，他们也是此次暴动的积极参加者（在蒙古人所组织的军队中，原来就有农民应征的役兵和工匠应征的工匠兵）。

朱元璋本人是一个被驱逐的僧人，在其所领导的起义军中，有地主阶级和商人分子参加，有工匠们参加，主要则是农民和流民无产者。但是因为流民无产者在政治上是一个无定见的阶级，所以朱元璋在最初感于遍地的农民军势力之广大，其行动上也便表现出农民的性质，后来他们渐被地主——市民阶级所收买、软化，便出卖其同盟者和群众的利益而成了地主——市民阶级的卫道士，从而原来和他同盟的农民军的各集团便都一一被他击败了，因为他已获得了地主——市民阶级的支持。地主——市民阶级的政权便在这样充满了残酷和欺骗的暗影中再建起来了。

二、土地经济的组织和剥削诸关系

依上所述，明代的经济组织，也自然便只有继续前代的遗绪而前进。

不过在元末的残酷的战争中，全国生产的组织大半都受到破坏了，而且招致大量的劳动人口的死亡和逃散（一方面战争导致的直接死亡，他方面鞑靼与农民军作战，凡恢复一地，即将一地的人民全部屠杀）。马氏说，战争常能对于生产力以重大的破坏。在中国历史上每一流血的剧变中，也自然全符合这个原则。

因而在明初，经过洪武、建文两世，生产组织还不曾恢复，逃亡的劳动者也不曾完全复员。我们曾说过，为使劳动人口恢复生产复员为第一要义。所以明初，在这一点上，也是煞费苦心的。

"郑州知县苏琦言，自辛卯河南起兵，天下骚然；兼以元政衰微，将帅凌暴，十年之间，耕桑变为草莽……为今之计……宜责之守令招诱流移未入籍之民，官给牛耕，及时播耕。"（《续文献通考》卷二）

"太祖三年令，户给钞二十锭备农具。"（《九通分类总纂》）

"成祖永乐元年……发流罪以下垦北京田。九月，命宝源局铸农器给山东被兵穷民。"（同上）

诏陕西、河南、山东、北平及凤阳、淮安、扬州、庐州田，许民尽力开垦，有司勿得起利。

虽然在这样百端草创中，明朝政府却完成了宋代小地主阶级所未曾完成的一大任务，这便是土地的彻底清丈和户籍税册的编造。

"洪武二十年命国子监武生淳等分行州县，随粮定区，区设粮长四人，量度田亩方圆，次以字号，悉书主名及田之丈尺，编类为册，状如鱼鳞，号曰鱼鳞图册。先是诏天下编黄册，以户为主，详具旧管、新收、开除、实在之数为四柱式。而鱼鳞图册以土田为主，诸原坂、坟衍、下、湿沃瘠、沙卤之别毕具。鱼鳞册为经，土田之讼质焉；黄册为纬，赋役之法定焉。凡质卖田土，备书税粮科则，官为籍记之。毋令产去税存以为民害……凡田以近郭为上地，迤远为中地、下地。"（《明史·食货志》）

这到穆宗时又有董尧封的条上便宜事的如次八条：一、议丈量，二、定粮册，三、均粮役，四、明优免，五、平徭役，六、裁供应，七、申守法，八、严责成户部覆丈量。神宗万历六年又有一次更较精确的丈量（张居正用开方法，以径围乘除，畸零截补之。近代几何学原理）。

"庄烈帝崇祯元年七月，命户部纂修《赋役全书》。"（《续通考》卷二）

其次，便是把赋役单纯化的一条鞭法的制定。一条鞭法的内容，史称为：

"一条鞭法者，总括一州县之赋税，量地计丁，丁粮毕输于官，一岁之役，官办金募。力差则计其工食之费，量为增减；银差则计其交纳之费，加以增耗。凡额办、派办、京库岁需与存留、供亿诸费，以及土贡方物，悉并为一

条，皆计亩征银，折办于官，立法颇为简便。"（《续通考》卷二）

一条鞭法者："……其征收不轮甲，通一县丁粮均派之，而下帖于民，备载一岁中所应纳之数于帖，而岁分六限纳之官。其起运、完输，若给募，皆官府自支拨。盖轮甲，则递年十甲，充一岁之役。条鞭则合一邑之丁粮，充一年之役也。轮甲则三年一差，出骤多易困；条鞭令每年出办，所出少易输。譬则十石之重，有力，人弗胜，分十人而运之，力轻，易举也。诸役钱分给，主之官，承募人势不得复取赢于民；而民如限输钱讫，闭户卧，可无复追呼之扰。此役法之善者也。"（孙承泽：《春明梦余录》卷三十五）

自然，这也必有其社会经济的一定前提的存在，才能实施的。然而即此两点，已能充分说明明代政权是代表小地主阶级利益的政权。

现在进而考察明代土地所有诸关系，据《续通典》卷三载：

"明土田之制凡二等：曰官田、曰民田。初官田皆宋元时入官田地，厥后有还官田、没官田、断入官田、学田、皇庄、牧马草场、城壖苜蓿地、牲地、园陵坟地、公占隙地、诸王、公主、勋戚、大臣、内监、寺观赐乞庄田、百官职田、边臣养廉田、军民商屯田，通谓之官田；其余为民田。"

实际上，在最初，这种官田的来源，其一为宋元以来的官地；其二为鞑靼人所占民田；其三为逃人户的闲地；其四为没收的官地。在元代官地及鞑靼人占地，以河南、河北、山东、浙江各省为最多；其次因为和当时朱元璋敌对的张士诚的根据地是江浙，他受到江浙大地主阶级的支持。张士诚失败后，朱元璋因仇恨那些支持张士诚的江浙地主阶级，下令把他们的土地没收归官。所以在明代，河北、河南、山东，尤其是江浙，几乎官田占了全部耕地面积的很大比例。易言之，明代所有的官田，亦几于集中在这几个省份。

到后来，所谓"诸王、公主、勋戚大臣、内监"赐乞庄田，他们又无休止的请乞或直接侵占官地。同时管理庄田庄头与地方土棍（所谓庄头伴）结合，伪"民地"为官地，号称"投献"，以为并吞。其次，由于朱元璋仇视江浙地主阶级，除没收一部分地主土地外，又特别加增江浙的赋税。因而"两浙富民，畏避徭役，大率以田产寄他户，谓之贴脚诡寄。"（《续通考》卷二）小农则以自有地"投献"势家，仍自充佃户，流弊所及，伊于胡底。例如宪宗时定西侯蒋琬上言说："大同宣府诸塞下腴田无虑数十万，悉为豪右所占，畿内八府良田半属势家，佃民失业。"（同上）武宗时臣僚言，"奸民妄指军民田为闲田，投献权倖，奏建皇庄或奏请为庄田，管庄官校倚势侵夺。"

在另一方面，明朝政府针对这种现象，例如在宪宗时有"禁势家侵占民田"之诏，穆宗时有董尧封"奏请庄田乞钦定数目"之请，英宗时有"敕皇亲公侯伯文武大臣，不许占官民田地，违者坐以重罪。其家人为投托者，悉发边外永远充军。"又"命有司勘寺观田给民耕"，"令诸寺观田除洪武时置者，悉令州县查勘还民。"神宗万历十九年，有"诏定戚臣庄田……复定勋戚田世次递减之法。"这种种措施，不过在表明明政权之小地主阶级性。至于其效力如何，那又是另一问题。

官庄和民田的经营方法、本质上和宋元没有半点区别。不过各种庄田中都设置一个官庄的庄头和一些庄头伴，管理佃户，征收地租及其他贡物。

对农民的剥削形式，在立法上是如次的：

"明制赋役之法，一以黄册为准，册有丁有田，丁有役，田有租。租曰夏税，曰秋粮，凡二等……丁曰成丁，曰未成丁，凡二等。役曰里甲、曰均徭、曰杂泛。凡三等。以户计，曰甲役；以丁计，曰徭役；上命非时曰杂役。皆有力役、有雇役两税。"（《九通分类总纂》卷一）

实际上，农民对地主，除缴纳地租外，也还有不时的杂役，和无定时定额的赠物。农民对地主也有人格上的不平等或从属。

然而立法上虽然是如此这般的规定，但是统治者从来就不受法律约束的。所谓法律，只不过是赠予被统治阶级的一套枷锁，而况封建社会的所谓法律呢？所以明代农民之"正供"的负担也并不只如上面所规定。而直接从其规定中所发生的流弊，也够使农民们焦头烂额了。汪锺灵说：

"按明末征收，又有充见年之累。天启时仁和令周宗建论见年之弊略曰：见年每一年一轮，一里有十甲，里长十甲，里长又有十甲散户甲首，少则三四百户，多则五七百户。一轮见年，各种钱粮尽皆见年一人身上追比，县令以为执简御繁之法，不知十甲之欠户最多，一身之力量有限。以一人而欲遍十甲催纳，力不能周，以一人而欲代一里应完，财不能给。一临比卯，只有就地受责一法，实为可怜，不得不尽力以供差人之欲，差人又以雇人代责，雇钱与值月钱、班里钱、差歇书手候卯酒食钱，非三四金不能过一卯，十卯则三四十两矣。盖额头如欠四十两，即完三四两不免于责，不得不闲用以救目前。故一里之中，钱粮不过一二百两，而一年之间，间费反有不止于此者。今年不完，明

年又比一年钱粮；比至二十年不完，必望赦而后已。"（《九通分类总纂》卷四）

租税征收取物，租则令为现物。税则在英宗正统以前，为货币现物并收。

"洪武九年三月，令天下税粮，以银钞钱绢代输。银一两，钱千文，钞十贯，皆折输米十石，小麦则减值十之二；棉苎一疋，折米八斗，麦七斗；麻布一疋，折米四斗，麦五斗，丝绢各以轻重为损益，愿输米者听。""十七年，云南以金、银、贝、布、漆、丹砂、水银代秋租。"（同上）

"洪武时，夏税曰米麦，曰钱钞，曰绢。秋粮曰米，曰钱钞，曰绢。弘治时，会计之数，夏税曰大小米麦，曰麦荍，曰丝绵并荒丝，曰税丝，曰丝绵折绢，曰税丝绵折绢，曰本色丝，曰农桑丝折绢，曰农桑零丝，曰人丁丝折绢，曰改科绢；曰棉花折布，曰苎布，曰土苎，曰红花，曰麻布；曰钞，曰租钞，曰税钞；曰原额小绢，曰币帛绢，曰本色绢，曰绢，曰折色丝。秋粮曰米，曰租钞，曰赁钞，曰山租钞，曰租丝，曰租绢，曰租粗麻布，曰课程棉布，曰租苎布，曰牛租米谷，曰地亩绵花绒，曰枣子易米，曰枣株课米，曰课程苎麻折米，曰棉布，曰鱼课米，曰改科丝折米。万历时，小有所增损，大略以米麦为主，而丝绢与钞次之。"（同上）

到英宗正统时，便表现为中国税收的一大变革，由现物货币并收而转为纯收货币，上引同书载：

"始折征金花银。先是京师百官月俸皆持帖赴领南京。米贱时，俸帖七八石仅易银一两。江南巡抚周忱请减重额官田极贫下户两税，准折金花银每两当米四石解京充俸……遂仿其制，米麦一石折银二钱五分……谓之金花银。"

"英宗正统……米一石折银二钱五分，南畿、浙江、江西、湖广、福建、广东、广西米麦共四百余万石，折银百万余而输内承运库，谓之金花银，其后概行于天下。自起运兑年外粮四石，收银一两解京，以为永例。诸方赋税折银，而仓廪之积渐少矣。"这表示社会经济的又一步前进。

关于当时佃租的具体情形，上引同书说：

"〔宣宗时〕，周干巡视苏、松、嘉、湖诸府，民多逃亡，询之耆老，皆云重赋所致。如吴江、昆山民田租，旧亩五升，小民佃种富民田亩，输私租一石，后因事故入官，辄如私租例，尽取之。十分取八，民尤不堪，况尽取乎？请将没官田及公侯田还官田租，俱视处官起科，亩税六斗。"

三、都市行会经济和封建的封锁

商业资本和行会手工业的生产，经过元末明初之长期战争的破坏之后，到明成祖时代才渐次的恢复过来。同时在另一方面，在元末明初之中国国内战争的持续中，原先来到中国通商的中亚细亚和意大利商人，亦已相率的退出而至于绝迹了。

随着都市经济的复活，于是成祖时为恢复海外商路，从而派侯显使乌斯藏，马彬使爪哇与苏门答剌，李兴使暹罗，尹唐使满剌加（即今英属马来麻剌甲）、柯枝（即今南印度马拉巴尔部之可陈）。在这些使臣和商人联合组织的商队中，尤以三保太监郑和为最。据史称郑和下西洋，每次都率大船共六十二艘左右，海军二万七千余人（当然有商人在内）。郑和第一次出航，经福建达占城，遍巡"西洋"（按即南洋和印度洋）诸国。"诸国咸听命，并皆遣使（当然为商人）随郑和入朝贡。郑和前后凡七次奉命出使，率致外国商人来者"益众"，"经营互市，往来不绝。"

但是事实上，郑和的出使，并不曾叩开那为铁木儿所封锁的中亚细亚的通商之门。由于中亚细亚的封锁，从而中国和欧洲的交通也限于中断，意大利威尼斯等处的商人也无法来到中国。

后来，由于太平洋海盗的横行，往来海洋的商船，十之八九都被劫掠，经理海外贸易的商人们的性命财产都不能有半点保障。这种海盗都有大规模的军事组织，在西太平洋者，有日本西南沿海各部的浪人和商人联合组织的海盗集团，在中国沿海之浙江、福建、广东各部的流民无产者所组成之海盗集团，有南洋土人之海盗组织。因而中国与海外贸易的商队往来，便无形中渐趋停顿。加之，日本和南海各地的海盗，又不时假扮为商队前来中国沿海各埠，一经进入便肆行掳掠而去。由此便促成了明代对外之封建的封锁。

自沿海的封锁和对外贸易的停顿之后，便招致经济的及政治的之如次的两个恶果：

（1）原来所积蓄的城市商业资本，则转而向高利贷资本方面发展。在元朝暂时衰落的高利贷资本，至此又复兴盛起来，潮流般的向农村流注。本来，小地主经济便是最适合高利贷资本发展的条件。

（2）中国物品的停止输出，便立即影响到依存于中国生产物之供给的四周各国，因而周邻各国便加紧对明朝的军事的掠夺，如朵颜三卫的南侵，吐鲁番的东侵，倭寇之西袭，越南之内叛。

这往复又加深了明代社会的矛盾。

后来因为欧洲商业资本的发展，经非洲好望角而来中国的航路的发现，才又恢复由欧洲通向中国的交通，因而葡萄牙人、英吉利人、西班牙人又相继来到中国通商。不过此时欧洲先进国家的经济，都已到了资本主义的前夜，他们的手工业生产品已进入了中国，而成为对中国的大量输入。因而这虽然给了中国的商业资本和行会手工业生产以新的刺激，但已把前此中国的优越地位变易了方向。

这时的欧洲从事海外通商的商人，在白天去看他们，他们都是冠冕堂皇的富有者；若在夜间去看他们，他们便是一些面目狞狯的海盗。他们来中国通商，也完全不曾改变海盗的本性。此时一再声明重商主义的欧洲政府，却已安安贴贴的都作了海盗们的后盾，从而在其和中国的通商上，所给予中国的当然没有别的了。

四、社会矛盾的发展和明清的朝代交替

封建的封锁直接所引起的两个恶果已如上述。可是那在间接直接上又引起国家对城市的税收之减少。加上军费开支的增大，因而往往又加重对农村的剥削。

这样，便构成逐步扩大的徭役赋税、高利贷和势家兼并土地……同时对农村扩大剥削；农民在这重重的压榨下，便普遍的穷困得至无法生活下去。在农民大众无法生活的反面，所给与统治阶级的结果，便是无法统治。因而社会的动乱便又重新暴发了。明正统时，佃农邓茂七为反抗地主暴动于福建；成化时，刘千金暴动于闽广；正德时，刘六、刘七、齐彦名暴动于山东，蓝廷瑞起事于保宁，横行川黔；谢志山起事于赣南，横行江西、湖南、福建、广东各省。及至明代亡国的前夜，崇祯时，有白水王二虎、谷城王嘉元、宜川王左挂等相继起义。高迎祥起义自称闯王，饥民纷纷响应。尤其是崇祯三年，延安张献忠聚众起义，自称八大王；崇祯四年米脂李自成聚众起义，自称闯将。最后，所有各地农民起义军，便汇集而形成李自成、张献忠所领导的光耀历史的两支农民起义大军。

自农民起义爆发后，各地农民便纷纷起来进攻地方的统治政权。府则攻

府，州则攻州，县则攻县。例如：

"武冈州岷藩多行不义，百姓勾贼攻打杀害。"（《明季实录》）

同时在另一方面，在统治者直接指挥的军队中，也纷纷发生着大规模的"引贼兵变"，呼应农民起义。例如《明史》说：

"先是援兵过洛者喧言：'先帝困天下以肥王，今王府金钱山积，乃令吾辈枵腹死罪。'尚书吕维祺劝王散钱饷士，不从。至是，官军引贼陷城……贼杀福王常洵，与其血杂鹿肉以食，曰福禄酒。火王府，散金以赈饥民。"（李自成陷洛阳条）

从而明代的政权便在农民军的暴动下灭亡，崇祯帝也被送上了煤山（即今北京景山）自缢身亡。

可是在历史上，一到统治阶级每每无法去维持其阶级统治的时候，便常常去引进外力来，所谓"宁与朋友，不给家奴，"不啻是他们的一贯政策。因之，当明朝的地主阶级的一个代表吴三桂在山海关一得到崇祯被大众送上煤山和其阶级的统治的首脑中枢已被农民军击破的消息之后，便卑鄙的无耻的哭师长白山麓，企图在金国汗的势力下，获得其地主阶级的政权的再建。因而曾经以七大罪状痛骂过"天启、崇祯"的金国汗的哲嗣福临（顺治）介弟多尔衮在汉族地主阶级的内应而进入北京之后，反又以礼改葬"崇祯帝后"了[1]。

因而农民起义军的势力，便又在汉族地主阶级和满清的夹攻下崩溃，而完成了明清的政权的交替。但是满清在其入关以前，曾长期是明朝的一个臣属，明朝地主阶级的思想意识已经在他们的生活上有了巨大的影响。所以这一政权的交替，对中国社会的本身不曾引起何种的变易，而只是按步的前进。

他们开宗明义的第一件大措施，便是：——顺治元年，"赐圣贤后裔祭田除其租赋。衍圣公祭田二千一百五十七顷五十亩，林地一十八顷二十七亩，庙宅基三顷二十七亩五分，四氏学学田五十顷。复圣裔祭田五十顷，墓田地三顷三十三亩一分，宅基九十二亩五分；宗圣裔祭田五十一顷六十亩，墓田地一十顷一十五亩七分，庙宅基三十九亩一分；亚圣裔祭田五十一顷一十五亩，墓田地七顷三十一亩四分，庙宅基一顷三十亩七分五厘；先贤仲氏裔祭田六十五顷

---

[1] 见"清太宗天聪四年伐明以七大罪状誓师谕"（木刻，北京大学藏），自称"金国汗""天聪四年正月"。

三十八亩，坟地九顷五十亩，庙宅基六十八亩，皆除其赋。"（《九通分类总纂》卷八）

这等于向汉族地主阶级宣布，他是完全代表他们的利益，照样来维持他们那既存的社会秩序，断不容加以丝毫的颠覆和破坏。

从而对于土地所有诸关系，也不曾予以半点质的改变。为满足小地主阶级的要求，只是把那已归于湮没的明代的土地清丈，又重新清文一次，把明代的赋税原则，更加精密化。上引同书说：

"田赋有二：曰民田，曰屯田，皆分上中下三则。有本征者，有折征者，有本折各半者。本征曰漕，漕有正粮，有杂粮；折征者，始定以银，继则银钱并用。"

同时对于原来的丁役（人头税的遗制），却改取了一个逐渐减免的原则。所谓："其滋生人丁名册，永不加赋。"这一政策的施行，一方面有其政治的意义，因为明末农民的暴动和其他战争，引起了巨大人口的丧亡（四川最甚），他们为这种情势而相应地施行奖励人丁政策，却完全是站在统治者的利益之上的。因为凡统治者的剥削，都是以劳动力之适当的存在为前提。这种把戏在中国的历史上，已曾玩弄过多少次了。一方面，在经济的意义上，却表现出社会经济的一步前进。在商业和行会手工业生产已发展到相当的程度下，已渐次引着人头税向物品税或财产税方面转化。这在如次的几点事实能给我们说明的。

"（顺治时）茶课，凡商人贩入山制茶，不论精粗，每石给一引，每引额征纸价银三厘三毫。其征收茶课，例于经过各关时，按照则例，验引征收，汇入关税项中解部。"（《皇朝文献通考》）

"四房税契。顺治四年定凡买田地房屋增用契尾，每两输银三分。"（同上）

"乾隆元年，定甘肃商畜二税，刻示条例，划一征收。"（《九通分类总纂》）

同时，商业资本和手工业生产的发展，尤其是五金采炼之广泛的进行，都到一个很高的程度。税则的划一，不但表示国家已以此为一正宗的主要收入，而这正是中世市民阶级所要求的社会秩序。在清代的前期，有不少关于这方面的说明：

"（顺治时）定金银矿课。"（同上，卷一）

"康熙十五年，遣官监视山西应州边耀山煎炼矿银。"（同上，卷一）

"康熙十九年，定各省开采取得金银，四分解部，六分抵还工本例。""又试采陕西临潼、山东莱阳等银矿。"（同上，卷一）

"康熙二十一年，定云南银矿，官收四分，给民六分例。"

"四十三年谕：闻开采之事，甚无益于地方，嗣后有请开采者，悉不准行。"（同上，卷一）

"五十二年，定湖南郴州黑铝矿所出银母官收半税制。"五十七年，"又定贵州威宁州属猴子厂银矿二八收课例。"（同上，卷一）

铜、铁等金属是生产工具生产的主要因素，铜铁等课税则例的制定，不但反映出在当时开采已颇普遍，且从而反证出生产力的进步。

关于一般商税的制定，我们试例举如次的数条：

"康熙……十五年定京城行铺税例，上等每年五两，余二两五钱。""四十八年，定四川水碾水磨课银例。"

"雍正六年，设典当行帖（税例）……除浙江用里等处交口界址商税。"

"十一年谕：各省商牙杂税，固有关国课，亦所以便民，是以各省额设牙帖，皆由藩司颁发，不许州县滥给。今概给牙帖抽分利息，是多一牙户，商民多一苦累，……甚非平价通商之本意。"

"〔定〕落地牛马猪羊等杂课。"

"雍正十三年谕：朕闻各省地方于关税、杂税外，更有落地税之名，凡襆、锄、箕帚、薪、炭、鱼、虾、蔬菜之属，其直无几，必查明上税，方许交易，且贩于东市，即已纳课，货于西市，又复重征；至于乡村僻远之地……或差胥役征收，或令牙行总缴……着通行内外各省凡市集落地税照旧征收，不许额外苛索，亦不许重复征收。若在乡镇村落，则全行禁革。"（同上，卷二十）

"〔乾隆十二年定〕牙帖商行当铺税。"

这拿欧洲市民阶级斗争的历史来比较，能说明些什么呢？这充分在说明，中国的社会经济到清代的前期，封建经济已临没落，而开始跃入社会自身之突变的过渡期，历史的新因素已在形成的过程中。

五、资本主义的侵入和鸦片战争的历史意义

英国经过十八世纪的"产业革命"之后，资本主义经济已完全取得支配的地位，在资本主义经济的性质上，第一它要求把世界一切民族的藩篱废除，把世界各国都缔结在一个世界经济的舞台上，要求能使它的商品在世界各处能自由的进出。

其次资本主义的蓄积过程，原来就是一个残酷极不名誉的劫掠过程，这尤其在它一方面承袭中世末期的海盗行为，一方面又惯行毒品的输出。

在此时的中国，一方面旧社会的生产组织已在崩解的过程中，他方面新的生产力却还不曾走上形成的过程。因此，构成社会内部之矛盾的斗争，反映着社会生产的衰落。在这种情势下，加以欧洲资本主义的商品、海盗政策，毒品之一联的袭来，不但使中国社会日益限于穷困，而且使社会的矛盾日益深刻了。但是这些情形却不是当时的封建统治者所能意识得到的，他们只意识到货币便是社会的财富，因而他们看见从外国资本家的手中把中国货币（白银）外流，便无疑成了他们对社会穷困的唯一解释。

英国自资本主义跃入历史舞台之后，在初期正感受那投放到生产中的资本的严重缺乏，因而便连同其海盗政策和鸦片毒品随着其商品而输入到中国，尤其是鸦片烟成了它此时对中国的主要输入，其数量如次：

年次	单位箱数	价值（西班牙币）
嘉庆二十一年	三，二一〇	三，六五七，〇〇〇
嘉庆二十五年	四，七七〇	八，四〇〇，〇〇〇
道光五年	九，六二一	七，六〇八，二〇五
道光十年	一八，七五〇	一二，九〇〇，〇三一
道光十二年	二三，六七〇	一五，三三八，一〇六
道光十六年	二七，一一一	一七，九〇四，二四八

这大量鸦片的输入，和中国大量货币（银）的输出，这自然加深了中国社会经济的矛盾，清政府便自然的认为禁止鸦片输入为"救时良策"了。可是为禁止英国资本家从印度输入鸦片，便连英国资本家商品的输入而一同禁

止，这对于资本主义的英国，是一个莫大的矛盾。因而迫使它不能不以武装炮舰的轰击来打破中国对它的"闭关主义"。

鸦片战争的结果，落后的封建主义的中国，便不能不屈服于英国资本主义而缔结所谓"南京条约"，其内容如次：

（一）中国政府赔偿白银二千一百万圆给英国政府。内以一千二百万圆赔偿军费，以三百万圆偿还债务，以六百万圆赔偿烧失鸦片费，其款分四年交兑清楚。英国占领扬子江一带地方，于第一年赔款交清后，即行撤兵。惟舟山、鼓浪屿二处，俟偿金全清，五港开放以后，英始遣兵返还。

（二）中国政府以香港全岛割让给英国。

（三）中国政府将广州、福州、厦门、宁波、上海五处开为通商口岸，准英国派领事住居，并准英商带家属自由来往。

英商货物，照例纳进口税后，准由中国商人贩运进内地各处。所过税关，不得加重课税。

（四）以后两国往来文书，用平等款式。

（五）放还英国俘虏，凡战役中为英军服务之华人，亦一律赦免。

自这次的事变之后，中国的地主阶级完全在资本主义面前屈服，开始排演中国之半殖民地的日程。可是中国的"闭关主义"，在英国资本主义这一响巨炮粉碎之后，其他资本主义国家便都因缘而至，于是又有所谓"中美望厦条约"、"中法黄埔条约"的缔结。到十九世纪初，欧洲资本主义经济已完全成熟，另方面，中国的社会却更已崩溃不堪，于是由农民群众所发动的"排外主义"而引起的"八国联军之役"的结果，缔结了所谓"天津条约"。自此，资本主义国家把中国半殖民地化业已完成。原来还时思反抗的中国封建统治阶级，不但妥妥贴贴的屈服，且反而成了它们的代理人了。从而存在于中国社会自体内既存的积极因素，都被绞杀于其母胎内，已准备扮演其历史发展的中国市民阶级，却转化以买办资本的资格而出现。

因而便构成中国社会之这一过渡期——在突变的形势之下——之一特殊而复杂的内容与形势。

（一九三三年六月）

中 国 社 会 史

编 印 说 明

《中国社会史》，是著者 1933 年至 1936 年在中国大学任教时讲义。北平聚奎堂装订讲义局印行。

著者根据恩格斯《家庭、私有制和国家的起源》等论述，结合出土文物和古代文献，并吸取王国维、郭沫若等人研究成果，从经济的诸构造、国家的出现及其政治诸形态、意识诸形态三方面论证了殷代社会性质，确认殷代为奴隶制社会。

全集编辑，以北平聚奎堂讲义书局 1933 年版为底本，整理排校，核对引文，并补充了个别引文中缺字，更正了原讲义中的个别错讹，内容和观点均保持原貌。

桂遵义　张传玺（审校）

目　录

A.
史料的选择

关于殷代的历史材料的问题，我们在这里要提出的：一是史料的缺乏，一是史料的选择。

史料的缺乏，最足以限制我们对一个时代难以达到正确的理解。关于殷代，既有史料自是尚不足以充分说明其全部社会面貌。然而这极有限的史料，仍不能尽量为我们所利用，例如，就以殷虚出土文物说，仅甲骨据闻出土者已达十万片左右，而今日已拓印者尚不到十分之一；其他出土文物，亦是同样情形。此等出土实物，已流散国外者，我们只好付之一叹！而国内公私保存之部分文物，我们亦无缘与实物接触。因而这问题之于我们，更是加倍的困难。故此，在这里，我们一方面只好祷祝国内考古机关尤其是从事于田野考古者"努力作计划的发掘"；一方面只好祷祝那保存古物的公私团体或个人，幸将所保存之古物，或全部拓印，或全部公开陈列，供全国学人之共同探究。

关于史料的选择，这问题亦至属重要。若是我们不注意历史材料的真伪，无条件的去应用，则依此作出的结论，仍不过是观念论者的结论。

关于殷代，既有史料之可靠部分，不外是：

1. 殷虚遗物。这为殷代铁一般的史料，是无需申述的。问题只在于甲骨文字方面，各家释文不一，其是否完全正确？抑何者比较正确？均属问题，这，我在本书第一册开始就提述过。其次，可靠之殷代彝器及铭文，也均与殷虚遗物有同等之价值。

2. 易卦爻辞。这在揭起"五四"以后"疑古"之波的顾颉刚先生是这样说的："《易经》〈即卦爻辞〉的著作时代在西周，那时没有儒家，没有他们的道统的故事，所以它的作者只把商代和商周之际的故事叙述在各卦爻辞中。易传（这不是一种书名，是彖传、象传、系辞传、文言传、说卦传、序卦传、杂卦传的总名）的著作年代，至早不得过战国，迟则在西汉中叶。"（《古史辨》，第三册，三五页，顾文）

关于易传的年代问题，这里暂且不说。关于卦爻辞，顾先生在他的《古史辨》第三册中，叙述考究至为详尽。他认卦爻辞为"商代和商周之际的故事"，这是比较正确的。至于他从文字组织的形式上去判定卦爻辞和甲骨文字的系统各异，我以为这种形式的论究，却未免武断。卦爻辞和甲骨文字，从其主要说①，在性质上，却同是一种占卜的记事，此其一。甲骨文字为今日根据实物的释文，卦爻辞为古代人的释文，其文字之梗塞难解，加之流传时代过长，其释文有无错误与组织上之变动，我们殊不敢言，此其二。"王用享于西山"等"故事"，从今日甲骨文中之"命周侯"以及"王田于倞"等记事来看，殷王之享于西山或岐山，也不是没有可能的。甲骨文中有"贞夐于西邑"②的记载。《易经》之成书于周人之手，那从易卦所说明之意识形态看，完全系代表变革时代的革命思想这一点上，是难于否认的。在这里，我不必再作详细的考证，请读者参考《古史辨》第三册和郭沫若先生的《中国古代社会研究》中之《从易经中所见到的古代社会》。

3. 《商书》各篇，按今本《尚书》注云：《商书》有隶书写古文二十五篇；现存今本《尚书》中共有《商书》十七篇；《史记》称《尚书》有《商书》二十余篇，存者共五篇——《汤誓》、《盘庚》、《高宗肜日》、《西伯戡黎》、《微子》。按《史记》所指篇名以复按今本《尚书》五篇中之《汤誓》一篇，其构意与所谓《夏书》之《甘誓》完全为同一公式；其文辞不但不似其他各篇之佶聱难解，且甚似于战国以后之文字体裁，疑系后人伪造，难作殷代信史。其余四篇，据顾颉刚先生之意见，只认《盘庚》篇可靠，认《高宗肜日》和《西伯戡黎》两篇亦为后人伪造；王静安先生则确认为殷代信史。余意此两篇文字如系殷代文献，则亦不免经过后人之润色，但其中之一部分，从其所说明之时代性考察，又殊能和殷代其他信史所指证者相合。因之，在没

① 据董作宾考定甲骨文字实分卜辞与记事两种。
② 《卜辞通纂》第一〇三页，柏山内氏拓片。以下简称《通》。

有曾详细考证前（这是有待于地下的继续发现才能证明的），我们还不能把它当作殷代信史看待。其余对《微子》篇，顾颉刚先生之判断颇露犹疑，王静安先生则亦确认为殷代信史。余按其所说明之时代性以及其文辞构造，亦殊能与《盘庚》篇相衔接，且其所说明之时代特征，亦能和其他殷代信史所说明者相适应。国学家吴承仕先生对《微子》篇之意见，则全与余意暗合。因之，余认王说甚确。

4. 周初文献（如成书于西周初期的《周书》各篇、《诗经》中出现于西周初期之部分，西周初期之彝器铭文等）中有关殷代的史料，亦无犹疑的能充任殷代信史。

另一方面，在其他出世较后之各种文献中有关殷代之史料，充其量，也只能借作旁证，但在其经过渗滤后，亦自能获得信史之价值。例如《史记·殷本纪》中一部分已由甲骨文字中得到确证者，我们便无法抹煞其真实性。

B.

关于方法论上一二指摘和问题的提纲

一、关于方法论上的一二指摘

在史料缺乏的前提下，欲求能正确的把殷代社会的经济的诸构成理解出来，无疑是一个巨大的困难。我在这里仅就既有的可靠史料来作说明，至于我所得出的结论是否正确，那只有付之于将来的地下发现和社会自身的动向去裁决。

在这材料缺乏的前提下，它们所能说明各种物证，一若其不相适应似的，例如在殷虚遗物中，一方面发现有大宗石器的存在，一方面却有繁盛的农业和畜牧业；一方面却呈现着阶级剥削的诸现象，又一方面却呈现着非石器或金石器所能创造的上层建筑的诸形态……在这一点上，要求我们对方法论为更正确、更严谨、更生动的应用，才能去进行理解。

殷虚的文化遗物，从民国二十年中央研究院在后冈的发掘，发现地质层式的相次堆积着仰韶、龙山、小屯各期遗物①。这确证了殷虚的储藏实物包括了人类历史的一个很长时期。就所谓"小屯期"自己的文化遗物，据担任安阳发掘工作的李济先生说："无论研究殷虚出土那种物品，它的形制总是在一个

---

① 《蔡元培先生六十五岁论文集》下册，梁思永：《小屯龙山与仰韶》。

变化的状态中，很少保持着一个固定的样式。"① 在这一点上，要求我们非从其运动的发展的过程上去认识不可；否则，材料的堆积，反足以混淆历史的事实而隐蔽其真象。

从其遗物中所呈现的各种现象之不相适应的情形下，更要求我们从其相互的联系上去把握，使之能互为印证、互为说明。这在材料不充分的条件下，尤其是必要的。

因之，我们要正确的认识一个时代的社会的本质，必须从其运动的发展的全过程以及同时反映的各种现象作辩证的考察；易言之，只有从现象之全体的联结上，从其发展的运动的根基上，去阐明其独特的形态和法则。反之，若是把各种现象从其当时社会存在的一系列的象征中孤立起来去考察，甚而把各种动的因素，均一一作为静止的僵化的东西去排列，或则故意把某一方面特别去加以夸张，那便无可避免的要陷入实验主义的泥沼中去：是＝是、非＝非、甲即是甲（同一律）；甲不是非甲（矛盾律）；甲不是乙，或甲是非乙（排中律）。

实验主义者之无法接近问题的本质，便在这里。然而在我国有些号称"辩证唯物论"的中国史研究者又是怎样呢？不幸，却十九在履行着十足的布尔乔亚的历史方法论，借一些科学的文句侨装为科学而出现。

因而在氏族制时代的农业和畜牧，和其后来时代的农业和畜牧比较，在观念论者亦即实验主义者流看来，农业就是农业，畜牧就是畜牧，认为其本质上没有何种差异的。这样从实验主义方法论出发，是无法认识其质的差异的。可是，像这样的历史研究，能给予历史的真象以何种说明么？那不过形成一派江湖俗调，集体的在危害真理。其次，我们的历史家，更从而作出以残余作为主要，以局部概括全部的结论来。这在郭沫若也同样犯了这一实验主义的错误。例如，他看见殷代王位有"兄终弟及"的事实，有类于常常专为"先妣特祭"的现象，尤其是看见类似于所谓"多父多母"的形迹的存在，便毫不犹疑的去确定："商代不明明还是母系中心的社会"，"那时候的家庭不明明还是一种'彭那鲁亚家庭'吗？""那以前的社会就不言可知了。"② 这已完全在追随着

---

① 参见《安阳发掘报告》第四期。

② 见郭著《中国古代社会研究》。近读郭著《卜辞通纂》，郭先生对殷代社会的意见已有不少改变，这证明无成见的人们是不会和真理执拗的。

实验主义者，郭先生自己或者还不知道哩！

此外，有些殷代社会的研究者，无论在材料上，在结论上，都不过从郭著作片段的抄袭，而为更一层的歪曲，以粉饰其固有的成见，且不惜以之反诘郭君。幸而他们的错误，已为我们青年朋友们所了解——至少已开始在了解。

在那些自号"辩证唯物论"的"历史家"血液中的实验主义的成份，最根本的，便是他们不了解因历史的连续发展的中断而引起向前飞跃的形式，及以"突变"和历史的质的变化的联系＝旧质的死灭和新质的代起的辩证法，以及阶级的实践的历史作用；反之，他们却认为在"渐变"的连续过程中能完成历史的质的变革作用。另一方面，他们也不了解在历史的渐变的过程中，亦曾不断的在引起部分的突变；同时，在新质的代起之后，依旧有部分的旧质保持其连续的发展。因而在殷周之际那一次历史的变革，却认为未曾引起质的变化；反之，在西周和东周之际那一次历史的部分的变革，却作为突变的形势去理解。这完全由于无视那"由量到质和由质到量"的辩证法。其次，他们把殷代社会的发展和其没落，不是作为殷代社会自身之内包的矛盾的发展去把握，而只肯作为民族与民族之外的矛盾的对立去理解，这无疑是一种机械的尝试的企图。

二、问题的提纲

氏族社会的诸特征和"政治社会"① 的特征，无论从社会下层基础诸结构上，从其上层建筑的诸形态上，在两者间均有其本质的差异而不容混淆的。

殷代社会从可靠材料中所能说明的诸特征，概括的说：（一）业已使用着足以产生剩余劳动的劳动工具，生产的直接担当者，主要则系作为奴隶而被使用的战败的俘虏，战胜者则已经从生产领域中脱离出来了；（二）农业和畜牧均已达到很繁盛的程度，而且后者已退变于前者的从属地位；手工业有相当高度的发展和相当高度的分业；（三）在生产的组织上，则具备一种父家长制的

① 这系沿用莫尔甘《古代社会》中的术语。

支配下的村落公社的组织，土地为国家所有而实行分配于各族长、家长；（四）在财产的形态上，以家畜和奴隶的数量去表现，除不动产的土地外，其他便已存在于私有制度之下掌握于父家长的手中；（五）在村落公社之上，则已经有具有强制的政治权力的国家，政权掌握在僧侣贵族和世族的手中，借世袭国王的名义去行使；（六）在贵族和奴隶之间，有中间的自由民阶级的存在；（七）已应用着作为记录的形声文字，能书写有韻诗歌，发明着有闰年和常年大月和小月之分的天文历数，并有精巧的艺术作品……。这些特征，我在以下各章将予以一一说明。

这些存在着的诸特征，一方面指明阶级社会的国家组织存在，同时在这种国家的组织内，由同一的种族形成其社会的支配的阶级，作为奴隶而被使用的被支配阶级，主要纯系由于战争而俘虏来的异族人。一方面社会组织形态，却是氏族社会末期之一种村落公社的形态，只是已失去其"政治的"机能。

具备这种形态的社会，便表现为一种初期国家的奴隶制度。这种类似的制度，在全人类史上的许多国家都曾存在过。例如在古代巴比伦，据波特卡诺夫的叙述："国土由国王（巴琪西·鲁加鲁）统治，这种国王以封建的官僚层作基础，在这些一切村落公社中，有其代理人和收税。认土地为属于巴琪西所有。农民使用土地，须向巴琪西及其使用人以酒、谷物、牛酪和绒毛的形态支付一定年贡。"[1] "土地则由农民耕种，一部分由奴隶去耕种"[2]。又如印度，在所谓"村落公社"的基础上，"把人民结合在一定的职业别下面……设定为四个加斯特的制度：即婆罗门（僧侣）、库西耶得里亚（武士）、瓦西雅（农业者、手工业者、商人）及觉多那（奴隶）"[3]。

在古代俄国，据波格诺夫斯基的叙述："……据传说，在俄罗斯平原的最初的大的国家的建设者，不是斯拉夫民族，而是从外来的民族，即在南部——从亚洲大陆而来的倭扎尔族，在北部——从斯干基拉亚半岛，即今之斯奥特而来的瓦利雅格族。其后瓦利雅格族把倭扎尔族征服，而成了欧俄全域的主人。"[4] "这些斯奥特人成为奴隶的所有者和奴隶买卖者，捕获奴隶而把他出卖

①《世界史教程》，日译本第一分册，第195—160页。
②《世界史教程》，日译本第一分册，第161页。
③《世界史教程》，日译本第一分册，第168页。
④《俄国社会史》，日译本第一册，第40页。

这事情为俄罗斯地方最初的主权者们的职业。从这等处所和那些库雅基（公）们间有过不断的战争，战争的目的为掠取奴隶"。① "俄国的最初的君主，便是奴隶买卖者团体的首领。"② 斯拉夫民族当时还在氏族社会末期，他们又从被征服的斯拉夫民族征收租税。在古代日本，随着大化革新，"土地的所有权从族长而移转于国家。"又依着颁田收授法而分颁土地。把氏族的贵族变化为宫廷贵族，他们受有职田和功田，仍沿袭着前此的氏族时代的田庄的组织，使用奴隶劳动去耕种。奴隶的来源，主要为由战争而得来的俘虏③。波特卡诺夫又说："农民作成公社来生活，各家族可得的不是一定的土地，而是对一切田地、牧场及菜园之一定分配的权利，公社共同耕种土地（耕地），或将土地划作小区分配给各家族，山林与牧场则仍旧共同使用。"（前揭书）为古代亚细亚特征之一。

这些国家，虽由于其历史的地理的条件之各异，而有其各自之不同的色彩，然而都带着一种初期国家之奴隶制度的形态，则是同一的。具备这种形态的奴隶制度，相对于希腊、罗马的奴隶制度而说，则可说是前期的。在罗马国家的前期，波特卡诺夫说，在纪元前六至四世纪时，罗马和其周围诸种族斗争而次第把他们降服。罗马人将被征服的共同体的人民，作为奴隶出卖，秘布其土地归国家所有，以之分配于财产少的市民，因之这些共同体使住民为同盟共同体。这种同盟共同体虽容许内部自治，但对罗马则须用货币去支付租税。（前揭书）

在古代俄国、古代印度和古代巴比伦，则明显的表现为一种种族国家的形态。其所具备之诸特征，亦即卡尔所指明的"亚细亚的"诸特征④。但这是指的后者的情形。殷代的社会形态即是属于这一种类型的。高端逸夫所著《古代东洋社会》一书中，有较详细之论述。

我在本书一册中，在指摘马扎亚尔的"亚细亚的"论点时，同时误从普列哈诺夫的意见，致连带的误解卡尔之所谓"亚细亚的"论旨。现在读到古

① 《俄国社会史》，日译本第一册，第41页。
② 《俄国社会史》，日译本第一册，第42页。
③ 伊豆公夫：《日本社会史讲话》，第三章。
④ 恩格斯在《家族私有财产及国家之起源》一书中曾以"东方的家内奴隶"和"古代的劳役奴隶"相对称。

代印度史和古代中亚细亚各国史，始恍然于卡尔之所谓"亚细亚的"，不外是一种种族国家奴隶制度；这从人类史之发展的过程说，和所谓"古代的"希腊、罗马式的奴隶制度，在历史的阶段上虽属是相当的，然在时间上却又是相次的。因而在全人类史之奴隶制度这一阶段，像古代希腊、罗马和古代日本等，采取着卡尔所意义着的"古代的"过程，像古代俄国、印度、巴比伦和中国等，便采取着卡尔所意义着"亚细亚的"过程。关于这一点，我将于修改本书第一册的错误论点时，再作较详细之论述。

C.

经济的诸构造

一、劳动工具＝新石器、金石器、铁器，还是青铜器

在世界史的可靠文献中，人类知道用铁器最早为古代埃及，它在公元三千二百年前已发明铁的使用①。中国在殷商时代是否和中亚或埃及有过交通关系，这便能作为决定殷代已否知道用铁的一个证明，然而这只能待于将来地下的发现。

在中国史书的记载上，早在夏代便知道铁的使用了。第一，在《禹贡》中有铁字的出现，次则陶弘景《古今刀剑录》说："（夏）孔甲在位三十一年，以九年岁次甲辰，采牛首山铁铸一剑，名曰夹，古文篆书，长四尺一寸。"然《禹贡》显系战国后的伪作；陶弘景的时代更晚，其所云种种，及今亦并无实物遗存，这是绝难凭信的。

在可靠文献中，"铁"字出现最早者为《诗经》之"驷驖孔阜"之"驖"，但系从哉从马，和"铁"字有无关系，尚难确定。其次便是《左传》昭公二十九年，晋赵鞅"遂赋晋国一鼓铁，以铸刑鼎，著范宣子所为刑书焉。"又次便是见于《孟子》中"以铁耕乎"之铁。其次则《山海经》② 说：

---

① B. A. Parking: prehistoric artchap. X. P. I.
② 据国内多数学者意见，《山海经》系出自邹衍之徒的手笔。按之时代事实对证，此说殊有可能。

"出铁之山三千六百九十。"《墨子·别墨》中有铁鍱、铁矢、铁镏、铁纂、铁鈇、铁钜、铁校、铁锁、铁鑗等记载①。《管子》有铁铖、铁刀、铁耜、铁铫、铁锥、铁凿等记载②。《荀子》有铁𨨏；《韩非子》有铁室；《战国策》有铁幕；《吕氏春秋》有铁甲、铁杖；《越绝书》有铁鉌、铁剑等记载。大抵冶铁事业到战国时代，不但已十分兴盛，而且已成为商人们的一种企业，所以《史记》说，邯郸郭纵、蜀卓氏、宛孔氏、鲁曹邴等，均以冶铁聚财而富埒王侯，致"通都大邑，铁器千石比千乘之家"者，所在皆是。因是，各封建侯国才专设"铁官"以征"铁税"。不过，（一）冶铁事业的发展到这种程度，是有其很长的历史，断非短时间所能达到的。（二）铁器之作为兵器，据目前能有之可靠材料记载，当至战国时代才见使用或始盛行；至于农器与其他生产工具，当不在此限。故江淹《铜剑赞序》云："（古者以铜为兵，）春秋迄于战国，战国迄于秦时，攻争纷乱，兵革互兴，铜既不充给，故以铁足之。铸铜既难，求铁甚易，故铜兵转少，铁兵转多……两汉之世，逾见其微。"这虽不完全征信，但可为一有力之旁证。

然而中国用铁时代，究始于何时？此在目前，仍为一不能决定之问题。但欲按铁字的出现时代去断定用铁的时代，则殊危险。余按铁之称"铁"，大抵始于战国；在春秋时代犹以"恶金"名之。《国语·齐语》说："美金以铸剑戟，试诸狗马；恶金以铸鉏、夷、斤、劅，试诸壤土。"（《管子》中亦有此同一之记载）"美金"即铜，"恶金"即铁，自来已有定论。依此推溯，在殷代假设已知道用铁，则"铁"之称谓为何？更不易推知矣。且从而，即使殷代已知道用铁，然若欲从甲骨文字中求发现一"铁"字，亦属不可能之事。其次，欲从地下求发现以决定中国开始用铁时代，此亦难于完全保证。铁在战国以前既不用作兵器、祭器（或称礼器）、食器等，则王室遗物中，自难发现有铁的夹入。此其一。从铁的容易氧化之物理性说，即使遗留地下，若在稍带潮湿之地，短时内即能全被氧化，此其二。在生产者使用金属生产工具，比较不易弃入地下，因其制造形式虽有变化，原来之旧式金属工具固仍有其原料之价

---

① 墨子的时代，先于孟子而出生于春秋、战国之际。据多数史家意见，认为《别墨》非出自墨翟本人。

② 《管子》一书之时代，尚难确定。但成书于战国时人之手则无可置疑。在此处言"铁"，在他处又言"恶金"，此恰能见出《管子》一书非成自一人，亦非成自一时。

值也。此其三。自战国以前至今在地下亦仍无铁的发现。此其四。

然而殷代究否知道用铁呢？虽然在本书第一册中说殷代铜器中之含铁成份，此时认为有由铜矿之自然含量或有意的含金配合之两种可能。今读《安阳发掘报告》第四期《殷代冶铜术之研究》一文说："殷虚文化层内，常有未曾冶炼过的铜矿石发现。十八年秋季发掘殷虚，又得着一块较大的孔雀石（Malachite，Cu Co3. Cuo. H_2O）重一八·八公斤，并且混杂着许多赤铁矿（Hematile，Feo_3）。"因而我前此的推测，似以第一个推测的可能性为多。

据郭沫若先生的意见，曾为殷属领的周之先人公刘的"取厉取锻"（《诗·公刘》，便是"采取铁矿来锻炼。"《周礼·考工记》上所谓"段工"，恰亦不曾说明为何种金属工；同时据《考工记》的说明，当时所存在的各种金属的制炼工，除铁而外，又都已有其说明。《淮南子》说："铸金锻铁"。因而郭先生的"取厉取锻"的解释，是相当正确的。此外，李季先生也与此有同一之解释。然自"命周侯"三字的发现，周在"武王克殷"以前曾为殷之属领，已能确证；而且据甲骨文字的记载，殷在其亡国前，王的足迹且常及于"羌""㑌"等地。似此为殷属领的周的文化，当然不能在殷代文化之上。（按《商书·说命》上篇亦有"若金，用汝作砺"语。只是《说命》篇时代尚未完全确定为殷代人所作）如果周人在早久就已知道用铁，而殷人反在应用石器或木器去耕作，这却是一个绝大的矛盾。在这一点上，无疑是郭先生理论上的一大错误。然而《诗·公刘》篇系西周人追述其先世的作品，我们稍微慎重点说，却只能作为西周已知道用铁的证明；以之作为公刘时知道用铁的证明，可信的成份自然有，但没有绝对的保证。因之李季先生凭此去证明公刘时已知道用铁的结论，却未免陷于观念论的说明。

因之，从殷代的文化创造的成果上说，十分有知道用铁的可能（注意呀！我只在说"可能"）[1]。但实际上如何？我们还没有强力的证物去作直接的决定。

从殷虚的出土文物及其遗址的发现考察，殷代应该是青铜器时代。这，我们从以下的几个方面来说明。

---

[1] 本书第一册出版后，据友人张西堂先生说，某君逢人便说："吕振羽认为殷代知道用铁，胡适认为殷代有儒家，这真是无独有偶的怪闻。"实际这完全是某君的误解，我在本书第一册中，自始便不曾谈过"殷代知道用铁"那样决定的话。至于胡先生究竟说过"殷代有儒家"没有？因为我们对胡先生的大著没有那样细心地读过，恕不代为解答。

（1）从其冶炼术和冶炼场遗址之普遍的存在上说。在殷虚的发掘区域内，到处"红烧土碎块，木炭，将军盔、炼渣、铜范，和未冶炼过的铜矿砂"，并"密布着炼铜遗痕"。（《安阳发掘报告》第四期，刘屿霞：《殷代冶铜术之研究》）又据郭宝钧先生的报告，在一坑内"铜范出土逾百，铜锅出土数十"。（见同上书）关于这种情形的记载，并请参阅《安阳发掘报告》各期。这证明殷代冶炼事业已发展到普遍存在的程度，易言之，已十分盛行。

炼铜的技术，据刘屿霞先生的研究，已发现有每次能炼出一二·七公斤纯铜的炼锅"将军盔"。并推定有更大的炼炉之被使用，因为在安阳又发现一块重二一·八公斤的炼渣——这种大块炼渣的发现，自非有更大的炼炉之存在便不能与以说明。至这种炼炉为何种原素所制造，以及其构造形式如何，在目前尚不能与以说明。其应用之矿砂，就发现实物说，为氧化铜之孔雀石，这是非有相当高的冶金术便不可能的。至已否应用硫化铜矿，则尚难决定。其冶炼方法，据刘君研究，有选砂，配合镕剂，掺锡、铸范、修饰等程次；刘君并揭示如次之一构想图表：

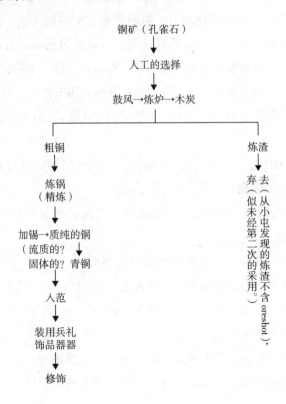

铜矿（孔雀石）

↓

人工的选择

↓

鼓风→炼炉→木炭

粗铜	炼渣
↓	↓
炼锅（精炼）	弃去（从小屯发现的炼渣不含 oreshot），（似未经第二次的采用。）
↓	
加锡→质纯的铜（流质的?）固体的? 青铜	
↓	
入范	
↓	
装用兵礼饰品器器	
↓	
修饰	

刘君根据铜范发现的"数量之多，分布之广"这一暗示，判定"殷人制造铜器，是不施用锤击法"（见上揭刘文），这却未免武断一点。因为发现的铜范，主要都是祭器（礼器）、食器、装饰品制造模型，此等铜器，固至今犹以铸制为主要制造法。此其一。甲骨文字刻画之精与其他精巧的艺术雕刻品，其所应用之刻画与雕刻之工具，除铁制工具而外，似非铸铜所制的工具所能胜任。易言之，至少非有锤击熟练之青铜器不可。此其二。

（2）从其出土物之量的比例上来说。在民国十八年前的发现，兵器和各种器具，均是铜器占最多数。郭沫若就罗振玉《殷文存》所收集中七百种铜器铭文分类为爵、卣、尊、艺、觯、鼎、敦、瓠、盉、角、斝、甗、匜、壶、鬲、罍、盒、盘、觥、豆等二十种。郭君并云："足征当时的青铜器已很发达。"民国十八年以后，中央研究院继续发掘，出土的石器数量亦殊不少，反而较铜器多。所以李济说：

"（殷代）铸铜艺术虽说是到了很高的的境界，生铜的供给不多，好些日用的器具尚是用石作的。最普遍的日用石器是一种石刀，这种石刀出了过千，它的用处一定很广，像是一种刮刀，与制骨业有密切的关系。此外有石斧很多。偶见的石器有三棱石簇与双眼月牙刀。石簇见过两次，石粟凿只见过一次……但大多数的石器都非平常用的东西：有的是一种艺术的创造，有的是一种宗教的寄托。这类的东西，到周朝时候，好些是用玉作……在这些石器中最新颖的是一个半截拖脚而坐的人像，膀腿均刻有花纹。"（《安阳发掘报告》第二期李济文）

"小屯所出的簇，多是骨制或铜制的，并有贝制的，只有两个石制的。"（李济：《小屯村与仰韶》）

"殷虚出土的铜器，仅仅是很少的几件，铜范的数量到是不少。"（刘屿霞：《殷代冶铜术之研究》）

依照上述几段话看，殷代便应该是金石器时代，而不应该称作青铜器时代。然而有那样普通的冶炼场遗址，易言之，大规模的冶铜遗址的存在，各种各样的铜范的存在，而铜器的出土物反见"很少"，这不是矛盾吗？其次，出土石器中之属于艺术的创造或宗教的寄托等一类非平常用的东西，那却可以在很远的后代还可以存在，可不成为问题。用器如石粟凿与石杵臼之类的东西，也是可以在很远的后代，甚至现在还可以存在而不成为问题。石簇既系偶见，那也可以视作残余，只是石刀与石斧，如果数量较小，也还可以视作残余，因为铜器时代甚至铁器时代还可以有石器之被使用的历史事实存在。另方面，已发现的兵器和用具的种类，则有戈、矛、镞、针、锥、锛、瞿、斧、刀、小刀等，以之与石刀、石斧、石簇比较，不但是种类的繁多不同，而且形制繁简亦异。在这点上也显见是一个矛盾。凡此矛盾的解决，只有生动而辩证的考察才有可能。

第一，根据后冈的发掘，证明殷虚的地下实堆积着人类史一个悠久时期＝自新石器的初期以来的文化遗物的叠积。在这点上，其遗物有混同堆积的可能。

第二，殷虚地下所堆积的所谓小屯期文化遗物的本身，据近年的发掘报告，亦可分作前后两期。所以郭宝钧君的发掘报告说：

"穴居与堂基之关系，有时代先后之分。居穴居先，堂基居后，于 B_{31}、B_{43} 所见，土墙跨圆，穴而筑，可为铁证。大抵距现地面 2.5m 处，系殷代地面（指 B 区）。这由此而上为版筑分布层，由此而下为穴居分布层。居穴之中均灰土，无穴之处皆黄土。此历验如坑，无一或爽者也。"

"居穴筑自何时？换言之，即此项居穴为殷人遗留，抑系前乎殷代遗留？亦一应研究之问题。关于这后者尚难为明确之答复。盖殷人居此甚久，前代即有遗存，已为殷人所扰乱，故纯粹之前期居穴，颇难保存……关于前者，即现存居穴，皆经殷人居住，已为明确之事实。以穴内包含遗物，皆系殷代作风故。盖殷之初迁，或利用前人旧穴，或重新自筑新穴，要必有穴居之一时期，可无疑问。殆后版筑发明，土木大兴，坛堂渐多，居穴渐废，遂有跨填平之居穴从事建筑，如 B_{37} 之现象者矣。"（《安阳发掘报告》第四期，郭君发掘记）

此种穴坑，有认系居穴，有认系窖穴，有认系"坎窨"；实则这并不能以一说律之，从事实的暗示而系同时均存在者也。据右述郭君所记录，值得我们特别指出：（1）在殷代，已废穴居，而为版筑之室居，至少在其首都殷虚如此；至郭君说："殷之末世，已由穴居进而为宫室居住之过渡时代"，则又未免武断矣。（2）版筑居室筑于"跨填平之居穴"之上，且有版筑墙基横跨穴坑者，是此等穴坑已全归废弃，于此而得一确证。

在殷虚整批发现之骨器、石器等，适均系堆积在此等废穴内；而"堆积情形"亦"不见扰乱"（参看前揭郭君发掘记及石璋如君工作报告）。其余铜器及整形陶器等，则均系零散发现者，有人判定此种藏物之穴为窨窖；但穴中所藏，为什么除石器、骨器外，率多残败之物呢？例如民国二十年的开发，［系］石璋如君经手所发掘的，"窖"中藏物种类及数量，据其报告如次：

"这窖的遗物大概可分为陶、骨、蚌、石、龟、贝、金、铜、玉、土等十种。其中陶片一千八百八十块，白陶三十五，残'将军盔'二，红色绳纹陶罐一个；字陶二片；骨类，有兽骨七百六十，大兽骨二，人骨一，兽类四，兽牙八，残骨器四十四，骨筒三，骨版十八，骨锥十六，骨笄三，骨矢十八，卜骨一，字骨三，花骨七，骨柶八，骨梳八，牙饰八等；蚌类，有蚌二百五十四，条纹蚌三十五，残蚌器七十八，蚌珠二十一，长螺蛳二百四十六；石类，有石八十九，石刀四百四十四，石斧一，石箭十六，残石器三十，石磬一，石鬲脚一，雕石四，绿石屑二百零九，残雕石皿一，绿石珠十，残细石刀四节；龟类，有龟版一千一百七十九，字甲一；贝类，有贝一百六十三，大贝二；金类，有金叶二，金花二；铜类，有铜八十五，残铜器三十，铜镞十四，铜扣十，铜铃一，铜锤一；玉类，残玉十一节；角类，有鹿角四；土类，有木纹土二，丝纹土九，花纹土二，镶松绿石带花砵土一等。"

所可异者，在这一纸账单中，用器和兵器中除大量的石刀和骨器外，铜器却甚少；其他除蚌珠二十一，贝一百六十三（石璋如君没有说明这种贝是用作货币、装饰，抑其他类的贝），金叶二，金花二等外；却都是一些残废物的拉杂般堆积着。因而这"窖"无宁是残废物的垃圾堆，少数之贝、铜、蚌珠等，未始非系随同残废物夹入者。

另一方面，石斧和石刀如系充任当时主要的劳动工具，为什么那样大批的闲置于"窖"中储藏呢？如系兵器，则在冶铜术那样发展而又普遍存在之情形下，铜兵器的大量制造的情形下，为何没有大量铜兵器储藏呢？因而这倒说明了石斧和石刀的使用已被废弃，所以才大量的堆在废穴中，铜制的劳动工具和兵器已普遍的被使用着，所以才不曾那样大批的堆积着。李济先生引用马叙尔爵士的话说："证明遗址是渐渐废弃的，那时的居民，都可以从容的把那好一点的东西迁到别处去。"这是很正确的。

殷虚出土铜器制作均至为精巧，而石刀、石斧等制作则并未脱离新石器初期之粗劣状态。

到现在已能从发现的材料证明，殷虚不是被淹而变成荒丘，殷代自盘庚至受亦不曾迁都。据传"武王伐纣"，纣曾"空举国之师以迎武王"①，那么，应用的兵器，当然再不能放在储藏库不动，那些兵士们打败之后，被周人俘虏，或四处逃散，当然也再不能把兵器再送到储藏库里去。此亦能反证石刀、石斧、骨簇等已废弃使用。其次，周民族把殷民族征服后，当然也不肯给他们留下如许兵器，此事理之必然者。据《逸周书·世俘解》说："凡武王俘商旧玉亿有百万。"事实上，周民族攻入殷都后，凡殷都所有之祭品、兵器、食器等有价值之物品，必尽数囊括以西，则属当然之事。

因此，殷虚出土铜器数量之少，而石器和骨器反见其多之问题，便不难得到完满的说明了。

（3）从工艺的程度说。沙井期出土之铜器已颇精巧，安迪生则谓以之与罗振玉所得之殷虚铜器较，则不逮远甚（见《甘肃考古记》）。马衡说：

"吾所见商末之器，其制作之艺术极精，如《考古图》所采亶甲墓旁所出之足跡罍，虽周代重器亦无以过之。此种工艺，岂一朝一夕之功所能臻此。况古代文明之进步，其速率盖远不如今日。以吾人推之，至少亦当经四五百年之演进，始能有此惊人之艺术。然则始入铜器时代之时，至迟亦当在商初。"（《古史辨》第三册马文）

马氏此说，除所谓"至少亦当经四五百年之演进"一语，仍不免以现代文化演进之速度去悬推古代之一错误见解外，殊不失为一相当正确之评断。

其次，如甲骨文字之刻画，均甚工整而遒劲，其笔有小似发纹者；即吾人应用今日进步之铜制工具以从事，非有相当时间之熟练，亦不能臻此程度。所以罗振玉说：

"抑三代之时，当为铜器时代？甲骨至坚，作书之契，非极锋利不可。知古人炼金之法，实已极精也。"（《殷商贞卜文字考》）

甲片之错洗，亦甚为光洁晶滑，"甲骨至坚"，盖亦非有"极锋利"之工具不可也。

其他如所见遗物中雕镂之骨器，雕刻之石器和铜刻等，艺术之精，非有锐

---

① "昔者纣为天子，率天下将甲百万；左饮于淇谷，右饮于洹水，淇水竭而洹水不流"（《国策》），这虽言之过誇，但武王也说："受有臣亿万，惟亿万心。予有臣三千，惟一心。"（《周书·泰誓》）"甲子昧爽，受率其旅若林，会于牧野。"（《周书·武成》）纣用以拒周人之人数至为巨大，盖可想见。

利之金属工具，亦属无从进行。

只是在殷虚的出土物中，大部均系祭器、食器、装饰品和兵器；手工劳动用具方面，亦仅有针、锥、锛、小刀等的出土；农耕工具而迄无发现。因而有人认为殷在这些方面则应用铜器，而在农业和其他手工业方面的劳动工具，则仍系使用石器；易言之，殷代仅在祭器、兵器、食器、艺术用具、文化用品等方面用合金青铜制造。这完全是一种倒果为因的诡辩。石器时代所代表的生产力，能产生高于自身的艺术文化，这却不是在我们这个人类的历史中所能发现的。因为那些从事艺术的文化的人们，在殷代所表现的事实上，他们非离开生产劳动而作为一种专业化不可。那么，如果他们不能纯依赖空气维持生命，就非要有另一部分人除生产能维持其自己的生活必需的生产物外，还须多支付这一部分劳动去生产那维持他们——离开生产者——生活必需的生产物不可；易言之，能有大量的剩余劳动之产生不可。这却不是石器或金石器所代表的生产力所能实现的。

殷虚为殷代首都所在地，从其遗物及其遗址之发现情况考察，殆为当时手工业者所团集。故址地域宽广，居室密，皆在此种都市中，当无农耕工具之遗留可能。因为殷虚即有农耕工具制造工场存在，其所生产之生产物，自然陆续分配出去而不致有剩余堆积；在首都为周民族侵入之顷，此等工场中所存留之生产物与各种设备，必或为群众所携取，或为周人携之以西，其他手工业方面的生产工具，亦殆得此情形而遭星散。

抑照现在的发掘情形而独得出的结论，在殷代亡国的当时，其地面所存在之物稍有价值者，殆无遗留堆积之可能，而今日所发现者，必为当时已沉入地下之物，或则以为当时已被视为无何价值而被遗留者，此为吾人凭古物以说明殷代社会所不可不慎择之一点。

（4）从铜器之生产量上说。据董作宾的考究，从骨臼刻辞，证明在武丁时代，仅在一个短时内颁发之铜矛，"有数可计者，共有四百零五支"。而且"这仅仅是武丁时代所铸造的兵器之一小部分中而又矛数有记载可稽者，当时武功之盛，便可以想见一般了。"（董作宾：《帚矛说》，《安阳发掘报告》第四期）无数可稽者尚不在此数。而颁矛之数就发现之骨臼刻辞说，如"晏"、"罗"、"小臣中"等各有一次多至二十支者。

矛在当时殆为最有威力的军器，其制造技术，在当时必系比较复杂，工作比较烦难，因而才特别慎重其事记载于骨刻，并设专人司其事。然此足已概见其生产量之相当庞大。依此推测其他铜制兵器之生产，当更属大量无疑。其他铜器之生产量，殆亦可想而知。因而当时铜的总生产量之庞大，盖可想见。而此与殷虚遗址中冶炼场之普通存在与其冶炼术之发展高度，则恰相适应。

因而就现有实物考究，殷代之为青铜器时代便能得到确认，从而一般强认殷代为"新石器"或"金石器时代"的历史家，便属绝大的错误，从而概见其对唯物辩证法之无理解。

欧洲在氏族社会时代用骨器所刻的动物形象画十分逼真者，但其刻画笔法仍很粗糙。在殷虚出土的各种艺术作品，不但刻画笔法甚为细致工整、圆滑，而且其刻画构意多数已脱离骨形之直接描写，而为表现一种复杂的意识形态之抽象构意＝宗教寄托等。

二、殷代青铜器所表现的劳动生产率

以铁的发明为国家出现前提之一这一问题，首先为莫尔甘在其《古代社会》中所提出。恩格斯根据古代中亚细亚及地中海沿岸各国家成立的事实而加以确认。至于除铁以外之金属工具如青铜器的普遍被使用，是否能产生足令社会内一部分人脱离劳动之剩余劳动量之一问题，恩格斯虽不曾给予我们以具体的说明，但却给了我们一个暗示。他在《家族私有财产及国家之起源》中说，最初的铁，其硬远不及铜的硬度高。这是一个重要的暗示。而且在这里恩格斯仅在就上述古代国家历史事实的一种叙述的说明。然而发明用铁的最早的古代埃及，是处在那样容易获得铁矿的地理的有利条件下，所以他从金石器的使用便一直转入使用铁器的时代。在其继起的古代中亚细亚各国，对于铁器的发明和使用，却无不以埃及作为前驱而受其影响，像亚述那样冶炼事业很发达的国家，也是有这种的作用在里面的。自然，也必须在其这些古代诸国自身的生产发展到一定程度，才有接受这种影响的可能。在更后起的古代希腊和罗马，却更在直接间接的承受着那作为其前驱的古代诸国的遗产，所以它曾创造出世界史上的其他国家所不曾到达的奴隶所有者的社会的繁荣程度。从十世纪起才开始成立的古代俄罗斯的倭扎尔人和斯奥特人的国家，那却更在其前驱的欧洲和亚洲的许多国家的直接影响之下。在日本的最初的国家之古代奈良朝时代，更完全受着中国隋唐时代的文化的影响①。铁最初从中国输入过去，冶铁术也是从中国输入的。

然而在不能获得较高文化之外来的影响，同时在地理条件上又缺乏较易冶炼而含铁成分高的铁矿存在区域，像中国古代的殷商时代，在青铜器所代表的生产力的基础上是否能创造出国家呢？这问题的最辩证的解释，只在青铜器所代表的劳动生产性，是否能使社会内一部分人从生产领域中脱离出来而成为统治者？易言之，即是否能创造出阶级来？因为阶级的存在是国家之存在的主要内容，而历史上最初的国家＝奴隶所有者国家，即适应着"社会的阶级之最初的大分裂"的时期。然伊里奇所说，在最初分裂人类的阶级的"这种工种，在当时还是极幼稚，极原始的。"

在现在来解说这一问题，便只有从殷代社会自身所存在的事实来说明。在殷代，初期国家的诸阶级之业已明显的存在，暂且不说。现在便只看是否在社会内部已经有完全从生产劳动中脱离了出来之一群人之存在。如前所述，从事占卜书契等文化工作，具有较高而复杂的思维与构意的僧侣们，已完全表现为一种专业，这证明他们已完全从生产工具或消费资料的生产之生产领域中脱离了出来，成为不能不凭依他人的劳动以为生的坐食者。他们便成为存在于当时社会内的僧侣贵族。这种僧侣贵族（即史官或贞人）之大群的存在。就出土之一部分甲骨文字可稽考者，在武丁时有殻、亘、永、宁、圐、韦、𡆥、𡉈、𠳆、𡥋、箙、史等十二人；祖庚、祖甲时有大、旅、节、行、兄、出等六人；廪辛康丁时有逆、凶、囡、宁、犾、彭、尤、口、旅等九人（见董作宾：《甲骨文字断代研究例》）。然出土甲骨字片，仅不过其文献之一小部分，故当时坐食的僧侣贵族之群曾存在着一个庞大的集团，是可断言的。所以在甲骨文字中又常有所谓"乎（呼）多尹"的记载。例如："乎（呼）多尹从𡆥"。（罗

---

① 在中国隋朝，有一部分的中国知识分子，因逃避国内的战争而去日本，直到唐朝仍不断的有继续东渡去定居的。这些前去定居的中国人成为中国文化传入日本之媒介人，且作为促成日本大化革新的重要因素之一。随着隋朝中国人渡海前去日本落居，引起当时日本人对中国文化之爱慕，相继西渡来中国留学。这些留学回国的日本人，都成为大化革新的中坚分子。据传说，中国人之渡居日本，却还远在秦始皇的时代。请参阅伊豆公夫《日本社会史讲话》。

振玉：《殷虚书契后编》，卷下，第二二页，第五片。以后简称《后》）"尹"即"史官"或"贞人"，亦即僧侣贵族。所谓"乎多尹"者，即声请僧侣贵族们之意。

其次，《周书·酒诰》说："殷之迪诸臣，惟工乃湎于酒"。《商书·微子》亦说："我用沉酗于酒。"所谓"诸臣、惟工"是兼括僧侣贵族和世俗贵族而说的。因为自箕子、微子以次均"沉酗于酒"，而箕子和微子都是"王族"，其"沉酗"的情形，则是"靡明靡晦，式号式呼，俾昼作夜。"（《诗·大雅·荡》）这种颠倒昼夜的"酗酒"流连的生活，不是完全离开生产劳动，有他人劳动以供剥削的人们是梦想不出来的，尤其在古代。这种情形，从殷虚遗物中的酒器之多，以及甲骨文字中关于酒的事情之频繁的记载，是更能确证的。这从贵族之贪于遊田一点上考察也能说明的。郭沫若从甲骨文字的考究而得一结论云："殷王好田猎，屡有连日从事遊田之事……然足见殷时之田猎已失去其生产价值，而纯为享乐之事矣。《周书·无逸》言祖甲以后，'立王生则逸，生则逸，不知稼穑之艰难，不闻小人之劳，惟耽乐之从'。又云：'文王不敢盘于遊田'，又云：'继自今嗣王，则其无淫于观于逸，于遊于田'。均针对殷王而言也。"（参见《卜辞通纂》畋，第一六二页。）这证明当时已有安全从生产劳动领域中脱离了出来的大群世俗贵族的存在，便无可否认。

《酒诰》又说："诞惟民怨，庶群自酒，腥闻在上。""庶群"当然不是奴隶，因为在历史上没有这种"自酒"的奴隶存在的可能。"庶群"而有这种腥气弥漫的"自酒"现象出现，一面正反映着他们已赖于从事劳动，一面正反映着社会生产力的程度，从而剩余劳动之生产的重要性。这种"庶群"，便是存在于当时社会的中间的自由民，他们是共同体内较贫穷的本族的成员构成的。

另方面，关于殷代的各种文化成果，如前曾提述过的精巧而表现抽象的构意的艺术作品，占卜和记事的文字记录，宗教式的祭祀彝器，天文历数的发明等，这在古代，都是要建基于较高的劳动生产性之上的剩余劳动生产上，才能结出的果实。关于这些文化上的精神创造品，我们到后面再说。

因此，殷代的青铜器所代表的生产力，曾创造出存在于社会内部之不劳而食的阶级。易言之，它曾完成了使社会内部之阶级的最初的大分裂的任务，而充任了国家出现的主要因素。

三、农业及其经营组织

从仰韶遗物的证明，中国在新石器初期已发明畜牧，同时并已发明农业。我已在本书第一册中详述过。然前此犹有人认为仰韶非中国民族之遗物，因而不免有非难余说者。去夏中央研究院在《安阳考古报告》第四期中，公布民国二十年在小屯近郊后冈之发掘结果，即前述仰韶、龙山、小屯各期文化遗物在一处为地质层式的相次的埋藏的发现结果，余说乃又得一不可动摇之铁证。这关于殷代农业和畜牧的说明上，乃构成一有力之史实根据。《国语·鲁语》上说："昔烈山氏之有天下也，其子曰柱，能殖百谷百蔬。夏之兴也，周弃继之，故祀之以稷。共工氏之伯九有也，其子曰后土，能平九土，故祀以稷。"据现代多数学者考究，"后土"即系殷民族的先祖"相土"的传说，"社"亦从"土"，即殷族所奉祀的农神。据《史记》（甲骨文亦已得到证明）记载，相土为汤前十二世先祖，为夋之四世孙。殷族是否到相土时才发明农业，虽尚无强有力之证明，然证之甲骨文中之祀"土"的记载和"土"又转化为后代之"社"看，"土"在殷族农业史上有其特殊关系，则应属无疑之证据。

关于殷代的农业，在甲骨文中对于象征农业的文字有农、田、畴、井、疆、甽、圃、囿、畯、囷、畜、艺、禾、黍、麦、粟、米、稻、啬、来、齹、季、穌、耤、果、刍、桑、麻、丝、乐、璓等字。[1] 从这一联的字义中，证明了主要的谷物在当时都已知道种植了。耕地的区划在当时已存在，"年"、"季"等字从"禾"，确证了殷代天文历数的发明，完全是和农业的发展相关联的；區字的形象和𠂤[2]字象征着当时农业生产的技术程度，但是我们的历史家，只肯认作畜牧刍料之栽培的象征。

然而在另一方面，如前述殷人之嗜酒的情形，在这里再重述一下。"我用沉酗于酒"，"方兴沉酗于酒"。（《商书·微子》）"咨女殷商，天不湎尔以酒，

---

[1] 见林泰辅：《龟甲兽骨文字》，卷二，十九页之一，以后简称《林》，从郭沫若释。

[2] 徐中舒释𠂤，谓即郒，见《历史语言研究集刊》第二本，《耒郒》考。

不义从式……靡明靡晦，式号式呼，俾昼作夜。"（《诗·大雅·荡》）"辜在商邑，越殷……庶群自酒，腥闻在上。""殷之迪诸臣，惟工乃湎于酒。"（《周书·酒诰》）"殷王受之迷乱，酗于酒德。"（《周书·无逸》）

甲骨文中关于酒的记载频繁，酒器的发现至多，祭祀用酒分量，据王国维考究说，"卜辞纪祭祀所用之鬯，自六卣以至百。"（《观堂集林》卷一，第十页）这反映着当时酿酒业的盛行。从卜辞中的鬯字和酒字的形象看，当时酿酒所用，似为谷类而非果实。因之酿酒事业的盛行，是以农业繁盛为其前提的。次从甲骨文卜占记事的种类看，除王的遊畋和卜战争的凶吉外，殆以"卜雨"、"卜年"及"卜禾"或"求禾"等为最多。雨年或雨禾并卜者，例如："贞于兑求年。帝令雨足年。贞求年于㞢。贞帝令雨，弗其足年。"（《殷虚书契前编》卷三，二十一页，第三片，以后简称《前》三，二一，三）。"己酉，卜黍年，㞢有足雨。"（《前》四，四〇，一）"贞今其雨，不佳䲪上吉。"（《殷虚书契后编》下，第七页二片，以后简称《后》下，七，二）。"庚午卜，贞禾㞢㞢雨。"（《前》三，二九，三）卜雨者，例如："贞……华祐……（有）从雨，戊戌雨。"（《前》四，五三，四〇从郭释）"癸卯卜，今日雨。其自西来雨？其自东来雨？其自北来雨？其自南来雨？"（《通》，《天象》，七八页）"今二月，帝不令雨。"（《铁云藏龟》一二三页第一片。以后简称《铁》。）"……䡩。贞，今日雨。贞不其雨。在五月。"（《前》三，一六，二）"庚午卜，壬申雨，允雨亦。"（《通》揭何一三片）

卜求禾，求年，受年者，例如："南方受禾，西方受禾，北方受禾；癸卯贞，东受禾，口受禾。"（《戬寿堂所藏殷虚文存》，二六，四，以后简称《戬》。"癸卯卜，亘，贞我受黍年。二月。"（《通》别二，七页，揭田中藏甲一四）

"甲辰贞，其登黍。"（《新获卜辞》一四二片）

"己亥卜，宁，翌，庚子，㞢告麦，允㞢告麦。"

"庚子卜，宁，翌，辛丑，㞢告麦"（《前》四，四〇，七）

"己未卜，贞黍在龙囿，𡴎（或释秋，郭释啬）受㞢有。"（《前》四，五三，四）

"庚申卜，贞我受黍年。三月。"（《前》三，三〇，三）

"贞弗其受𡿺（郭释酋，熟也）年。二月，弗其受黍年。二月。"（《后》

上，三一，一一）

"癸巳卜，[img]，贞我受酉年，三月。"（《通》九四页）

"丙子卜，禾糜糈受年。"（《前》七，一五，三〇，从郭释）

"戊午卜，宁，贞酒，求年于□□□。"（《前》七，五，二）

"己卯贞，求禾于示壬，三牢。丝用。"（《新》二一〇）

"至后祖丁秦年。"（《通》别二，七页，揭田中藏甲二）

"任申贞，求禾于夋。"（据董作宾：《获白麟解》）

"甲辰卜，商受年。"（《前》三，三〇，六）

上揭诸例能给我们以何种说明呢？所称"求禾"、"求黍"、"受酉年"、"受黍年"、"登黍"、"告麦"等记载的指示，自然不能说殷代农业是刍料的种植，而是一种农业的经营。在农业受自然力支配的时代，水、旱或雨量调和是直接关系其农业收获的丰歉。所以殷人对卜雨的事看得非常重大。而且，因为农业已成其重要的生产业，才付予那样绝大的关心。在"神权"支配着人类意识的时代，凡有关重大的事情，都用祈祷的方式去告问，这几乎是古代政府共同习惯。殷代奴隶所有者政府关于农业上的祈祷告问，不但看得十分重大，而且已定为一定的仪制。郭沫若于详究甲骨文字之余，乃亦作结论说："祈年多于二三月，亦于十月、十一月以卜来年，足见周人三社之礼，实有所本。"（《通》五页）

"周人祈年岁有三社……今征之卜辞，则三社之礼，盖自殷代以来矣。"（《通》九四页）

就上述"告麦"的意义言，郭沫若说，此即《月令》"孟夏之月，农乃登麦，天子以乃彘尝麦，先荐寝庙"之意。（《通》九八页）

而且在卜辞中尚有如次那样的一条记事："庚子卜，贞，王其观耤（藉），重往。十二月。"（《后》下，六，十六，从罗振玉释）是周代"藉田"之礼，在殷代亦已存在，而周之"藉田"礼，盖亦"自殷代以来矣。"因而，《诗·商颂》所谓："自天降康，丰年穰穰"（《烈祖》），"稼穑匪解"（《殷武》）的记事，却属一种无何夸张的实情。而《周书·武成》之所谓"散鹿台之财，发钜桥之粟"，一方面虽同时在说明剩余劳动的堆积，一面却又正在反映农业的繁盛。

在另一方面，殷人对牧畜，却并不如此的重视与关心，这恰在反映畜牧事业已退于农业的从属地位①。所以曾判断殷代为"渔猎时代"的郭沫若先生，在这里也不能不说："大抵殷人产业以农艺牧畜为主，且已驱使奴隶以从事于此等生产事项，已远远超越于所谓渔猎时代矣。于礼有告卤、告麦、祈年、观耤之事，多与周人同。孔子所谓'周因于殷礼'者也。"（《通》一〇三页）不过，郭先生似乎还不曾注意到人类史上所谓"渔猎时代"，系和旧石器时代相适应的时代，虽然曾冠以"远远超越"的形容词，这容易混淆注意力，我们应该附带声明。

产生这种繁盛的农业，自应有其较进步的农耕技术作基础；只是殷代的农耕工具，至今尚未有遗物的发现，我们无从作直接的叙述。郭沫若曾以农字之从厌的构意上判定殷代的农耕工具为石刀。王礼锡、胡秋原等袭取其说。今按殷虚出土之石刀和石斧，其构制均系非能用于农业上者；而此种石刀与石斧在当时已废弃使用，余前已论之矣。按郭先生在《卜辞通纂》中所发表之意见看，或已放弃其石器农具之主张。然现在欲究明殷代所使用之农耕工具，惟有从文字上找说明。甲骨文中"耤"字，董作宾云："甲骨文耤字从一人双手持耒，一足立地面，一足蹈耒末端之小木板，使增加深入土中之力。"（见《发掘报告》第四期，《释驭爰》）其耤字偏旁之耒字作用 𠂇𣏃𠂉大𠂇𢦏𠂇 𠂉卞，其形象一曲木，木柄且甚长，下似夹一犁器，犁器之上如二、四、八形，上横一小木板，是其构造已有相当之复杂。其所夹之犁器，有判定为木器者。无论木器不能产生如彼繁盛的农业，而人类由石器使用又回到木器时代，却亦不能有这种回转的人类工具近化史。以此种构制之"耒"夹木头以翻土，亦系愚拙之想象。从其农业之繁盛和其时代之其他特征的联系性上说，此种犁器当然不能属于石器，而非金属品不可。以如此形制，如此使用方式之"耒"其所夹之犁土器，如系石器，则从石器上性能上说，不但难于深入土中，而以之入土翻土，亦属可想象之困难。其次，西周自周初，农具已普遍使用金属，非有其长期之演进而莫能实现者。而西周文化，又系殷代文化之直接承继者②，此亦可证殷代农器之使用金属器无疑。又按甲骨文"物"字作：𤝋（《前》六，四）、

---

① 在人类历史上，有许多古代国家的产业，系农业和畜牧并重，且有畜牧较"纯农业"优势者。（山川均）

②《诗·臣工》："庤乃钱镈，奄观铚艾。"《诗·公刘》："取厉取锻。"《易·大过》："藉用白茅"句。

匆（同上，二二）、物（《前》五，三九） 𤕭（《后》上，三）、汤（《后》上，一九）。《周礼》："以物地事"，"则物其地"，"以物地"；《仪礼》"冢人物土"；《左传》成公二年："物土之宜"；《左传》昭公三十二年"仞沟洫，物土方"。前人皆训"物"为粗，徐中舒云："象耒的形制"（参徐文《耒耜考》）。余按甲骨文物字甚像一种农用耕具，则殊不爽；今南方仍沿用之铁制物被称呼为"刀耙"者，其形制作𤕭，与甲骨文物字形甚相似。此在殷代，或为"耒"以外之另一种农具，而脱化自耒者。此种"刀耙"式的农具，固非石料所能作成者也。又按甲骨文"方"字作𠂤（《前》五，一一）、𠂤（《前》五，一三）。徐中舒云："象耒的形制，尤为完备。故方当训为'一番土谓之坺'之坺……象柄有横木，下长横即是所蹈履处……古者秉耒而耕，刺土曰推，起土曰方。"（同上）《诗·大田》："既方既皁"；《诗·生民》："实方实苞。"徐君云："此两方次叙均在莳艺之先，亦当为坺土之事……《庄子·山木》：'方舟而济于河'，释文司马注："方，并也。古者耦耕，故方有并意。"（同上）此语殊有卓见。余案甲骨文"方"与"耒"形制相似而又更较复杂，或亦由"耒"而脱化之又一种农具也。又甲骨文𠂤（《前》六，六一）。徐君释为吕，即耜。据徐君举例，金文有作𠂤（《姑口句镶》），视其形象，盖用作碎土钼草之具也；后世之"锄"，或即此脱化。

《周易》睽卦六三有"其牛掣"句，"掣"字有认系"犁"字之误者。按甲骨文"耒"字形制似犁，从形制已究其用途性质，亦合于犁之实义。"犁"字从牛从刃禾；甲骨文"物"字亦多有从牛从勿者，勿字之释已如上述，而牛勿相併，殊为值得注意。此应牵涉殷代已否知道牛耕之一问题。据传说："胲作服牛"（《世本》）。王国维谓"胲及王亥即殷之先王王亥"。甲骨文"牛"字作𠂤、𠂤、𠂤、𠂤，角旁箸一或二短画，象角箸横木之形。《周易·大畜》："童牛之牿"。"牿"《说文》作梏，云："牛角触人，角著横木所以告人也。"字又作楅，《说文》云："楅，角械也。"《周书·费誓》云："今惟淫舍牿牛马"。《周易集解》引虞翻注云："梏，谓以木福其角，绳缚小木横箸牛角。"盖以穿牛鼻以前的系牛方法（据徐仲舒所考）。《易》有"见舆曳，其牛掣"；《酒诰》有"肇牵车牛远服贾。"甲骨文有"挈牛五十。"（《前》一，二九）"御牛三百"。（同上，四八）因而，殷之先祖王亥发明"服牛"，于此便能予以确证。

但在殷代，是否用牛参加农业劳动，又系另一问题。据《山海经·海内经》说："（后）稷之孙曰叔均，始作牛耕"。这种传说如系确实，则殷代当已知道牛耕。但传说是不能作为积极凭证的。后魏贾思勰《齐民要术》则谓汉赵过为牛耕。《汉书·食货志》则谓"民或苦少牛……光教过以人挽犁"。是与其信其魏代文献，不如信《汉书》。证之孔子"犁牛之子骍且角"，与其弟子冉耕字伯牛、司马耕字牛云云，春秋时固已知道牛耕。然而所谓耦耕者，当如宋叶梦得所说："耦用人，犁牛用牛"（据齐如南转引《汉书校刊记》）因《论语》中同时又有"长沮桀溺耦而耕"之说。是《诗经》所谓"千耦其耘"之耦耕，并不能作为西周时代不知牛耕之说明。因而殷代是否知道牛耕，在目前尚为难于解决之问题。从物字的从牛从勿，以及牛马当时之广泛的参加交通劳动去推究，殷代是十分有知道牛耕之可能的（注意！我仍只在说有可能）。究竟的事实如何，只有待于地下的发现。同时，在奴隶来源甚广的殷代，这可能作为他们难于发明农耕的一点限制。

说到殷代农业的经营组织问题，不能不先提述一下土地所有诸关系。殷代的私有财产制已明显存在，其形态正如恩格斯之"财产的第二种形态"。这留待下面再说。但土地私有的形迹，我们却找不出来；反之，却有许多材料在说明土地属于国家所有的一种所有形态。明代薛尚功《钟鼎彝器款识》所释殷彝《父乙鼎铭》云："庚午，王命寝庙，辰见北田四品，十二月，作册友史易（锡）赉贝，用作父乙尊彝（册）。"卜辞亦有"帚妝受黍年"，"贞乎，帚妝田于父"，"帚井黍萑"。（罗振玉读为"观黍归井"）"帚"，郭沫若释妇，罗振玉释归。郭沫若云："盖妇井亦特食邑也。"（《通》）董作宾云："帚"有颁赐之意（见《帚矛说》），最确。是土地须经国王的手去行分赐，系土地所有权属于国家之一种形态。

卜辞中又有如次之一条："乙酉卜，丙贞子豂戋卤方。丙戌卜，丙我乍（作）卤方𢦏𢦏，四月。"（《前》五，一三）郭沫若云："卤字罗释为粪，案当是基之异，从土其声，衮方疑即箕子所封邑之箕。""𢦏𢦏字，余疑封之异，言乙日破之，丙日封之也，封之者谓缮完成郭。"（《通》一三七页）是亦即殷人把所征服之地即宣布土地为国所有之意。破之而重封之，即宣布土地国有之后，仍依其原有之经营组织，而遣派其代理人为征税吏。易言之，即把那些还保持在氏族社会形态下的村落公社在其被征服之后，以之转化为国家支配下的村落公社。这在古代中亚细亚各国，都有与此同一之情形存在。因此卜辞中的所谓"贞作邑"。(《通》别二，一五页，揭内藤湖南博士藏骨四)"王封邑，帝若"。(《后》下，一六，一七；《铁》二二〇，二一)；"囗月㞢，壬寅，王亦冬终夕啚，东图鄙㦰戰二邑，王步自㽙于图言司……"(《菁》六)。也是同一内容。这种"邑"，不但有其一定的地区，而且有其一定之人民的。例如《易》讼卦九二说："不克讼，归而逋其邑，人三百户，无眚。"这条记事，有两个可能解释："讼事失败了，回去还逃走了三百户'邑人'"；"讼事失败了，回去领'邑人'三百户一同逃徙。"照前一解释，"邑人"便在意义着奴隶。照后种解释，则系记载一个异族公社。

国家对于这种公社内所派代理人，大抵为公社原有之首领，这种首领因此便转化为有阶级社会性质的贵族。卜辞中尚有如次的一些记载："牢逐犀兄侯綦麋逐。"(《前》二，二三，一)郭云："牢与犀兄人名，侯綦地名，言牢于犀兄所领之侯綦，追逐麋豕也。侯綦当即鄅地。"(《通》，一三七页)"丁酉卜㲋，贞查侯⿱告弗其囧凡(遊盘)㞢㦿。"(《后》下，三七，五)

"侯虎允来，册㞢有事，壹。五月。"(《前》，四，四五一)

"戊子卜，斤贞，王曰：余其曰多尹，其列列侯上𦥑㽜𠀠侯甚㤥囗囗囗周。"(《通》别二，六，揭桃山兽骨)

此等"侯"及其一定地区的土地的"邑"的联系，历史家们多不了解其性质，而误解为封建性的"侯"和领邑。波特卡诺夫在叙述世界上古史之部落时也同样犯了这一错误。不知此等殷人所谓"邑"其内容仍为村社之一种组织，且一方面还带着氏族组织的色彩，只是已失去其政治的机能。

殷代农村组织之为村落公社组织形式，从甲骨文的田字合甽字来看，就能找出一点形迹来。《易经》之"改邑不改井，无丧无得"，正是确证这种村落公社的存在。《孟子》所谓"殷人七十而助"，从上述诸特征联系起来说，亦能作为可能之旁证。周初的周人追述其先人公刘说："迺慰迺止，迺左迺右，迺疆迺理，迺宣迺亩。自西徂东，周爰执事。"(《诗·大雅·绵》)"度其隰原，彻田为粮。度其夕阳，豳居允荒。"(《诗·大雅·公刘》)这一面说明是一种村落公社组织，一面说明土地的划分。周在其建国前曾为殷的属领，此当然可作为殷代历史事迹看。但殷人"侯"的领地"邑"又是经国王赐分的。因之，在殷代，大概系由侯从王那里分领土地，侯再以之分给公社内的人民之一种手续，无论是本族的公社或被征服的公社，这种手续必须经过的。在古代中亚各国家便有这种特征存在过。

这种公社之氏族组织的性质，在如次的记载中表现得很明白。卜辞："贞令多子族眔犬侯寇周，古王事。"（《前》，五，七，七）

"癸未□，令犹族寇周，古王事。"（《前》，四，三二，一）《左传》定公四年："昔武王克商，成王定之。选建明德，以蕃屏周……分鲁公以大路、大旂，夏后氏之璜，封父之繁弱；殷民六族：条氏、徐氏、萧氏、索氏、长勺氏、尾勺氏……因商奄之民，命以伯禽，而封于少皞之虚；分康叔以大路、少帛、靖茷、旃旌、大吕；殷民七族：陶氏、施氏、繁氏、锜氏、樊氏、饥氏、终葵氏……命以康诰，而封于殷虚。"

公社内氏族组织的性质是无可否认的。这种氏族性质的组织，并不能防碍其国家的机能与存在。初期国家的种族国家，在其下面的氏族性的村落公社的组织，反而是一个普遍存在的形态而为其特征之一。在殷代，无论其本族（子族）或被征服之族（多生）都带着这种组织的特色。《新获卜辞》一九七片有："叀多子卿。叀多生卿。"郭沫若云："多生与多子对文，盖犹言百生也。"把本族与异族在同一的看待与统治下，并各保存其氏族的联系，正是初期国家之种族国家的特色，亦即卡尔之所谓"亚细亚"的主要特征。两个"卿"字，前者是殷民族同族各"侯"，后者是指征服诸侯的各"侯"，在各公社内而为王之代理人的贵族，同时这两者的分别，多子族的各子族，应相当于罗马国家的"贵族氏族"。另方面，卜辞中所记的这种现象，在前此的氏族社会内是不能存在的。

这种氏族性质的组织形态，在国家存在一个很长时间后还是存在的。恩格斯在《家族私有财产及国家之起源》中说：

"（在雅典）因这新的制度，对于那半由外来、半由被解放的奴隶所形成的大群保护民，都与以市民权，从而原来的血族制的组织，为公共事物的组织所代替。它们自此仅成为私人的或宗教的团体；但其道德的影响，因袭观念以及其意识形态，还是长期的存在着，仅能逐渐的去消灭。这在另一种国家制度上也还在表现着。"

"差不多在罗马建国后的三百年的期间，还有异常坚固的氏族的约束，因而名作法比亚（Fabiianr）的一个贵族，他可以在元老院的许可之下，单独和领近的都市藩岸（Veii）作战。据传上前线的三〇六个法比亚人都为伏兵所歼灭，仅留下一个男孩维持这一氏族。"

在殷代，国家对土地所有权之表现的形态，除土地由国家分赐外，则为国家向各邑（公社）征取赋税一事。《周书·无逸》说："厥亦惟我周太王王季，克自抑畏，文王卑服，即康功田功……自朝至于日中昃，不遑暇食……不敢盘于游田，以庶邦惟正之供。"所谓"以庶邦惟正之供"，即是说向征服之各族征取之一定税收。周族在文王时有"伐崇"、"伐密"的事实，是这时已有在其统治下的被征服的异族。这时，他们被征服者也仿照当时殷人的办法去处置，乃属当然之事。同时，《诗·公刘》之所谓"度其隰原，彻田为粮"，便是王的代理人在其公社内确定纳税而执行征税之一事。贵族们对王的贡物和纳税，在卜辞中也有不少记载："自密入赤玛"，"□子入马"；"□中收入马"。（均见《通》一五七页）"己卯□子寅入圈芍十。"（菁一）

其次，应说到谁是殷代农业生产的直接担当者？在甲骨文中所发现的关于参加农业耕作的事，除奴隶参加农事耕作外，自由民是否直接参加农业生产劳动，甲骨文字中却不曾发现此项记载。奴隶之担当农业生产，甲骨文有如次一类的记录：

"丙午卜，𡉈，贞图众黍于□。"（《通》别二，九，揭中岛藏甲一）

"己亥卜，□，令吴□耤臣"，"己亥卜，贞令吴小耤臣"。（《前》，六，一七）

"丙子卜，乎耤受年。"（《前》，七，一五）

"贞叀小臣，令众黍。"（《前》四，三〇，二）

"戊寅卜，宕，贞王往𠂤挈众黍于二囿。"（《前》，五，二〇，二）

"姘姘受黍年。"

依此，在殷代，奴隶参加劳动生产之盛，可以概见；故奴隶在农业生产上，已不是作为一种辅助劳动的形式在参加，而是农业生产劳动的直接担当者。所以《周书·无逸》说："厥后立王，生则逸……不闻小人之劳，惟耽乐之从。"确证奴隶所有者已完全从劳动领域中脱离了出来。

另一方面，甲骨文字虽然无关于自由农民的记载；但在《商书·盘庚》中却有"惰农自安，不昬作劳，不服田亩，越其罔有黍稷"的记载。这虽属一方面反映了自由民之怠于参加农业劳动，一方面却又正在说明在农业生产劳动的领域中还有自由农民的存在与参加。大抵在殷人的村落公社的内部，原来的氏族成员中，一部分已成为贵族的富有家族，他们的领有地已完全使用奴隶在耕种①；其余的一些领有份地的家族，则转化而成为公社的自由农民，他们或者也使用奴隶，但其自身并没有从生产领域完全脱离出来。后来公社内的财产渐次向贵族集中，后者以向前者借贷的种种形式而趋于贫穷化，致渐次离开生产领域而成为寄食的流浪之群，这情形到殷代亡国的前夜，分外的严重，于是原来的带有氏族性质的分社，便引起一种本质的变化。

殷代农业经营的形态，依据《周易·无妄》六二说："不耕获，工菑畲，则利有攸往。"则系行使着"三圃制"的经营。这种经营方法，在农业史上，不但和此种公社内的经营方法相适应着，且和其后来之庄园内的农业经营方法适应着。

四、畜牧在生产业中的地位及家畜参加劳动的范围

现代所有家畜的主要种类，从甲骨文字的记载看，在殷代便都已存在了。例如"辛巳卜，丰，贞埋三犬，窦五犬、五豕，卯四牛。一月。"（《前》，六，三，三）"系马孚取，王弗每。"（《新》一五七）"庚子卜，贞口羊，彵于丁口用兩。"（《后》下，一二）"鸡"（例见《甲骨文字类编》，卷四收集最夥）。把家畜作为牺牲的数目，据郭沫若就卜辞的举例，每次有多至"三百"、"四百"者。这种大数量的牺牲，且纯属重要的家畜。例如："贞之于王亥卅牛，辛亥用。"（《前》四，八）"百牛用祭"。（《前》，七，三二，四）"贞出于王亥由三百牛。"（《后》上，二八）在这方面诚如郭沫若所说："不是畜牧最繁盛的时代是决难办到的。"另一方面，以这样大群的家畜去作牺牲，且付"窦"烧或埋没者，这正在反映畜牧业的繁盛已经过渡，家畜的肉类和乳类已不是当时人类所依赖的主要的生活资料，已经转移到以农业的生产为其生活资料的主要来源。又一方面，却又在反映着社会内有大量的剩余劳动的存在，奴隶所有者得以集中大量的家畜；这种大量家畜之集中于奴隶所有者，是以他们

---

① 卜辞有："帚姘奔奴。"（《前》，四，三二，二）；"丙午卜，宜，贞；帚媒奔奴。四月。"（《前》，四、四一、五），按姘人名为贵族，已如前述，而媒、奔，亦当系贵族人名。

之集中有大群的奴隶为前提的。

惟其因为畜牧的繁盛已经过渡，业已让渡其地位于农业，所以关于农业的记载如彼频繁，关于畜牧的记载则甚稀少。这只有能认识其畜牧已由繁盛而走入没落的过程之辩证的了解，才能探悉其内容。把畜牧的繁盛这一现象固定化之实验主义的说明，自不能不陷于这样不能解说的矛盾中：

"农业很繁盛，畜牧也很繁盛，但是为什么重视农业而忽视畜牧呢?"这在郭沫若也同样陷入这一不能解说的矛盾中，所以他在同一书中一方面说："大抵殷人产业以农艺畜牧为主"（前揭）；一面又说："言刍牧之事者，以上举六片①较为明晰，而为数实甚罕。然此不能为殷代牧畜未盛之证。观其牲牢品类，牛羊犬豕无所不备；而用牲之数，有多至三百、四百者，实为后世所罕见。余意殷代牧畜必为主要产业。"（《通》，一○○页）郭先生的意见，给予青年的影响最大。所以我不能不特别提出来。然"卜牧"、"告刍"之事，"为数"虽"甚罕"，这反映着畜牧虽已让渡其优势于农业，足见殷人对畜牧仍付以相当之关心，可证畜牧业在殷代并不曾完全过去。在畜牧业完全没落之"后世"，如此"三百"至"四百"大量的用牲之数，便当然不能经见了。

在殷代，参加畜牧业生产劳动者，就甲骨文字的考究，亦只是有关于奴隶之参加的记载。例如：

"戊午卜，大占奴。癸巳卜，令收豝。"（《戬》，三三，一四）

"戊戌大占奴，卜令牧坐。"

"豝"字，罗振玉释"飨"释"飨"，郭沫若释"既"，谓即饩。其他又有"雀人刍于牧"、"土方牧、人方牧"等记载。郭沫若《卜辞通纂》又揭释如次两条："王固曰，屮祟，其屮来艰，三至、九日辛卯，允屮来艰自北，攴、敏、笭，告曰，土方牧我田，十人。""癸丑卜，貞，贞旬亡囚，王固曰，屮祟祟，屮牌，甲寅，允屮有来艰，左告曰：屮往刍自益，十人屮又二。"依据前一条的记事，土方也使用奴隶担任畜牧劳动；是奴隶在当时在殷代属领的"异族"中已存在，并已被驱使而参加生产劳动。后一条的记事，"往刍自益"的"十人又二"却不曾指明是奴隶还是其他自由民……但证之"雀人刍于牧"

---

① 例如"甲戌卜，宁，贞在易牧。葭芳。"（《通》九八页，四六二片）"贞往于牧"（同上，四六三片）"告刍。囿刍。十一月。"（《戬》，三六，一四）"贞于覃大刍。"（《前》，四，三五，一）

和上记其他记载，和这一条记事的全文意义，当属奴隶无疑。然依此，参加畜牧的奴隶的数量，一次往一地"刍""牧"者多至十人至十二人，可证奴隶在当时数量之庞大。在初期国家时代，被征服之"异族"对征服者之政治关系，是时断时续的，在时而臣服，时而叛背的情况下，在两者间反常不断的有战争的存在，这种情形，殆无例外的普遍存在于古代各国家。这里所谓"属领"的意义是当时是相当广义的，所以在罗马时代的日耳曼各民族，恩格斯也称他们"曾为罗马属领。"

在其他殷代可靠文献中，亦没有关于自由民参加畜牧劳动的记事。然此只能确证奴隶劳动为畜牧业的主要担当者，却不能作为自由民不参加畜牧劳动的证明。论理，自由民在当时还应该参加畜牧劳动。

其次，我们说到关于家畜参加劳动这一问题。关于牛在殷代之参加交通或运转劳动，我在前面已提述过。现在再补充一二。

据卜辞：

"贞挈牛五十。"（《前》，一，二九，一）

"贞邕，御甶牛三百。"（《前》，四，八，四）

"见舆曳，其牛掣，其人天且劓。"（《易·睽》六三）

"曳其轮，濡其尾。"（《易·既济》初九）

足征牛之参加交通或运输劳动，已十分发展。

马也和牛同样的被使用在交通或运输劳动中。卜辞有"系马"（见前）及"癸未，王曰贞，有马在行；其左射获"等记载（《殷商贞卜文字考》）。《易》有："贲如，皤如，白马翰如，匪寇婚媾。"（贲卦六四）"屯如，邅如，乘马班如……"（屯卦六二）"良马逐，利艰贞，曰：闲舆卫，利有攸往。"（《易·大畜》九三）从甲骨文的字形考察，还有犬参加劳动的形迹。家畜参加交通运输劳动，或充作贵族的代步，这从甲骨文字中"車"（车）字的形制考究，也能得出一种说明。按甲骨文"車"字作：████、████、████、████，金文作████，█即上面所建之戈。

足见用两牛或马挽车①这即是古代仪制中所谓二马竝之"骈"。据郭沫若

---

① 郭沫若云："前者象双轮一辕，辕端有衡；亦有作████者，于衡之两端更有二轭，所以叉马颈者也。观此，可证殷人一车只驾二马，后末者象两轮之间有箱。"（《通》，一五八页）

的考究，认为殷代骖驷之制即由此演化而来，盖谓殷代王者车二马。依据其《卜辞通纂》所揭引第七三〇片的考释而得一结论曰："殷王之车，仅驾二马。"（《通》序，五）又根据《前》四、四七、五；《前》二、五、七考定结果云："殷末王者之车，所驾者仅二马，即所谓骈，骖驷之制，盖后起者矣。"（《通》，一五五页）卜辞中亦有："王车（《菁》，二）二字，又有"庚戌卜，王曰贞其剩右马。"因之自更有左马。郭说盖不可动摇矣。

现从上述和"见舆曳，其牛掣"相关系的"其人天且劓"一语的内容看，驱使家畜参加交通劳动的人伕，也是奴隶担任，从而在殷代的交通劳动也是由奴隶担任的。这在卜辞中也得到确切的证明。例如：

"癸巳卜，䐀贞，旬亡囚，王固曰：屮求若䚫，甲午，王往逐䍇，臣䖝车马䌈驭，王车子䒸亦䐿。"（《菁》，一，从董作宾释）足证王的遊田车驾，也是由奴隶驾驶的。

五、手工工艺及其分工

殷代手工业之存在的种类，从甲骨文字和《易》卦爻辞所有的关于工艺的各种文字来考究，我们可以发现有如次诸工艺的存在。从其遗物的发现看，更可以知其工艺和分工的程度。

从邑、塞①、宫、室、宅、家、牢、圂、瞽②、亯、纞、庙等字（甲骨文）；庐、城、隍、栋、穴、坎窞、牖、门庭、王庭、墉、屋、户、宗等字（《易》卦爻）考究，因悉当时已知道版筑建筑的土木工的存在；悉其已具备城郭宫阙之规模，从而能考知当时的土木工事手工建筑业，已有高度的发展而成为专门化的工艺。这在民国二十年（一九三一）殷虚遗址中之宗庙宫阙和其他居室的版筑遗址的发现；宗庙堂基甚为宽大，基础坚固整齐，并

---

① "其作偪于凸岩。"（《新》二六〇），"偪"字郭沫若释作城塞之塞。
② 《说文解字》，瞽：狱之两曹也。在廷东。从棘，治事者从曰。

具有规则的排列之"石卵"与础石①，更堪惊异者，则为一作础石之抱腿而坐膀腿皆刻有花刻之半截人身石像；其他版筑遗迹密栉连比，从后冈之版筑及"白圈"基址遗迹②的发现，可见其故城所包地域范围广大③因而殷代土木建筑工程手工业之发展程度和分业之专业化程度，乃更得到一确切之说明。

从丝、帛、衣、裘、巾、幕、旒等字（甲骨文）；裳、衣、枷等字（《易》卦爻）考究，当时已有专门化的缝纫工的存在。其制作的工艺技术程度因为有机物质料的东西没有保存下来的可能，因而我们无从获得实物来说明，但从其他手工艺程度来作联系的考究，是能类推的。

从革、鞌、鞶带等字（《易》卦爻）考究，因悉当时已有皮革工匠的存在。从舟（甲骨文作洀）④、车、大车、金车、舆、轮、辐（《易》卦爻）等字考究，因悉当时已有专门化的制车工匠的存在。从甲骨文车字的字形和金车的含意，得考知其制车构成之复杂，从而便可以悬想其工艺程度。从床、杭等字（《易》卦爻）考究，因悉当时有普通木工之存在。从冶炼遗迹的发现和所考知之冶炼技术程度，因悉当时手工冶炼工事的发展和其他冶金技术之臻于较高度，表现着当时相当高度的专门化手工分业，反映其业已有过长期的分工专业化。从金矢、黄矢、金铉、匕、邕、斧、机（《易》卦爻）、弩等字的考究，因悉专门化的兵器制造匠的存在。考之殷虚出土的铜制兵器等实物，其制作至为精巧锐利，形制且甚美观。工艺程度之高，反映着曾有其一个长时期的专业化的分业存在过。出土的铜制器、食器、装饰品和其他各种用器，种类形制繁多，制作精巧美丽，技艺之高已如前述。因知此项手工业，非经过一个长时期的专门化分业，是不能臻此程度的。

出土的陶器种类形制至为繁夥，从实物考究，因悉其主要系用镟削轮转所制成，并已规则化；刻纹与敷彩釉之技艺，亦甚发展。于此，李济从其实地考究所得，曾有如次之叙述：

"仰韶时期的陶器，好多是手制的，但已经有些是用镟削的，并且有完全

---

① 参看《安阳发掘报告》，第四期，李济、郭宝钧、梁思永、吴金鼎，石璋如等人的报告。
②《安阳发掘报告》第四期之后冈发掘小记。
③ 按小屯距后冈为三华里半左右，自殷虚故都房屋所占地址起码在十平方华里以上。
④ 甲骨文作洀："其予洀。"（《前》六，三，四）郭沫若云末二字为动词即操驾舟之意。

用轮转的。细考这组陶器（按即一部分安阳出土陶器）……譬如第一图的罘，只有颈口镟削过。第六图的罍，就是一半手制，一半轮转。到了十二图的弦纹尊，就是完全轮转的。弦纹尊的形式，深而且圆；没有很巧的手法，决不能作成这样。仰韶期中虽也有完全轮转的陶器，但都是宽口大腹的钵，没有这种高而且深的细致的物件。""殷商时期的艺术，取象动物形的地方很多，并且这种经验，已经过相当的时间……已经半规则化了。""在这时期的陶器，绳印式的仍旧有，手作的尚多；然而轮转的手艺，的确已经到了很高的地位。"（李济：《殷商陶器初论》）

制陶术达到这样的程度，由新石器初期以来，已经过悠久岁月的历史，自不待言；然而技艺化和规则化的程度，却是经过一个相当长期的专门的分工的成果。

出土的骨制用器和骨制装饰品，制作甚为细致，尤其是装饰品装作的精美，这反映着骨制工艺的发展方向的转化，逐渐向奢侈品制造和艺术的构意方面转化。雕刻骨器的艺术作品，其所表现之艺术程度，有足使现代人惊倒者。同时，想见其从事雕刻骨器之艺术作品者，为一种有着长期以来专门化的雕刻工匠。其美术的成果，盖非一朝一夕所能形成的。

石工工作坊遗址的发现，因悉当时已有专门化的手工石匠的存在；从半身人身石像去考究，因察知其石工的精艺程度。

单就手工雕琢艺术说，从出土之刻花骨、石刻器、象牙刻器等考察，其技艺之细致程度盖至堪惊叹。此等细工手工业者，殆为豢养于宫廷贵族，专为供给贵族之享乐清闲品而制造为第一义。在这一点上，展示了东方宫廷文化的特色。从而后人所谓纣为象箸、牙床、琼楼、玉柱、酒池、肉林……虽不免带着多少夸张的意味，然因证其并不是无所依据的。

上述，仅就目前所有之可靠材料而能考证者。论理，从其技艺的程度上说，手工分业的范围应不止此。

当时手工业者所使用之劳动工具，除我在前面各章中附带的论述外再略举数事，可以推知其一般工具之进步程度。一，从雕琢艺术品之刻花骨、石刻器、象牙刻器等之细致——刻画工整圆滑的程度考察，可概见其曾使用着很锐利的进步的工具——那起码要金属合金的青铜器才能具有如彼性能。二，甲骨文字之书写，董作宾也有如次的几句话："书契之法，有细小如发之字，则似是所谓'单锋'以刀尖刻画而成者……又有大字，而字画之底甚平，似凿成者"。(《殷商龟卜之推测》）这是相当妥适的。三，从甲骨片之锯与错治之痕考究，董君说："此次所得无字之甲……皆显然有锯痕。至于骨料，则经锯截者尤多也。""然于锯痕之有层层之横纹，甚似其上有齿，锯时又往来为之。""且锯之宽一、五公厘，乃至二公厘，则其刃之厚当在一公厘左右。"[1] "如无字骨之二五〇号，错治之痕，最显著。""今所出之大龟甲，其版面甚薄，知由两面错治之故。故全体平正，甚美观也。"甲骨至坚，锯、错自是非金属，起码合金青铜不可。因可推知，甲骨字片之作成的工作过程，由获取龟以至刻字这一过程中，其所使用之工具种类形制，盖已类别至繁，"不一而足矣。"从而其他手工业所使用劳动工具之进步程度，盖可类推。

从殷虚故址中兵器工作坊、铜器工作坊、骨制工作坊、石工作坊、冶炼工场等遗址的发现，因征当时各种手工业大抵均各有一定的作坊，从而因知有许多各种性质的许多手工工人都聚集在性质各异的工作坊中工作。另一方面，因考知当时的手工业者大抵都麇集在都市，都市成了手工制造业的中心，殷都便成为当时最大的都市。

六、商业和交通

商业对于奴隶所有者的社会，在古代希腊和罗马，确是一个重要的特征；在奴隶劳动的基础上，曾创造出希腊、罗马都市的繁荣。但由于罗马的灭亡而转入到日耳曼民族的封建主义时代，因庄园经济之内在的闭锁性，把原来的商业反而退落下去。于此，历史家们有认为由古代希腊、罗马奴隶所有者的社会转入日耳曼民族的封建主义的社会，便是历史自身的一段回转，且从而更有否认奴隶制度时代之历史的独特性和其必然性。这种偏重商业的作用而忽略了最基础的生产力自身的运动之环结的联系，从而其发展，这都是波格达诺夫主义种下的遗毒。生产力自身运动，由奴隶的生产到农奴的生

---

[1] 董君就遗物之锯痕去判断锯的宽度和锯口厚薄，其原则至为正确，但甲骨经数千年之埋藏腐蚀，其所遗之锯痕必有变化，余因疑董君所估计数字过度。

产，是生产力发展的必然结果；从而奴隶所有者时代的商业到封建主义初期的庄园制时代而归于消灭，这是其自身之辩证的过程，也是具有其必然性的。

在世界史的有些部分，在它走入封建主义时代，典型的庄园制度不像那样普遍而优势的存在着，其附属于各种不同的生产方式的商业，在适合于封建主义的性质上，也便能跟着前进。例如日本史，由奴隶所有者的时代转入到封建主义时代，商业也跟着前进了一步。

在封建主义初期的庄园制时代，但也并不是没有商业的存在，在封建领主间，一般上都不曾停止过交换。封建主义时代的"自足"，在一般的意义上系指农奴们之农业和家庭副业相结合的"自足"。在庄园制的生产组织上，虽然连领主也包含在"自足"的领域内，原来的商业便是在这种生产组织下面归于消灭了，但一到领主们"肠胃的消化力"不足的时候，他们便开始把"自足"的藩篱冲破了。

在奴隶所有者社会的时代，奴隶是被畜养于奴主而过活，所以奴隶主们的商品交易，便能把全社会卷入交换经济的领域；在封建主义时代，农奴在名义上已离开领主而经营独立的经济，所以农奴们经济的自足，便能把社会交换的范围为部分的缩小。

另一方面，奴隶所有者时代的商业的要点，在作为补充劳动力之奴隶买卖上而行使的，所以一般性质的商业，在历史上同时代的各个国家，并不需具有同样的情形，这是和地理的经济的条件之适应如何为转移的。因而我们殊没有把这一方面的现象作过分夸张之必要。更正确的说，只有从那作为最基础的生产力和生产关系去把握。

构成生产力的要素为人类的劳动力和其所使用的劳动工具。因而一般的说来，奴隶制和封建制时代的劳动工具，虽然到现在已不能具体的指出其若何显明的区别来；但前者乃是"极原始、极幼稚的"（伊里奇），从而和前者比较，这其中自有其量从而质的差别。前者的劳动力系被看成为工具一般的全无人格的奴隶所提供，后者则系已具有一半人格的农奴所提供；在两者间的劳动生产性之差异，是有显明之界限的。从而这种根本要素的各异，你能够把它混淆么？再重复地说，前者的阶级关系主要是奴主和奴隶的对立，后者的阶级关系主要是封建领主和农奴的对立。这种主要阶级的构成之根本上的差异，你能把它们混淆吗？

其次，前者的主要生产业，在一般上都是农业和畜牧并重，甚而有"畜牧比纯农业占优势"（山川均）者；后者则以"纯农业"为支配的产业。

在这里，我还该附带申叙一句：在人类历史上，希腊、罗马的奴隶制度能独特的发展到那样的高度繁荣，不但因为它们具有那样特别优异的地理条件，而且由于它们对古代埃及和中亚细亚各国家的文化成果有所承袭。所以，在不曾具有这种优异条件的人类历史其他部分，在其过程上的奴隶制的阶段，便大抵在初期国家的带有部族国家色彩，亦即在"亚细亚的"形态下面渡过的。

狭义的古代商业的存在与其发展程度，是以城市之存在与发展为象征的。殷代城市的存在，《易》有"城"字①。这在甲骨文如次诸字中，能暗示出"城"字规模来：有"京"字（商承祚《殷虚文字类编》举例凡五），"邑"字（同上书举例凡五），"鄕"字（同上书举例凡十六，字形似两邑夹一），"鄙"字（同上书举例凡五）；"邦"字（举例凡二）；"國"字（举例凡三）；國、京、邑、鄕、鄙等的分别，虽然我们不能拿后代的意识作为政治的严格的意义去理解，然却能指示着当时的政治地理有这种分别的存在。然而如前所述，在殷虚遗址的发现中，我们已能确证殷虚是一处起码包含有十平方华里左右之区域的城市，同时并能确证其市区内版筑房屋的连比。

殷代之所谓"邑"，是从氏族末期之"市区"的意义发展而来的，所以那具有市区形态的公社，他们都称作"邑"；那已发展为都市的城郭也还称作"邑"，只是借形容词去分别，例如"首都"称"天邑"——"天邑商"（《菁》九，一；《林》一，二〇，八；《前》四，一五，二；《周书》亦有同称。）

这种古代城市，不但是手工制造业的中心，同时又是商业城市，其中包容着各样的市肆。各种市肆的存在，是能得到确切证明的。《商书·盘庚》下篇说："以迁肆""用永地于兹新邑肆"，《说命》下篇说："若挞于市"。"市"字见于薛氏《钟鼎彝器款识》殷彝《乙酉父丁彝》。

这种城市，具有古代国际商业意义的性质，为各地的商人所往来。《楚辞·离骚》说："吕望之鼓刀兮，遭周文而得举。"《天问》又说："师望在肆昌何识？鼓刀扬声后何喜？"足证在屈原时候的南方的楚国也已流行着吕望曾

---

① 卜辞有"丁丑，子卜，贞子嚭乎去𠦝"（《前》，八，一〇，一）。郭沫若云：末一字"亦𠦝字，从四亭于城垣之上，两两相对"，"子卜与王卜同例，盖天子之省称也。"

为屠宰小商人的传说。这一传说之在战国时代的北方亦有同样的记载，例如《战国策·秦策》姚贾说："太公望，齐之逐夫，朝歌之废屠，子良之逐臣，棘津之雠不庸……"在谯周的《古史考》中也有这样的记载："吕望常屠牛于朝歌，卖饮于孟津。"吕望系与周族为"近亲"的西北的姜族，而经商到了朝歌，当时的朝歌是古代的一个国际都市。

当时商业交通的地域范围，包括至广。这，从现有材料看，东向至抵海滨①，东南达今日之浙江②，西南达今日之四川③，南到今日之皖、鄂一带④，西北达今日之陕、甘⑤，东北达古营州，还似乎伸张到今日之朝鲜⑥，北方似

---

① "大抵贝朋为通行货币之事，即起源于殷人。其贝形由图录及我所见之实物（日本东京博物馆有真贝、石贝、铜贝诸事陈列）观察，实为海贝，即学名称 Cypraea moneta（货贝）者，此决非黄河流域中部所能产……然其来源，必出于海滨民族之交易或抢劫。"（郭沫若：《中国古代社会研究》）。李济在《小屯与仰韶》文中说："殷虚出土遗物中有极多之咸水贝及绿松石；这两种物件的产地均离小屯村甚远。此种物品，既可以由远地运到殷虚，当然可以代表那时代繁盛的贸易。""在殷虚曾发现过鲸骨、朱砂、咸水贝和绿松石，它们都是离小屯很远地方的产物。"（《安阳发掘报告》，第四期，刘屿霞：《殷代冶铜术之研究》）

② 郭沫若根据甲骨文殷五"征上鼍"一片（《卜辞通纂》一三〇页）考定云："由五月癸巳至七月癸巳整六旬……至七月癸酉则在上鼍……然自殷京至上鼍之路途要在四十日以上矣，师行平均以日七十里计，约在三千里内外也。"郭又根据《前》，二，一四、《前》，四，二八，一各片参考定云：帝乙在上鼍则至半年以上矣，可知此"徂上虞"实为殷代之一大事，而旧史阙佚。又根据此征行军经过地点考定"上鼍"即今浙江上虞。

③ "丁卯卜，毃贞王棄缶于呀二月。"（《后》上，九，七）郭沫若云："呀"即蜀。"……受涛方又。二月……"（《前》，七，四三，一）郭释云："《续汉书·郡国志》，蜀郡有湔氐道，故城在今四川松潘县西北，或即古湔国之旧地。"（《通》，一一四页）。

④ "丙戌……淮……于。""庚寅卜，在鬶𫗧，贞王申殍亡𠕋。壬辰卜，在鬶𫗧，贞王其至于潢霍……"（《通》揭）。郭云："霍地近淮，当即安徽之霍山。鬶亦为鬶邑无疑。""鬶"，即"春秋时楚之潜邑。"（《通》，一二四页）

⑤ 前引卜辞中有"王田于羌"、"王田于惊"之考释，董作宾云："《括地志》云：岷洮等州以西为古羌国。"蒋廷锡《尚书地理志今释》云："正义云，蜀都分三，羌在西，故曰西羌；苏氏云：先零、抱罕之属在今甘肃、陕西以西，南接蜀汉塞外也。《汉书·地理志》：陇西地下有羌道……《水经》：羌水出羌中参谷，注云：羌水在陇北。是以羌水证之，羌地也当在陕西甘肃之间。（前揭《获白麟解》）又卜辞："癸卯卜，夯，贞井方于唐宗龘。"（《后》上，一八）郭沫若云："此井方乃殷之诸侯，言来宗祀成汤用龘也……则井方当在散关之东，岐山之南，渭水南岸地矣。"（《卜辞通纂》一一七页）

⑥ 关于箕子封朝鲜之传说，王国维云："嘉兴沈乙庵先生语余，箕子之封朝鲜事，非绝无渊源，颇疑商人于古营州之域夙有根据，故周人因而封之。及示以此器（三勾刀）拓本，先生乃言《北史》及《隋书·高丽传》之"大兄"或犹殷之遗语乎？"（《观堂集林》，卷十八）余之朝鲜友人金钟善君语余，朝鲜及今犹有关于箕子之传说，因疑商族自东来，在古代或与朝鲜为同一系统之民族，而传说箕子与朝鲜之关系，或即发源于殷代与朝鲜之商业的关系乎？

到河套①。

此犹系仅根据出土甲骨文字考定，率殷人军事政治势力所达到之区域——关于这一点，我们到论述殷代政治疆域时再说。

殷代商业上所使用之交通工具，从甲骨文字中所得而考出者，殆不外舟、车、牛、马和"服象"。车上之箱（引前）殆为用作远途行商上之装载或坐乘。关于这一事实，卜辞和甲骨文字及周初文献中都有记载：

"大车以载，有攸往，无咎。"（《易·大有》）

"肇牵车牛远服贾。"（《周书·酒诰》）

"贞挈牛五十。"（《前》，一，二九）

"贞卣御牛三百"（《前》，四，八）

照卜辞所记载，使用大群的交通劳动家畜，可证其对较远地方的贸易（远征贾），是用一种商队的组织形式在进行的。

解说这种长途商业往来，文献中也有下述一类记载。例如：

"反复其道，七日来复"。（《易·复》）

"夫征不复，妇孕不育。"（《易·渐》九三）

其次我们附带再略为举出其一二关于商业上的普通记事：

"无亡之灾，或系之牛，行人之得，邑人之灾。"（《易·无妄》六三）

"三人行，则损一人；一人行，则得其友。"（《易·损》六三）

"弗损益之……利有攸往，得臣无家。"（《易·损》上九）

"其行次且（地名），牵羊悔亡，闻言不信。"（《易·夬》九四）

"亿丧贝，跻于九陵，勿逐，七日得。"（《易·震》六二）

"贞吉，悔亡，憧憧往来，朋从尔思。"（《易·咸》九四）

"震，往来，厉意无丧，有事。"（《易·震》六五）

"旅于处，得其资斧，我心不快。"（《易·旅》九四）

"巽在床下，丧其资斧。"（《易·巽》上九）（按巽卦书为☴，有下藏之义）

"商兑末宁，介疾有喜。"（《易·兑》九四）

"不耕获，不菑畲，则利有攸往。"（《易·无妄》六二）

---

① 郭沫若根据《菁》五考证："土方地望盖在今山西北部，而𢀛方或更在河套附近也。"（《卜辞通纂》，一一二页）

"乙巳，子令小子䍙先目人于菫。子光（貺）商䍙贝二朋，曰：贝售，菣廿历。䍙作母辛彝在十月。隹子曰：令望（望）人方网贝。"（《䓆母辛卣》）

在奴隶社会，商业上的主要的商品是奴隶和家畜，尤其是奴隶。奴隶买卖的发展，是与战争俘虏来源的广狭成反比例。因奴隶买卖的根本机构，是建基于奴隶劳动力的缺乏和补充上的需要而受其升降的。奴隶商品的价值，是从当时存在的社会生产力的基础上所能提供的剩余劳动量的生产以为决定的原则的。反之，社会劳动生产率不发展到一定程度，奴隶便不能表现为有商品性的价值，从而便不能表现为商品。在历史上，"在以消费资料的生产为目的的父家长的奴隶"时代，奴隶只在贵族间作为赠品而变易其所有权；"转入以剩余价值的生产为目的的父家长奴隶制"的时代，"赠予"便只有在国王对其下属贵族颁赐形式下存在，或由战争而得来的俘虏的分赐的形式下存在。因为在后一时代，奴隶已表现有商品性的价值，在前此的时代则否。

在殷代奴隶所有者间所行的奴隶所有权的获得，除由战争的手段得来的俘虏由国王直接颁赐①外，是在把奴隶作为商品买卖的过程中去进行的。这在如次的记载中表现得很明白：

"旅即次，怀其资，得童仆。贞。"（《易·旅》六二）

"旅焚其次，丧其僮仆。贞厉。"（同上）

"弗损，益之，无咎，贞吉。利有攸往，得臣无家。"（《易·损》上九）

"利出否，得妾以其子。"（《易·鼎》初六）

"见金夫，不有躬。"（《易·蒙》六三）

奴隶作为商品买卖这一特征的存在，从而殷代的奴隶所有者，也在以商品交换的过程形式，为获得奴隶所有权的一种手段。至于当时奴隶买卖的发展程度如何？还没有充分的材料来说明，这还不能不待于地下的再发现和出土物之全部公布。

不过，我们还必须说明的一点，驱使劳动家畜参加交通运输劳动的，完全由奴隶劳动在担任，已如前述。因之商业上交通运输劳动之由奴隶充任，自不待言。从而《周易》损六三所谓"三人行，则损一人"，便应该是关于在商途中奴隶逃亡的记载。

---

① 例如卜辞："帝（颁赐之意）姘奔奴。"（《前》四，三二）；"丙午卜，亘贞，帝螺，奔奴。四月。"（《前》四，四一，五）

　　商品交换事业之相当发展与其范围之广大，物物交换的形式，甚而以原来之任一种家畜（如牛）或任一种被选择的劳动工具（如刀、斧等）充任交换媒介物的形式，已不能适应其需要；从而便不能有一种专门充任交换媒介物的货币的出现；易言之，这专门充任交换媒介物的货币，而且是经过长期的交换的发展，由其前此的各种形态演化出来的。殷人在早期，曾经过以牛和农业劳动工具作为交换媒介物的一个时期的存在，这从甲骨文的"物"字的组成上可以去考究的。按甲骨文"物"字从牛从勿、"勿"为农业劳动工具，前已说过。"牛""勿"相并为"物"，其演变转化的形迹很明显。后来随着社会交换范围的扩大，这种"牛"和"勿"在其行使携带的便利上，甚而在其量的要求上，均不能满足其要求，于是乃由海贝取而代之。海贝一方面非殷虚近地产物，一方面从海中采贝需要多量之劳动力；因而海贝对于殷人便能提供为具有更大量之劳动价值的显现物。后来又随着其和商品交换的内容之扩大相适应的货币需求量的增大，海贝在量的供给力上便亦不能满足其需求，于是又采取一种铸币的形式，用人造骨贝来补充，或用玉类制造，逐渐代替海贝。这种演变的形迹是十分显明的。罗振玉在其所著《古物图录》中，有如次的一段记载：

　　"往岁于磁州得骨制之贝，染以绿色或褐色，状与真贝不异，而有两穿或一穿，以贯系。最后又得一真贝，磨平其背与骨制贝状毕肖。此所图之贝均出殷虚，一为真贝，与骨贝形颇异；一为人造之贝，以珧制，状与骨贝同而穿形略殊，盖骨贝之穿在中间，此在两端也。合观先后所得，始知初盖用天生之贝，嗣以其贝难得，故以珧制之，又后则以骨……"。

　　罗氏此语，殊有所见。近年来殷虚的发掘，罗氏所列者，殆皆有发现。只是所发现者，海贝独多，骨贝、珧贝反较少，尤其在废弃的地穴中，常在一处有数百数量的天然贝的发现（见前揭石璋如君报告），此殆为"真贝"在流通领域中已被人造贝代替一证。不然，当周人攻入殷都时，其所储藏者之宝贵物品，自必一携而空，何致有具有一般交换价值的大量货币之遗弃，且以之垃圾般的投置于废穴中？

　　以殷代制铜业之发展程度，论理应有铜贝的制造。东京图书馆所陈列之铜贝，是否殷物，虽无以证明；然周初之已使用金属货币，从周初彝器铭文中可得而证明者（俟下面详述），论理，亦自应自殷代以来矣。究竟如何，只有待之于地下发现来证明。

此种贝之在殷代，在商品流通中，充分具有货币的机能，具备一般商品交换价值。它可以充作买卖奴隶的支付手段（"怀可资，得童仆。"按资亦从贝）。它可以为财产储积的形态而被储积。例如："巽在床下，丧其资斧。"其次，甲骨文中"矗"、"贮"等字，"矗"字似积贝储木篋中，"贮"字其义自明。它可以作为财产的代表形态而充任借贷，例如甲骨文字之"贷"字，即系表示以贝为贷付手段者。它能充任为贵族酬庸其属下的贵重赏赐品，受赐者且能以之直接去转化为他种生产品，例如彝珍，这在殷代，我们可以举出无数的例子来，可见其盛行的情况。例如：

"子（天子）光（贶）商（赏）害贝一朋。"（《害卣》）

"女娄堇（觐）于王，癸日，商（赏）娄贝一朋。"（《女娄殷》）

"娲商（赏）小子夫贝一朋。"（《小子夫尊》）

"侯易（锡）中贝三朋，用作祖癸宝鼎。"（《中鼎》）

"侯易（锡）贝二朋。"（《戍鼎鼎》）

"季受贝三朋。"（《季受尊》）

"尹商（赏）彦贝三朋。"（《彦鼎》）

"能匋易（锡）贝于乑舟公矢窗贝五朋。"（《能匋尊》）

"王圉尸方，无（舞）放咸。王商（赏）作册般贝。"（《般膚》）

"丁巳，王省虁耳，王易小臣艅虁贝。佳王来征尸方，惟王十祀又五，肜日。"（《小臣艅虁尊》）

"王光（贶）宰甫贝五朋。"（《宰甫鼎》）

"王各，宰栘从，易（锡）贝五朋。"（《宰栘角》）

"子商（赏）豸贝十朋。"（《豸爵》）

"子商（赏）小子峀贝五朋。"（《小子相卣》）

"王易（锡）小臣邑贝十朋，用作母癸尊彝，佳王十祀肜日，在四月。"（《邑斝》）

"戊辰，弜师易（锡）緋邑廿卣畜贝，用作父己宝彝。"（《戊辰彝》）

"乙酉商（赏）贝，王曰，市易（锡）工母不戒遘旅，武乙。"（《乙酉父丁彝》）

"阳亥曰：遣叔休于小臣贝三朋，臣三家。"（《阳亥殷》）

"乙亥，子（天子）易（锡）小子罦，王商（赏）贝，才在兕㯸（次），

畀用作父己宝尊。"(《小子畀鼎》)

上例率经郭沫若、罗振玉考定，确认为殷彝者。同时，在甲骨文中也有这同样之记载：

"庚戌卜，口贞，易（锡）多女屮贝朋。"(《后》下，八，五)

"戊申卜，殻，□屮（有）囚贝。"(《前》，五，一〇)

照上例记载，锡贝之数量少自一朋，多至十朋或"啬朋"，贝与奴隶同为贵族对其属下的酬庸品；受贝者可以用之去转化为他种物品＝彝器，由于贝具有一般商品的交换价值，才能具备这种机能。另一方面，其他物品的价值，反而是借贝去表现的（例如《易·益》六二："或益十朋之龟"，即云价值十朋之龟也）。

因为贝具有一般商品的交换价值，所以才引起商人的计算和社会对它的崇拜。那些财迷般的商人们，看他们是怎样对于贝的崇拜和计算吧。"亿丧贝"、"亿无丧"、"朋亡"、"朋来"、"得其资斧，我心不快"、"丧其资斧"、"西南得朋，东北丧朋"，或"益之十朋之龟"（均见前引）。因而原来说"贝货于春秋初年就见使用"之郭沫若先生，至此也不能不略为减低其折扣的说殷代"以海贝为货财之事，似已发见"。其实，他之所谓"于春秋初年就见使用"的"贝货"，在安阳殷虚故址中已均有发现，已能确证其为"殷代社会经济史上的重要之史料。"[1] 且从而郭先生又不能不确认在周初的货币已使用金属。（参考郭著《金文丛考》）

殷代货币单位，在通常似不是贝，而是一贯若干贝之"朋"，然而贝为附助单位，却应该存在，犹之后代以"贯""串"记，并不妨"一钱"、"一铢"之计算也。

王国维根据甲骨文和殷彝之考究而得一结论说：

"殷时玉与贝皆为货币也。《商书·盘庚》曰："兹予有乱政同位，具乃贝玉。"《说文》：宝字从玉贝缶声；殷虚卜辞有𡪄字乃𡪄字，皆从宀从玉从贝而阙其声。盖商时玉之用与贝同也。贝玉之大者车渠之大，以为宗器圭璧之属，以为瑞信，皆不为货贝，其用为货币及服御者，皆小玉小贝，而有物专以系

---

[1] "虁鼎在南面依图当在东面，最先出，器之内有贝百枚"（《调查记》，《发现记》中亦有得"贝货三百十七"（附录第二页）。其古物名称中亦有贝货。罗振玉分为真贝与珧贝两种。据此，则贝货于春秋初年就见使用，此为社会经济史上重要史料（见郭著《殷周青铜器铭文研究》）。

之。所系之贝玉，于玉则谓之珏，于贝则谓朋，然二者于古实为一字。玉字殷虚卜辞作丰，皆古珏字也；《说文》：玉象三画之连'丨'其贯也，丰意正同……故系贝之法与系玉同，故谓之朋；其字卜辞作琲，作珏，金文作拜'"（《观堂集林》卷三）"余目验古贝，其长不过寸许。"（同上）是朋为当时货币之单位，从其字形考之，每朋似系八枚；然此并不足拘，因殷人固无八进之习惯；大抵字形仅像其贯贝而已。余因疑每朋应含十贝。

七、财产诸形态

如前所述，在殷代，土地属于国家所有，这种国家土地来源，一为其种族原有和开垦的土地，由氏族的所有而转化为国有者，一为被征服之异族土地而宣布为国有者。关于被征服异族之土地，大抵说，如果被征服之异族，其经济已入于定居的村落公社时代，则在把他降服后，便只宣布土地为国家所有，仅委派其代理人和征税吏，并不迁徙其人民，所以甲骨文字中有既破而又封之记载。如果被征服异族尚在未达到完全定居的牧畜时代，则在把它降服后，便俘虏其人民以为奴隶，以其土地在国有的原则下，颁赐其种族内的贵族和自由民，用奴隶劳动去从事垦植，组织农村公社，所以甲骨文字中又有"作邑"和"封邑"之记载。

这种土地使用权的分配，在种族内和异族之间，实际上是不能一样的；在种族内，由国王分颁于各"侯"，"侯"以之分颁于其"邑"，即公社内之自由民各家族。在异族间，征服者只在获得税纳，所以在公社内土地的如何分配，是他们所不十分介意的，因而这些公社内很可能保存其原来的氏族经济的组织。

国王对于各公社从土地的征税上而征得的税纳物，虽然是在贵族的掌握中，而为其所占有，然而不能不以大部分作为维持其种族的统治的财政支出；同时对种族的那些贫穷化了的自由民，国家有分配食物去供养他们的义务。易言之，他们有从国家领取食物的权利，所以《盘庚》说："用奉畜女众"，"女共作我畜民"。

因而在这种形态下面存在国有土地，本质上便是存在于部族公有下面的部族财产。所以科学的社会主义的创始者说："不存有土地私有财产，是理解东方社会的真实的键钥。"（《马恩全集》，VO.1.21）

另一方面，除土地而外，其他一切生产工具和消费资料等——在作为财产的形态而存在的一切东西，便都在父家长的私有形态下面而存在了。这种私有制的存在，我们就既有材料中从如次之四件事予以说明。

一、货币作为财产的储积形态，更从贵族用以作为自己对他人的酬庸一点上看（见前述），是货币已表现在人与人间的"所有"之界限，在私有的形态下存在。《盘庚》说："朕不肩好货……无总于货宝，生生自庸。"（《盘庚》下篇）这表明盘庚是以其自身为财产——"货"、"货宝"之聚集的所有体。

二、《盘庚》说："若农服田力穑，乃亦有秋"，"惰农自安，不昏作劳，不服田亩，越其（惰农）罔有黍稷。"（《盘庚》上篇）这明示自由农业者，在生产上以其自身为生产个体；生产的成果如何，也只直接关系"其"个体，这缘于"其"个体为"其"生产物的所有者。

三、奴隶的所有权，用货币作为支付手段去买卖才能获得，是奴隶已在被作为私有财产而存在了。

四、从社会内之贫富的分裂这一点上看，一方面"总于货宝"而行储积——"贮"的"富家"（《易·家人》六四）；一方面有贫无所有的盗贼①，在贫富之间有着借贷事业的存在（贷，揭见上节）。

这种私有财产，是在以家族为单位的父家长的支配下发展起来的。在这形态下，家族的财产和公社的财产采取着对立的形态，且以"家"和公社相对立；在殷代，前者并已把后者腐蚀，只保有其残骸，前者已取得支配形态。这种以家族为财产所有单位的特征，在《易》卦爻辞中说："纳妇吉，子克家"，"开国承家"，"王假有家"，"富家、大吉"，"闲有家"，"不富以其邻"。

这种以家族为财产所有单位的公社内，自由民对于土地的领有和使用，虽有平等权；但由于土地外之其他一切财产的家族私有，而有其家族与家族间之贫富的分歧。从而贫穷的家族，一失去土地外之一切其他生产要素＝奴隶、家

---

① "殷罔不小大，好草窃奸宄……卿士师师非度，凡有辜罪，乃罔恒获……今殷民，乃攘窃神祇之牺牷牲用，以容，将食无灾。"（《商书·微子》）《周书·泰誓》说："牺牲粢盛，既于凶盗，"在这里却能作一有力之旁证。

畜、劳动工具等，仍无法进行其土地的耕种的；且从而占有奴隶、家畜、劳动工具等多的富有家族，便能耕种更多的土地，且逐渐把前者的耕地占为己有。因而演变为公社内之贵族和自由民的对立。这种对立形势，在殷未曾剧烈的展开着。

现在再把科学的社会主义创始者一段话，录作本节的结语：

"古代社会和国家，为财产的第二形态①。这种财产的发生为由经济条约或征服而把几个氏族统一于一个市区内，并于其下保有着奴隶。动的以及其后来之不动的私有财产，都已和公社的财产而一同发展了起来，但却是屈服公社财产的一种例外的形式。国家在公社之上握有其自己的奴隶的权力只是把它集体化——在这一点上和公社的财产形态相联系。这便是古代公社集体的私有制财产＝为对待奴隶而不得不维持的这种自然的联合形式。因此，依据于这种社会之上的人们的权力，在不动的私有财产发展起来的那种形势下，便随着社会的解体而一同消失了。"（同前揭《马恩全集》）

---

① 编者注：著者按原著者说："氏族财产为财产的第一形态"，"封建等级的财产为第三种形态。"（引见同书）

D.

国家的出现及其政治诸形态

一、殷代国家形成的过程

殷代的世系，自汤至受究为多少世次，迄今苦无可考。司马迁《史记》所载三十一世中，从甲骨文字的考究，已能证明其非同虚构，惟甲骨文字所记殷所祀之先王中，尚有非此三十一世名谥之内者。因而自成汤至受究经过年代多少，更无从考证矣。

关于殷代文字记载之文献，及今既遗存者，仅自盘庚时始，盘庚以前者尚无发现。因之欲确切考究殷代国家成立过程，是一件最困难而无从着手之事。

大抵殷族至所谓相土时始发明农业，观殷人祀"土"为农神盖可考而知。自知道农业后，便开始走入农业民的定居的过程。古书所记，殷人自契自成汤八迁。王国维据以考定云：

"今考之古籍，则《世本·居》篇云：契居藩（疑即《汉志》鲁国之藩县，观相土之都在东岳可知）。契本帝喾之子，实本居亳，今居于蕃，是一迁也。《世本》又云：昭明居砥石，由蕃迁于砥石，是二迁也。《荀子·成相》篇云：契玄王生昭明，居于砥石，迁于商。是昭明又由砥石迁商，是三迁也。《左》襄公九年传云：陶唐氏之火正阏伯居商丘，祀大火而大纪时焉；相土因之，故商主大火。是以商丘为昭明子相土所迁。又定公九年传：祝鲍论周封康叔曰：取于相土之东都，以会王之东蒐。则相土之时有二都，康叔取其东都以会王之东蒐，则当在东岳之下，盖如泰山之祊为郑有者，此为东都，则商丘乃其西都矣。疑昭明迁商后，相土又徙泰山下，后复归商邱，是四迁五迁也。今本《竹书纪年》云：帝考三十三年，商侯迁于殷（《山海经》郭璞注引真本《竹书纪年》有殷王子亥、殷主甲微，称殷不称商，则今本《竹书纪年》此事或可信），是六迁也。又孔甲九年，殷侯归于商丘，是七迁也。至汤始居亳，从先王居，则为八迁。"（《观堂集林》，十二卷）

诚如王氏所云："上古之事，若存若亡。"而年代纪所纪世次又至难信。然就王氏考定者说，殷人在相土前，照《史记》载世系，三十世凡五迁，盖在动移无定之频繁移徙中，此殆为尚未定居的游猎畜牧民之特征。自相土以后至汤，照《史记》所载世系，十三世中才三迁，且所迁徙者，仅反复于商、殷、亳三地，此殆象征其已入于定居的畜牧农业民之阶段。《史记》所记世次虽不可全信，如前所云，其间或有遗漏，而其所经过之年代，更不知几何矣！然此所关游徙与定居之前后特征各异，又恰以农神相土在划分其时代，则至足以凭信。

因之，殷人大抵自相土至汤时，农业已臻繁盛，原来的氏族村落公社的内部，已展开其内在的矛盾。这种矛盾形势的构成，殆由于农业生产力的发展，引起氏族内成员间贫富之分化，从而发生原始的土地饥荒。此证之汤之为扩张耕地而伐韦、顾，伐昆吾，伐葛的事实可知①。但是存在于氏族内在的矛盾，是存在于氏族的土地所有的根基上，所以不只是耕地的扩张所能消灭，而是要求把土地从氏族长的支配形态下面解放出来。易言之，要求从氏族长所支配的氏族土地转化为由国家去支配的国有土地。在日本，在大化革新前，发动这种改革的要求的，是氏族内的贫穷化的成员和奴隶在作为主干的（参阅伊豆公夫前揭书）。在国史上的夏殷之际，在这一点上，我们现在还没有材料说明，但论理却应该有这种因素的存在。

中国史上的成汤革命，便是在这种社会自身之内包的矛盾的根基上开展出来的。在这一根基上所表现出的原始土地饥荒的条件下，以种族的力量去表现为耕地扩充的手段的战争；在这种形式下所获得的耕地，不能不归结到种族所有的名义下面去，由种族的最高机关去支配，这表现为和原来的氏族土地所有

---

① 《诗·商颂》："韦顾既伐，昆吾夏桀。"《孟子·滕文公》："汤始征，自葛载。"

的形态相对立。殷代的国家，便在由这两种形态的对立而达到对立之斗争的统一的形势下出现的。

因而原来的无严格之地理疆域的氏族地区，而转化具有一定版图的政治疆域。在这一点的说明上，《周书·多士》说："惟尔知，惟殷先人，有册有典，殷革夏命。"可惜这种册典不曾遗留下来，但可知这种册典在西周初还存在。因而在西周和春秋时代之后裔关于颂赞其先世的《诗·商颂》和《齐侯镈鐘铭》等的记载①，至少有其部分之信史价值的。《商颂·玄鸟》说："古帝命武汤，正域彼四方，方命厥后，奄有九有。"《殷武》"昔有成汤，自彼氐羌，莫敢不来享，莫敢不来王。""邦畿千里，维民所止，肇域彼四海。"《周书·多士》说："乃令尔先祖成汤革夏、俊民甸四方。"《叔夷鐘铭》② 说："夷典其先归及其高祖。虩虩成唐，有严在帝所，专受天命。翦（翦）伐頣（夏司祀），敳伻灵师，伊小臣惟辅，咸有九州，处禹之堵（都）。"

在这些记载中，实记述着"殷革夏命"，而创立其国家，确定其政治疆域的过程。今人每多认殷代"氏族社会"，又认殷代有其政治疆域，实则在氏族社会时代是没有一定的地理疆域的。另一方面，关于这种初期国家的罗马，波特卡诺夫是这样的记述着："在最初，罗马和许多其他希腊、意大利的共同体相似的一个共同体，是个小都市国家，它和刺畿诸州的人民缘都从事农业和牧畜。这时已有了构成人民的数个集团，那便是较早的贵族——柏多里格司，对柏多里格司为人格上之从属的库里恩特司，最后为没有政治权利的勃勒卜司（许多是被征服的住民，还有是被臣属的土著民的子孙）。父家长的柏多里格司的家族，保存着氏族的制度。国家的土地属于柏多里格司的全共同体。各家族长从这一共同体领受必要的土地。世袭的土地只限于小的菜园。库里恩特司从其主人柏多里格司受取土地。

在由氏族社会到国家的历史的变革，主要为把那在氏族长支配下的土地所有而转化为由国家去支配的国家所有。在这一点上，成为土地之原来的实际支配者的氏族长们，便成为旧秩序的维护者，而要求的革新的作为革命势力之主干的，则为氏族内的自由民和公有奴隶。

① 按《商颂》所记述，甲骨文字中也有部分得到证明。
② 郭沫若谓为齐灵公时器。

在汤所领导的这一次革命中，关于自由民的参加，虽无可靠材料来说明；但曾有氏族奴隶的参加，却还有一点形迹在。伊尹在成汤革命集团中曾演着重要的角色，史称其为"阿衡"，甲骨文中亦称之为"黄尹"（郭沫若释称"黄尹"即"阿衡伊尹"之意。）其重要可想而知。然《叔夷钟铭》却称"伊小臣惟辅"，《楚辞·天问》及《墨子》亦均称之为"小臣"，他书又有称其"为媵"者，是伊尹曾出身氏族奴隶。这说明，足证当时的革命有氏族奴隶参加的成份。不过在人类史的这一阶段中，这种参加革命的氏族奴隶，只是从氏族的集体所有的形态下解放出来而转化为家族的私有，从而其地位反更得到进一步的确立。革命所提供的，主要便是氏族的土地所有转化为国家所有，把原来的氏族村落公社转化为在国家统属下的村落公社，且从而把其构成上的氏族性质予以变更。不过，在殷代，从《盘庚》篇看，似乎到盘庚时，才完成这种内部的变革。

在《商书·盘庚》上中下三篇中，上篇是对其种族内的贵族而说的；中篇是对其本种族的自由民"万民"而说的；下篇是对其被征服的属下各异族（百姓）的代理人——"邦伯师长"而说的。界限至为明显，前此的研究者多因不了解殷代的社会形态，所以对这三篇文字的各异的性质又无法理解。这三篇文字，历来都解释为因殷之故都水灾，盘庚乃举行迁都，以告其反对迁都的臣民而作。《盘庚》中篇亦有"殷降大虐"之语；史称殷自汤至盘庚凡五迁，均因水灾。就亳、商、殷等各地之古代地理（依王国维《观堂集林》卷十二所考）考究，水灾亦是十分有可能的。但即因水灾而迁都，其故都之不能居住，其"臣民"纵不免有"定居已久，安土重迁"之感；然今非"安土"，又自有其非迁不可之严重灾情，其臣民缘何而发为剧烈之反对？今据《盘庚》篇所说，其"在位""共政"之人，却还在极力鼓动民众，形成大规模的反对迁都运动。如记载：

"汝不和吉言于百姓，惟汝自生毒。乃败祸奸宄，以自灾于厥身；乃既先恶于民，乃奉其恫，汝悔身何及？"（《商书·盘庚》上）

"而胥动以浮言，恐沈于众。"（同上）

"则惟汝众，自作弗靖。"（同上）

"恐人倚乃身，迁乃心。"（《商书·盘庚》中）

"罔罪尔众，尔无共怒，协比谗言予一人。"（《盘庚》下）

因此，反对迁都的是贵族，贵族并鼓动民众而形成为大规模的反对运动。

因而，在迁都的背后，应有其一个重要的政治内容在。

大概殷自成汤的革命，即已把氏族的土地所有宣布为国家的土地所有。但是这一改革事业的完成，不能不需要一个长的时期，而且愈在古代，这种时间的演进愈迟缓。因而殷自汤至盘庚时，殷民族内部的土地所有诸形态中，仍有不少存留在贵族——表现为氏族长的身份支配着的氏族所有的形态。盘庚迁都的政治内容，便把他们迁往到国有的土地上面去，同时把那些存留在氏族所有形态下的土地宣布为国家所有。所以说："今予试将以汝迁，永建乃家。"（《盘庚》中篇）"天其永我命于兹新邑，绍复先王之大业，底绥四方。"（《盘庚》上篇）"尔谓朕曷震动万民以迁，肆上帝将复我高祖之德，乱越我家，朕及笃敬，恭承民命，用永地于新邑。"（《盘庚》下篇）他不啻认为他把他们迁到"新邑"去便完成他的高祖成汤的大业。不过除把土地宣布为国家所有之外，对他们的一切特权，不但仍维护其存在，无宁更复确立。这于他们的利益是没有丝毫损失的。所以盘庚提醒他们而作为条件式的说："古我先王，亦惟图任旧人共政。王播告之修，不匿厥指。王用丕钦，罔有逸言，民用丕变。今汝聒聒，起信险肤，予弗知乃所讼。"（《盘庚》上篇）这是说："我虽然把一切土地宣布为国有；但在政治上过去的办法，我半点也不变动，我们的先王成汤在变法后，对那些原来的氏族长和贵族，就他们原来所管理的各公社，依样由他们去管理；或把他们都容纳在国家的政治机关内，我现在也不变更这个原则。自我高祖成汤变法以来，人民都很感受便利，他们的思想、意识也都完全变了，这样对你们很有利益的改革，你们却反而起来反对，"众口烁金"，不别利害，我不知道你们所争的到底是什么呢？大概自成汤革命后，前代的残余势力，仍不断地在社会内部形成图谋推翻新秩序的复古运动。这并且继续到盘庚时代。王国维说："《史记·殷本纪》所谓中丁以后九世之乱，其间当有争立之事而不可考矣。"（《观堂集林》卷十一）据《殷本纪》所列自中丁至盘庚九世。不过乱的根源固不属于争立，而是属于新旧两种秩序之对立的斗争的根基上——新秩序的创立和旧秩序的反攻。

因而那些还直接握有氏族的土地所有在其支配下贵族，便不仅直接起来反对，并同时去鼓动其氏族内的自由民和异族人共同起来反对，而弥漫为"若火之燎于原，不可向迩"（上篇）的反对革命运动，成为殷代历史中一次最重大的政治风潮。随着这次风潮的过去，殷代种族国家的创设才达到完成。

二、社会诸阶级的构成

　　奴隶所有者的构成，为在人类史上最初的阶级的构成；易言之，奴隶制的出现为"向着支配阶级和被支配阶级之社会的最初的大分裂。"① 关于此，伊里奇又更具体的说着："奴隶所有者和奴隶便是最初的巨大的阶级分裂。"② 国家便是从这巨大的分裂的疮口中出现的。因为国家是以阶级之存在为其存在之前提；所以"向着诸阶级的社会的分裂，便是奴隶社会、封建社会、布尔乔亚社会所共通的；前二者为身份的阶级的存在，是后者的阶级便是非身份的。"③"没有例外的，在诸国家之数千年间的全人类社会的发展"是完全与之相适应，而有其"一般之合则性、规则性、继续性"的④。"和奴隶制相并的，特别在东方的灌溉耕作之下，有极强固的公社的关系存在。"⑤所以在东方，这种公社的存在和社会诸阶级的存在，从而国家的存在并不矛盾，而是妥适的。

　　在殷代，奴隶所有者的构成和社会阶级之大分裂的痕迹，从甲骨文字、《易》卦爻辞、《盘庚》各篇中，关于记载阶级制度的单字，可以排列为如次之三大系列：

　　（1）天子⑥、帝⑦、王、公、侯、大人、君子、卿、史——"卿史"、"御史"⑧、巫、邦伯、师长吏等。

_____

① 日译马恩全集卷二十四，恩氏：《家族私有财产及国家之起源》；
② 日译伊氏全集卷二十四，《国家论》。
③ 同上。
④ 同上卷五：《俄罗斯社会民主党的农业纲领》。
⑤ 日文"历史科学"昭和九年十二月号，柯瓦列夫：《关于奴隶所有者之构成诸问题》。
⑥ 甲骨文字中称"天子"亦简称"子"，即"皇天上帝"的儿子之意，受天命而行统治者。《周书·召诰》："皇天上帝，改厥元子，兹大国殷之命。"
⑦ "帝"字在殷代有两重意义：一是指"天帝"，如"帝史"（甲骨文例见《卜辞通纂》"序"）；一是指"人王"，如"帝甲"（甲骨文）、"帝乙归妹"《周易·归妹》。
⑧ 所谓"其令卿史"（前二，二三）从郭沫若释，罗振玉释作"其令卿士"。"御史"（前四，二八），王国维谓即《周书·牧誓》之"御事"，王、罗均谓在古代"史"、"吏"、"事"三字为同一字。

（2）武人、邑人、行人、旅人、商、幽人、万民、庶群、富民……等。

（3）小人、刑人、臣——小臣、奴、奚、妾、役、牧、仆、僮、童仆、御、侑……等。

第一列为当时的贵族；第二列为其种族内的自由民和市民；第三列则为被支配阶级的奴隶。

在构成统治层的贵族中，包含三种性质各异的因素：一为僧侣贵族，如史、御史、卿史、巫、卜之类，殆皆由氏族社会之司符咒魔术者转化而来的。在殷代，他们已从完全生产劳动中脱离了出来，如前所述，他们在政治上支配作用，留待后说。一为世俗贵族，如帝、王、王子、公、侯、父师、少师、吏等。他们也已完全从生产劳动中脱离出来，专门充任为公社的管理人①，军事的组织者或战争的指挥者②，或充任国家机关的属僚③。这种僧侣贵族和世俗贵族，构成奴隶所有者阶层。一为统治异族的代理人，如"邦伯"，他们在国家的机关内，从充任国家代理人这一点上，是以贵族资格而出现的，在公社内部，则又以氏族长的资格而存在。这三者都在名义上，从属于战争集团的军事领袖的天子或王之下，而为其属僚。在历史上，这一时代的国王，同时便是战争的领袖，所以甲骨文字所记殷代的征伐，都是由王在直接统属和指挥的。

这在殷代末期，王才离开战争的直接指挥④，然军事固然在其直接统属下。

这种贵族，不是像在原来的氏族社会中由氏族员选举出来的各种公职的担当者，而是由国家法律所赋予的一种社会的身份阶级，借着国家权力所表现的"王"的命令把他确立的。殷代的那些政治上的职官及其爵位，照甲骨文的记载，都是由王所命赐。例如"命噩侯"、"命周侯"、"命周侯，今月凸旰"（《新》二七七）。后者即是《史记》和《竹书纪年》所谓"命季历为周侯"，

---

① 如前揭甲骨文字考究中的侯的食邑记载，便是一例。

② 例如：甲骨文："乙丑卜，彳，贞令湖众（及）鸣彳（羍）夬尹从高芎古事。七月"（《前》，七、二三，一，从郭沫若释）。又如《微子》篇说："微子若曰：父师少师，殷其弗或乱正四方。"

③ 例如："盘庚敦于民，由乃在位，以常旧服，正法度。……古我先王，亦惟图任旧人共政。""自今至于后日，各恭尔事，齐乃位，度乃口……"《盘庚》；"哴耇者长，旧有位人"（《微子》）。

④ 例如："王曰：侯虎、饎女事，凼受口，曰：吕方其至于豪土，□□侯虎……其各彳（羍）乃事归。"（《前》）七、三六）；"贞虫多子族，令从高芎古王事。""贞虫多尹，令从高芎古王事。"（《后》下，三八）；"辛丑卜，宁，贞令多辪从凴棐代下厶，受业又。"（《后》上，三一）

"命西伯昌为周侯"等记事。上述所引《盘庚》上篇载"旧人共政"等，亦即在说明这种社会的身份的阶级——奴隶所有者之存在。

关于上述第三列所列之奴隶阶级，在殷代主要都是战争得来的俘虏编成的。所以甲骨文所载，其奴隶中有"夅奴"、"廊人"、"羌人"、"人方牧"、"土方牧"、"臣吾方"、"邶奴"等，均冠以族名；然亦有不冠以族名的普通称谓者，如"藉臣"、"方臣"、"值"、"渔有众"以及卦爻辞中之"小人"等。因为在殷代国境周围的异族甚多，如甲骨文所记载有吕方、土方、羌方、人方、井方、马方、羊方、洗方、林方、鬼方、二封方、三封方、下勺、芋、邶、奄、雷、上鲁、蜀、尸（夷）等等，由战争的手段去获得奴隶的来源甚广。他们把战争得来的俘虏，便编制为奴隶劳动的队伍。但是战争是由贵族所领率的，所以奴隶的获得，便不异成了贵族的特权。甲骨文中的所谓"帚（颁赐）姘夅奴"、"帚媒夅奴"等类的记事，便是这种内容。

如前所述，在殷代，农业劳动、畜牧劳动、交通及商业运输劳动，主要是奴隶在担任。据甲骨文字捕鱼和贵族们的田猎游戏，也是使用着奴隶劳动。例如："渔屮众"，"渔亡其从"，"王田于□，小臣令□从"。在贵族的日常杂务上，尤其是贱下之役，也使用着奴隶。例如《后》上，二〇有"僕卜"字，郭沫若考释云："古奴隶字多从辛……童字从辛，此僕亦从辛者，欹剐之象形文。古人施黥以之。童、妾、僕之从辛者，示黥其额也。此僕服贱役，头上有辛，而尻下有尾，足征古人之虐待奴隶。又金文《父辛盘》有此字，作罕，亦系尾负辛，特手中所奉之器稍渺耳。父辛盘用人名，卜辞此字亦当人名。"（《通》，一七一）

足征殷人对所有奴隶，都施以"黥额"之事，意在黥额以为记号，示奴隶与自由民之区别，盖防其逃亡，或逃走时容易为他人所逮捕送还也。在古代欧洲，在瑞士所发现的罗马奴隶项圈，圈上写着："我若逃走了，请逮捕我送还给我的主人，当予重赏。"（波特卡洛夫：《世界史教程》，第三十一图）殷代奴隶黥额，殆属于此同一意义。供给贵族们的娱乐，也使用奴隶歌舞取乐。例如："王其又（侑）于小乙五妣羊，王受又（祐）。"（《新》，一九八，从董作宾解）；"伐十人"（《前》一、一八）；"王岢北羌伐。"（《前》，四，三七）；"又伐于上甲九羌。""又伐上甲羌五。"（《后》上二一）罗振玉谓"伐"为"武舞"，郭沫若谓为"干舞"。《诗经·皇矣》篇云："夏后启于此，舞九伐。"《诗经·楚茨》:"以妥以侑"。是释"伐"为"舞",殆至明确。从而后世之"白粉劳动者",迨此种古代歌舞奴隶一再演变之遗迹欤？其次，又有以奴隶用作牺牲之形迹，例如:"孚乃利用禴。"(《易·萃》)此迨为已丧失劳动能力之奴隶，或新获而倔强不驯者。同时，此殆为殷初之现象，在感受奴隶劳动缺乏①之殷代末期，以奴隶充作牺牲之事，当已不存在。

奴隶参加战争，甲骨文字中关于这种记载，尤不胜举。例如:

"贞叀，王往伐吕，乎多臣伐吕方虏，佳王伐吕。"(前四，三一)

"贞勿乎多臣伐吕方，弗受屮又(祐)。"(《林》，二，二七)

"贞，王勿令叀𢀛(挈)众伐吕方。"(《后》，上，一七)

"(癸□卜，□)，贞旬亡囚，(□(日)□(干)□(支))，允有来𢑚鼓自西，屮告曰，(吕征我)𢦏大方昺四邑。十三月。"

"癸亥卜，贞乎(呼)多射衞(防)。"(《林》二，三〇)

"戊寅贞多射往屮，亡囚。又囚。"(《戬》四三)

"令𦎧𠂤(挈)多射衞示，乎(呼)𐀀。六月。"(《后》下二五)

郭沫若云"以多臣多射从子征伐，用知商人以奴隶服兵役矣。此与古希腊罗马同。殷辛之前途倒戈，盖由于奴隶背叛。"(《通》一〇四页)在古希腊、罗马，在平时有不许奴隶携带武器之防闲，后来由于罗马种族②人口的减少，才渐次用奴隶去参加军事。在殷代，原先似亦不让奴隶参加战争，至多亦只让其参加军事上之防卫方面的事情。《易》卦爻辞中有这样的记载着:"击蒙，不利为寇，利御寇。"(《易·蒙》上九)上列的甲骨文字中，亦以奴隶参加防御军事为主，而以之从事征伐，大概奴隶之广泛的参加战争，亦当属殷末事。证之《周书·武成》所云:"甲子昧爽，受率其族若林，会于牧野，罔有敌于我师。前徒倒戈，攻于后以北，血流漂杵。"郭说自亦信而有证。

在殷人亡国前，还发现以奴隶劳动去担任政府的公务与贵族家庭的私务的现象。例如《易·师》上六亦说:"大君有命，开国承家，小人勿用。"就这一件记事看，殷人在原先，显然曾有意在防止这种事情的发生，然而却正又反

---

① 甲骨文关于奴隶缺乏之记载，例如:"壬子卜，□，贞佳我奚不足，十月。"(《前》，六，十九，二)"佳我奚不足，真妻。"(《前》，六，一九，一)

② "中部意大利的住民，由许多种族(思多鲁斯古、瓦莫善利安、沙比奴)组成的。这些种族之一的那济来人，为纪元前八世纪罗马的创设者。"(波特卡诺夫《前揭书》二一〇页)

映着在其末期的这种现象的普遍存在。甲骨文字中还有这样的记载："卜贞，臣在斗。"（《前》，二，九）这是否是在说用奴隶们"角斗"为戏以娱目？在没有其他的材料来确证前，我还不敢作决然的解释。

贵族和奴隶，为殷代社会之主要对立的阶级。存在于这两者之间的便是自由民。不过在这种种族国家的奴隶制度时代，自由民和贵族系同一的种族，他们对异族人，则在种族的地位表现为支配者；同时在种族财产的形态下面，贫穷化的自由民有受奉养于国家的权利，所以在经济的地位，他们同时又表现为对于奴隶劳动的间接搾取者。例如盘庚对其自由民（"万民"）说："予岂汝威！用奉畜汝众？予念我先神后之劳尔先，予丕克羞尔，用怀尔然。""古我先后，既劳乃祖乃父，汝共作我畜民。"（《盘庚》中篇）因而在自由民和贵族间虽然有其矛盾的存在；但他们却在这一点上被统一起来了——由氏族社会末期之这两者间的对立转化而成为两者间的统一与奴隶阶级相对立。这直到殷代末期，由于社会经济的衰落，国家对这种自由民的无力奉养，致使他们穷乏无所归宿，才又引起自由民对贵族的反目。

在这种阶级构成的基础上，因而形成殷代国家之奴隶所有者国家统治机构。

三、政治的组织

殷代的国家包含着许多不同的种族，一为统治种族的斿族（多斿族），一为被征服的"异族"多生（姓）、百生（姓）。国家由斿族所创建；斿族的内部也包含着许多氏族①。这些氏族形成为殷代国家的贵族氏族。在诸贵族中又有王族②与普通贵族氏族之分。在被征服者的"异族"方面，所包含之单位极多，如井方、噩、邠、邯、奄、郦、崔、周、羌、盂、岐、共③等等。但此等

---

① 例如甲骨文字有"多斿族"（《后》下，四二），又有"王□次，命五族伐羌"的"五族"之称。
② 例如：《前》五，八有"王族"。
③ 《铁》，二六四，二："子卜，□贞，岐侯。《铁》，二五一，三，已未卜贞，共侯……"

种族，殷人对之只在征取税纳，作为殷代奴隶所有国家之代理人的，亦率多为其原来的氏族长；他们对殷代奴隶所有者国家，除纳税外，则视同宗主国的关系。例如："癸卯卜，宄，贞井方于唐宗，毚。"郭沫若释云："此井方用殷之诸侯，言来宗祀成汤用毚。"（《通》，一一七页）"□□彝娟，□□武帝，乎彝娟于祭宗……"（《林》，二，二五，从郭释）"女燮堇（觐）于王。"（《女燮毁》）。

因为形成其国家的种族有这两种种族成份，所以殷代奴隶所有制国家政治措施上，便常以为之相对称。如甲骨文字中之所谓"更多子卿"、"更多虫姓卿"（《新》，一七九）《盘庚》三篇亦分别对象说话：上中两篇以子族所形成的贵族（旧有位人）和一般自由民（万民）为说话的对象；下篇以所属各"异族"（百姓）和其代理人（邦、伯）为说话的对象，其构意和称谓乃随对象而各异。这正反映其政治内容的构造。

基于上述的情形下，在这两者间之政治联系上便异常薄弱。异族对殷代奴隶所有者国家，是服从背叛与无常的。如殷人一面有"命周侯"的事实，而同时又有"寇周"的记载。又如"壬□，命雀伐劣侯。"（《新》，二五八）既称之曰"侯"，当曾为其臣属；侯而被伐，当在其背叛之后。这不过是一二例子。实际甲骨文所记，在殷代，对其所属各"异族"，常见有册命与征伐相继而至之现象，此即与其臣服与背叛，相继而至之现象相适应的。

在这种国家的尖端，有一个代表其权力的国王，国王同时便是奴隶掠夺者军事集团之首领。这种王，和其紧承着的氏族社会末期部族联合的酋长，是很容易混淆的。其主要的分歧点，其一，便是后者必须经过氏族全员的选举，并得被罢免；前者则必要经过选举，或视为男系的当然世袭，或选举亦只是由于一个阶级在行使的。其次，便是后者没有民政上的权力，前者则有对于市民的生命、自由、财产有任意的设置权。恩格斯说："（罗马）在元老院和民会以外，还有来格司（rex）的设置，这来格司恰相当于希腊的伯劳司（basileur），但并不是毛色的所说的那种专制帝王。来格司为军务总司令官、高级僧侣及特定裁判事件的首席裁判官。他除被援有军务总司令官的统制权和首席裁判官的判决执行权外，便无其他权能＝并没有对于市民的生命、自由、财产，有何种处置的权力。来格司的职位不是世袭；但有由前任来格司提议，经过高利亚（curia）会议选举，再由下次会议正式任命；同时他并得被罢免。"（恩氏前

揭书）

在殷代，一般"殷代氏族社会论"者，认为在甲骨文字，《易》卦爻辞及《盘庚》各篇中之所谓"天子"、"帝"、"王"，便是这种"来格司"的性质。他们认为卦爻辞中之所谓"同人"，《盘庚》篇中之所谓："率籲众感，出矢言"（上），"乃话民之弗率，诞告用亶其有众，咸造勿亵在王庭（中）"等记载，便是古代氏族社会的"民会"等组织的存在证明。这种文句上的玩弄和诡辩，正如恩格斯所说："只看见树木而不见森林。"《盘庚》篇中之这些文句，显系编书者的按语，和《盘庚》篇的本文是非一致的；在《盘庚》篇的本文中，并充分的表明看国王所具有的国家的"强制权力"；而且以这些文句去确证认为古代氏族社会的民主主义的组织，岂不遗笑于真理！

就《易》卦爻中之"同人于宗，吝。"（《易·同人》）"同人先号咷而后笑，大师克相遇。"（同上）从这些文句来考察，却还是在说明一种军事的组织内的记事。而且阶级社会的王和其紧承着"来格司"的分别，问题也并不在这里。易言之，"民会"或"协会议"的组织，并不能作为两者的划界线，恰恰相反，它反而在奴隶制时代的古代希腊、罗马以及后来之资本主义时代，也统统存在着。现在拿古代雅典奴隶所有者国家来作个例子，恩格斯是这样记述着：

"我们现在来讲雅典的国家，其统治权是握在十个部落所选出的五百个议员所组成的协议会的手中，但它须服从每个公民都有出席与投票权的公民的议决。另外由'安疆司'（Archous）和其他官吏掌管各部行政及司法。至于那具有最高执行权力的元首，在雅典却不曾存在。"（《家族私有财产及国家之起源》）

在另一方面，"国家的本质的特征，在于那和大众分离的公共的强制权力。"（恩氏前揭书）然而在《盘庚》篇中，"王"之具有这种强制权力，却表现得十分明白。

"呜呼！今予告汝不易，永敬大恤，无胥绝远。汝分猷念以相从，各设中于乃心。乃有不吉不迪，颠越不恭，暂遇奸宄，我乃劓殄灭之，无遗育，无俾易种于兹新邑。往哉生生！（《商书·盘庚》中）"汝不和吉言于百姓，惟汝自生毒，乃败祸奸宄，以自灾于厥身；乃既先恶于民，乃奉其恫，汝悔身何及？相时憸民，犹胥顾于箴言。其发有逸口。矧予制乃短长之命！汝曷弗告朕，而胥动以浮言，恐沈于众，若火之燎于原，不可响迩，其犹可扑灭！"（《盘庚》上）"予告汝于难，若射之有志：汝无侮老成人，无弱孤有幼。长于厥居，勉出乃力，听予一人之作猷，无有远迩，用罪伐厥死，用德彰厥善。邦之臧，惟汝众；邦之不臧，惟予一人有佚罚。凡尔众，其惟致告。自今至于后日，各恭尔事，齐乃位，度乃口；罚及尔身，弗可悔！"（《盘庚》上）

"古我先王，亦惟图任旧人共政。"（《盘庚》上）

这不但充分表明着国家的"强制权力"，而且表现着古代帝王"迭克推多"，把人民的生命自由都放在其权力的任意支配下，同时把国家的用人权也完全放在其自己的掌握中。

在殷代，国王是由男系的一个家系世袭的。不过在殷代，又频繁的存在着"兄终弟及"的事实；现就各家所考之殷代王位承袭列为世系表如次：

帝名	殷本纪	三代世系	古今人表	甲骨文字
大乙（汤）	主癸子	主癸子	主癸子	一世
大丁	汤子	汤子	汤子	汤子二世
外丙	大丁弟	大丁弟	大丁弟	
中壬	外丙弟	外丙弟	外丙弟	
大甲	大丁子	大丁子	大丁子	大丁子三世
沃丁	大甲子	大甲子	大甲子	
大庚	沃丁弟	大丁子	大丁子	大甲子四世
小甲	大庚子	大庚子	大庚子	
雍己	小甲弟	小甲弟	小甲弟	
大戊	雍己弟	雍己弟	雍己弟	大庚子五世
中丁	大戊子	大戊子	大戊弟	大戊子六世
外壬	中丁弟	中丁弟	中丁弟	
河亶甲	外壬弟	外壬弟	外壬弟	
祖乙	河亶甲子	河亶甲子	河亶甲子	中丁子七世
祖辛	祖乙子	祖乙子	祖乙子	祖乙子八世
沃甲	祖辛弟	祖辛弟	祖辛弟	
祖丁	祖辛子	祖辛子	祖辛子	祖辛子九世
南庚	沃甲子	沃甲子	沃甲子	
阳甲	祖丁子	祖丁子	祖丁子	祖丁子十世

帝名	殷本纪	三代世系	古今人表	甲骨文字
盤庚	阳甲弟	阳甲弟	阳甲弟	阳甲子十世
小辛	盤庚弟	盤庚弟	盤庚弟	盤庚弟十世
小乙	小辛弟	小辛弟	小辛弟	小辛弟十世
武丁	小乙子	小乙子	小乙子	小乙子十一世
祖庚	武丁子	武丁子	武丁子	武丁子十二世
祖甲	祖庚弟	祖庚弟	祖庚弟	祖庚弟十二世
廪辛	祖甲子	祖甲子	祖甲子	
庚丁	廪辛弟	廪辛弟	廪辛弟	祖甲子十三世
武乙	庚丁子	庚丁子	庚丁子	庚丁子十四世
大丁	武乙子	武乙子	武乙子	
帝乙	大丁子	大丁子	大丁子	
帝辛	帝乙子	帝乙子	帝乙子	

（据《观堂集林》卷九所列）

因而，中国式的"历史家"们有认此为殷代男系世袭权不曾确立之证。实则，非在男系世袭原则下，"兄终弟及"的事实也是无从实现的；反之，"兄终弟及"正是男系世袭权确立后的特征。而且在殷代，"传弟"与"传子"互见。因为在这种初期国家的时代，王同时又是军事集团的首领，在殷代也不例外。所以甲骨文字和《易》卦爻辞所记殷人的每次征伐战争，都有王直接在率领。因而王必须要具务这种军事首领的身份，是则不但需要成长者始能胜任，而且需要精武善战为条件。从而当王死亡后，其子能具备这种条件便"传子"；反之，其子或因年岁幼小或无此种才能者，事实上便不能不"传弟"。这是殷代之所以有"兄终弟及"的事实内容。在中国史上，直至后来还不断有这种事情的发现。例如在周初，武王死后，因为其军事的统治尚未完成，又因成王年幼，在需要王必须同时为军事首领的前提下，于是乃不得不传之其弟周公（参考王国维：《观堂集林》）。在宋代小地主阶级的建国之初，在军事的征服尚未完成，还需要"王"同时为军事领袖的条件下，于是在赵匡胤死后便不能不舍其子而立其弟赵光义。这种例子，在世界史上多着呢！尤其是在初期国家时代，例如在罗马一个长时间，事实上，甚至不曾确立一个家系的世袭，反转由具有军事权威的军事领袖在承袭。

　　另方面，殷代的男系血统嫡系的观念，反甚为浓厚，继兄者并不后其兄与其旁系祖先，反仅后其嫡系祖先者，这在殷代王家的祭典中表现得很明白——除特祭外之一种合祭，仅祭其所自出之先王，非所自出者不与。这种例子，在甲骨文字中记载至多。

　　王国维云："《殷本纪》则商三十一帝（除大丁为三十帝）共十七世；《三代世表》……则为十六世；《古今人表》……亦为十六世。今由卜辞证之，则以《殷本纪》所记为近。案殷人祭祀中，有特祭其所自出之先王，而非所自出之先王不与者。前考所举："求祖乙（小乙）、祖丁（武丁）、祖甲、康祖丁（庚丁）、武乙衣。其一例也。"

　　"今检卜辞中又有一断片，其文曰：'……大甲、大庚……丁、祖乙、祖……一羊一南……此片虽残阙，然于大甲、大庚之间不数沃丁、中丁（中字直笔尚存），祖乙之间不数外壬、河亶甲，而一世之中仅举一帝，盖亦与前所举者同例。又其上下所阙，得以意补之如左。"

　　"由此观之，则此片当为盘庚、小辛、小乙三帝时之物，自大丁至祖丁皆其所自出之先王。"（《观》，一五一六）

　　"是大庚但后其父大甲而不为其兄沃丁后也。中丁祖乙之间不数外壬、河亶甲，是祖乙但后其父中丁，而不为其兄外壬、河亶甲后也。（《观》十，六页）

　　又"口祖乙（小乙），祖丁（武丁）、祖甲、康祖丁（庚丁）、武乙衣。"（《后》上，廿）"于祖甲前不数祖庚，康祖丁前不数廪辛，是亦祖甲本不后其兄祖庚，庚丁不后其兄廪辛。故后世之帝于合祭之一种乃废其祭（其特祭仍不废）。"（《观》十，六页）

　　郭沫若说："殷代祀典虽先妣特祭，然犹存母权时代之孑遗，然只仅祭其所自出之妣，于非所自出之妣则不及，是其父权系统固确已成立矣。"（《通》序，二页）"在予排比其世系而为表示时举凡有妣名者，悉以祖妣配列……即有妣名者，为王统之直系，其属于旁系者则无之。"（同上）"来雨自囮，大乙、大丁、大甲、大庚、大戊、中丁、且乙、且辛、且丁、十示，率壯。十示之意义既得明示，且均为王统之直系。大戊与且乙之间为中丁，遂使王国维中丁为大戊子，且乙为中丁子之说……成为铁案。"（《通》、《后记》，五页）

　　但是王是代表奴隶所有者＝贵族从而其种族的利益而存在的；所以其所表

现的政治权力，并不是其个人的暴力，而是其阶级的统治形势的表现。所以在殷代，在僧侣贵族和世俗贵族之利益统治的原则下，政权的实际掌握者，却是僧侣贵族，王和世俗贵族，反而受着僧侣的支配。周公说："我闻在昔成汤既受命，时则有若伊尹，格于皇天；在太甲，时则有若保衡；在太戊，时则有若伊陟臣扈，格于上帝，巫咸乂王家；在祖乙，时则有若巫贤；在武丁，时则有若甘盘。率惟兹有陈，保乂有殷……故一人有事于四方，若卜筮，罔不是孚。"（《周书·君奭》）伊尹、伊陟、巫贤等便是一群掌握"卜筮"的僧侣头目。又如"伊尹放太甲于桐"，"伊陟赞言巫咸。巫咸治王家有成，作《咸艾》，作《太戊》。帝太戊赞伊陟于庙，言弗臣；伊陟让，作《原命》。"（《史记·殷本纪》）伊尹能黜放国王，伊陟对国王"弗臣"，僧侣贵族能左右王室权力，可以概见。这种政治现象，是由于适应其幼稚的生产技术的基础上，人类对自然的占有程度的较低，在一切生产的收获上，都不能不受着自然的支配。僧侣贵族在这一点上，被视为他们是代表神意而出现，是握生产的丰歉和人事休咎的神意的沟通者。从而作为社会生产、人事、战争……等措施上的具有决定作用的神意，是凭着那些僧侣们手中的占卜去表现的。因而僧侣们便成为政治上惟一的实际权力者，而且他们又成为军事上的组织者和权力者①。另方面，对于奴隶的统治，在其政治形态上之这种原始的神权性质的表现和作用，又自具备其阶级的历史意义的。

在这种政治权力的机构中，主要在行使对奴隶的统治。殷代的奴隶所有者，在"神权"所表现的一种精神统治的武器外，从"神的慈悲的心灵中"又起造出那给予奴隶们的各种的刑罚，借这种严刑酷罚的政治设置，具体的表现"神"的最高统治权力。这种刑罚之适应的特征，在名义上也给予何种相对性的形迹，而只是片面的任意的行使，因为奴隶根本上便是被当作其主人的家畜一样看待，并不曾被认为人的存在。这是奴隶所有者时代的极一般的特征。

在甲骨文中有"劓"、"剕"、"刑"、"杀"等；陆和九先生又照原文列出如次四字云："言刑罚，则有𦉢、有𦥑、有𥄑、有𦥔诸名词（见所著《金石学》

① 甲骨文所记，"𡙸尹从卤弓古事。"（"前"，七，二三）；"贞命多𦐇从兕桑伐𠂤𡉚……（《后》上，三一）

前编七页）又有"贞亡年，其囚。一月"（《新》，五一）；"其噩众。壬戌卜，不噩众"（《新》，一九六）。《易》卦爻辞："劓刖，困于赤绂，乃徐有说（脱），利用祭祀。"（《困》，九五），"其人天且劓"（见前引）；"厥孚交如，威如。"（《大有》，六五）；"执之用黄牛之革，莫之胜说（脱）"（《遯》，六二）；"咸其股，执其随。"（《咸》，九三）；"咸其腓"（《咸》，六二）；"咸其拇"（同上）；"系用徽缰，寘于丛棘"（《坎》，上六）；"来之坎坎，险且枕，入于坎窞，勿用。"（《坎》，六三）；"利用狱"（《噬嗑》）；"噬肤灭鼻，无咎。"（同上）"拘系之，乃从维之，王用享于西山。"（见前）；"发蒙，利用刑人，用说（脱）桎梏。"（《蒙》初六）羽按：禁闭奴隶的地牢，殷虚遗址中已有发现。把残废或桀黠的奴隶用作牺牲，由殷虚废址中之人骨残片发现，也得到了实物的证明。

在奴隶所有者时代的俄国，百姓的生命折合一九一四年前战前金额值为五百卢布，贵族的生命为其十六倍。杀害奴隶，其主人便只从杀害者方面所偿劳价值；若奴主自己杀害奴隶，是不负那种法律责任的。——我记得波克诺夫司基的《俄国社会史》中有这样一段记事，但竟没有找到原文，仅就记忆的大意示出。

在人类史上，奴隶是最缺乏政治觉悟的阶级。殷代奴隶所有者，给予奴隶们的残酷压迫是人类所不能忍受的痛苦，引起了奴隶之相继逃亡，作为其自发的反抗的表现。例如："众允，悔亡。"（《易·晋》六三）；"革，已日乃孚……悔亡。"（《易·革》）；"悔亡，有孚改命，吉。"（同上）"闲有家，悔亡。"（《易·家人》初九）；"系遯，有疾厉。"（《易·遯》九三）。奴隶们武装的叛乱，在古代欧洲，在斯巴达克（Spqrtakus）的率领下，曾有一次较大规模的表演。殷代所发现的这种奴隶叛乱的事件，文献记事过于简略，我们无从详细的叙述。《易·萃》初六说："有孚不终，乃乱乃萃，若号一握为笑。勿恤，往无咎。"把这段译成现代语说："那班该死的奴隶们，现在已不同从前了。他们竟敢于结队成群的叛乱起义。在聚集着的一大群的叛徒中，都是如醉如狂的，在那里狂热的呐喊叫骂。现在乱子既已演成了，那只有迅速用最大的强力去扑灭他们。"

奴隶们虽然不断的反抗，但因他们没有政治觉悟，所以在人类史上，奴隶的叛乱，并不曾引起历史的变革。

四、政治疆域

　　殷代国家的政治疆域，仅就其政治军事势力所及之地看，东西南北国境，从甲骨文字所能考出者，已至属辽阔；然边远区域与之在政治的联系上，殆皆比较薄弱。其政治力所直接支配之区域，盖不出黄河中下游南北境纵横千里之内也，在此纵横千里之区域内，主要为商族本族所散布之区域。商族这种区域内，国王与贵族往来遊田常至之处，到处都建有离宫别墅。《诗·商颂》："邦畿千里，惟民（殷人）所止。"此从甲骨文字的考究，已能完全证明其确切性。王国维考究云："殷虚卜辞中所见古地名，多至二百余，其字大抵不可识。其可识者亦罕见于古籍；其见于古籍者，如齐疎，如霍疎、如召、如噩、如刚、如向、如画、如潧，皆距殷颇远，未敢定为一地；其略可定者：一曰冀……二曰盂……三曰雝……此三地皆在河北；其在河南者：曰亳、曰曹、曰杞……曰截（载）……曰雇。……此八地者，皆在河南北千里之内……殆可信为殷天子行幸之地矣。"（《观堂别集》卷一）

　　在殷代奴隶所有者国家灭亡之后，这一区域犹为商族所散布：安阳故地及周初之宋地，为殷人所居，自不待言；周初武庚凭借以为叛乱者，乃皆为居于东土（今日之山东及江苏北部）之商族徐庵等。

　　又"丙辰卜，行，贞其步自于良，亡〻。""□□卜，行，贞王其步自良于主。"（《前》二，二一）

　　郭沫若云："《左》昭十六年：'晋侯会吴子于良。'或即此良地，汉为良成，属东海郡，在今江苏徐海道邳县北六十里。"（《通》，一五一页）此证之甲骨文中"伐濁伐霍"，并且证此《商颂·殷武》之所谓"奋伐荆楚，深入其阻"云云，郭氏此说，殆至属正确。甲骨文又记载："辛丑卜，贞王田于藁，""戊戌卜，贞王田于藁"（《前》二，三八）。此片所载，王自戊戌至辛丑凡四日流连于一地遊田，其地自当有行宫，故郭沫若云："藁地在沁阳附近，殷曾在沁阳设有离宫别墅。""其余雝、盂各地，亦为王遊迹常至之处，例如："辛酉卜，贞王田雝，往来无〻。"（《前》二，三六）一类记载，甲骨文字中至多见。

殷人于此"邦畿千里"以外的四周地域，其军事政治势力之所及者，东南达到距殷三千里外之区域，兹揭示一甲骨合片所载于次：

"癸巳卜，在反，贞王旬亡畎，在五月，王越于上眚。癸卯卜，在廪，贞王旬亡畎，在六月，王越于上眚。癸丑卜，在宜，贞王旬亡畎，在六月，王越于上眚。癸酉卜，在上眚，贞王旬亡畎，在七月。王正燹乩商，在爵。癸巳卜，在上眚，贞王旬亡畎，在七月。"（《通》，一三〇页）

"自五月癸巳至七月癸巳整六旬……至七月癸酉则在上眚……然自殷京至眚之路途，要在四十日以上矣。师行平均以日七十里计，约三千里内外也。"（同上，一三一页）依据郭先生考定，自殷都至上眚中间所经过之反、廪、宜、向各地，均为自殷都至今日浙江间之古代地名；而两地间之距离，亦约三千里内外。是上眚为上虞之说，盖至属可能。因之郭氏又说："其（帝乙）廿祀，曾远赴上眚征讨蒉、林、燹、爵等国，经时半载有几。上眚者，余疑即是上虞，其地距殷京甚远。据余由四个断片合成之一整骨，知其路程在四旬以上，是知殷时疆域似已越长江以南。"（《通》，序，三、四页）但以之确证殷人军事势力延及殷都三千里外之上眚（无论其为今日之何地），则成铁案矣。同时殷人于征服此等地域之后，并不止于奴隶和财富之掠夺，且以之置于自己的政治的从属下，易言之，即以之作为其自己的属领，规定其税纳，复封其"邦邑"，使之奉"商"为宗主国。这在甲骨文字有明白记载：

"庚寅，王卜，在羲，贞余其自在丝上眚，今𡥀之其辜（墉）其乎湤示于商正，余受又又，王㖧曰吉。"（《前》，二，五，从郭沫若释）

其东部国境，《诗·商颂》说："海外有截"，则是东尽海隅。证之甲骨文字，此殆属确切无疑。

甲骨文字有一片记载云：

"辛丑卜，行，贞王步自𢆶于雇，亡𡿩。癸卯卜，行，贞王步自雇于勄，亡𡿩，在八月，在自雇。己酉卜，行，贞王其步自勄于来，亡𡿩。"（《通》，一九页）𢆶为何地？尚不可考；然辛丑自𢆶行军至雇，癸卯已在雇，辛丑至癸卯费时四日，行军日八十里[1]，则为三百二十里；癸卯自雇行至勄，己酉已

---

[1] 所记自洹至杞之行程约八十里折计。

在勍，自癸卯至己酉费时七日，行军日八十里，则为五百六十里。自勍至来则从悬推，然其地距殷都盖已不下二千里内外矣。据郭沫若考定云："雇，即今山东范县东南五十里之有顾城。"又云：勍……即"朸之繁文。《汉书·地理志》，平原郡有朸县，今山东商河县治也。"又云：来即莱。胡渭云："今登州、莱州二府，皆《禹贡》莱夷之地。""案即今胶东道东部，黄县东南有莱子城。"余案商族自东来，山东为其发祥之根据地，盖全系商族所散布之区域。所以此片不言"征"，而言"步"，盖巡视之意也。

其南部国境，从甲骨文考究，已直抵今日之安徽、湖北之潜霍，已如前述。《诗经·商颂》所谓"奋伐荆楚，深入其阻"，于此而得一确证。盖在古代，今日之皖北亦系楚地。其西南部国境直抵今日四川之松潘县属，亦已如前所述矣。

其西部国境，从甲骨文字考究，一面直抵今日之陕甘，如前所述。一面则达距殷都七八百里之㸚、剟。在甲骨文字中"丙戌卜，在㞷（洹）贞今日王步于敉（郭沫若释敉，罗振玉释趄——羽）亡𡿧。""庚寅卜，在敉，贞王步于剟（杞），亡𡿧。癸巳卜，在㸚，贞王征畾，往来亡𡿧，于自北。""甲午卜，在㸚，贞王步于㞷，亡𡿧。"（《前》二，八）郭沫若考释云：自洹至㸚，盖有七日之路程。若自安阳至杞可四百里，每日约行八十里，则自洹至㸚，当有七八百里之遥。羽案：殷王在此一行程中，仅于畾言征，余则均言步，殆亦其邦畿之地，而为巡视性也。

北部延至今日山西北部以至河套，东北达古营州和易州，我们在前面均已引证过。然在其"邦畿千里"外等地区内，其军事的征服后，殆亦不过一一如其上酇之所为，定其税纳，"示以商正"（上引甲文）而已。其政治上的联系，殆大抵不过宗主国与属领淡漠关系之若断若续的存在。

从而《诗·商颂》所谓"宅殷土芒芒，古帝命武汤，正域彼四方。""方命厥后，奄有九有。""禹敷下土方，外大国是疆，幅陨既长，有娀方将。""昔有成汤，自彼氐羌，莫敢不来享，不敢不来王。""邦畿千里，惟民所止，肇域彼四海，四海来假，来假祁祁，景员维河。""挞彼殷武，奋伐荆楚，深入其阻，裒荆之旅，有截其所，汤孙之绪。"《盘庚》上篇所谓"绍复先王之大业，底绥四方。"《叔夷钟铭》所谓"奄有九有，如禹之堵"等等关于殷代政治之概括记述，但皆非同虚构者可比。

五、战争的两种意义—掠夺奴隶和异族征服

殷代奴隶所有者国家的军事组织，在最初，殆皆为一种种族性的军事集团。所以军事的构成上，一方面有以氏族为构成单位的事实存在[1]，但在另一方面，却又有其非氏族组织的国家的军队的组织[2]。

其军事组织的存在的作用，一方面为行使其不断的掠取奴隶的战争；一方面行使其对异族征服和讨伐叛乱。所以王同时便是这种军事集团的领袖，亦即这一奴隶掠夺者集团的首领。例如，在俄罗斯的初期国家时代，波格诺夫斯基有如次一句话："俄罗斯最初的'君主'，便是奴隶买卖者团体的首领。"（波氏《俄国社会史》（日译本）第一册，四二页）

殷代奴隶所有者所进行的战争中，每次参加战争的军队人数，据甲骨文字所记，率多为三千至五千之人数。例如："丁酉卜、㪔，贞令𤔲，王收人五千正土方，受屮又（佑）"（《后》上，三一）；"丁酉卜，㪔，贞勿登人四千。"（《铁》，二五八）"登人三千乎戋（战）。"（《前》，七，三八）

殷代战争地域，常有离都城数千里之外，其每次战争时间，有延至半年甚至三年之久。如前述据甲骨文字考究，"王"伐上𩫼，在𩫼停留半年以上；又《易》："高宗伐鬼方，三年克之。""震用伐鬼方，三年有赏于大国。"每次战争杀戮之人数，有多至三千人左右[3]。此在古代，堪称为较大规模之战争。其军队所用武器，无论国家的军队，或氏族性的军事组织，殆皆由中央政府所颁发，在这点上，亦恰在表现着初期国家某种程度上的集权性。

---

[1] 例如："王□□母令□五族□伐众𦎫方。"（《后》下，四二六，从郭释）"贞令多子族众犬侯寇周，古王事。""贞令多子族从犬众𡿪骂古王事。"（《通》五三八片）在这里所谓"五族"、"多子族"显然反映着氏族的军事组织之存在。

[2] 例如："己酉卜，邑、贞取众人乎（呼），从雯古王事。五月。"（《前》七，三）；□寅卜，㪔（贞）王收人圐正（征）骂（蜀）。"（《后》下，二七，七）在这里之所谓"收众人"、"收人"，及前揭之"多射"、"多臣"、"㒸"，及董作宾《帚矛说》所载之"小臣从"、"羌卫"……则确证为国家军队组织。

[3] 例如："八日辛亥，允戈（伐）二千六百五十六人，才（在）郙。"（《后》下，四三）

265

　　董作宾根据甲骨文字考究云："每次帚矛之数量，相当悬殊，由最少的一支乃至最多的二十支。同是一地一人，因分配和需要的关系，每次也各有不同。例如：井，有时一支，有时三、四、五支，有时七支，旻，也从二支至二十支。可见数量无定额。

　　兹更列表如下：

每次矛数	受矛者	总　计
1	并、嬬、嬬、喜、卫、壶、商、邑、庞、□	10
2	豊、姘、旻、貝、邑、邑、雩、虢、臽、汝、□	22
3	井、并、宝、宝、姘、旻、商、旻、杏、邑、邑、利、利、羌、氏、卫、雩、后、□	57
4	井、旻、姘、商、邑、邑、雩、羌、位	36
5	并、旻	10
6	利、子□、子□、汝	24
7	并、井、见、軎、苕、邑、羌卫、羌卫、□	56
9	雩	9
10	良、良、羊、珍、珍、小臣从、羌卫、×、雩、□	110
11	奠	11
20	旻、罗、小臣中	60

　　除了未见到的和附篇中矛数残缺的，我们不能统计之外，就这表中所列，颁发之矛有数可计者，共有四百零五支。这仅仅是武丁时代所铸造的兵器之一小部分中而又矛数有记载可稽者，当时武功之盛，便可以想见一般了（《安阳发掘报告》，第四期，《帚矛说》）。又据董君考定，受矛者之"虢"、"小臣从"、"小臣中"、"罗"、"姘"、"子娗"、"子口"为人名；"喜"为贞人名；"井"、"旻"、"嬬"、"楚"、"妹"、"汝"、"商"、"杞"、"庞"为国（公社）名；"卫"、"羌卫"、"羌位"、"羌氏"、"利"为拱卫之军队；"邑"、"郊"、"奠"、"雩"为意义首都四郊及其他镇守处之驻军。

　　殷代奴隶所有者所执持的战争第一个重要目的，便为着用战争去掠夺奴隶，殷代的奴隶，大抵都冠以种族名称，这便是由战争手段而从各处掠取的俘虏来编制而成的。所以，其每一次战争照甲骨文字的记载，一方面以能否掠取着俘虏被视为最重大的事件。例如："四月庚申，亦出来敦自北，予訾告曰：昔甲辰，方征于蚁，俘人十虫五人；五日戊申，方亦征，俘人十虫六人。六月。"（《菁》五）；"今春命虎侯田从栽至于滩，获羌。"（《前》七，二）；"朕获羌。"（《前》四，五〇）；"不其获羌。"（《铁云藏龟之余》，第七页）；"系马孚取，王弗每。"（《新》一五七）"□挚孚归，克，卿王史，其挚。"（《新》二六）《易》卦爻辞中所载每次的战争，殆皆以"有孚"或"罔孚"为占卜，掠取俘虏在战争上所占的意义，可以概见。例如："晋如，摧如，贞吉，罔孚，裕，无咎。"（《易·晋》初六）；"有孚挛如，无咎。"（《易·中孚》九五）；"扬于王庭，孚号有厉，告自邑，不利即戎。"（《易·夬》）："厥孚交如，威如。"（《易·大有》）"随有获，贞凶，有孚在道，以明何咎。"（《易·随》九四）"壮于趾，征凶有孚。"《易·大壮》；"有孚惠心……有孚惠我德。"（《易·益》）

在殷代国家的最后数百年间，在今日之山东、河北南境内，除为其本族所占之区域外，其他异族的农业民，殆皆已作了它的属领，其剩余劳动是被纳税的形式被榨取。因而掠取奴隶的对象不能不从更远的土方、舌方、羌、氐族去掠取，所以甲骨文字关于征土方、征舌方……等记载最多。奴隶群中的数量，亦以土方、舌方、羌人为最多。郭沫若考究云："殷人之敌在西北，东南无劲敌。最常见之敌为舌方及土方……其地当在今山西北部，盖猃狁之部落也。"其原因厥在塞北之土方和舌方及羌氐等，此时殆尚在边游牧时代，为殷代奴隶所有者掠夺奴隶的主要来源。

其次的一种战争的性质，为对于异族的征服。在这方面，他们用战争的手段去把异族的农民征服，应用其自己的国家原理去加以编制（示以商正），使之转化成为其属领，向其征取税纳。另一方面，在这些属领的背叛时，便又应用着战争的手段去讨伐。例如："壬□命雀伐㑒侯。"（《新》，二八五八）甲骨文字中关于伐某"侯"的记载甚多，足见这一类的战争在殷代亦很频繁。缘于属领和殷代国家政治联系的薄弱，他们感于对殷代国家的税纳的重荷①，常期求摆脱其束缚，因之不断的背叛。殷代奴隶所有者又不断的用战争手段去压

---

① 详见后《奴隶所有者国家的没落》节。

服，形成殷代的这种性质的战争，和其属领的无常的向背相照应。

同时，他们对属领又有其军事上的保护义务，所以在北方的游牧民族侵入其属领时，他们便不能不以战争的手段去应付。这在甲骨文字中，有如次一类记录：

"癸巳卜，殻，贞旬亡囚，王固曰，屮希（祟），其屮来偳，川至，五日丁酉，允屮来偳自西，沚盂告曰：土方征于我东鄙，戈二邑。囷方亦牧我西鄙田。"（《菁》，二）"……囗月旦，壬寅，王亦冬（终）夕瞽……东图（鄙）戈二邑。王步自皫，于蔺司……。"（《菁》，六）

囷方、土方均在山西北部及河套一带，其所侵入之邑，自非商族所居之河南北部，应为其北方属领无疑。

但在殷代——奴隶所有者国家的末期，不但和北方的土方和吕方发生不断的战争；而原来曾为殷代之属领的西北各族，便以周为中心而对殷背叛①，且从而采取敌对的态度。因而商族为争持其统治权的延续，便以"古王事"的口号而号召着对周族的战争。甲骨文字所记载，殷末商族所发动的对周族的不断的战争，殆皆与"古王事"相联结。例如：

"贞叀多子族令从囵丐古王事。""贞叀多尹、令从囵丐古王事。"（《后》，下，三八，一）

"囗囗囚，彳，贞令剓从冥侯寇周。"（《前》，七，三一，四。）

"癸未囗，令斿族寇周，古王事。"（《前》，四，三二，一。）

"贞令多子族众犬侯寇周，古王事。""贞令多子族从犬众囵丐古王事。"（《通》，五三八片）

"己酉卜，乮，贞收人乎（呼），从叟古王事。五月。"（《前》，七，三，二。）

在殷代末期，许多异族多已围绕在周人的周围，要求从殷代奴隶所有者国家的压迫下解放出来，构成殷代国家末期一个巨大的革命运动。周人在当时，便充任反对殷代奴隶主贵族斗争的中心堡垒。

---

① 《论语》："文王三分天下有其二，以服事殷。"《左传》襄公四年："文王帅殷之叛国以事纣。"《史记·周本纪》："纣……赐之弓矢斧钺，使西伯得征伐。"《周书·武成》："庶邦冢君暨百工受命于周……大邦畏其力，小邦怀其德。"《牧誓》："王曰：嗟我友邦冢君……及庸、蜀、羌、髳、微、卢、彭、濮人，称尔戈，比尔干，立尔矛，予其誓。"

六、婚姻制度

婚姻制度在过去的人类历史上，恩格斯分为三种形态：即适应于原始共产社会的"彭那鲁亚婚姻制"，适应于氏族社会的对偶婚姻制度与适应于阶级社会的由卖淫去补充的一夫一妻制。在原始公社制社会和阶级社会的过渡期间，即在对偶婚与一夫一妻之间，则有家长制的一夫多妻制，但这并不能成为一个独特的婚姻形态。存在于中国殷代的婚姻制度，我们从其时代的一切社会特征的根基上作联系的考察，从而从其运动的根基上去考察，那只有"一夫一妻制"是主要形式。在殷代，可靠文献中关于婚姻制度的记载，也只是在说明"一夫一妻制。"

但我们的历史学家，却以"瞒天过海"的手段，把历史的记载，实际，这些记载也很明白的——有意无意的加以颠倒、混淆①，将殷代的历史挪回到多少万年前去。例如他们根据卜辞中的记事："父甲一牡，父庚一牡，父辛一牡"及三所谓《商勾刀》的铭文，夸张为所谓"多父"制；又根据甲骨文之如次一类的记事："祖乙之配曰妣己又曰妣庚，""祖丁之配曰妣己又曰妣癸"，"武丁之配曰妣辛又曰妣癸又曰妣戊，"夸张为所谓"多母"制。"多父"和"多母"的同时存在，谁也不能不解释为"彭那鲁亚婚姻制"，从而商、周恐亦不能成为"图腾"标志吧？至少也该是相距不远的。但所谓"多父"的根据的三《商勾刀》的内容又是怎样的呢？一刀列铭兄名曰："大兄曰乙，兄曰戊，兄曰壬，兄曰癸，兄曰丙。"一刀列铭父名曰："祖曰乙，大父曰癸，仲父曰癸，父曰癸，父曰辛，父曰己。"一刀列铭祖名曰："大祖曰己，祖曰丁，祖曰乙，祖曰庚，祖曰丁，祖曰己，祖曰己。"

很显然，有"父"和"仲父"、"大父"之分；"祖"和"大祖"之分；

---

① 郭沫若先生对此种意见已根据甲骨文的考究而有所改正，足征其前谬误是"无意的"疏忽。在甲骨文字的考究，对殷代婚姻制已给出相当明白的解答之后，犹坚持旧看法的人们，便不能不认为故意歪曲。

这和"彭那鲁亚婚姻制"下之"父之兄弟皆为父"、"父之父皆为祖"的原理是根本背离的。因为那时根本没有什么"父"和"仲父"、"大父"、"祖"和"大祖"之分的。从另一方面说,在对偶婚的制度下,每个人却只能从其"母的主要之夫"为"父",又并不能有一个以上的"父"——只有一个以上的"诸父"。余因而确认《商勾刀》的制作的主人,必非一人,而必为某一家系之子孙侪辈共同纪念其祖若父若兄者也。例如列铭父名一刀,必系作为自"日乙"之诸孙,即日癸、日辛、日己各自之子。余亦类此。从而甲骨文字中之所谓"父甲"、"父庚"、"父辛",殆亦为王侯中"甲"、"庚"、"辛"各自之子辈对其父辈之共祭无疑。且子侄之分,在殷代固甚明显的存在;甲骨文字有云:"己亥卜,王,□余弗其子,帚姪子。"(《前》,一二五)同时,殷代男系家系的嫡系确认的情形,我们已根据甲骨文字在前面确证过。

所谓"多母"者,据王国维根据甲骨文字的考定,在殷代三十一世帝王中,除祖乙、祖丁、武丁等少数帝王各有数偶外,其余仅有一配者反占多数。"多母"说之狂诞夸张,于此可见。而且在历史上,所谓古代帝王,其配偶之多,殆有令吾人惊异者。

再看首倡此说的郭沫若先生,他现在是怎样的在说吧:"殷代祀典虽先妣特祭……;然仅祭其所自出之妣,于非所自出之妣则不及,是其父权系统,固确已成矣。"又说:"在余排比其世系而为表式时,举凡有妣名者悉以祖妣配列……即有妣名者为王统之直系,其属于旁系者则无之。"(《通》序,上)足见无成见的人们究竟是不肯和真理执拗的。

但在殷代的"一夫一妻制"的原则下,却已有妻妾妃嫔的分别。《周易》所谓"畜臣妾","妾"的地位是同于奴隶的。这种家长制时代的孑遗,还残留到后来一个很长的时期。妃嫔的存在①,却展开了阶级社会的帝王们的"色情狂纵"的序幕。

其次,和后妃同时存在相并的,便是"媵嫁"制度也一同出现了。关于"媵嫁"制度,《易》、《诗经》中均有这样一类记载:"归妹以须,反归以娣。"(《易·归妹》);"帝乙归妹,其君之袂,不如其娣之袂良。"(同上),

---

① 例如:"归羌妻"(《前》,五,一七),"帚妃"(《前》五,十二),"甲戌卜,觳、贞……勿⊗,即帚妃止于口。"(《前》六,五六)"贞叀帚妃乎御伐。"(《前》,六,六三)

"挚仲氏任，自彼殷商，来嫁于周，曰嫔于京，乃及王季，惟德之行。大任有身，生此文王。"（《经·大雅·大明》）这种以"娣"随嫁的"媵嫁"制度，在中国历史上，实自殷而通过两周的全时期。

但这不将是"姊妹一同娶夫"的"彭那鲁亚婚姻制"的形迹么？《诗·大雅》所谓"太姒嗣徽音，则百斯男"，不将是"娣妹之子皆为子"的形迹么？《诗·大雅》同文中又有这样的几句话："文王初载，天作之合，在洽之阳，在渭之涘。文王嘉止，大邦有子，大邦有子，伣天之妹。文定厥祥，亲迎于渭，造舟为梁，不（丕）显其光。""缵女维莘，长子维行，笃生武王。"这并不是"彭那鲁亚制"，而是"天之妹"与"大邦有子"＝文王的"一夫一妻"为原则的配合，武王也只有文王一个父亲。从而所谓"妾"、"妃"，便都系附属于"一夫一妻"为原则的制度下存在的。在历史上所谓"一夫一妻制"，对于男系自始便不曾具有何种严格的约束的；这原则对于女子才有严格的意义。在这一点上，《易·渐》九三说："夫征不复，妇孕不育。"这句话的意思是："在丈夫出征的期间内，他的留在家中的妻子受着青春的性欲冲动，便和其他的男子偷偷摸摸的在实行着两性的交易，但像这种恋爱的结晶品，是不能得到她的正式丈夫和当时社会的承认的，因而她不能不把其腹中的小生命，用人工方法给她小产出来，抛置到厕所里，或者……才算妥当。"这全在说明阶级社会中的女子的片面的贞操，这在"彭那鲁亚制"或对偶婚制的时代的人们，他们所想像不到的事情。所以在中国史上的妇女，他们地位的悲惨，被抛置在男子的压迫下生活，早已在殷代就开始了的。

七、奴隶所有者国家的没落

在殷代奴隶所有者国家的末期，一方面由于上层阶级的腐败和商族人口减少，不能对其四周的边远各族继续着掠取奴隶的战争。微子说："殷其弗或乱正四方，我祖底遂陈于上，我用沈酗于酒，用乱败厥德于下。"（《商书·微子》）

因而形成奴隶来源的缺乏，（例如前揭："佳我奚不足"），奴隶所有者乃益加紧对奴隶的榨取，致益促速奴隶的死亡率，形成奴隶劳动力之愈形缺乏，社会的生产事业不能不相继陷于停顿，因而形成社会经济之急速衰落，这往复又促速其军事战斗力的衰落。

一方面由于社会经济的衰落，奴隶所有者为满足其奢侈的消费和国家财政的收入，乃又加紧对其属领异族的榨取。周公说："诞惟厥纵淫泆于非彝，用燕丧威仪，民罔不尽伤心。"（《周书·酒诰》）《泰誓》说："罪人以族，官人以世。惟宫室、台榭、陂池、侈服，以残害于尔万姓（各"异族"）"。《泰誓》是否武王所作，虽尚有疑问。然证之《牧誓》："俾暴虐于百姓（各"异族"），以奸宄于商邑。"《武成》："今商王受无道，暴殄天物，害虐蒸民。"便能证明其确切。这样更加紧了属领诸异族的背叛，愈展开其矛盾性。因而在西北部的殷之属领，如庸、蜀、羌、髳、微、卢彭、濮各族（《周书·牧誓》）便团集于较强大的周族的周围发动其对殷代奴隶所有者的对立的斗争。微子说："降监殷民，用乂雠敛，召敌雠不怠。"（《商书·微子》）注云："下视殷民所用治者，皆重赋伤民，敛聚怨雠之道，而又亟行暴虐，自召敌雠不解怠。"

一方面，由于对奴隶和异族榨取的来源枯竭，原来仰给国家的种族内之贫穷化的自由民集团，至此由于榨取来源的枯竭，国家便不能不停止对这种自由民集团的生活资料的供给。他们便因此而陷于衣食无着的穷苦之深渊，而形成为都市的流浪群，以惯行盗窃为生。微子说："殷罔小大不，好草窃奸宄……今殷民乃攘窃神祇之牺牷牲，用以容，将食无灾。"《商书·微子》《泰誓》亦说："牺牲粢盛，既于凶盗。"这种靠窃盗为生活者，在当时普遍的泛滥，所以微子才严重的那样大声疾乎，指摘国家警察的无能。

这样便又展开了下层自由民对贵族的斗争，因而形成殷代社会内部空前的混乱，而引起了遍地的骚乱，所以周文王说："寇攘式内，侯作侯祝，靡届靡究……如蜩如螗，如沸如羹，小大近丧……内奰于中国，覃及鬼方。"（《诗·大雅·荡》）微子说："小民方兴，相为敌雠。今殷其沦丧，若涉大水，其无津涯。"（《商书·微子》）其情势之严重可想而知。

另一方面，在殷代国家末期，由于统治者贵族的经济衰落，从而使其所掌握的军事力量的衰落，因而又发生了王和僧侣的权力斗争。《周书·牧誓》所责纠之"昏弃厥肆祀弗答"，《多士》所谓"诞淫厥泆，罔顾于天，显民祇，惟时上帝不保，降若兹大丧。"《西伯戡黎》之所谓"我生不有命在天"，便是王对于掌握在僧侣贵族手中的神权的反抗。司马迁的《史记·殷本纪》有关这一问题的叙述更明白：

"帝武乙无道，为偶人，谓之天神。与之博，令人为行，天神不胜，乃僇辱之；为革囊，盛血，仰而射之，命曰射天。"

《史记》虽系汉代著作，然以此与《周书·牧誓》对证，是能作为有力之旁证的。且从《商书·微子》所谓"咈其耇长，旧有位人"，"吾家耄逊于荒。"《周书·牧誓》所谓"昏弃厥遗王父母弟不迪"。《周书·泰誓》中、下篇所谓"播弃犁老，昵比罪人"。"屏弃典刑，囚奴正士；郊社不修，宗庙不享……上帝弗顺。"《召诰》所谓："厥终智藏瘝在"。便是王决然在排斥僧侣贵族，易言之，僧侣贵族之遭受排斥的表现。所以甲骨文字的记载，常有"父贞"字样，这是因为神权完全在僧侣的掌握中；在其末期的甲骨文片，"王贞"者渐多，这因为王已渐渐把"神权"拿回到自己的掌中。

参加这种王权运动的，主要为世俗贵族和背叛异族的异族人（即异族的汉奸），这在《周书·牧誓》中记载得明白："昏弃厥遗王父母弟不迪，用惟四方之多罪逋逃，是崇是长，是信是使，是以为大夫卿士"。（《牧誓》）"今商王受无道……为天下逋逃主，萃渊薮。"（《武成》）这样，在其奴隶所有者阶级的内部，也陷于极混乱的政争状态中。

殷代奴隶所有者国家在这种矛盾集结的情势下，已构成其必然灭亡的前途。这在当时头脑清醒的微子看的十分明白，所以他说："商今其有灾，我兴受其败；商其沦丧，我罔为臣仆"（《商书·微子》）。这便是说："我商已到了十分危机存亡的时候了，我们生逢这个厄运，真算是晦气；商国亡了，我们谁还能避免不去给人家作奴隶吧"！其形势之严重，概可想见。

而在此时的周族，随着其生产力的发展，加之在异族对商族抗争的矛盾关系上，因以号召他们附庸到他的周围来，可获得"各邦"的不少的贡纳物①，其社会经济得到这种外来的资润，乃愈益迅速发展起来了。随着其经济的发展，乃又以"解脱殷代奴隶所有者国家的支配"的口号，号召殷代国家的各属领。因而这种属领便相继的都团集在周族的周围，《论语》所谓"文王三分天下有其二"，便是这一事实的说明。

①《周书·无逸》："文王……以庶邦惟正之供。"

在这个正反对立的局势下，周族这一新的集团乃随着殷代社会各种矛盾，从生产关系的根基上所产生的各种矛盾的发展，而愈益发展起来，而排演其历史的任务。因而在两者之间之最后一次的武装斗争中，兼之奴隶所有者属下"奴隶军队的倒戈"①，殷代奴隶所有者国家便不能立趋于崩溃，历史上所称的"武王革命"，便这样完成其历史任务，中国社会由此又得到一步的跃进。

①《周书·武成》："既戊午，师逾孟津；癸亥，陈于商郊，俟天休命。甲子昧爽，受率其旅若林，会于牧野，罔有敌于我师；前徒倒戈，攻于后以北，血流漂杵。一戎衣，天下大定。"

E.

意识诸形态

一、哲学思想和科学思想

人类在原始社会时代，还不曾意识到"死"为何事，从而人死后的灵魂观念还不曾发生。到氏族社会时代，由于人类对自然占有程度的增高而发生的生活组织的变更，便渐次意识到"死"的事情，且从而发生死后的灵魂观念，于是构成两重的世界观。但由于他们所生活着的人间世界的一切社会成员，都是平等的，从而他们便认为生活在"神间世界"的一切成员也都是平等的；人死后都是有灵魂，而且在各人的死后便到另一世界去过其平等生活。同时因为以血缘为纽带的氏族组织，在同氏族内部的成员过着共同互助的生活，不同血缘的氏族间则存在着斗争与互相侵掠的事实。因而他们认为本氏族内成员死后的灵魂，依样会来协助他们，给他们降福；反之，异族成员死后的灵魂，却一样会来扰乱他们，给他们降灾的。对个人间的生时的恩怨，也以此同一的原理去解释其死后的关系。另一方面，适应于其生产技术之幼稚的情况下，对其周围所发生的一切现象，都无法去制服与解释，因而在最初又形成"万物有灵"的观念。

到人类阶级之最初的大分裂的奴隶所有者时代，人类的意识形态也随着而发生大的转变。就灵魂观念来说，在奴隶所有者看来，奴隶是没有人格的"物品"，是"能言语的家畜"，因而在他们的认识上，奴隶们在其死后也是没有灵魂的，奴隶们的死，不过像"物品"的消灭一样。只有奴隶主在死后才有灵魂。

　　同时由于经济上、政治上之单一阶级的支配权的确立，他们认为人间的一切都只有由这一阶级的力量去支配的可能。然而适应于既有生产力的情况下，对自然之占有的程度仍是相当的低下；这尤其在农业生产上所受自然的支配很大。因而他们认为在其意识着的"神的世界"内，也依样是有一个支配自然的主宰＝天帝的存在。于是便从氏族社会时代的"万物有灵"的观念而转变为确认一个最高主宰之存在的"天"、"帝"崇拜的观念。从而他认为生产的丰歉，人事的休咎＝一切吉凶、祸福，便都是"上帝"所左右的。所以在殷代，农业的生产向"上帝"卜求＝求年、求雨、求晴、求禾……战争也向"上帝"卜求，甚至认为人间的因生产的歉收而引起的社会生活的饥馑，也是由"上帝"意识着的在降灾①。然而他们这一支配人类社会的阶级的势力，可以什么为依据呢？在这一点上，他们便解释其自身是"上帝"所付讬来统治人类社会的代表者，他们是"受命于天"的。因而他们说：

　　"先王有服，恪谨天命……今不承于古，罔知天之断命。"（《商书·盘庚》上）

　　"天其永我命于兹新邑。"（同上）

　　"肆上帝将复我高祖之德。"（《商书·盘庚》下）

　　"伐吾方，帝受我祐。"（《林》一，二、三）

　　"以尔多方，大淫图天之命。"（《周书·多方》）

　　"天降丧于殷，罔爱于殷。"（《周书·酒诰》）

　　"贞帝弗其雹王。"（《后》下，二四）

　　因而奴隶所有者集团的首领＝亦即战争集团首领的"王"，便解释而成为"上帝"的嫡子，甲骨文中称"王"为"子"或"天子"，《周书》之所谓"（上帝）易厥元子"，便是这种意识形态的表现。

　　但是自"上帝"的"元子"以次的统治全阶级，既都是"上帝"的"元

---

① 例如："庚戌卜，贞帝其降堇（馑）"（《前》，三、二四、四）。"我其已禜，乍帝降若；我勿已禜，乍（则）帝降不若"（《前》，七、三八、一）。"帝令雨足年"，"贞帝令雨弗其足年"《殷商贞卜文字考》。"今二月，帝不令雨。"（《铁》，一二三、一）

子",代表"上帝"来行其统治。因而在他们死后便自然回到"上帝"那里去的——而且在那里,各人的地位依样是仍旧无变易的;王仍是王,贵族仍是贵族,自由民也依样去作自由民,所以盘庚对其属下说:"兹予大享于先王,尔祖其从与享之。作福作灾,予亦不敢动用非德。"(《商书·盘庚》上)又对其自由民说:"我先后绥乃祖乃父,乃祖乃父,乃断弃汝,不救乃死。兹予有乱政同位,具乃贝玉,乃祖乃父,丕乃告我高后曰:'作丕刑于朕孙',迪高后,丕乃崇降弗祥。"(《商书·盘庚》中篇)殷虚出土的卜辞,便是殷代统治者所具有的这种意识形态的表现。

另一方面,因为他们是"上帝"的儿子,他们便有资格去改变"上帝"的意志①,要求"上帝"降祐去灾,降吉去凶,赐丰年去水旱;那么,如果他们对"上帝"的要求不能实现时,认为是缘于被统治的奴才们必有所觸怒于"上帝"。

其次,这些上帝的儿子们和上帝的意志的沟通,是用卜筮在作桥梁的。因而通过卜筮的政治权力的行使和其对被支配者所行的剥削勾当,便都是上帝意志的表现,他们不过在遵照上帝的意志行事;从而直接反对他们的,间接便是反对上帝。谁真敢反对上帝呢?所以盘庚说:"各非敢违卜,用宏兹贲。"(《商书·盘庚》下)周公追述殷代的政治说:"若卜筮,罔不是孚。"(《周书·君奭》)因而这种神权的哲理,便充任了殷代奴隶所有者之思想统治的武器。但是从氏族社会时代的玩符咒术的僧侣转化而来的僧侣贵族,在此时,便以"神权"之实际掌握者的资格,而成为这种"神权"的政治哲学的代表者。

这样在宇宙论上,便形成其两重的世界观=人的世界和"神的世界"。这两重世界观和天帝崇拜的观念,和古代欧洲的一神教,具有同等的意义。在这种世界观下面,他们把自然所呈现的山、川、风、云、雷、电、水、火等现象,便认为那是由上帝所创造所统治的。这样把自然所存在的物质的东西,均一一予以神秘化,以之与存在的社会现象统一起来,归结为奴隶所有者的观念的静止的宇宙观。

与奴隶所有者的意识形态相反的,便是在它与其属领之两者间之矛盾的根

---

① 例如:"予迓续乃命于天"(《商书·盘庚》中)。又如"我其已宾,乍帝降若;我勿已宾,乍帝降不若。"(《前》,七,三八,一)

本上，产生出之否定其自身的正反物＝辩证观的物质论。因为在它的末期，由于对其属领各异族的加紧的榨取，便把种族间的矛盾引发了。这在古代欧洲，使这种情势而引发出犹太族之反罗马奴隶所有者统治的宗教的、政治的运动，同时形成那包含于宗教信条下的革命的政治哲学①。在殷代奴隶所有者社会的末期，履行这一任务的周民族，在其反殷代奴隶所有者统治的运动中，而反映出与既有的社会意识形态相反的一种意识形态，这在最初便借所谓"卦""爻"去表现。

但在两重世界观所支配的人类意识，新的意识的东西，在最初还不免要遭受排斥的。因而也便不能不把它加上一些神秘化的色彩；所以在基督教的历史中，便不能不造出基督出世记的神话来；同样在具有革命意识的"卦"、"爻"的出世中，也无例外的便造出了"河出图，洛出书"等等的神话来。

其与奴隶所有者的哲学思想，在根本的出发点上，便采取着物质多元论的出发点。如他们之所谓"八卦"，便是：乾☰、坤☷、兑☱、艮☶、离☲、坎☵、震☳、巽☴。"卦"歌的作者释："乾为天"、"坤为地"、"兑为泽"、"艮为山"、"离为火"、"坎为水"、"震为雷"、"巽为风"。因为所称八卦，便不外是天、地、山、泽、水、火、风、雷等被认为自然界的八种物质现象。奴隶所有者对这种现象从观念的静止的观点去认识，他们则作为存在的物质的东西去认识。他们认为宇宙间的万物，都是由这八者之相互矛盾相互排斥而引起的变动所产生出来的，所以由"一"的自身的"正""反""合"的变化而发展为"八卦"；由"八卦"中之每两卦的"对立物的统一"而发展为"六十四卦"，又由"二变"而生"三变"，"三变"又发展为"三百八十四爻"。而组成为一生二，二生天地，天地生阴阳，阴阳生万物的辩证的宇宙观。

因而乾卦和坤卦的对立统一（合）是"否"卦（☰☷），"否"卦的自身的否定物＝其地位的倒转而构成的☷☰（泰卦）的形式，才又入于"泰"。这构成为从"正"到"否"，再到"否之否"的事物发展的全过程。应用到政治的解释上，便是说既存的"乾上""坤下"的社会秩序，已成其自身所否定而成为不合理的秩序了，那只有把这既存的阶级地位倒置过来，而达到坤上乾下（☷☰）的形式，社会才能回复其发展常轨（泰）。易卦的变化，都是由这种

---

① 参考波特卡诺夫：《唯物史观世界史教程》日译本第一册，二五六—二六四页。

公式演化出来的。如"剥卦"（䷖䷖）的自身的否定便转化为"夬卦"（䷪）；"师卦"（䷆）的自身的否定便转为"同人"（䷌）；"讼卦"（䷅）的自身的否定便转化为"明夷"（䷣）；"损卦"（䷨）的自身否定便转化为"咸卦"（䷞）；"家人"（䷤）的自身的否定便转化为"解卦"（䷧）；六十四卦和三百八十四爻，便都是由这样"矛盾的对立斗争"的形势中变化出来的。这表现为新兴阶级的一种革命理论。

但是他们只了解事物之外的"矛盾对立"，而不了解事物之"内在矛盾的斗争"之物的自身运动。那么，若是没有外在矛盾的对立，物自身是不会运动的，运动就会停止了，从而他们终于不会达到彻底的辩证的理解。他们在后来，正从这一点上由动的宇宙观转入到静的宇宙观，由物质多元论的辩证的观点转入到观念论的观点。这自然都是受其时代的物质的生产力所制约的。

在科学上，殷代的奴隶所有者，他们从农业季节性的研究上，成就了天文历数学上的一种伟大的发明。他们把太阳绕地球一轮的年分划为十二个月；为调剂年分十二月之太阴历与年分日月的太阳历之参差，又设为每年十三个月的闰年①，为适应农业季节气候的变化，把每年又四分为春、夏、秋、冬四季②，又依据月球与地球相对运行而反照月球的形象的变化，应用三分制把每月分为三旬③，每旬十日。又从其参差上，而创为大小月建④，此不啻为参合今日之阴阳历而成者也。这种伟大的发明，是殷代奴隶所有者留给人类的宝贵遗产。

二、文字、文学、艺术、音乐、宗教

殷代所应用的单字，就已出土而又已有拓本之甲骨片说，有认为一千左右

---

① 甲骨文字中分"十三月"与十二月互见，关于"十三月"（例如《殷虚书契》卷一，第四页，他处尚多见），郭沫若考究云："当时闰月之名，有闰月则当有四季，盖闰月之设，本在调剂年分十二月之太阴历与年分四季之太阳历之参差。"（《金文丛考》，三〇页）
② 叶玉森释甲骨文"屮、籥、枣、厽"四字为"春、夏、秋、冬"四字。
③ 月分为三旬，每旬十日，其记日法，例如云："旬之二日。"（《铁》，六）
④ 董作宾考究云："殷历法已有大小月建。"（《安阳发掘报告》，第三期，《卜辞中所见之殷历》）

单字，有认为一千五百左右单字数者；实则出土甲骨片之有拓本者尚不足十分之一，地下之埋藏与夫因年代久远而湮没者尚不可计也。

甲骨文字实有半数为象形字，然形声字亦已甚多，例如凡从贝之字，即多系形声者，双声假借之字亦已不少。在我国文字中的形声字之发明，殆与拉丁系之声音字母之发明相当。

殷人借文字而记录的作品，除《商书·盘庚》上中下三篇和《微子》篇那样长篇的记录和文告，固无论矣。甲骨文片中有一片用天干地支相配合所成之甲子周转的殷代历书（参前引董作宾文），已表明其较高之构意的历数记录；其余包括为五六十字纯粹的记事体作品，即在卜辞中，亦所多见。例如："丁卯，王卜，贞令卤田九啬，余其从多田（甸）于多伯正盂方，隹，叀衣（殷）翌日步，亡又自上下敠示，余受右，不曹戋口（当是囚字）告于丝大邑商，亡徙在戾。王囚曰：弘吉。在十月，遘大丁，翌。"（共六十三字，《甲骨文断代研究》所收）"癸巳卜，殷，贞旬亡囚，王固曰：'业希来敓，川至。'五月丁酉，允业来敓自西，沚毼告曰：'土方征于我东鄙，戋二邑，𢀛方亦牧我西鄙田'"。（共五十一字，见《菁》二）

"甲午，王卜，贞隹余酒朕禾，酉余步从侯喜正夷方，三敠示口受又又，不曹戋，囚，告于大邑商，亡毛在阢，王囚曰：'吉'，在九月。遘于上甲，佳王十祀。"（共五十四字，《通》，一二九页）

然而殷人不仅有借文字记录的作品，他们对于国家的文献，并曾为系统的编纂作为档案而被保存下来。例如，新近发现有两片甲骨字片，其中一片仅有"册六"二字（新一〇〇，四五四Ａ），另一片则仅有"编六"二字（四四九号），各编并皆有孔以贯韦编。（见董作宾：《商代龟卜之推测》）这证明《周书》之所谓商代"有册有典"（前引）为不易之事实。

文学上，已知道书写音韻的诗歌文学。文学的作者大抵为僧侣贵族，所以其文学的形式，则属于一种祈祷式的作品。其构意，则不外在写从事战争的武士的威仪、奴隶掠取、武士诗歌和奴隶所有者的生活。描写奴隶掠取的诗歌：

无平不陂！

无往不复！

艰贞无咎。

勿恤其孚，

于食有福。　　（《易·泰》九三）

描写武士的诗歌：

贲如皤如！白马翰如！

匪寇婚媾。　　（《易·贲》六四）

良马逐，

利艰贞，

曰闲舆卫，

利有攸往。　　（《易·大畜》九三）

描写商业损失的诗歌：

无妄之灾，

或系之牛，行人之得，邑人之灾。　　（《易·无妄》六三）

描写贵族恋爱生活的诗歌：

枯杨生稊，

老夫得其女妻，

无不利！　　（《易·大过》九二）

描写夺婚的诗歌：

睽孤，见豕负涂。

载鬼一车，先张之弧，后说之弧。

匪寇婚媾。　　（《易·睽》上九）

描写战争的诗歌：

突如其来如！焚如！死如！弃如！　　（《易·离》九四）

王用出征，有嘉折首，

获匪其丑，无咎。　　（《易·离》，上九）

震来虩虩，笑言哑哑。

震惊百里，不丧匕鬯。　　（《易·震》）

描写奴隶们生活的诗歌：

出涕沱若，戚嗟若——吉。　　（《易·离》六五）

见舆曳，其牛掣，其人天且劓，无初有终。　　（《易·睽》六三）

描写欺骗奴隶的诗歌：

有孚惠心，勿问元吉，有孚惠我德。　　（《易·益》，九五）

君子豹变，小人革面。

征凶，居贞吉。　　　（《易·革》上六）

描写镇压奴隶叛乱的诗歌：

有孚不终，乃乱乃萃。

若号一握为笑，勿恤，往无咎。　　　（《易·萃》初六）

描写妻子被人掠夺的诗歌：

困于石，据于蒺藜，入于其宫，不见其妻。　　　（《易·困》六三）

描写贵族生活的诗歌：

丰其屋，蔀其家。阒其户，阒其无人，三岁不觌凶。　　　（《易·丰》上六）

家人嗃嗃，悔厉吉。

妇子嘻嘻，终吝。　　　（《易·家人》九三）

艺术上的雕刻术，出土的石雕、铜雕、骨雕作品，均至为绮丽精美。其构意，大抵为代表一种抽象思维的构意之"宗教式的寄托品"，这完全和其时代的意识妥适着。一个石刻无首半截人身的命意，尤属富有神秘的色彩；其两膀上所刻抽象构意的花纹，其命意如何，我们现在还不能给予具体的说明；其两肩之颈部，则为一深入之圆洞，今人研究认为用作宗周台柱之石础，这似乎在表示着支配与被支配之抽象的命意，而富有神秘之内容。此外的一些美术作品，除宗教式的寄托品外，大抵均在为满足贵族们的享乐而创作的。这已经在表征着东方的宫廷艺术的特色。

可是我们这里仅在就殷虚所保存的出土物而说的。如前所述，在殷人亡国的当时，其时当留存在地面上之贵重品，率已为周人携之以去，而其伟大的艺术创作，当亦不能幸免。因之其难与数千年后之我人目接者，则属无从说明矣。

殷人的乐器，现在没有遗留下来。但从甲骨文字所记载，虽有贵族们专为取乐而使用奴隶歌舞的事情，然大抵则都系和宗教式的祭典相关联的。在祭典中，盖有各种各样特定的音乐。例如：

"□□卜，贞翌日酒隻，日明。岁，一月。来乌陟于西示。"（《前》，七，三二）

"甲午，王卜，贞其于西宗奏示。王凪曰：吉。"（《前》四，一八）

郭沫若考究云："隻字殆假为渡，用渡乐助祭也。""又日明乃记时刻。"（《通》，九九页）在我国音乐史上相传之大渡乐，依后人考究，认为系五音以上之复音奏，确否则不得而知。但殷代之音乐已为数音上之复音奏，从其时代性说，则属无疑的。

最末说到宗教，在殷代没有那样严格意义上的宗教的产生，但是殷周的天神和祖先崇拜，却具备着宗教的本质。

殷人之奉祀上帝和祖先，都有其特定的仪式和特设的"教堂式"的宗庙。"陟于西宗"、"贞其于西宗"、"王用享于西山"、"王用享于帝"，即是在西山设有其享祀上帝之宗教坛庙。同时，对上帝和先王的祭典，并不是每人都能自由去祭告，而是贵族们的特权。由王主祭，贵族们陪祭。这便是在表现宗教崇拜的阶级性——表征着阶级的宗教。

甲骨文中有"公宫"、"皿宫"的记载。郭沫若考究云："公宫"、"皿宫"，当是宗庙之名，"犹周人于成周有康宫、东宫。"（《通》，一六四页）"庚辰卜，大，贞来丁亥其祭丁于大室，勿丁西卿"（《前》一，三六）；"癸巳卜，宁（贞）由今三月口宅东帚（寝）"（《前》四，一五）；"壬辰卜，贞祝司（祠）室，丁亥卜，派"（《林》二，一）；"己巳卜，兄，贞祭告血室，其祭"（《前》四，三三）。郭沫若云："血室盖宗庙中血祭之室，希腊古代神祠有此制。"（《通》一六五）按殷虚已发现广大基址之宗庙遗迹，其规模且甚类所谓太室之制。在此后发现之"白圈"基址，余疑即祭告之坛庙也。

甲骨文字中只有王的祭告或只兼有贵族的祭裁。《易》更说得很明白："王用享于西山，小人弗克。"因此，对上帝和先王的祭典，不是人人都能自由去参加，而是贵族们的特权。这表征着宗教的阶级的实质。

在殷代国家灭亡后，巫教日趋式微，其宗教的许多因素，便为后来的道教所吸收。

中国民族解放运动史教程

编 印 说 明

　　《中国民族解放运动史教程》，撰于 1938 年 9 月左右，系著者 1938 年至 1939 年于湖南塘田战时讲学院研究班授课讲义，木板印刷，校内发行。1939 年 4 月，塘田战时讲学院被国民党顽固派武装查封后，著者所存家乡书籍等尽被国民党以"赤匪"名义搜出焚毁。所幸著者族兄弟从废纸堆中捡出少许，全国解放后交还，其中即包括《中国民族解放运动史教程》讲义手稿三册。

　　全集出版，即根据现存该讲义三册手稿（缺目录中第六至第十部分即第 4 册的内容）整理排校，除更正个别错字与明显的笔误，以及目录中个别纲目的统一外，内容和观点均保持原貌。

戴开柱

目　录

一

研究方法

（一）研究历史的科学方法，不是实验主义或经济史观等所能胜任；但也不是广泛的应用一般方法论的"辩证唯物论"，而是"史的唯物论"——虽然，史的唯物论，并不是外于辩证唯物论的东西，而正是辩证唯物论应用到历史研究上的独特的方法。

（二）世界史的各部分，都有其共同的一般的发展法则；各别国家，各别民族的历史，又都有其独自的特殊性。一般性被决于生产方法，即生产力和生产关系之矛盾斗争的统一；特殊性，则由各别不同的地理环境等条件所给予的。但若过分夸张地理环境的作用，就要陷入地理史观的错误。一般性是主要的，特殊性是从属的。

（三）构成生产力的各种因素，是物质属性的，同时又是社会属性的。例如奴隶制时代的劳动工具及自然物，不管在物质属性上，和其在封建时代的相类似，但在社会属性上，就显明地表现着本质的相异。

生产力和生产关系之矛盾斗争的统一，形成生产方法。一定生产方法，决定为一定的社会制度。在生产方法的内部，是以生产力作主导；但在生产关系支持生产力发展的时候，社会便保持其渐变的过程，至一旦生产关系阻碍生产力发展的时候，就是生产力和生产关系之矛盾统一的分裂，社会便跃入一个"突变"的即革命的时代。革命成功，新的阶级代起，同时旧的生产方法被扬弃，新的较高级的生产方法起来代替。所以说，新的较高级的社会制度，总是从旧社会的废墟上建筑起来的。

（四）历史在渐变的过程中，不断地有着部分的变革。继起的新社会产生的因素，都是在其前行的旧社会的胎内，由于渐变的过程所孕育出来的。但是经过革命，即完成"突变"的形势以后，旧的因素的东西，也有某些部分保持其连续的发展。所以在奴隶制时代保有氏族制时代的残余，封建时代保有其前行的氏族制和奴隶制的残余，资本主义时代也有其前行各时代的残余。不过，那些残余的东西，在历史的进程中，是一天一天地被削弱以至绝灭的。

（五）诸阶级的敌对，是阶级制度时代的历史运动的重心。阶级关系是矛盾的，也有其统一性。历史上的革命，便是这种敌对关系的发展结果。但在其他矛盾形势超越了阶级矛盾时，阶级间的矛盾便成了次要的。例如日寇要灭亡中国，是中国国内各党各派各阶级阶层共同的利害，这利害并超越了民族内部各别的利害，因而便形成"全国一致"的"抗日民族统一战线"。

（六）同一阶级内部的各阶层，以至同一阶层的内部，也有着相互的利害冲突；尤其像中国这样半封建半殖民地的社会，支配中国的，不是一个帝国主义国家，他们都培植有各自的御用工具，因此，像买办阶层一样，宗主国利害的冲突，便常引起这一社会阶层内部的冲突。

（七）历史自身有着妥适性，社会下层基础和上层建筑的政治形态、意识形态，都是相互妥适着的。后二者受决定于前者，但又作用于前者；同时，政治形态，也对意识形态起着相对的支配作用，意识形态也相对的作用于政治形态。把后二者与前者孤立起来，就是唯心史观，把前者从后二者孤立起来，就是经济史观。

（八）历史是人类生活的实践过程。历史科学的研究，也是充满着实践的内容的。但是资产阶级的历史家，常故意隐蔽史实或歪曲史实；只有劳动阶级的科学，才能把具体的人类历史，活生生地复现出来。

在研究的技术上，方法和材料是同样重要的。没有正确的方法，便不能正确地处理材料；没有充分的材料，便不能说明历史的活的具体的内容。同样，从部分的历史现象着眼，便无法复现活的历史的本来面目。所以研究一时代的历史，须把一时代的史实，作全盘的正确的考察，并能够控制它。

（九）研究中国史，最好先从世界史作一比较地研究；从世界史的比较研究上，去把握历史的一般合则性；从一般合则性的基础上，同时去把握中国史的特殊性。

（十）关于殷以前史前史的研究，材料上，除去地下出土的实物外，就要应用考古学、语言学、民俗学等的知识，从现代中国民族和近亲各族的生活中，去寻找最古代的遗留——最重要的，是要从中国境内各落后民族中，作民俗学的实地研究——并从古书上去利用神话传说。不过既当作神话看，就不必一定去考辩那些书的真伪。不过，只有史的唯物论者，才能正确无误去利用神话传说。

（十一）研究中国近代史，首先要从中国社会自身的历史过程去把握，其次就要从近代世界史的根基上，去把握近代中国的国际关系，尤其是帝国主义支配中国的影响作用。然后再对近代中国，依照一般的研究程序去进行。但是要紧密地握住中国是世界的一个部分。

（十二）研究近代中国革命史，首先要去把握近代中国社会构成的特性，最基础的，是经济构成的特性，特别是各种因素的消长，及其发展的过程。同时去把握资本帝国主义支配中国的过程，其对中国社会的影响作用，及各国在华势力地位的变动关系——自然，中国近代经济构成的特性研究，也是不能离开这个方面之关系的。其次，去把握苏联的革命成功，以至其社会主义建设完成，给予中国的影响作用。然后去把握近代中国社会诸阶级的构成，其个别的特性，其相互势力的升降，及其关系的变换等。

（十三）从上述的基础上，一面特别要把握住中国民族资产阶级的两面性，以及随同帝国主义压迫的张弛，而引起其革命性与买办性之相互升降。从这里去了解，这回日寇要灭亡中国的法西斯侵略的凶恶进行，而引起中国政治形势的变化，全民族和日寇间的矛盾移到主导的地位，民族内部的矛盾降到次要地位的形势下，他们的革命性便压倒其买办性，逐渐予以克服，尤其是沿海沿江产业机关的被破坏，其抗战的革命要求，便随同而日趋强烈了。一面特别要把握封建残余势力和帝国主义间的关系，以及九一八以来，日寇的残暴表演，提到军阀和地主们面前的一个问题，是他们自身的存亡问题。从这里激起了他们的抗日要求。一面特别要把握中国劳动阶级的特性，其形成和发展的过程，及其所负荷的历史任务，其在近代革命中所起的作用，尤其是共产党和红军的成就，与其对国内外的影响作用……。其次是农民的革命要求，与小资产阶级的革命化。从这些相互诸关系中，去把握这回的"抗日民族统一战线"。

一面又特别要把握，由于资本主义世界发展的不平衡……在工业资本主义时代，金融资本时代，存在着各种国内的、国际的矛盾；尤其在帝国主义末期，不但有各该国内强烈的阶级矛盾，各该国相互间的利害矛盾，帝国主义与社会主义苏联间的本质矛盾，帝国主义与弱小民族间的矛盾。而且，各该国相互间的矛盾，已经进到民主国家与法西斯侵略国间的严重冲突，帝国主义与弱小民族间的矛盾，已经进为法西斯侵略主义者，与被侵略被压迫国家民族间的血肉博斗。这两种矛盾形势，又从后者居于主导地位。其他方面的矛盾，便都成了次要的。从这里去了解中国民族，在抗战中和世界各民主国家间的关系的变换，尤其与和平柱石苏联间关系的增进。

另一方面，要从半封建的基础上，去把握那些从前从政治上挤下来的过时的军阀官僚的特性和命运；同时要从半殖民地的基础上，去认识日本帝国主义长期间在中国所培养的政治买办和经济买办。从这里去认识汉奸以至亲日派的社会根源。在这个问题上，还当对各阶级堕落下来的残滓，流氓无产阶级的存在和其特性，加以明确的认识。从这里去认识无耻出卖祖国和民族的托派，以及受汉奸托派愚弄收买的小汉奸的来源。

（十四）研究中国过去民族解放运动的失败，要从各次革命当时的客观形势，即中国社会自身的客观条件，与国际帝国主义的操纵作用，及革命集团的主观条件上去分析。

（十五）最后还要提到的，在甲午中日战争以后，中国封建势力的存在，已全靠帝国主义的支持这一点，并不可因此去夸大外〔国〕的影响作用，那正是半殖民地社会的特色。——在半殖民地的基础上，配合着半封建的形态，以此才确定近代中国革命之反帝反封建的两大任务的汇合——虽然，这两个任务，有其密切的联系，然而却不能混为一谈，而且反帝运动的动力，要比较地广泛些。这两大任务的履行，在目前的形势下，又发展为反日斗争，并不可避免地要连同去反汉奸。

上面只是择要的提述，并不是一篇无遗误的方法论。这是应该向读者声明的。

问题讨论：

（一）生产力是否〔是〕纯技术的表现？

（二）研究历史，是以什么作为最基础的出发点？

（三）凭什么去决定一个社会的性质？

（四）历史上的革命，是从什么基础上发生出来的？

（五）什么是历史发展的动力？

（六）历史上为什么在同一阶级或阶层的内部，也有着冲突？

（七）经济史观，地理史观，唯心史观，为什么都是错误的？

（八）中国为什么没有发展到资本主义时代？

二

中国殖民地化的过程

近百年来的中国，一面是帝国主义，并通过封建势力和买办资本，对整个民族的宰割，自经济以至政治文化诸方面，一步步来加深中国殖民地化的程度；一面是中国民族，不断的执持其光荣的解放斗争。由这两方面事实的交错发展，而形成近代的中国史。因而，我们要正确地把握近代中国民族解放斗争的过程，便不能不对帝国主义宰制中国的过程，略加叙述。

决定中国沦为半殖民地的鸦片战争

中国之沦为半殖民地，是一八四〇年中英"鸦片战争"的结果所决定的。

英国在产业革命前，输入中国的商品，主要为鸦片烟和羊毛，其时中国对英的贸易，还是入超。自英国资本主义登台后，依旧有大量鸦片烟，随同其他商品输入中国。因而在资本主义商品的袭击下，中国的手工业和农业，便首先受到打击，使中国的封建经济根本动摇，而引出社会经济的穷困现象；大量鸦片烟的输入，更扩大了白银流出的数量。中国封建统治阶级，遭受着资本主义的这种打击，便被迫而提出反抗。因而便引发中国封建主义反抗外国资本主义的战争；但他们当时，并没有正确地意识到资本主义商品的作用，只意识到鸦片烟的"危害"，所以战争便以反对鸦片烟运动而出现，因称为"鸦片烟战争"。

"鸦片战争"的结局，英国资本主义战胜了落后的中国封建主义，便强迫和中国订立《南京条约》，接着又订立《虎门条约》。《南京条约》，除陪款二千一百万元外，并开放五口，割让香港，限制关税。这就开始规定中国走上半殖民地的前途。同时，由于中国封建主义被屈服在英国资本主义面前，其他资本主义各国，便都相继而来，"援例要求"或直接掠夺。这时的满清政府，已为一种"苟且偷安"的暮气所笼罩，对各国的无理要求，便都在"恩惠均等"的原则下，一一承认。中国半殖民地的命运，就从此被确定了。所以说，"鸦片战争"是中国近代史的划界线。

鸦片战争后各国侵略中国概况

接着在"鸦片战争"后，所谓"英法联军之役"，"中日战争"，"八国联军之役"，以及不断的中俄交涉，中英交涉，中法交涉，中日交涉，中德交涉，中美交涉……等，都纷至沓来。

国际资本主义者是一步紧一步地共同来奴役中国了，都先后以共同的或个别的行动，一面从中国本部掠夺去"领事裁判权"，最惠国特权，内河航行权，驻兵权，在中国境内开设工厂权，租界和租借地，以及传教，游历，居住自由等……。一面又侵占中国沿海沿边诸要地，如香港、澳门、台湾、澎湖、库页，与西北部的广大领土……。这不独打破了中国国境线的险要，且从而建立其进攻中国的据点；一面并吞中国藩属，如缅甸、安南、琉球、朝鲜、尼泊尔等，不但以之并作其资本主义殖民地，且从而把中国置于其共同的层叠包围中，中国从此便完全成了他们共同支配的区域，中国民族便降落到他们共同役使的奴隶地位。

中国民族资本的发生和其特性

在帝国主义铁蹄践踏下的中国，一切民族新生的因素，在他们的主观意愿上，是不容许其发生与成长的。然而中国民族资本，却在一种矛盾下面，即客观的必然和他们主观意愿相矛盾的形势下，被形成了。太平天国革命时和革命过去后，官僚资本的国营产业，官商合营的产业，乃至纯由商营的产业，便相继出现了。

但是，中国民族资本，自始就被给以一种买办性的根性。同时，由于其从半殖民地的矛盾关系中发生出来的，不管其自始就带有买办性，帝国主义也绝不容许其发展的——尤其是独立发展。因此，在民族资本自身的发展过程上，自必要感受帝国主义和封建势力的束缚，而引出其革命的要求。因而便形成了中国民族产业资本的两面性，即所谓革命性和买办性。从这一矛盾的特性基础上，便决定其对民族解放事业的不彻底性与动摇性，以致及今还没有完成其历史任务，从而中国的民族产业资本，始终还呻吟在帝国主义的铁蹄下讨生活。

只有在前次大战期间，欧洲帝国主义各国，都无暇顾及中国，中国民族资本才获得一度发展。

中国民族产业资本的革命性和买办性，也并非平衡发展的，而是矛盾的。它对帝国主义的关系，完全从其本身的利益条件去决定；只要能乞得帝国主义相对的宽容，给以部分的利益而允许其存在，其买办性便要超过革命性，就放弃革命，而投降帝国主义；反之，在相反的情形下，其革命性便超过买办性，而要求革命。这在过去民族解放史上，很确切地被说明了的。

中国劳动阶级的形成和其特性

在另一方面，资本帝国主义在中国，又创造出新兴的劳动阶级——无产阶级。中国无产阶级，不单是和民族产业资本对比地成长起来，又同时和国际资本主义在华产业资本对比地成长起来的。同时，中国无产阶级，是从半殖民地半封建社会基础产生出来，又在资本主义走入帝国主义的时代，才成长起来，在世界无产阶级弟兄，已在地球六分之一的领土上，建立其阶级祖国的时候，才以鲜明的旗帜跃入历史舞台。所以，中国无产阶级，不但是全世界一支最坚强的阶级力量，而且一开始去履行其历史任务，就是国际性的——把民族解放的任务和阶级解放的任务，辩证地统一于世界人类解放的原则下去履行。

因此，中国无产阶级才成为否定帝国主义支配中国的一个最坚强因素，也是否定封建势力的一个最坚强的因素；它是中国社会一个最前进最革命的阶级。

因而，在甲午中日战争前，中国封建势力还能客观地维持其自身的存在，所以半殖民地形势，是被附加在半封建的基础之上的。自甲午战争后，由于中国社会内部阶级关系的变化；同时，英、俄、德、法、日各国，已一面在中国划定各自的势力范围，想实行瓜分中国；一面便开始去培植其各自的工具。进入民国后，他们为扩张权利，又各自指使其工具，发动往复不断的军阀内战——那些军阀，无一不是他们培植起来的。所以甲午以后的中国封建势力，便在依靠着国际资本帝国主义的扶植了。以此，半封建的形势，系由半殖民地的关系所支撑起来的。

帝国主义和封建势力的关系及其影响

再说到中国封建势力和资本帝国主义的关系。封建主义和资本主义，在本质上本是矛盾的，但资本帝国主义对于殖民地的剥削方式，不是纯经济的，而是要求采取一种政治的强制性，所以他反而来培植中国封建势力，作为其工具，并藉以束缚中国的民族资本。所以资本主义的经济，虽剧烈地在分解中国的农村经济……，但又从政治上、文化上来扶植中国的封建势力。

在国际资本主义的侵略和封建残余的剥削下，中国封建农村，便行着急剧的崩溃。但在封建经济崩解的过程上，却又阻碍着中国民族自己去创造新的生产方法来代替。因而，不独中国社会的发展过程，受着阻挠，且驱使千百万农民手工业者，不断地从其生活的职业中被排挤出去，致万千大众的生活日趋恶化。在这种情势下，小资产阶级知识分子，也是大群地被推在失业的洪流中。这同时又成了资本帝国主义在中国支配地位上的一个大裂口。

帝国主义各国在中国势力地位的变动

资本帝国主义对于中国，虽然在行着共同的支配；但在长期过程中，却有着其势力地位之相互变动。在前次世界大战前，在中国，主要是英俄两国的势力，尤其是英国，在起着支配作用，因而形成英俄间的明争暗斗。日本在大战期间，利用他国无暇东顾的机会，已开始实行其独占中国的企图，在中国布置其势力。同时，在战后，美国在中国的经济势力，也一日千里地在发展。所以战后的中国，虽然俄帝国主义被推翻，德帝国主义势力，因战败而退出中国，却又形成英美日势力的冲突，日美，尤其是日本，想夺取"大英"的领导地位。

"九一八"始，日本已把其独并中国的国策，排入直接武装行动的课程。从而在中国境内，直至"七七"——"八一三"的前夜，日寇在中国，差不多像疯汉一样地任情狂跳，其魔手伸展到中国的每个角落。

列强在华势力的升降过程，反映着各国在华矛盾关系的斗争过程，和资本主义世界矛盾的一面。虽然，那并没有排除其支配中国这一共同的基本立场，即一致不赞成中国民族的解放。从这里以及从中国社会本身阶级关系的变动上，规定了中国现代革命在其主要的任务上，在每个阶段中，决定着不同的战略，即随同各国在华势力地位的变动，而变动其革命所打击的主要对象，与革命势力的配合。

中国民族革命的演进过程

从而，近百年来的中国民族革命运动，"甲午"以前，差不多都由农民及失业群众在执行；"甲午"以后，才有着官僚资本和民族产业资本者参加，至民族资本起领导作用的革命同盟会所领导的革命，才有劳动阶级的参加；自前次世界大战后，劳动阶级就开始在表演其决定的作用了。

那无数次的民族革命斗争，都是和资本帝国主义的侵略相互增长的。虽然，在"甲午"以前，革命都是一种农民的反封建运动，并都带有原始暴动的色彩。戊戌运动，才开始表现着现代民主运动的阵容；至革命同盟会所领导的辛亥革命，才表现其反封建反帝的立场。但在戊戌运动以后，依样发生不断的原始性的暴乱；在以前的太平天国革命，也带有资产阶级性的民主革命的色彩；义和团暴动，也是一种反帝运动的表现。另一方面，现代中国革命之反帝反封建的两大任务，虽不是可以截然地分开，但也不是可以混而为一的。所以革命不是同时去完成两个任务，而是有时以反帝为其当前的主要任务，把反封建的任务留待下一阶段去完成；有时以反封建为其当前的主要任务，把反帝的任务留待下一阶段去完成。然而反帝又必然同时具有反封建的内容和行动，反封建也必然同时具有反帝的内容和行动。

同时，反帝国主义，是适应各国在华之不同的势力关系，及对华侵略的程度与动向如何而有所决择的。所以"二七运动"、"五卅运动"、省港大罢工，以至一九二五年到一九二七年大革命，都以"大英帝国"为主要对象；"五四运动"、"三一八示威运动"……便又都以日本帝国主义为主要对象。

日寇的侵略和中国国内国际形势的变化

到目前这个阶段，一方面，日寇要单独灭亡中国，是近百年资本帝国主义侵略中国的终结形势；一方面，中国民族的抗日战争，是近代中国革命一个空前的形势。

日寇要单独灭亡中国，不单引起中国国内政治形势的变化，且引起中国国际关系的变化。因为在中国民族和日寇间的矛盾，提进到主导地位，从而在中国民族内部各阶级阶层各党派间平日的矛盾，都降到次要地位，各别的利害，都只有在全民族共同利害的原则下去争取。所以除汉奸托派而外，任何中国人都有"抗日图存"的要求。因此便形成抗日民族统一战线，来担负神圣的民族抗日战争。在另一方面，又引起了中国国际关系的变化，世界民主主义各国在其和日寇独并中国这一利害冲突的基础上，在一定限度内，反而成了中国民族的友人，来援助中国抗战。因此，我们现阶段的革命战略，便随着而转变了。

讨论问题：

（1）鸦片战争对近代中国社会有何决定作用？

（2）中国民族资本何以有两面性，这对于近代中国民族革命的影响如何？

（3）第一次世界大战对中国民族资本有何种影响作用？

（4）近代中国社会，是资本主义，封建主义，还是半封建半殖民地社会？

（5）近百年资本主义各国在中国势力地位相互的变动如何？

（6）军阀的不断内战和帝国主义有何关联。

（7）中国缘何没有被瓜分？

（8）什么叫作殖民地、次殖民地、半殖民地？

三

太平天国革命——反封建的农民革命

A. 太平天国革命发生的时代背景及其特质

太平天国革命发生的社会背景

中国封建制度，发展至十八世纪末，已开始崩溃，由于商业资本的分解作用，土地已开始集中。至一八四〇年"鸦片战争"的结局，中国开始进入半殖民地的过程。从此，资本主义商品，在不平等条约的掩护下，潮涌般地流入中国；古老的农村和落后的手工业，便首先受到打击。原来已开始向工场手工业转化的中国商业资本，在国际资本主义商品的压迫下，一部分转化为高利贷，到农村去向土地投资，一部分则转成外国商品的经纪。因而又往复扩大了农村的破坏与土地集中的作用，使农村人民日益贫穷化，并一群群地相继丧失土地。

满清政府的贵族官僚和地主，不但不设法去救济农村，为支持其国家财政和阶级的豪奢生活，反从日趋破落的农民身上，去扩大剩余劳动的剥削量。在外国商品的引诱下，封建统治阶级的生活更加豪奢化，从而其所加于农民的负担，就不是剩余劳动量的提供，而是农民和其家人的生活资料之被掠夺了。他们不了解"不保留母牛，是无由榨取牛乳的"。

在这样残酷压榨下的农民大众，便很自然地不断地发生着动乱。满清政府，对日渐破落的社会，没有救济办法，对外国的侵略，也没有力量去反抗；

为防止汉族的叛乱，反加紧来压迫汉人。这又重新激发了汉人的民族仇恨。在当时，"嘉定屠城"、"扬州十日"的惨痛故事，因之又普通地流传起来。这可说，有意无意地替革命尽了宣传作用。

在这样的社会条件下，便不断地燃起农民叛乱的火焰，太平天国革命就是当时农民叛乱的总汇和最高形势。

革命何以发生于两广

同时，由于近代资本主义势力首先侵入两广；两广在其地理交通等条件上，又分外便利资本主义的侵略，所以两广的农村，被破坏的程度较烈，且首先受到破坏。自"鸦片战争"到太平天国革命发生的十年间，在两广，农民和手工业者一群群的破产，转成农村和城市的流浪分子，在业农民所受资本主义和封建势力的剥削，也较其他各省为烈。

其次，广东群众，又有着历史传统的斗争性。尤其是他们对鸦片战争的实际斗争经验。鸦片战争，虽属是中国封建主义反资本主义的战争，但广东群众，当时也有着"平英团"的组织，在战争过程中，他们又实际参加过斗争。在鸦片战争前夜，广州的农民和手工业者，并曾有着捣毁资本主义棉纱的举动。所以他们的主观觉悟，也较其他各省先进。

因此，太平天国革命，以两广为其策源地，并不是偶然的。

太平天国革命的特质

太平天国革命，较中国史上历次的农民革命，都有不同的内容。从其时间的持久，空间的蔓延上说，是中国近代史上最伟大的一次农民革命；从其性质上说，是中国史上最进步的一次农民大革命。中国史上前此各次的农民革命，都是原始性的；太平天国，虽还附带着一些原始的色彩，然从其行动和纲领来考察，他们要求推翻封建的土地关系，废除封建的贵族官僚，取消剥削制度，兴办学校，解放妇女，实行男女平等……，表现着一种资产阶级性的民主革命的内容。虽然，他们根据《旧约》全书作张本，其政治要求，也是当作宗教的教条去提出，而带上原始社会主义的色彩，但并不因此减低其内容的进步性。

史学家有把太平天国革命，比之"德国农民战争"。其实当时的德国，日耳曼民族资本的势力，已开始形成；太平天国时代的中国，却还没具备那种条件。所以虽有着形式的类似，但在政治内容上，他们和多玛斯·苗曹的一派或玛丁·路得的一派，都有差别。

B. 太平天国革命发动和发展的过程

上帝会组织经过

历史上的农民革命，大都是藉宗教去组织，去团结群众，通过宗教的教条，去表现其政治要求。中国史上的"太平道"、"五斗米道"、"白莲教"、"天理教"……都是如此的；甚至连具备着进步内容的"德国农民战争"，也没有例外。所以太平天国的农民革命，也穿上一件宗教的外衣，是毫不足怪的。因为在封建主义支配下，农民是落后的，富有迷信色彩的。所以宗教便很自然地充任了革命的工具。

太平天国革命，并不是自发的，领导斗争的干部自身和群众都经过一个组织和教育工作的过程——而且自始就和实际斗争联系着的。

在最初，那一群农民领袖，如朱九畴、洪秀全、冯云山、杨秀清、萧朝贵、石达开、秦日纲等，都是藉基督教名义组织所谓"上帝会"（又名三点会），他们都先后加入这个组织去进行革命运动。"上帝会"最初发生于广东，由朱九畴发起组织的，洪秀全和冯云山稍后才加入。朱死后，洪继为教主，后入广西，居鹏化山传教，上帝会才开始在广西发展。在广西，又吸收了石达开等那一群优秀干部。这群优秀干部的加入，对于组织本身的发展和革命事业的进行，有着决定的作用。

在广西，他们应用《旧约》全书原始社会主义部分的理论作教条，在农民群众中，进行宣传训练和组织工作，很快地就获得大量农民群众的信赖和依附。到一八五〇年代末，上帝会在广西，已获得广大群众的拥护，成为一个坚强的组织了。

革命的发生与其初期战事的经过

至十九世纪中叶，上帝会在广西成了农民群众的领导势力。适其时西南各省，不断地发生着自发的农民叛乱。这种自发的农民叛乱，原由于他们不堪忍受国际资本主义和封建势力的双重的残酷压榨，而无法生活下去，甚至相继脱离生产，形成了大量的失业之群。满清政府和其官吏，对叛乱复采取残暴的压制政策，并广事牵连，因愈益激起群众的愤怒，致"良民"多被迫"为盗"。这情形，在广西尤为厉害。上帝会便握住这种形势，去进行领导叛乱。满清政府的官吏，为防止叛乱，一面佯与上帝会联络，想分散上帝会；一面又严令缉拿洪秀全。因而，上帝会便于一八五一年起事于广西桂平金田村。

革命爆发后，在群众中，立即就形成一种怒潮般泛滥的洪潮。满清政府也尽快地派遣大军去征讨，但派去的清军部队，慑于革命的声势，都"畏缩不前"；加之清军内部发生冲突，征讨和堵截，因之更无效果。纪律败坏的清军，对当地民众复肆行掳掠，愈驱使民众倾向革命，从而越扩大了农民军的声势。因之，清军在各处都遭受农民军的打击，几于望风溃退。

农民军由金田出发，到处都有成群的群众加入。随着影响的扩大，逐渐就壮大了自己的武装。连克贵县、郁林、北流、兴业、象州、永安诸城市；于一八五一年占领永安后，就树立革命政权，建号"太平天国"。

革命政权建立后，倾向革命的群众，更有所系属；革命的威势随同影响的扩大而愈益扩大了。满清政府大为震动，便从各方面派遣大军，对农民军采取围攻策略。在围攻中的农民军，便开始采用流动式的战略，去敌对清军的围攻。他们集中全力，冲出重围，直攻桂阳，清将乌兰泰负伤病亡。复攻桂林不下，乃转陷兴安、全州，旋直趋湖南；攻长沙不下，又转陷江华、永明，树根据地于郴州及茶陵。再度会师攻长沙，又不下，乃转陷益阳，破岳州，直抵武汉，复攻克之。

农民军占领武汉后，清政府大为惶恐，又增派数十万大军，会攻武汉。据传此时的农民军，已发展到五十万武装。但缘农民军自前次被围攻时，已采取流动战略，所以在清军的围攻下，又无条件地放弃武汉。大军沿江东下，连陷九江、安庆、芜湖诸大城市，直趋南京。进攻南京的农民军部队，水陆合计，将近百万。他们于一八五三年三月，占领南京。

太平天国建都南京

农民军占领南京后，随即建作首都。一面根据其革命纲领，组织中央政权，确定政制，颁布关于土地与教育考试制度诸法令——以天下的土地，归天下人共同使用，为解决土地问题之原则，以男女平等为教育考试制度之原则。并严禁鸦片和赌博。一面遣林凤翔、李开芳率师北伐，以粉碎北京的满清政府首脑部为其主要任务；同时遣胡以晃、赖汉英率师攻安徽、江西，略长〔江〕上游。

另一方面，自南京为农民军所占领，且建立起与北京政府相峙的革命政权，满清政府益为惶恐。为图打击农民军，摧毁革命的中央政权，为争持其自身的存在，清政府任向荣为钦差大臣，组"江南大营"，设大本营于孝陵卫；同时，任琦善为钦差大臣，组"江北大营"，设大本营于扬州城外。"江北大营"于一八五六年为农民军击破，"江南大营"亦相继为农民军所击溃。后清军张国梁进军秣陵关，复立"江南大营"，亦随即溃败。至此，苏浙间已全为农民军势力所笼罩。因而巩固了革命的首都。

北伐军的战绩与结局

林、李所率北伐军，下镇江后，渡江陷瓜州、扬州，复西进转临淮、滁州，陷凤阳，趋归德。北攻开封不下，乃径渡黄河。攻怀德不克，又西入山西，陷平阳；复转河北，陷深州。北袭天津不克，乃退向静海、独流、杨柳青。北伐军自出师至是，虽为时仅半年，然已转战五省，连陷名城，但缘采取流动式战略，对所占地方，都不曾去进行革命群众的组织，复不曾顾到自己的后援，终以粮尽援绝，林、李两部都先后在河北境内，为清军僧格林沁与胜保两部所消灭。

西征军的战绩

胡、赖所率西征军，渡江下桐城，破集贤关，复陷安庆。旋胡以晃分兵入赣，攻南昌不克，转陷九江；西入湖北，清将鄂督吴文镕率师抵御，战死。以晃复与秦日纲会攻庐州，清将安徽巡抚江忠源战死。至是，鄂皖赣三省，除少数名城外，又大部入于农民军的掌握。

C. 太平天国革命失败的经过

反革命武装的再组织

革命势力的蓬勃成长和军事的蔓延，那不但动摇了封建首脑的满清政府，连豪绅、地主、商业资本者，乃至外国资本者，都表示异常惶恐。他们为挽回其阶级的统治，豪绅地主便以所谓"士人领山农"的原则，去进行反革命武装的再组织，以图对革命实行大反攻。商业资本者和外国资本者，则从财政技术诸方面，予以直接协助。因而承袭江忠源的"楚勇"办法而出现的，有罗泽南、王鑫等的"团练"，曾国藩的"湘军"，李鸿章的"淮军"……等等地主富农的武装，都很快地相继组织了起来。

这种地主富农武装的组成，虽由国际资本主义者方面多少获得一点技术的援助，由本国商业资本者方面得到经济的援助。同时也由于农民军采取流动战略，到处都没有把革命群众组织起来；在政治的行动上，又没能够设法使富农中立，更由于其报复主义的发挥，而引起一般农民群众的误会和反感，以致在豪绅地主之多方的欺骗与引诱下，成千成万的农民群众，反而被反革命方面所利用。

反革命联合武装的反攻和农民军的失败

因而，至一八七〇年代，重新组成的反革命联合武装，对于农民军，便开始其大规模的反攻。"湘军"由两湖东下，农民军在鄂赣境内，到处为湘军所击溃。曾国荃随于一八六一年攻陷安庆，又截断农民军长江上下游的联络。曾国藩随设四省统帅部于安庆，并分兵三路围攻农民军，以曾国荃略南京，左宗棠略全浙，李鸿章略苏淞。

李鸿章到苏淞后，得到当地地主和外国资本主义联合武装洋枪队的协同行动（洋枪队，是地主、富农、商人和外国的军器及指挥官共同组织起来的），于一八六二年突破农民军的防线，直趋上海。李到上海后，一面又扩大"洋枪队"，一面与英法联军同守淞沪；同时遣"洋枪队"与各国联军，转攻嘉定，趋浙江，为左宗棠声援。

左宗棠入浙后，已得到各种声援，连陷金华等名城；同时，由于英法军舰的直接援助，大败农民军于钱塘江，并随下杭州。

至此，除南京外，东南各地农民军，都先后为反革命的联合武装所击败，趋于溃散。地主富农的武装，对革命首都的南京，已完成其大包围的形势。

南京为曾国荃所围攻，至此更陷于孤立无援的地位。到一八六四年一月止，湘军已完全占领南京城外各要隘。于是，一面对城内用巨炮轰击，一面从城根掘地道，实火药炸破城垣。太平天国根据地的南京，因是遂为湘军所攻陷。

　　南京失陷后，太平天国革命，虽还留下一些残败的武装，然由于其政治领导的薄弱，并不能把革命从败亡中拯救出来。残留的武装在赣皖闽浙粤各省的农民军部队，都先后为地主富农的武装所消灭，至一八六五年，已完全被肃清。——只有残留在北方的陈得才、赖文光两部，后与捻党联合，成了捻党叛乱的一个主要力量。

D. 太平天国革命失败的主要原因

革命失败的主观原因

　　太平天国革命失败的主要原因，在主观方面，第一，因为在中国当时，还没有强有力的市民阶级或劳动阶级的存在，以致革命缺乏中心的领导阶级。第二，因为没有一个群众总动员的纲领，所以对全国各地的武装暴动，都没有把它配合起来，而那些无组织的待启发的农民，都没有去加以教育和组织，使之围绕到革命的周围，反而使他们对革命的行动，发生许多误解和仇恨，这对于反革命武装的再组织，还起了帮助的作用。第三，由于采取一种流寇式的战略，到处都没有顾及自己的后方和联络，以致各个地被击破。第四，由于农民的私有欲、散漫主义、英雄主义种种弱点，在革命得到初步胜利后，便完全暴露出来；干部的生活，日渐为物质追求所腐化，干部间发生不断的内讧。

革命失败的客观原因

　　在客观方面，当时也有着难于克服的困难，构成革命失败的原因。最主要的，在当时，除豪绅地主与外国资本主义外，商业资本者和富农也都反对革命，流氓无产阶级则向两面流动；其次，由于当时中国生产力的限制，农民军无法觅得进步的武器来利用；反革命方面，却能利用外国的进步武器。所以反革命的联合势力较革命方面雄厚。

　　自然，在主观、客观方面，还有其他次要的原因。

E. 太平天国革命的余波——捻党和回民叛乱

捻党和太平天国的关系

太平天国农民革命失败后，社会内在的矛盾丝毫也没有缓和。因此，中国社会的动乱也并没有过去，继太平天国的失败而扩大起来的，又有捻党的叛乱。

在太平天国革命发展到长江流域后，东南农民的政治组织"三点会"，北方农民的政治组织"捻党"，都相继揭起暴动的旗帜去响应。太平天国失败后，"捻党"的叛乱，却反而扩大起来。

太平天国是其时南方农民的革命集团，捻党是其时北方农民的革命集团。捻党叛乱，正发动在太平天国农民军达到长江的时候。其时，满清政府曾想方设法防止它和太平天国的联系。然在两者间，虽然没有获得较好的配合，捻党却终于相对地受着太平天国的领导。

太平天国失败后，其留存在北方的残部，陈得才、赖文光两部，试图挽回革命，便转而以捻党为中心，共同组织革命联军。

捻党的起源和叛乱经过

再说到捻党的根源。河南、安徽、山东、湖北四省的毗连区域，是土地硗薄，人民生活较为困苦；加之其间有重叠的山岭，民气很是强悍。因此，后来便成了农民叛乱的一个策源地。捻党也起源于四省毗连区域的一带。

捻党，最初为贫农和流氓无产阶级者的一种结社。鸦片战争后数年间，封建统治者配合外国资本主义商品的压榨，扩大对农民剥削；这一硗薄的区域，却分外容易感到剥削的残酷。满清政府，对这一区域复分外无情地提高政治的压迫。因之，捻党便发育而成为农民的政治组织。

在当时，这一区域的经济，也比两广落后得多；所以捻党的构成成分，没有那样进步的城市知识分子和手工业者的参加。因此他们没有太平天国那样进步的纲领，旗帜也没有那样鲜明。他们的政治号召，是掠夺"富豪"，对剥削者和压迫者施行报复。这种政治的表现，仅是一种原始性的反封建的要求。

在太平天国还没有失败前，由于捻党自身行动的落后性，曾遭受清军较大的打击。但在太平天国失败后，由于太平天国农民军残部的加入，捻党转成了农民叛乱的中心领导；加之，在清军进攻太平天国军时，捻党得到一个喘息发展的机会。因此，太平天国失败后，捻党所领导的农民军势力，反强大了起来，重新去扩大叛乱。

捻党叛乱的时间，长达十六年，叛乱的区域蔓延十省。但在叛乱发展的过程中，他们既没有鲜明的政纲，自身又没有政治性的严密组织，便无法去加强其对革命群众的领导；尤其是捻党领导者，多属流浪分子，在叛乱扩大以后，他们的流氓〔劣〕根性也跟着发挥起来。后来各领导干部间的龃龉，而分裂为"东捻"、"西捻"。

"东捻"、"西捻"在行动上，等于各自孤立的部分，并没有相互去配合，反让地主富农的武装得以实施其各个击破的毒计。

叛乱能扩大与持久，在军事上，由于捻党采取一种飘忽无定的游击战。游击战，可说是被压迫者的固有战术，但自己不培植主力去配合，便不能巩固占领区域；革命阶级若没有较高的政治觉悟和较好的政治领导，革命便不能深入，不能团结占领区域的群众。捻党所采取的游击战，是在流寇主义的原则下进行的。所以对于占领的地方，不去树立自己的政权，也不去组织群众。

由曾国藩所统制"剿捻"的清军都是有较高武装配备和战斗训练的部伍。他们利用前此与太平天国军的战斗经验，一面实行主力围攻，一面则采用"步步设防"的办法，遍地指使当地富豪，利用本乡壮丁，组织"团练"，用步步固定的"团练"，去对付捻党飘忽无定的流动战术。这只有革命集团，把群众都组织在自己的周围，使群众和武装部伍合作，拿处处游击去敌对固定的"团练"，才能粉碎那种毒辣办法。然而捻党却没有采取这种敌对办法，冲破曾国藩所"布下"的"天罗地网"，因而至一八六八年，东西两捻都次第被地主富农的武装所消灭了。其时北方农民革命运动，至此又告结束。

回民叛乱

太平天国和捻党的农民革命，虽然都先后为地主富农等的联合武装所消灭；但在衰败的封建农村的基础上，加上外国资本主义的侵略，尖锐化的社会矛盾，已伸展到全中国的每个角落，因而在太平天国和捻党革命的影响下，在云南也爆发一八五五年的回民叛乱，在西北也爆发一八六二年的回民叛乱。叛乱都不久就为清军所消灭，却表明其时的农民动乱已遍及全中国。

封建统治阶级的历史家，他们把回民叛乱看作种族的叛变、汉回的冲突。其实，所谓种族的仇恨，全是表层的。真实的原因，由于在满清政权的压制下，回汉的农民同是封建剥削的对象，遭受着同样的利害。所以回民叛乱的性质，也同样是一种反封建的农民叛乱。因此，在外国资本帝国主义的宰制下，不管国内任何民族，都有着同样的遭遇和要求的。

讨论问题：

（1）太平天国革命的性质如何？

（2）太平天国革命是怎样发生的？其发展的过程如何？

（3）太平天国失败的主要原因何在？

（4）反革命的联合武装是怎样再组成的？

（5）捻党叛乱的起源过程，性质如何？

（6）从何去了解回民叛乱的真实内容？

四

戊戌变法运动——初期民主运动

A. 戊戌运动发生的时代背景

发生自十九世纪四十年代终末，延长至七十年〔代〕的中国农民大革命，被封建贵族、豪绅、地主、富农、商业资本者、国际资本主义者的联合武装消灭后，直至一八九八年"戊戌变法"运动的前夜，中国民族革命运动，表面上并没有掀起大的波浪。但正在准备一次崭新内容的大运动，——尤其是太平天国运动后的民族资本的兴起。

民族官僚资本的形成和私人资本的发生

在农民革命过去后，第一个重要事件，是民族官僚资本的形成和私人资本的发生。最主要的动力，由于封建社会的破落基础上，预备出自由劳动力和资本之原始积累，次要则由于外国资本主义的直接影响；最明显的，如在太平天国战争中，"洋枪队"和外国兵舰威力的表现，使曾国藩、左宗棠、李鸿章等直接感知资本主义军事技术的优越性，而努力军事工业的创设。一面输入外国技术，创办军事工业，一面派遣学生出国"习艺"。因自一八六二至〔一八〕九三年先后创办"安庆军械所"、"上海制炮局"、"金陵兵工厂"、"江南制造总局"、"福州船政局"、"四川机器厂"、"金陵火药局"、"汉阳兵工厂"……这种军事工业，本质上是一种国家性的官僚资本。

这种官僚资本的形成，又给了民族私人资本以推动力。同时在内在与外在矛盾的直接影响下，当时一部分官僚，也开始以其封建的剥削所得向市场投放。这成为私人官僚资本的起点。

官僚资本的形成，充任了"戊戌变法"运动的物质条件。

国际瓜分中国危机的紧迫

另一方面，当时中国国势的危机，又是助成"戊戌运动"的一个推动力。

自农民大革命过去后，国际资本主义各国，更猖狂地对中国肆行侵略。

日本于一八七四年武装侵入台湾，开始并吞琉球，一八七九年，废琉球王，改为所谓冲绳县。旋又侵略朝鲜，于一八九四年借口助韩平乱武装侵入朝鲜，引起日清战争（甲午之役）。战争结局，一八九五年订中日马关条约，清政府实际承认日并朝鲜，并割辽东半岛、台湾、澎湖，赔款二万万两〔银〕钱，复开四商埠——仅辽东以俄法德之干涉而退还。

英国除获取香港九龙之半及强租威海卫外，复借口一八七四年入云南之测量队书记为土人所杀，迫满清政府订《烟台条约》，勒索赔款，增开四商埠。一八八五年并吞缅甸，清政府于明年正式承认。

俄国于一八七一年侵占伊犁。旋订中俄《伊犁条约》，除掠压中国广大领土外，并从此巩固其侵略外蒙、新疆的权利基础。

法国于一八八四年武装侵入滇边谅山，引起中法战争。结果，中国除丧失边地外，清政府并于明年正式承认法并安南。

这表明资本主义各国，其时是怎样疯狂地在加紧对华侵略，满清政府又是怎样的无能，无止境的出卖国土权益。

国势的危机和满清政府的无能，使得一部分进步的官僚和爱国人民，对清政府更为失望。尤其是"甲午之役"后，各国已开始进行来瓜分中国，如一八九九年，英俄成立协约，俄划长城以北为势力范围，英划长江流域为势力范围；一八九七年，德国武装侵占胶州湾，以山东为其势力范围；后年，法国强租广州湾，以云南两广为其势力范围；一八九八年，日本迫满清政府申明，不割让福建及沿海与他国，隐以福建为其势力范围。似此势力范围的划分，中国被瓜分的危机，已迫在眉睫。那虽由"向隅"的美国"门户开放主义"的阻挠，没有实现。然进步的官僚、知识分子和爱国民众，已完全失去对满清政府的信赖，而涌起"变法图存"运动。

B. 戊戌运动的酝酿和其经过

戊戌运动的酝酿

戊戌运动的产生，是官僚资本的领导作用。在当时，国营军事工业和民族私人资本才开始发展的时候，便遇着外国资本的压迫，封建势力的束缚，因而提出改革内政和"变法图存"的要求。

这种运动，在最初，以留学生作主干，组织"广学会"，然仅为一种介绍西洋科学思想的学术团体。继着才演进为各种政团的组织，如以孙家鼐、张之洞、文廷式、康有为、黄绍基、汪康年、屠居仁、黄遵宪、岑春煊，陈宝琛等作主干的"强学会"，康梁后来的"桂学会"，桂林的"圣学会"，长沙的"湘学会"，苏州的"苏学会"，北京的"集学会"，"格致学会"，陕西的"陕学会"，武昌的"质学会"等，都由各地进步官僚及知识分子组织的。除鼓吹维新思想、介绍文化外，都多少带有政治的意味。康梁的"桂学会"，后扩大为"保国会"，已形成一种政党的组织。其时和"保国会"相峙的，又有国民党前身"兴中会"的出现。

戊戌运动的性质

"保国会"的政治纲领，是以"变法维新"、"立宪救国"为原则。康有为数次上书所提出的主张和他们在变法当时的政治表演——戊戌"新政"，也都与其政治纲领相符合。因此，戊戌运动的性质，是一种君主立宪制的民主运动。

戊戌运动的经过

但戊戌运动，系从国家官僚资本主义的立场出发，所以不是采取直接的革命斗争手段，而是从满清政权的基础上，采取"改革内政"的方式，并以此获得光绪皇帝的同盟与其他进步官僚的赞助。

运动的领袖康有为，曾采用各种和平方式，推进"变法"运动。他从一八八八年，开始主张"变法"，第一次"伏阙上书"，痛陈瓜分危机的紧迫，要求立宪救国。一八九五年，康有为与其徒梁启超赴京会试，他们鼓动会试诸生，组织第一次请愿运动——"公车上书"，集公车诸生三千五百人签名，请求变法。他们在请愿书中，系统地指陈中国政治经济的危机，提出扶助商业，扶助农业，救济手工业，赈济贫民……的主张。一八九七年，康有为复上书，更具体地痛陈列强对中国的支配作用，并主张改革政治制度，培养新式官吏，废除官爵买卖制度，改良刑罚和监狱，注重人民健康及公共卫生，颁布新土地法，取消厘金，建造铁路和军舰，改造军队……以挽救危亡。嗣后，他又上书，强调"救亡图强"的必要措施，在普及教育，提高人民文化水准；以新知识代替旧思想；消灭内乱，免为列强所乘；实行宪政……。这都是资产阶级性的民主要求的表现。

但随着维新运动之积极地进行与发展，保守的旧势力也跟着发挥其反动性。康有为前后七次上书，均被旧的官僚贵族从中阻隔，没有达到光绪帝的面前。至一八九八（即戊戌）年，一面由于国家形势的险恶，一面由于"维新"思潮的高涨，波及到宫廷深处，进步的官僚翁同龢等复从中内应，乃有光绪帝的下诏"变法"与召见康有为。因而新党（即保国会）干部人物，如谭嗣同、梁启超、刘光第、杨锐、林旭等，各以"赏卿衔"入阁，"翊赞新政"。

在"新政"的推行上，又获得张之洞、熊希龄等的支助。先后由光绪皇帝于同年用诏谕宣布：废八股，改科举，兴学堂，汰冗员，广言路，保荐经济特科人才，开办京师大学堂及各种学堂，兴办银行，设立铁路、矿务等局，废祀典不载之祀庙，裁老弱无用之额兵……。这便是"新政"措施的大概情形。

帝国主义与戊戌运动

资本帝国主义者，对中国的革命运动，总是反对的。但在当时，由于满清政府的腐败无能，连帝国主义者也认为它没有代行统治维护市场秩序的能力了。因之，他们也要求中国有一个较有力，而又肯执行其意旨的政府。

戊戌运动的本身，是一种由上而下的运动，形式上又仅是一种内政改良运动。所以帝国主义者对它，反予以相当的同情，尤其是日本帝国主义者，还与"新党"保持着相当的关系。——后来康、梁的出亡，也都得到日使馆的援助。

C. 戊戌运动的失败及其和日本明治维新的比较

戊戌运动失败的原因和经过

戊戌运动失败的主要原因，客观上，由于其时中国社会阶级势力的配比上，旧势力还远远超过维新势力。慈禧和荣禄为首的旧党（后党），顽强地反对维新，就是封建势力反抗新兴民主运动的缩影。主观上，（一）维新派和其所依靠的光绪帝，在实际上并没有掌握实权；在其握得一部分政权的时候，又没有进行去配合阶级的群众的力量，把反对派驱除，反与之妥协，让反对派获得推进阴谋的机会。（二）忽视群众的力量，没有去动员工农来参加，连市民阶级的固有力量，也没有好好地发动起来，自始就形成本身阵线的劣势。（三）进步的官僚，如袁世凯等，他们对维新本缺乏明白的认识和信念；但康、梁等人，不但没有对他们加以严密的注视和考察，反无条件地给以信任。

因而在维新派正在进行改革事业的当中，代表封建势力的旧官僚（后党），便暗中布置其破坏"维新"，消灭革新运动的阴谋。加之袁世凯背叛盟约，投向后党告密。从而，新党对付旧党的计划还没实行的当中，旧党反得事先对新党实行一个恶毒的反攻。结果，光绪帝被囚，康、梁出亡，谭嗣同、杨深秀、杨锐、林旭、刘光第、康广仁等六君子慷慨就义。维新派势力，便完全瓦解。

这一划时期的民主运动，虽然惨烈地失败了，他们的运动，虽然没有演进为一种群众的革命运动，然在六君子之英勇的牺牲精神这一点上，是值得我民族模范的。在运动的客观影响上，却促动了全国人民的觉醒。不过，在这里，我们又一次地证明了由上而下的改革运动，不配合由下而上的群众势力，必然地得不到良好结果的。

戊戌运动和明治维新运动的比较

戊戌政变，和一八二五年俄国十二月党的宫廷事变，形式也很相似；但由于其时中俄各自社会条件的不同，是各自有其实质上之特点的。

戊戌运动和日本明治维新运动，形势上更相类似。但为什么"明治维新"

能获得成功，"戊戌变法"遭受惨酷失败？这在主要上，因为明治维新时的日本，"町人"阶级和官僚资本的势力，已取得社会经济上的优势地位；在其全国，有着普遍性的存在与发展。戊戌变法时代的中国，官僚资本和市民阶级的力量，还很微薄；除沿海沿江以外，全中国其他广大区域，仍由旧的封建势力在支配，新的因素还不曾发现。同时，在时间性上，在明治维新时，欧洲资本主义还处在工业资本主义时期，加之其时有俄法战争（一八五三——一八五六）与美国南北战争（一八六一——一八六五）；在戊戌变法时，外国资本主义已进入帝国主义时期，对中国的支配，已比较地深入与更加积极了。

D. 戊戌运动在文化运动上的意义

戊戌运动在文化运动上的意义

从一八八〇年到一九〇〇年末，在前期，是西洋的科学和哲学思想输入中国，中国进步的知识分子，却是无择别地接受。这时的思想运动，以回国留学生的"广学会"作主干，大量地翻译或编著科学新书。他们在中国近代文化史上，的确尽了相当的启蒙作用。在后期的思想运动上，便以"桂学会"作主干，以康有为、梁启超、谭嗣同为代表。他们较广学〔会〕的思想运动，有一大步的前进，利用科学思想，对中国一切旧东西，实行"自我批判"，如康有为的《孔子改制考》、谭嗣同的《仁学》，便都是对从来儒家思想和封建意识的大反叛。他们主张利用科学来改革中国社会，并已从理论进到实践。这二十年间的新思想运动，后人称之为中国近代文化的启蒙运动，是完全恰当的。

戊戌运动对后来政治文化运动的影响

这二十年间的思想启蒙运动，第一，给此后一般科学思想尽了启蒙作用。第二，给此后德谟克拉西的政治思想和运动，尽了启蒙和倡导的作用。从此对自己的历史和文化，便开始用科学的眼光去认识，把那些绝对化的东西，都推到相对的地位，并因此而展开了对"孔家店"的清算工作。思想的革命运动，又对政治的革命运动尽了很大的倡导作用，自不待言。

"戊戌"以后的"五四运动",在文化运动的领域中,是戊戌后的思想运动的总汇,是"戊戌运动"的直接继承,只是内容更丰富,更发展了。

讨论问题:

(1)戊戌运动的特性及其社会基础如何?

(2)戊戌运动的经过和其失败的原因何在?

(3)中国戊戌运动和日本明治维新运动有何异同?

(4)戊戌运动在中国文化运动上的意义如何?

五

义和团暴动——农民反帝运动

A. 义和团运动发生的原因和其特性

义和团运动发生的原因

帝国主义者说"义和团"暴动，是"野蛮人"反对"文明人"的一种举动，说他们是"拳匪"；有些无知的中国史家，也跟着说"义和团"暴动是一种"排外运动"。

义和团运动，紧接在"戊戌运动"的失败后。"戊戌"后两年，即一九〇〇年（庚子年），在直鲁晋三省，暴动便剧烈地展开，并直接威胁着满清的统治，其时中国社会经济诸条件，以及帝国主义支配中国的情势，较戊戌时并尚无显明的变动。只是（一）戊戌运动失败后，满清政府和其官僚对人民的革新运动，益施行各种防范政策。（二）在双重压迫下的中国农村，较太平天国时代，更增大了破产程度，人民生活的困苦与失业范围的扩大，是相与俱增的。（三）在帝国主义者实行瓜分中国的准备中，对中国大众所行的统治，愈采取着残酷的直接行动；作为他们之先锋侦探的各国传教士，他们深入中国农村，招揽城乡无赖入教，形成后来所谓教民；同时对中国地方行政，遇事干涉，教堂在事实上，无异是地方太上政府。复间接纵容教民，欺压中国人民，地方政府稍加过问，教堂便出面干涉。这形成人民对教堂和教民的仇恨。

以上构成义和团暴动发生的主要原因。

义和团暴动的特性

义和团暴动，是一种广大的农民斗争的形式。其首领大多是流氓无产者，群众基础却主要是在业和失业农民。他们最初提出的口号是"灭洋"。"灭洋"正代表着农民反帝国主义的要求。

但当义和团暴动展开时，满清的一部分官僚贵族，如荣禄等，主张采用武力剿讨政策。不过另一部分人，（一）恐怕义和团发展到威胁其自身的统治，（二）想利用义和团势力去报复外人，尤其是饱受过教士欺负的山东官吏，（三）想藉义和团的群众势力，去挽回其垂危的统治。因之，便采取强奸式的收买政策，转移群众斗争的目标为"扶清灭洋"。

B. 义和团的起源和其暴动经过

义和团的起源

义和团的起源，与白莲教有着历史传袭关系。是藉宗教的迷信去进行其组织的。在最初，他们以学习拳术相号召，即所谓义和拳（又名梅花拳、奚吴拳，又名金钟罩）。后因满清政府的干涉，始转化为一种秘密组织。经嘉庆、咸丰、同治时代之地下活动的结果，至光绪间，其党羽已弥漫直鲁晋诸省，特别在山东之定陶、冠县、清平等地，义和团在农民群众间已形成一种压倒的势力。

义和团的首领，大多为流氓无产者，其派别很复杂，依八卦分团，有所谓"乾字团"、"坤字团"……等，以"乾字团"势力为最大。

义和团较之白莲教，有着不同的新内容，是中国史上农民反帝运动的第一次组织。自然，他们也没有克服其落后性，同样系用符咒、神术等迷信去团结群众，作为扩大政治影响的工具；借"神坛"作策动和组织的本部，——扬言符咒、神术能使炮火不燃，能用神力去征服"洋兵"。

义和团暴动的展开

随着"义和团"势力的扩大，其与横行无忌的伪善的传教士之间，正面的冲突是无可避免的。因而在传教士最横行的山东境内，便首先在义和团群众间燃起暴动的火焰。在暴动发作后，由于满清政府的强奸和利用，他们反转而提出"扶清灭洋"的口号。"扶清"虽不能引起群众的真实同情，"灭洋"却是大众的共同要求。因而暴动在农民和失业群众之间，便如火如荼地扩大了起来。

暴动的盲目主义与恐怖主义

暴动一开始，就表现为一种剧烈的斗争，在山东境内，到处杀戮教民，焚毁教堂；并盲目地仇视一切外人。自然，他们"并不是仇恨欧洲的大众"，"他们是仇恨欧洲的资本家与服从资本家的欧洲各国政府"；"以及在宣传基督教的名义下，伪善地施行掠夺政策的人"。同时，他们对家藏洋书、洋图和所谓懂洋务者，均名为"二毛子"，都在铲除之列。所谓"二毛子"，就是义和团眼中的汉奸。这种盲目主义的暴动，后来受到清政府的利用与助势，迅雷般地蔓延到河北与山西。

光绪庚子年，慈禧太后用诏谕调义和团入北京，他们入京后，行动更肆无忌惮；加以载漪、刚毅、毓贤等无智贵族，复鼓励杀戮"洋人"。因而在当时，不但北京全城陷入恐怖的笼罩下，直、晋、鲁各省，亦均为恐怖气氛所弥漫。以是，外国教士、教民和所谓"二毛子"遭杀戮者，为数甚多；德公使克劳德、日使馆书记官山彬，亦均为暴动群众所杀死。

当义和团的恐怖运动扩大后，满清政府的一部分官僚，又向慈禧表示反对。然有一些反对派的人员，反因此而遭受杀戮。后来事实证明义和团的"神术"，并不能抗御帝国主义的炮火；然那班无智贵族，依旧不甘放弃其玩弄群众的勾当。直至帝国主义企图藉口来瓜分中国的"八国联军"的进攻，轰轰烈烈的义和团农民暴动便根本被葬送了。

C. 义和团暴动和八国联军之役

帝国主义对义和团暴动的藉口

帝国主义在中国的势力范围划定后，有些急进国家早已想借题来瓜分中国。义和团群众反帝的恐怖运动，非惟为他们所不肯容忍，且转而成为其借口的题材。所以美、俄、德、法、英、日、意、奥八国联军之进攻中国，不过是帝国主义者企图来瓜分中国的蓄谋之爆发。

八国联军进攻与京津陷落

当满清贵族指挥甘军与义和团围攻使馆，还没能攻下之际，"八国联军"已攻占大沽炮台；并有联军一部，曾一度直抵杨村。满清政府于六月二十一日，一面下令与各国宣战，一面下令调集各地义和团。然而腐败的清军和藉"神术"作战的义和团群众，并抵御不住帝国主义联军的炮火。联军于七月十四日攻陷天津。满清政府于惊惶失措中，反下令处死反对派许景澄等作为镇压大局的手段。

联军陷天津后，长驱入北京。围攻使馆之甘军及义和团，均溃败、消散。慈禧乃携光绪帝逃陕西，京津便陷入帝国主义联合武装的直接统治下。

联军的淫杀劫掠与瓜分阴谋

联军陷京津后，实际上，便成立一个军事独裁政府。他们对中国一切财物，均视同战利品，各国都尽情劫掠，运送回国。现今陈列各国博物馆、图书馆中之中国珍品，亦多系此次所掠取。

劫掠而外，又任意屠杀中国人民，奸淫中国妇女。其残酷悲惨的情形，并不亚于他们征服美洲和非洲等地当时的一切。

另一方面，他们又暗中协商瓜分中国的问题。在当时中国的主观力量上，是不能阻止帝国主义者来瓜分的；瓜分所以没有实现，却由于其相互间的利害冲突，而互相猜忌和牵制。这种情况在当时联军总司令瓦德西（德人）的《拳乱笔记》中，有如次的论述：

"但余对此事，却认为绝对不能实现。英极不愿法进据云南，日占福建；日对吾德占据山东，认为万分危险；各国对英之独占长江，均认为不能坐视；美国更早有决定，反对一切瓜分进行；俄国虽则只要各国不干涉，其独占满洲，可不反对各国来瓜分中国，但认为各国对此事，将要引起莫大之纠纷。"

这完全是当时的实情，中国便因此而逃脱名义的瓜分，即以卖身的《辛丑条约》，来结束这段公案。

辛丑条约与共管局势的形成

辛丑条约共十二款，最主要的为：（一）中国赔款四亿五千万两，分三十九年偿还，年利四厘（本利合计，超过九亿八千多万两）。以关盐两税作担保；（二）开拓使馆界，不准中国人居住，各国并得驻兵保护使馆区域；（三）拆毁大沽及自北京至海滨间各通口炮台，拆天津城；（四）各国得驻兵北京与天津诸城埠间；（五）张贴永禁排外之御旨，切实保护外人。

这样，中国民众要付一笔巨大赔款，公使馆从此成了事实上的北京太上政府；解除中国自己的国防武装，反确立帝国主义对中国以直接的军事控制权；每个外国人，从此都无异成了中国的统治者。因此，辛丑条约，事实上，就确定了各国对中国联合统治的形势。

讨论问题：

（1）义和团暴动的起源和其特性如何？

（2）义和团为何提出与"灭洋"平行的"扶清"的口号？

（3）国际帝国主义瓜分中国的阴谋，缘何不曾实现？

（4）中国何由成了国际共管的形势？

（5）义和团暴动的总评价如何？

六

辛亥革命——反帝反封建的民主革命

A. 辛亥革命的时代背景及其特质

辛亥革命的社会条件

到辛亥革命的前夜,帝国主义在种种特权的掩护下,一面在中国作政治投资的竞争,一面又在中国修筑铁路(俄德法英直接经营者有中东胶济滇越九龙,日英法投资建筑者有京汉、京奉、沪宁、津浦、广九、沪杭、吉长),开设工厂(纺织、制粉、烟草等),夺取煤铁矿(如开平、抚顺、鞍山等),建立银行(如英之麦加利、汇丰、有利,法之东方汇理,美之花旗,俄之华俄道胜,德之德华,日之正金台湾,比之华比,荷之荷兰),经营航业(如英之太古、怡和,日之大连日清,德之禅臣、美最时等)。这是鸦片战争后,帝国主义支配中国半世纪的成果。

在上述情势下,它对中国农村所起的分解作用,已表现着向两极分化的形势。主要的手工业及农村副业,多被消灭;农民成为其生产原料的奴隶。满清政府复肆行强烈的榨取,大众的生活很难获得"物资最低限"的满足。因而,一方面贫农和失业群众的秘密结社,成了普遍的现象;一方面抗捐运动,在二十世纪的最初十年间,差不多遍及了全国。

另一方面,在帝国主义的长期影响下,中国民族产业资本也开始形成了。简单地说来,随着太平天国后国家官僚资本的军事工业为前导,便相续出现了

"官办"的，"官商合办"的，纯由"商办"的民族产业资本，如一八八三年，在上海，出现了"商办"源昌机器五金工厂，一八九四年成立裕源纺纱厂，一八八六年成立"官商合办"的"广东缫丝局"，一八八九年成立织布局与炼铁厂，一八九〇年成立上海纺织新局，与"官办"的"上海机器织布局"之筹备，及汉阳有正铁局之成立。此外，一八九一年开设"官民合办"之上海机器纺纱局，一八九三年开设织布官局于武昌，明年召集商股筹办华盛纱厂。此后，在二十世纪最初十年间，纺织工业又先后成立申新第二厂、大生二厂、振新、大昌、利用、广益、和丰第一第二厂等厂；面粉工业，先后成立立大、裕丰、大丰、海丰、裕隆、汉隆等厂。其他工业，则如一九〇五年在山东开办中兴煤矿公司，一九〇七年创立杨子江机器公司，一九〇八年创立汉冶萍公司，一九〇六年创立南洋兄弟烟草公司。较小规模之轻工业，都相继在沿海沿江出现。金融方面，中国通商银行、中国银行、交通银行、浙江兴业银行、四明商业银行、广东银行，亦均于辛亥前成立了。轮船航业方面，则有招商局、宁绍公司、政记公司，开滦矿务局等公司的创立。……这和帝国主义在华资本势力比较虽则是微弱的，然无可否认的，中国的民族资本却是形成了。

在民族资本的形成上，华侨资本却起了相当作用。原因系由于南洋群岛等地殖民地资本主义化，以及先进国从中国输出贱价劳动的结果，以致原住和后去的华侨，在当地的人口上，构成一个大的数目，并渐次在企业与商业上，于当地占有势力。但华侨在当地都深切感受帝国主义的压迫，因此，都愿望回国投资，经营企业。这对于辛亥革命，曾有着重大的作用。

中国民族资本，虽自始就有其两面性，然在其发展前程上，却不断地要受到帝国主义与封建势力的束缚。特别在辛亥革命前夜，民族资本者也开始自觉地去经营铁道，但又受到帝国主义与满清政府之多方阻挠。

辛亥革命前夜的国内政治

从辛亥革命前的中国政治形势说，八国联军之役，虽没有实行瓜分中国，但中国却陷入国际联合统治的局势下，满清政府成了各国公用的傀儡，东交民巷成了事实上的太上政府。

但帝国主义者是并不以联合统治为满足的，仍不断在扩张其各自的权利，向独占方面进行。因此，日俄为争取东三省的支配权，于一九〇四年爆发日俄战争。战争于中国领土内举行，在战争中和结束战争的损失，也都由中国人民负担。且日本于明年便正式并吞朝鲜，满洲亦从此入于其势力范围。英国则乘日俄战争时侵入西藏，西藏从此又入于英国的势力范围。并嗾使达赖脱离中国独立。

内政上，随同赔款的负担与贵族官僚地主……的豪奢要求，从"民不聊生"的现况上，而普遍地展开着人民抗捐的怒潮。

这种严重的政治形势，一面推动着进步青年和爱国志士，警觉到帝国主义侵略危机的迫切，厌绝着满清政府的昏庸误国。一面又推动了自由资产者、知识分子和新官僚的立宪运动。他们继承着保国会的路线，企图实现一种由上而下的改良政策，以达到救国的目的，在立宪运动的胁制下，满清政府开始让步。①

———

① 编者注：以下讲义缺。